KB249766

대학이란 무엇인가

– 도시와 타운으로서의 대학론 –

대학이란 무엇인가

– 도시와 타운으로서의 대학론 –

정 기 오 著

한국학술정보㈜

머리말

프랑스에는 300년 이상의 역사를 자랑하는 '끄세주(Que Sais -Je)' 문고가 있다. 아마도 그 문고의 하나였던 것으로 기억되는데 야스퍼스가 저자로 된 "대학이란 무엇인가"라는 책을 중·고등학교 시절에 읽은 기억이 있다. 그야 말로 철학적인 대학 이념의 정의와 그 옹호의 내용이었던 것으로 기억한다.

거의 사반세기가 지난 후 필자는 초빙교수로 대학에 잠시 몸담고 강의와 연구를 할 기회가 생겼다. 교육정책을 다루는 교육부의 행정공무원으로 20년 가까운 경력을 보냈으며, 국립대의 경리과장 경험을 이미 가지고 있는 필자로 서도 내가 대학이 무엇인지 과연 알고나 있는 것인지 스스로 자문하기 시작 할 때였다. 필자는 대학에 몸담게 된 이 기회를 "대학이란 무엇인가"의 질문 에 대한 스스로의 탐구 기회로 삼기로 결심하였다. 이 책은 바로 이 당시의 결심으로부터 비롯된 것이다.

2년을 초빙교수로서 강의와 연구를 한 뒤에 이번에는 지방의 국립대학 사 무국장으로 6개월을 보낼 기회를 갖게 되었다. 국립대학의 사무국장은 학교의 법제 및 시설 등 인프라를 책임지는 자리이다. 동시에 학교의 통상적 회의체 운영기구로서 총장이 그 좌장이 되는 교무위원회의 운영을 맡을 뿐 아니라 교무위원으로서 대학경영 논의에 참여하게 된다. 현재는 교육부의 국장보직을 거친 후 한국교원대학교의 교육정책대학원에서 교수로서의 생활을 하고 있다. 그동안 사립대학 두 곳의 이사로서 활동할 기회가 있었으며, 교육부의 각종 대학정책이나 대학평가사업의 자문위원 평가위원으로 활동하였다. 또한, 울산 에 신설되는 국립대학의 운영체제와 교육프로그램 설계를 위한 정책연구의 책임자로서 대학문제를 고민한 바 있다. 이 책에 담겨진 아이디어는 이 과정 에서 더욱 정리되었다.

　우리나라의 대학은 유례없는 팽창을 계속하여 이제는 한국 사회의 결정적이고도 커다란 구성 부분이 되었다. 많은 교수, 학생 및 피고용 인구를 보유하고 있다. 그뿐 아니라 사회 어느 다른 부분과도 중요한 일상적 접촉과 관계를 유지하고 있다. 사정이 이러함에도 정작 대학이란 무엇인지 제대로 알고 있는 사람은 드문 실정이다. 대학 교수와 학생, 대학의 경영관리자, 또는 대학 정책을 담당하는 공무원, 대학과 연구개발을 위해 거래하는 기업의 간부들조차도 마찬가지이다. 이 책은 바로 그들을 위해 씌어졌다. 이들이 대학을 보다 잘 알면 알수록 자신의 과업과 활동을 보다 성공적으로 수행할 수 있을 것이다. 더 나아가 이 책이 우리나라 대학이 또 다른 단계로 도약을 하기 위한 발판이 되기를 기대한다.

　이 책을 위한 원고를 준비하고 쓰는 동안 이른 바 자유, 진리, 등 전통적인 〈대학의 이념〉에 대하여 필자 나름의 검토와 아이디어를 담아야 하지 않을까 하는 생각이 있었으나 이는 이미 수많은 저술과 문헌이 여기에 바쳐져 있는 주제라 결국 빼기로 하였다. 다만, 필자 역시 궁극적으로 이 한 마디를 긍정하고 재확인할 수밖에 없음을 밝힌다: 〈대학은 진리를 위해 봉사하는 제도이며, 그 수단은 대학의 자유이다〉

차 례

서론: 지식사회로의 진입과 고등교육의 과제

지식기반사회로의 이미 진입한 선진국뿐만 아니라 개발도상국을 위해서도
지식중심의 개발전략을 권고하고 이를 체계화하고 있는 국제적 씽크탱크의
하나가 세계은행이다. 세계은행에 제출되었던 보고서 중 현대의 고등교육을
전반적으로 요약한 보고서가 있다. 세계은행은 이를 통해 현대 고등교육의 내
적인 문제와 그를 둘러싼 환경을 종합적으로 기술하고 있다. 먼저 동 보고서
내용을 간략히 요약하여 제시하는 것으로 이 책의 서론을 대신하고자 한다.

□ 서론

○ 고등교육은 세계화 성장동력으로서 지식의 중요성 증대, 정보통신혁명으
  로 인한 새로운 도전에 직면함.
○ 개도국은 두 가지 과제에 직면
  - 과거부터 직면해 온 고등교육의 확대, 형평성, 교육의 질 확보 및 관
    리 문제
  - 지식경제와 민주사회의 구축에 따른 새로운 과제
○ 보고서의 주요 메시지
  - 사회경제적 성장은 주로 지식의 발달과 적용에 의해 이루어짐
  - 고등교육은 역량제고(capacity building)뿐만 아니라 효과적인 지식의
    창출, 확산 및 적용을 위해 필수적
  - 개도국의 고등교육은 이러한 역할을 수행하기에는 역량이 부족
  - 정부는 고등교육이 세계적 경쟁과 지식경제의 요구에 혁신적으로 대
    처할 수 있는 법적인 틀을 구축하여야 함
  - 세계은행그룹은 고등교육의 효과성과 적응성 제고에 필요한 국제적인
    경험과 재원동원에 있어 대상국가에 지원하기 좋은 여건을 갖추고 있음

□ 세계환경의 변화

○ 세계경제에 있어 핵심적 요소로서의 지식

- 지식은 지속적인 경제성장과 생활수준 향상에 있어 핵심적 요소임
- 세계화의 과정은 국제경쟁력 강화에 있어 지식의 중요성을 증대시킴
- 그러나 과학기술 역량에 있어 선진국과 후진국 간에 큰 차이 존재

○ 개도국은 지식을 경제성장과 연계하지 못하고 있으며 국가과학기술 역량을 형성하지 못하고 있음

○ 정보통신 혁명

- 정보통신의 발달은 국가, 기관, 개인 간의 정보 접근에 있어 공간과 시간의 장벽 제거
- 정보통신의 발달은 개발도상국에 많은 이점을 제공할 수 있는 반면 정보격차에 따른 위협요인으로도 작용 가능
- 국가 간, 지역 간, 성별 간의 정보격차 발생

○ 노동시장의 세계화

- 정치적인 국경의 개방, 통신 및 운송비용 절감에 따른 숙련노동자의 국제 간 이동 증대
- 선진국은 우수 인력을 유치·확보하기 위하여 노력하고 있으며, 개도국은 자국의 우수인력 유출에 직면하고 있음

○ 정치사회의 변화

- 소련의 붕괴, 아프리카의 민주화, 라틴아메리카의 시민 통치 등은 세계의 민주화, 정치발전 및 인권에 대한 관심의 증대, 시민단체의 활성화 등을 가져옴
- 그러나 많은 나라는 종교갈등, 빈곤, 경제적 불평등, 범죄 등으로 정

치적인 불안정 속에 있음.

□ 고등교육의 경제사회 발전에의 기여

○ 고등교육은 국가혁신시스템(National Innovation System)과 인적자원개
발에 핵심적으로 기여

※ 국가혁신시스템(National Innovation System: NIS)이란 교육훈련시스템
내의 지식창출 기관, 적정한 거시경제적 규제의 틀, 혁신적인 기업 및 기
업 간 네트워크, 통신기반 등의 망을 의미

○ 고등교육은 지식기반경제 구축과 빈곤 감소에 필요한 교육, 훈련 및 연
구역할 수행

- 양질의 적절한 노동인력 훈련, 새로운 지식의 창출, 세계의 지식에 대
한 접근과 지역에서의 활용에 기여
- 학생들의 규범, 가치, 태도, 윤리 및 지식에 영향을 미쳐 건전한 시민
사회 구축과 민주정치 발전에 필요한 사회적 자본(social capital) 형성

○ 고등교육은 이러한 역할을 달성하기 위하여 다음과 같은 변화에 효과적
으로 대처하여야 함

- <u>교육 및 훈련 수요의 변화</u>
  ◦ 지식기반사회는 고급수준의 기술을 요구
  ◦ 지식 기술의 짧은 주기로 개인의 능력과 자격 향상을 위한 평생교육
  의 수요 증가
  ◦ 사실과 기초 데이터 학습에서 방법론적 지식과 분석기술의 학습으로
  의 중요성 변화
  ◦ 시장의 세계화에 따라 학위나 자격의 국제화에 대한 수요 증대

- <u>변화하는 고등교육의 형태</u>
  - 전통적인 교육기관 형태와 관련하여 단기기술 교육기관, 커뮤니티 칼리지, 폴리테크닉스, 원격교육센터, 개방대학 등 고등교육기관 다양화
  - 새로운 형태인 가상대학(virtual universities), 프랜차이즈 대학(franchise universities), 기업대학(corporate universities), 도서관 및 박물관, 교육중개인(education broker) 등의 등장

- <u>조직과 운영의 새 형태</u>
  - 고등교육기관에 대한 새로운 교육수요와 시장의 부상에 대처하기 위한 개혁의 추진
  - 기관과 프로그램의 수요에 대한 적응 능력 향상과 기관의 유연성 강화가 목적
  - 미래의 학습을 위한 기초지식과 기술을 제공하고 수요변화에 따른 학생들의 선택권을 확대할 수 있는 프로그램 제공
  - 새로운 과학기술의 등장, 학과중심에서 문제중심으로의 변화, 기초와 응용 연구 간의 불명확에 따른 학과 통합
  - 교육프로그램의 조직의 유연성을 증대하기 위하여 많은 나라는 미국의 학점기준과정표준(US standard of credit-based courses)을 도입
  - 다양한 학생을 위한 다양한 입학, 재입학을 허용하는 유연한 방법 채택
  - 교수학습에 있어서 정보기술 등에 기초한 다양한 교육적 접근법 활용
  - 일반적인 교수에서 학습의 조정자로의 교원의 역할 변화

□ **개도국에 있어서의 계속되는 고등교육의 위기**

○ 대부분의 고등교육의 문제는 재원의 한계에서 기인하는 고등교육의 보편화에 따른 문제, 고등교육에 대한 접근과 성과에 있어서의 지속적인

비형평성, 불충분한 교육의 질과 적합성, 경직된 지배관리구조임

○ 고등교육의 확대

- 고등교육의 확대에도 불구하고 국가 간 고등교육 진학률에 있어서의 갭은 여전히 존재
  ◦ OECD 국가의 높은 진학률은 중등학교 졸업률, 고소득을 위한 학생들의 고등교육에 대한 인식 변화, 고급기술을 요구하는 세계경제의 변화에 대한 인식 등에 기인
  ◦ 개도국의 낮은 진학률은 고등교육 수요를 충족시킬 수 있는 고등교육기관의 다양성의 부족이 한 원인임
- 세계의 많은 나라는 여전히 대학원교육이 낮은 발전 수준에 머물러 있어 국가혁신시스템의 구축에 심각한 제한을 받고 있음
  ◦ 국가생산성 향상에 필수적인 연구역량, 대학에서 훈련된 연구자 및 전문가, 숙련된 기술 및 관리기술, 학연산 연계가 부족
- 고등교육 확대에 필요한 재정 부족과 비효율적인 재정 사용 및 낮은 시설 활용도 등이 문제
- 높은 간접비용과 비교수인력에 대한 비용도 국공립 교육기관의 비효율성의 한 원인임

○ 고등교육에 있어서의 비형평성의 존속

- 고등교육의 확대에도 불구하고 취약계층(여성, 지방출신 등)의 고등교육 수혜는 저조
- 가족수입, 성, 계급, 종교, 언어 및 지역에 따른 접근성의 차이
- 사회경제적 조건의 영향으로 인한 초ㆍ중등 단계에서의 불균등에서 기인되는 고등교육의 비형평성
- 효과적인 학생지원 제도가 없는 상황에서의 등록금 인상에 따른 불균등

○ 불충분한 교육의 질과 비적합성

- 국공립 및 사립 고등교육기관의 연구, 교수학습의 질과 적합성은 저하
- 대부분의 고등교육기관은 국제사회에서 국가의 경제사회적인 문제 해결에 필요한 지식의 생산과 활용에 참여하지 못하고 있음
- 국공립 및 사립 고등교육기관의 자격 있는 전임교수의 부족이 낮은 질의 한 원인임
- 졸업자의 실업, 졸업자의 전공과 노동시장의 수요와의 불일치, 노동시장과 고등교육기관과의 연계 부족
- 세계적인 지식 풀과 국제적인 학문에의 접근성의 제약

○ 지배구조의 비변화성 및 경직된 관리

- 많은 나라에서 국공립 고등교육기관은 지배 및 관리의 경직성과 유연성의 부족, 결과에 대한 책무성의 부족, 비전문적인 관리 등으로 특징지어짐
- 고등교육기관의 소유권이 고객, 사회 및 학생으로부터 조직관리 훈련이 되어 있지 않은 대학 직원으로 이동
- 또한, 고등교육기관은 기관의 성과에 대한 관리 및 평가에 대한 지침을 제공하지 못함
- 학문적 권위를 가진 대학 위원회와 성과나 정부목표와 연계되지 않은 예산 협상을 하는 정부의 관계는 고등교육기관에 대한 지배 관리 구조를 정치화함
- 국가발전 목표보다는 직원의 필요 충족에 봉사, 그리고 책무성의 부족은 고등교육기관의 유연성과 혁신역량의 부족을 초래
- 이러한 상황은 변화에 소극적이고 경직적인 행정절차 및 관료적 절차에 의해 강화

□ 고등교육기관, 시장, 정부와의 관계 변화

○ 고등교육에 있어서 시장기능의 부상

- 고등교육 확대에 따른 비용의 상승으로 인해 새로운 방법과 비공공재
  원에 의한 고등교육 지원
  ◦ 학교자산의 사업수익, 학생이나 가족으로부터 추가적인 재원 조달,
    기부금 동원 등 활용
- 경제 수요, 고용주의 수요 변화, 학생의 욕구 변화와 같은 수요주도
  (demand-driven)의 고등교육 공급 정책 추진
  ◦ 포뮬러 펀딩을 통하여 정부 정책 목표 달성 성과와 연계하고 재원의
    기관 내부 배분 및 사용에 있어 고등교육기관의 자율성 확대
  ◦ 많은 정부는 재원의 배분과 재원의 확보에 있어 고등교육기관에 보
    다 많은 재량을 부여
  ◦ 사립기관에 의한 고등교육 제공 확대는 학생에게 다양한 선택의 기
    회를 제공하고 국공립 대학의 혁신을 위한 강력한 유인이 됨
- 시장 기능의 강화는 고등교육에 있어 형평성 문제 초래 가능

○ 고등교육에 대한 정부지원의 근거

- 경제사회 발전에 필수적인 외부 효과: 기초연구기술 개발에 따른 장기
  수익, 사회통합 등
- 신용시장(credit market)의 불완전성과 정보의 비대칭으로 인한 개인
  의 충분한 교육 재원의 확보가 불가능
- 지역발전, 소비의 합리화, 사회적 비용의 감소와 같은 경제, 재정, 노
  동시장에 대한 효과
- 국민형성, 사회적 신뢰 구축, 민주적 참여 및 열린 토론, 다양성의 확
  보 등과 같은 사회적 효과

- 학부와 대학원 간, 초·중등교육 대학 간의 연계효과와 초·중등교육에 대한 지원 및 하위부문 간의 효과적인 연계 효과

○ 정부역할의 변화: Guiding through an enabling framework and appropriate incentives

- 전통적인 통제 모델에서 일관성 있는 정책틀, 합법적인 규제 환경과 적절한 재정 유인을 통한 고등교육의 조장 및 촉진으로 변화
- <u>종합적이고, 다양한 잘 조직된 고등교육 시스템에 대한 장기적인 명확한 비전 제시</u>
  - ◦ 평생학습의 차원에서 개방 시스템의 구축: 학점교류, 수업료 상호인정, 정부장학금, 대부, 종합적인 자격인정의 틀 포함
  - ◦ 비전은 고등교육 관련자 간의 합의 형성을 위한 정치경제적인 사항 포함

- <u>법적 규제환경(enabling regulatory environment)의 정비</u>
  - ◦ 특히, 사립대학, 가상대학 등의 신설, 질 보장 메커니즘, 행정 및 재정 규칙 등과 관련한 개별 기관의 혁신을 촉진하는 법적 규제 환경 조성
  - ◦ 국가 평가나 인증기관에 의한 인증을 통한 성과에 대한 독립적인 평가 필요
  - ◦ 교육의 질 향상, 재원의 다양화 및 효율적인 사용을 촉진하기 위하여 교육기관의 자율성 확대
  - ◦ 온라인 및 멀티미디어 발전에 따른 지적재산권 및 소유권 명확화
  - ◦ 국가 정보통신 인프라 및 가격조건에 대한 고려

- <u>교육의 질, 효율성, 형평성을 위한 재정지원 메커니즘 및 재정 유인 제공</u>
  - ◦ 협상(negotiated)에 의한 재정지원에서 가용 재원과 성과에 따른 포뮬러 방식의 재정지원
  - ◦ 비용분담, 상품의 판매, 외부 연구, 기부 등을 통한 추가재원의 확보와

발생한 수익에 따른 매칭 펀드 등을 통하여 교육기관의 재원확보 촉진
　∘ 질 향상을 위한 경쟁방식에 의한 재정의 배분
　∘ 학생 지원
・정부는 등록금 및 비학문적인 비용에 대한 지원 감소로 인한 능력 있는 학생의 교육기회 제한 방지에 노력
・효과적이고 지속적인 학생지원을 위해서 정부의 보장과 사적인 재원 지원의 혼합 프로그램 및 소득과 연계된 대부 시스템 고려 필요

한편 1980년대 후반 유럽공동체의 본격 발족을 앞두고 유럽공동체 회원국들은 고등교육부문의 문제들를 검토하고 인식을 같이 하기 위한 보고서를 채택한다. 유럽공동체 고등교육각서로 알려진 이 보고서의 내용은 다음과 같이 요약된다.

□ 고등교육의 역할

○ 청소년 인구 감소에 따라 기활동 인구층으로 교육정책의 target 이동
　- 대학의 평생교육 기능을 중시
○ 지식중심 경제성장 정책이 경제의 기초: 대학의 핵심역할이 필수적
○ EC 통합에 따른 대학의 역할: 대학 중심의 역내 Mobility 확대 절실
　- 상호 학점인정, 학력 및 자격 인정
　- 학생, 교수 이동을 위한 infra-structure(기숙사 등 수용시설, 언어적응 프로그램 등)
○ 시장통합의 실질적 달성을 위한 대학의 역할: 대학-경제계 간 협력강화
　>> EC 차원의 소비의식, EC 차원 기업활동을 위한 기업인/직원의 의식 형성

□ 고등교육의 과제

○ 고등교육에의 참여와 수학기회 확충: 정규 및 평생교육을 함께 확대
○ 경제부문과의 파트너십 강화: 기존 COMETT 프로그램에의 대학/기업의 참가 확대로 교육-경제의 공동 action 촉진
○ 평생교육: 기술혁신에 있어 기업/생산현장 인력의 중요성 재인식
  - 기활동 인구의 교육 수요충족, 연구개발 활동을 위한 대학의 field 제공 강화와 이를 위한 대학의 운영구조 혁신
○ 개방교육과 원격교육: 교육소비층의 지리적 확대(유럽전역)와 기활동 성년층에로의 질적 확대에 따라 개방교육 원격교육을 구체적인 대학 교수-학습과정 속에 실현
○ 교육에 있어 EC 차원의 고려 촉진:
  - 학생의 EC 역내 이동자유화: 편입학제도 개편 〉〉 EC 내 사람, 물자, 서비스 이동 자유화 차원에서 실현
  - 정책연구, research에 있어 유럽차원 협력 촉진
  - 언어교육의 중요성: EC 내 단일 공용어 정책이 아닌 다수 공용어 정책을 채택함에 따라 이 정책의 성공적 실현에는 대학의 선도적 역할 긴요
  - 교원양성 및 연수: EC 통합에 있어 교육의 중요성에 비추어 기존 교수/학생 이동 촉진 프로그램과는 별도로 교원양성기관의 교수/학생만을 위한 이동 촉진사업 실시
  - 학점, 학력, 자격인정: 기존 ECCTS(European Community Course Credit Transfer System)의 참가확대 및 평생교육분야에도 적용확장
  - 고등교육의 국제적 역할: 국제사회에서의 EC 역할강화는 EC 대학들의 EC position에 입각한 활동을 필요로 함
  - 정책연구와 정보축적: 유럽차원의 데이터베이스 구축 및 연구자료 축적에 대학의 활동 긴요

- 고등교육부문 내 EC 차원 협력채널 구축: 회원국의 고등교육을 대표하는 기관이 참여하는 정례협의기구 필요

이상에서 요약된 세계은행보고서와 유럽연합고등교육각서의 내용을 일폐하면서 먼저 떠오르는 생각은 우리나라의 대학들이야말로 바로 여기에 지적된 개발도상국이 직면하는 고등교육의 문제들을 고스란히 보유한 개도국 수준의 대학들이구나 하는 부끄러움과 함께 대학의 선진화야말로 선진국 문턱에서 계속 미끄러지며 주춤거리고 있는 우리나라의 선진국 진입을 위한 선결조건이라는 확신이다.

그러나 단번에 개도국형의 대학이 선진국형의 대학으로 도약할 수는 없다. 다른 기관들과 달리 대학들은 오랜 역사를 거치면서 그것이 거쳐 온 각 시기의 흔적들을 내부에 고스란히 지니고 있는 경우가 많다. 우리의 대학들도 마찬가지이다. 이러한 과거의 흔적과 그에 따른 인습에 대한 철저한 반성의 기초 위에서만이 대학의 변화가 가능하다.

특히 우리나라는 다른 나라들과는 달리 고등교육의 주축을 사립대학이 담당하고 있으며 이러한 사립대학의 지배적 역할은 백성들의 교육 학습열이 높은 가운데 언제나 관학보다 사학이 융성했던 우리나라의 역사적 문화적 전통에 기반을 두고 있는 것이다. 이에 따른 우리 역사와 전통의 흔적은 현재의 우리나라 대학운영 실태 속에 깊숙이 스며 있다.

그러나 우리 사회의 전문가나 일반대중들은 사실 대학을 잘 모른다. 심지어 대학구성원들조차 자신이 몸담은 제도인 대학에 대한 이해는 지극히 피상적 표면적이다. 그 결과 대학과 관련된 모든 거시적 미시적 제도와 관행은 전체적으로 보면 지성의 동원과 적용, 즉 이성에 의한 반성(reflection)과 합리적 구안의 결과가 아니라 우연한 관행의 누적을 크게 넘어서지 못하고 있으며 인습화의 과정을 따르고 있다고 해도 과언이 아니다.

이 책은 대학의 정체, 대학구성원의 신분과 지위, 대학의 내부조직과 과정, 대학에서의 교육과 학습, 대학과 사회의 관계를 다루고자 한다. 그리고 마지막으로 대학개혁의 전망에 관한 것을 결론의 장으로 하여 끝맺음 할 것이다. 이러한 분류 하에 다양한 주제를 다루면서 우리의 대학에 대한 지적인 반성과 문제의 제기에 집중할 것이다. 이를 통해 대학을 보는 우리의 관점을 정교화 하고자 한다. 대학에 대한 과학적 연구와 조사는 이러한 기초 위에서만이 비로소 생산적 진보적인 것이 될 수 있다.

제1장 대학의 정체

역사 속의 대학

대학은 적어도 1000년의 역사를 지닌 제도이다. 그래서 오늘날의 대학이 가진 모습 속에는 이 오랜 시간의 흐름 가운데 만들어진 특정 시대들의 흔적이 고스란히 남아 대학이라는 하나의 복합체를 이루고 있는 것이다.

대학은 원래는 공동체적 성격을 지닌 교수들의 집단 또는 학생들의 집단이었다. 아마도 최초의 대학교수를 꼽는다면 중세 시절인 11세기 프랑스의 철학자 아벨라르(Abelard)를 들 수 있을 것이다. 그는 파리 노트르담 교회학교의 선생이었으며 논리학, 수사학 등을 가르쳤다. 그는 교회 소속의 선생 신분으로 있었으나 파리 센 강 남쪽 언덕-지금의 라틴구 언덕에 학생들을 모아 강의하고 수업료를 받았다. 고정된 강의시설이 없었으므로 그가 옮겨가는 곳이 바로 강의장소였으며 그래서 한때는 파리 동남쪽 먼 교외 지역으로 그가 이주하자 학생들이 그곳으로 몰려가고 그곳에서 강의가 계속되었다. 초기의 대학은 고정된 시설 없이 유랑적 성격을 가지고 있었으며 그래서 한때는 파리 대학이 영국에 건너가 있던 적도 있었다. 이러한 유랑적 성격이 아벨라르 시절에도 이미 두드러졌던 것이다.

서양의 중세는 각종의 유랑인들이 무성하던 시절이었다. 조금 고급의 예능인이었던 트루바돌부터 유랑하는 광대들, 집시 등 최하층에 이르기까지 유랑자들이 넘쳐났다. 이들은 일종의 유랑공동체 형태를 취하고 있는 경우가 많았다. 대학도 그런 의미에서 교수라는 유랑인들의 공동체로 빠질 가능성을 항상 안고 있었던 것이다.

대학의 형성에 또 다른 영향을 미친 것은 중세의 수도회와 수도원이다. 수도회 중에는 유랑수사들로 이루어진 수도회도 있었으나 대체로 하나 또는 여러 개의 수도원을 중심으로 수도회의 활동은 이루어졌다. 대학이 본격적으로 형성되기 이전에는 수도원을 통해 지식이 보존·탐구·전수되었다. 수도원 자체가 일종의 연구-학습 공동체였던 것이다.

그래서 수도원의 가장 중요한 시설은 부속교회 외에 장서관, 즉 도서관이었다. 보유하고 있는 장서관의 명성에 의해 수도원의 명성이 좌우되었고 장서관장이 수도원장으로 승진하는 경우가 많았다고 한다. 대학의 모습이 이러한 수도원의 구조에 그 제도적 발전의 맹아를 갖고 있음은 물론이다.

대학은 기숙용 건물을 갖게 됨으로써 크게 그 모습이 변하게 된다. 유랑공동체 성격을 청산하게 되는 계기가 되는 것이다. 교수와 학생의 유랑적 성격은 지역사회 또는 더 나아가 국왕의 입장에서는 매우 골치 아픈 일이었다. 작게는 학생 집단의 존재가 끊임없는 지역사회의 불안과 소요의 원인이 되었으며 크게는 최고의 지식인 집단들이 국경을 넘어 다른 나라로 이주해 버릴 경우의 국가적 손실 위험도 상존하였다. 따라서 국왕 및 지역의 영주나 유지들은 여러 가지 이유로 대학에 기숙용 건물을 지어 기부하게 된다. 이 건물들이 바로 칼리지(college)인 것이다.

칼리지는 이제 대학의 본질적 요소가 되었다. 그래서 일본식의 용어법으로 말하면 토지와 건물을 투자하는 '기부행위'(한국의 법률용어로는 정관 작성행위에 해당)가 학교설립과정의 핵심적 요소가 된 것이다. 이렇게 해서 대학은 교수-학생 공동체와 같은 인적 요소가 핵심이던 것이 기부행위를 통해 구축된 시설을 핵심으로 변하는 제도로 변하게 되는 것이다. 토지와 건물이 대학의 핵심요소가 됨에 따라 이를 관리하는 관리조직이 성장하고 대학운영에서 이것이 매우 중요한 요소가 되게 됨은 당연한 일이다. 그 결과 종합대학 내의 학과, 학부, 단과대학들은 중앙 관리되는 시설을 단지 이용하는 수준을 넘어서 시설공간과 설비의 확보 유지 관리가 자신들의 정체성과 직결되는 양 이 문제에 전력투구를 하는 것이다.

한편, 근대에 들어서면서 대학들이 국립대학시스템으로 편성되면서 대학은 국가의 핵심적 구성부분이 된다. 즉 국가와 분리된 공동체가 아니라 국가기구이면서 자치권을 갖는 특수한 지위를 갖게 되는 것이다. 이 경우 교수는 공무원이며 학생들은 국가에 의해 설정되는 특수한 신분을 보유하는 자로 정의되는 것이다. 또 아비투어, 바칼로레아와 같은 대학입학자격은 물론 교수자격

학위 등은 국가가 부여하는 일종의 국가자격이며 국가제도의 성격을 지닌다. 대학이 이렇게 국가와 거의 일체화되는 것은 역사적 시대적 산물로서 근대국민국가가 지닌 속성을 반영하는 것이다. 즉 국가가 직접 지식의 확보 유지 관리 및 지식을 보유한 인재의 육성과 관리를 통해 국민국가의 기반을 구축하는 것이다.

한국 대학의 지적 허무주의:
지성 대 자연의 갈등 속의 한국대학

대학은 옛날부터 '학문의 전당'이라는 이름으로 정의되어 왔다. 그렇다면 대학의 정체를 밝히는 데 있어 출발점은 단연 이 학문이란 무엇인가를 밝히는 데서 시작되어야 한다.

모든 학문의 제왕이라고 할 만한 것이 있다면 그것은 역시 수학과 철학일 것이다. 필자의 기억으로는 러셀과 화이트헤드의 주장이 바로 이것이 아니었나 한다. 오늘날에도 학술적 학위에는 전공분야를 불문하고 철학박사(Ph. D) 칭호를 붙이고 싶어 하는 학자들의 취향이 이를 증거하고 있다.

필자는 수학을 포함한 철학의 본질적 요소는 인간의 비판적 지성(또는 이성)의 작용에 있다고 간명하게 말하고자 한다. 그 어떤 분야의 학문이든지 그 가장 밑바탕에는 그 분야에 적용되는 인간 지성의 바닥과 한계가 깔려 있고 이를 기초로 지식이 쌓아올려진 것이 제 학문들이다. 그래서 언론을 연구해서 박사학위를 받아도 철학박사요, 가족을 연구해서 박사학위를 청구해도 대학은 철학박사를 수여한다.

모든 종류의 철학박사 학위 취득에는 학위논문이라는 형식으로 지성의 올바른 작용과 사용 능력을 입증하도록 요구되어 왔다. 학위논문이란 수학적 기호 또는 언어를 사용하여 작성되며, 적어도 서구적 전통에서 인간의 지성은 바로 이 언어와 기호의 조작과 처리과정을 통해 그 작용이 드러나는 것으로 인식되고 있기 때문이다.

서구의 대학들은 위에 약술된 전통 위에 단단히 서 있다. 그런데 이러한 전통에 서 있는 서구의 대학을 100년 전에 외래 문물의 하나로 수입하여 오늘날 고등교육의 대중화에 이르도록 발전시켜 온 한국의 경우가 문제이다. 우리나라에서 대학은 서구의 대학과 마찬가지로 과연 철학과 지성의 전통 위에 단단히 서 있는가를 자문해 보아야 한다.

한국의 대학교수를 포함한 지식인 사회를 특징짓는 요소의 하나를 꼽으라면 필자는 단연 지적(知的) 허무주의 또는 러셀의 용어로 '지적 성실성(知的誠實性)'의 부족을 들고자 한다. 이는 지성에 입각한 자신의 주장이나 판단에 대한 확신 또는 헌신의 부족을 지칭하고자 함이다. 예를 들어 많은 우리나라 대학교수들이 정부 고위직 진출 또는 정부 자문 위원회 진출의 형태로 정책 결정에 참여하지만 자신의 사상과 이론을 현실에 관철할 능력이나 각오를 보여주지 않고 있다. 또 우리나라의 각종 세미나와 토론회에서 치열하고 진지한 발표나 토론이 행해지는 것을 보기 어려운 것도 바로 이러한 지적 허무주의의 표현이다. 우리나라 대학인의 이러한 태도는 근본적으로 우리나라 대학이 현실과 유리된 서구문물의 상태를 아직 벗어나지 못한 데 기인한다.

우리나라에서 대학이 서구와 마찬가지의 권위를 가지고 존립하고 운영될 문화적 토양은 대단히 척박하다. 우리나라의 대학은 지성과 철학이 가지는 문화적 권위를 폄하하는 전통들 속에 둘러싸여 있다. 우선, 우리나라의 대학들은 지성의 전당이기 이전에 세속적 가치 즉 좋은 직업, 고등교육의 투자 수익이나 기타 실용적 가치에 정향된 고객들에 둘러싸여 있는 것이다.

더 나아가 불가나 선가에서는 대학에서의 교육과 연구를 통한 학문적 연마와는 전혀 다른 선지식의 전수체계를 가지고 있으며 서구의 종교가 대학에서의 신학연구와 밀접히 연계되어 발전한 것과는 다른 전통을 고집하고 있다.

또 다른 예를 들 수 있다. 서양의학은 대학의 발전사와 함께 발전하여 왔다. 그러나 우리나라에서 한의학이 대학에 자리잡는 데는 많은 저항이 있었다. 마찬가지로 한국화 한국음악 한국건축이 대학에 자리잡는 일도 여전히 만만치 않다. 한국적인 사상에 기초한 모든 전통문화가 서구에서 수입한 대학의 본질과 체제에 잘 수용되지 못하고 갈등을 일으키고 있는 것이다. 일부 대학에서 불교와 유학, 동양철학이 강의되고 연구되는 것은 그야말로 예외적인 현상이라고 여겨질 정도이다.

유가든 불가든 선가든 우리나라 전래의 전통 속에 강력한 뿌리를 박고 있는 문자경시의 풍토 또는 자연주의적 요소는 한국의 대학이 서구의 그것과는 전혀 다른 토양 위에 자라도록 하고 있다. 필자는 '자연주의적'이라는 말을 이성과 자연의 대립이라는 서구적 전통과 비교하여 말하고 있다. 즉, 서구에서는 자연을 이성과 대립되는 개념으로 파악하는 전통이 뚜렷함에 비해 우리나라에서는 언어와 기호에 의존할 수밖에 없는 서구적 이성관보다는 선(禪)지식, 도(道) 등으로 대표되는 불립문자(不立文字)의 진리관이 더 지배적이었다. 이러한 경향은 서구적 입장에서 보면 자연주의적이며 이성에 대한 불신이라고도 볼 수 있는 것이다.

서구의 철학적 형이상학적 전통에 의하면 자연이란 극복되어야 할 것, 허무한 것, 덧없는 것의 의미를 지니고 있으며 반대로 지성과 언어로 나타나는 이성이야말로 진정한 존재이며 진리의 수단인 것이었다. 하이데거는 그래서 언어를 존재의 집이라고 말한 것이다. 이와 같은 이유로, 우리나라에서 또는 동양권에서는 "자연으로 돌아가라"고 외친 루소가 모든 사람들에게 호의적으로 받아들여져 유명하지만 실제로 유럽에서는 특히 유럽식 합리주의의 원조인 프랑스에서는 지배적 사상의 주류에서는 벗어난 풍운아일 따름이다. 동일 시대를 살았던 볼테르의 경우 그 주검이 프랑스의 위대한 인물들을 모시는 판테온에 안치되어 있는 반면 루소의 경우는 파리 북쪽 교외에 버려진 무덤처럼 황폐한 모습으로 남아 있는 것이 이를 잘 보여주고 있는 것이다.

이 같은 몇 가지 일들을 볼 때 아직까지 우리나라의 대학은 근대적 대학으로서의 역사가 상당히 쌓여 있음에도 불구하고 충분히 제도화 토착화하지 못한 서양 문물의 하나로 남아 있다고 볼 수밖에 없다. 즉 우리나라의 대학은 한국의 전통적 지식기반으로부터 유리되어 있는 것이다. 치열한 학문적 천착을 통해 한국의 문화적 토양과 한국적 사고의 원형을 발전적으로 변화시키거나 아니면 이를 수용하여 자신을 변화시키지 않으면 우리나라 대학의 철학과와 철학교수들은 서양 대학의 철학과 또는 철학교수와 같은 위상을 확보하기 어려울 것이다. 대학인들에 의해 제대로 된 한국적 철학을 확립하는 것이 우리나라의 대학이 서양문물의 상태를 벗어나는 첩경이기도 하다.

한국의 대학이 우리나라의 전통을 살리고 한국적 지식의 세계를 문자 그대로 대표하고자 하면 반드시 발전적으로 극복해야 할 것이 한국적 자연주의, 비언어주의, 즉 불립문자(不立文字)의 전통이다.

향교와 서원, 학벌주의,
그리고 오늘날의 우리나라 대학

우리나라에는 수많은 향교와 서원이 전국 곳곳에 산재해 있다. 이들 서원과 향교는 엘리트 충원을 위한 교육기관이었기 때문에 굳이 오늘날에 비유하자면 대학이라 할 수 있다. 향교는 국립대학이며, 서원은 사립대학이다. 이들 향교와 서원을 비교하자면 다음과 같이 특징을 정리할 수 있을 것이다.

<표-1> 향교와 서원 비교

	위치	이념과 제사	성과와 영향력	유지 기반
향교	도시	공자 등 선현	유림의 공식거점	국가재정
서원	산중, 향리	대유학자	학파 형성, 향약의 중심	부속토지와 문중

향교와 서원은 조선왕조의 멸망 이후 우리나라의 근대화 과정에서 그 역사가 함께 단절되고 이후 근대적 교육기관인 초·중등학교와 대학으로 대체되어 이제는 문화재로 보존되고 있다. 향교는 향교재단법에 의해 전국의 시도별로 향교재단이 설립되고 현재 성균관을 정점으로 하여 전국 유림들의 거점 역할을 수행하고 있다. 본래 사학의 성격을 가진 서원의 경우는 오늘날에도 국가적인 관할 밖에 있으며 지방자치단체들에 의해 지방문화재 또는 기념물 등 다양하게 공공적 성격을 부여받아 보존되고 있다. 그러나 이들 향교와 서원의 역할과 그 흥망은 오늘날의 교육제도가 지닌 구조와 사회적 기능에 대해 많은 시사점을 주고 있다.

우선 향교의 경우 유럽의 국립대학 시스템과 매우 유사한 구조임을 눈여겨볼 수 있다. 조선 초기부터 국가 기본법제인 경국대전에 그 체제가 규정되어 전국의 도 목 부 현 등 관아가 설치된 곳에 수령의 책임 하에 향교가 설치되었다.[1] 수령들은 자신의 관할 업무 중 잘못될 경우 가장 큰 책임을 져야 할 업무가 바로 향교의 운영이었다. 인재양성과 학문의 진흥을 위한 전국의 향교들은 국가 전체적으로 통일된 시스템 하에 있었으며 그 학생들의 수학 결과를 소과 대과와 같은 과거시험의 합격과 결부시켰다. 이는, 서구의 국립대학 체제와 그에 의해 유지되는 대학학위제도와 그 근본적인 성격이 동일하다. 이러한 향교의 국립체제는 조선왕조의 중앙집권적 지배구조와 결부되어 있었으나, 교육기관으로서 향교는 사립인 서원에 비해 경쟁력이 떨어졌던 것으로 보인다. 이미 고려시대에도 최충의 사학(私學)이 관학을 누른 바 있다.

국립인 향교에 대해 지방의 중소지주를 중심으로 하는 사림파가 서원을 설립하고 관학과는 다른 학풍을 진작하기 시작하였다. 향교와는 달리 서원들은 일반 백성들로부터 스스로 고립되고 외진 곳을 선호하여 엘리트들의 학문연마에 치중함으로써 오늘날의 상아탑 대학과 같은 이념을 추구하였다.

---

1) 〈교동(校洞)〉이라는 동명은 옛날에 향교가 소재한 지명들이다. 우리나라 전국의 도시와 타운들 중 〈교동〉이라는 동네가 없는 곳은 유서 깊은 옛 도시가 아니라 일제 시대 이후의 신흥 도시들이다.

사림파 유학자들이 서원을 거점으로 훈구대신 중심의 지배체제에 저항을 하면서 조선왕조의 중앙집권적 체제가 흔들리기 시작하는 것이다. 더 나아가 조선 왕조 중기 이후 사림파가 중앙 정계를 지배하기 시작하면서 서원은 이른바 사액(賜額)서원의 형태로 정부의 공식인증을 받은 정규교육 기관화하면서 정치권력의 거점으로까지 영향력이 확대된다. 이 시기에는 이른바 향약의 형태로 지역공동체를 묶고 서원이 그 향약을 통한 지역지배구조의 중심이 되면서 서원의 정치적 영향력은 더욱 확장된다. 이러한 서원의 영향력 확대는 서원이 정치적 붕당과 파벌의 주된 원인으로 변하는 계기가 된다.[2] 결국, 조선 말기 1000여 개가 넘던 서원들은 중앙집권체제의 회복을 통한 왕권 강화를 희구했던 대원군의 서원철폐령에 의해 몰락의 길로 들어서게 되었음은 이미 잘 알려진 역사적 사실이다.

오늘날 우리나라에서 벌어지고 있는 학벌주의 타파 논란과 지방분권 논란의 이면에는 조선시대 관학과 사학 간에 벌어진 정치적 갈등과 그 추이라는 역사가 모양을 달리하여 반복되는 경향이 짙다. 서울대학 출신의 수도권 엘리트 계층과 지방의 사립대학을 거점으로 활동하던 학자들의 중앙정부 진출이 늘어나면서 고등교육과 지식의 기능이 이러한 세력 싸움의 정치적 측면에서 해석되고 실천될 가능성이 높은 것이다.

---

2) 전용우. "16-17세기 충북지역의 사림과 서원". 충북학 제4집 1-48쪽, 충청북도, 충북학 연구소, 2002. 전용우는 이 논문에서 충북지방의 서원을 둘러싼 기호사림과 영남사림의 경쟁을 향권을 둘러싼 갈등으로 파악하고 있다.

독일식과 미국식, 프랑스식의 대학이념과
그 변화, 그리고 한국식의 대학 현실

우리나라의 대학사회를 지배하는 세 가지의 이질적인 이상이 있다. 그 하나는 독일대학에서 유래한 것이며 또 하나는 미국의 대학에서 유래한 것이다. 나머지 하나는 아마도 프랑스에 그 연원을 두고 있는 듯한 교육과 연구의 분리에 기초한 제도적 관념이다.

1809년에 세워진 베를린 대학(훔볼트 대학)은 프러시아 내무성의 교육국장을 하던 훔볼트의 생각과 이상이 반영되어 만들어 졌다. 칸트를 계승한 그의 생각에는 대학은 그 자체 국가적인 것이지만 정부로부터는 철저히 독립적이며 학문과 진리에 봉사하는 기구였다. 그는 특히 교사가 되기 위한 수련의 마당으로서 인문학과 과학을 중심으로 하는 학부가 의학 법학 신학과 같은 전문직업교육 대신 대학의 중심에 놓이기를 희망하였다. 이곳에서는 미래의 교사들이 연구에 종사하며 교사자격을 준비하는 것이었다. 따라서 인문학과 과학의 분야별 학문 탐구 자체가 해당 분야별 교육론(Pedagogy)을 내포하고 있었고 연구와 교육은 통합된 개념이었다. 예를 들어 과학의 원리와 이론 속에는 동시에 과학교육이론(Pedagogy)이 포함되어 있는 것과 같다.

슐라이어마허와 피히테가 베를린 대학의 초대와 제2대 총장을 지내면서 이러한 독일 관념론적 전통은 독일 대학의 지배원리가 되었을 뿐 아니라 이른바 20세기 전반까지 지속된 법률, 의료, 종교, 대학교수와 중등교사 등 고급전문직종 양성중심의 〈근대적 대학〉의 모델이라고 할 수 있다. 이들 독일의 대학은 강력한 권위와 리더십을 보장받은 정교수가 이끄는 대학연구소가 교수와 학생의 학문탐구활동의 중심이 되는 구조에 바탕을 두고 있다. 훔볼트식의 대학이념은 독일법학의 세례를 듬뿍 받고 있는 우리나라 대학의 법학교수와 독일에서 공부하거나 독일어 독문학을 통해 독일을 알고 있는 지식인 사회에 광범하게 퍼져 있고 우리 대학을 지배하는 관념적 토대의 하나를 형성하였다.

그러나 오늘날 독일식의 대학은 과거의 유물로 변해 가고 있다.[3] 유럽통합 이후에는 역내 국민들이 자유롭게 이동하는 상황에서 유럽 내 독일국민의 위상을 약화시킬 수밖에 없는 고등교육 기회 제약의 오랜 전통의 주된 원인으로 지목받고 있는 것이다. 이로 인해 독일의 대학들은 현재 독일정부의 강경한 개혁 요구에 밀리고 있다.

한편, 1960년대 이후 대학의 수가 급격히 늘어나면서 우리 대학사회에는 미국 유학을 거친 교수진의 비중이 지배적 규모로 확대되었다. 이에 따라 자연스럽게 미국식 대학의 운영원리가 우리 대학의 모델로 작동하기 시작하게 된다. 20세기 들어 미국에는 독일 또는 영국대학을 모델 삼았던 전통적인 주립대학 외에 새로운 주립대학이 주 정부 직영 형태로 대거 설립되어 고등교육 기회 확충의 선봉에 서게 된다.[4] 이들을 중심으로 하는 전형적인 미국식 대학의 특징은 고등교육이 대중화되고 대학이 전통적 고급전문직을 넘어 산업발전을 위한 민간전문인력의 공급에 적극 나서게 된 20세기 후반부 대학의 모습이라는 점이다.

미국에는 다양한 유형의 대학이 수없이 있다. 대규모-소규모, 연구중심-교육중심의 기준만을 복합적으로 적용해도 최소 4개의 유형이 생겨난다. 그러나 미국식 대학의 운영원리 밑바탕에는 공통된 근저가 있다. 그것은 경험과 이론의 긴밀한 결합, 그리고 이를 통한 문제해결이라는 미국대학이 지향하는 지식관에서 유래된 것이다. 전문직업세계, 산업계, 공공정책현장과 대학은 언제나

---

3) 필자는 2003년에 훔볼트대학(베를린대학)을 일부러 찾아 방문하였다. 베를린에 도착하자 전화번호부를 찾아 학교위치 확인을 하려는데 놀란 것은 과거의 서베를린에 위치한 베를린자유대학의 전화번호가 2쪽을 넘게 적혀 있음에 반해 훔볼트대학의 전화번호는 단 두 줄 적혀 있는 것이었다. 이는 훔볼트 대학의 현재 위상을 보여주는 전형적 지표라고 할 수 있을 것이다.

4) 미국의 주립대학은 대체로 2종류이다. 19세기에 주 정부가 제공하는 토지를 기반으로 설립된 비교적 오래된 주립대학(land-grant university)과 20세기 들어 주정부가 직접 직영형태로 설립한 신제 주립대학이 바로 그것이다. 통상 전자는 학교명에 State를 붙이지 않으며 후자는 학교명에 State가 들어가 있다. 미시간 주의 예를 들면 University of Michigan는 전자에 속하며 Michigan State University는 후자에 속한다.

함께 어우러져 운영되고 있으며, 미국에서 가장 고전적 보수적 대학이념을 추구하는 대학이라 할지라도 이 점에서는 예외 없이 독일의 관념주의적 대학원리와는 확연한 차별성을 보이게 마련이다. 즉, 미국에서의 대학은 근본적으로 공공 민간을 막론하고 사회의 진보(progress)와 발전을 위한 거점이며 지식엔진이다. 미국대학이 수행하는 연구가 기본적으로는 정부, 기업, 직종집단의 수요와 자금지원에 의해 구안된 용역연구 프로젝트의 성격을 지니는 것이 바로 그 때문이다.

이러한 미국대학의 풍토를 경험하고 돌아온 미국유학파 교수들은 국내에 돌아와 이러한 미국식 대학 교수활동을 추구하기 마련이며 그들이 대학경영에 참여하면 더더욱 이를 우리의 대학사회에 구현하려는 경향이 있다. 그러나 한국 대학의 기본구조와 풍토에는 이미 독일식 대학모델의 영향이 상당 부분 정착되고 굳어져 있으며 여기에 부가된 미국식 대학의 관념과 제도가 성공적으로 쉽게 조화를 이룰 것이라는 보장은 없으며 양자가 끊임없이 서로 충돌할 가능성이 많다.

그러는 사이에 대규모 교육연구단지를 지닌 연구중심대학 형태의 미국식 대학에서 일어나는 대학생 교육의 불충실에 대한 비판이 높아지면서 대학의 역할을 교육중심으로 돌리고자 하는 기대가 커가고 있다. 단적으로, 잘 가르치는 것이 대학에서 가장 중요하다는 것이다. 이 점에서 로스쿨, 의학전문대학원, 경영대학원의 MBA과정 등 인기 있는 고등교육프로그램들이 모두 연구보다는 교육의 우수성을 전력 추구하는 프로그램들인 것을 주목할 필요가 있다. 고등교육에서 연구보다 교육을 더 강조하는 이러한 흐름은 고등교육이 대중화를 넘어 보편화 수준에 이른 것이 그 배경이 되고 있다.[5] 아마도 21세기 형태의 대학모델은 바로 이렇게 잘 구성되고 표준화된 교육과정을 중심으로 하는 우수교육 프로그램이 그 핵심이 될 것이다. 그리고 이러한 우수교육은 기성의 세분화된 학문 장벽을 넘어선 학제적 성격을 강하게 띠게 될 것이다.

우수한 교육프로그램 지향이라는 점에서 프랑스의 고등교육 시스템을 참고

---

5) 통상 고등교육기관취학이 학령인구의 60%를 넘을 경우 고등교육의 보편화 단계로 본다.

할 필요가 있다. 프랑스에는 우수 교육프로그램 중심의 국립 그랑제콜들이 대학과는 별개로 발전하여 왔으며 현재는 사립 그랑제콜의 발전 역시 두드러지고 있다. 대학에 있어서도 프랑스에서는 교육과 연구가 분리되는 경향이 있다. 연구는 대학보다 별도의 연구소들에서 더욱 활성화되어 있다. 이는 구소련에서 정착되었던 고등교육과 국가연구개발체제의 제도적 분리와 같은 것이다. 이에 따라 프랑스의 대학원생들은 논문을 작성할 때 대학과는 별개의 연구소에 배치되는 경우가 많다. 즉, 학생의 이동을 통해 대학과 연구기관이 연계되는 것이다. 21세기 형태의 대학모델은 바로 이렇게 잘 구성되고 표준화된 교육과정을 주심으로 하는 우수교육 프로그램이 그 핵심이 될 것이라는 점에서 프랑스식의 교육중심대학 모델이 향후 더욱 각광을 받을 가능성이 높을 것이다.

우리나라는 방대한 규모의 정부출연 연구기관들을 대학체제와는 별도로 유지하고 있다. 전체 정부출연 연구소들의 연구진과 직원규모가 전체 국립대학의 교수 및 직원 규모와 비슷하게 유지되고 있다. 그리고 많은 중요한 발전연구(R&D)가 정부연구소들을 통해 수행된다. 또한 기업이나 사립의 연구소들을 전부 합치면 사립대학의 교수진 규모에 버금갈 것이다. 흔히 말하기를 교육 연구 봉사가 대학의 기능이라 하지만 이는 교육과 연구가 통합되는 전통을 지닌 독일-미국식 대학의 경우에 딱 들어맞는 얘기이며 우리나라의 대학은 학내·외의 제도적 골격이 당초부터 교육기능을 중심으로 짜여져 있다.[6]

현재 우리나라의 대학에는 19세기 독일대학의 학문적 전통, 20세기 미국대학의 학-연-산 통합, 21세기를 향한 우수한 교육프로그램에의 요구라는 세 가지 이질적인 요소가 복잡하게 혼재해 있다. 그에 다른 갈등과 부적응 또한 매우 크다. 이러한 갈등과 부적응을 해소하는 방법은 대학의 다양성을 제도적으로 보장하고 정부의 정책 역시 이러한 대학의 다양성에 적응하는 데 있다.

---

6) 예를 들어 우리나라 대학의 회계시스템은 철저히 교육 경비 중심으로 되어 있어 연구에 따른 경비를 위한 회계 처리는 대학회계의 주된 흐름과 유리되어 있다. 필자는 이 점에서 무리하게 우리나라 대학들에 교육과 연구의 기능 통합을 추구하기보다는 프랑스처럼 학생과 교수들이 대학과 연구소 간에 자유롭게 이동하도록 함으로써 연구와 교육의 연계를 도모함이 효과적일 것으로 본다.

한국의 대학: 기관인가, 제도인가, 인습인가?

영어에서 대학을 가리키는 전형적 용어는 '제도(institution)'이다. 그런데 제도란 무엇인가? 사회학자들은 어떠한 조직이 조직 밖의 사회 전체적 규범과 가치관과 긴밀히 결부되어 그것과 일체화되었을 때 이를 '제도화되었다'라고 정의하거나 아니면 그냥 단순히 반복되는 인간 행위의 유형을 제도로 정의하기도 한다.

그런데 이러한 사회학자들의 정의는 지나치게 실증주의적이어서 문제의 본질에 대해서는 별 다른 해답을 보여주지 못한다. 즉, 올바른 제도와 단순한 인습 간의 차이가 무엇인지에 대한 시사가 전혀 없는 것이다. 예를 들어, 현재 우리나라의 대학은 제도인가 아니면 인습에 불과한 것인가 하는 문제와 같은 본질적 물음에 대해 말하고자 하는 것이다.

하나의 정치체제의 종류를 이상적인 상태와 그 타락한 상태로 나눈 것은 아리스토텔레스였다. 예를 들어 민주공화정에는 이상적인 민주공화정이 있고 반대로 타락한 민주공화정이 있는 것이다. 이러한 논리를 모든 제도에 확장 적용할 수 있다. 어떤 제도가 타락하면 그것은 제도가 아니라 인습에 불과하게 되는 것이다. 그렇다면 인습과 구별되는 제도의 본질은 무엇인가를 탐색해 볼 필요가 있다.

제도는 거기에 인간 지성의 발로가 내재해 있을 때 제도다운 제도가 된다. 이를 결여한 모든 제도는 인습이며 제도가 그 운영과정에서 내재된 인간지성의 작용을 상실하게 되면 인습으로 타락하게 된다. 인간 지성이라고 말했지만 인간의 지성이 신의 말씀(logos)의 작용이라는 관점에서 보면 제도란 '신의 설립물'이며 '하나님의 역사하심'이 깃들어 있을 때 올바른 제도라는 신학적 해석도 있는 것이다.

제도를 가리키는 서양의 용어법의 하나인 〈시스템 system〉에 대해 미국식의 사고방식과 프랑스를 위시한 유럽식의 사고방식을 비교해 볼 필요가 있다.

전형적인 유럽적 사고방식에 의하면 진정한 시스템이란 의도적 조절(regulation: fine-tuning의 의미)에 의해서만 출현한다. 이러한 이론의 대표적 사례가 이미 국내에도 소개된 프랑스의 조절(regulation)이론이다. 반면 미국에서는 정부나 어떤 지적 노력의 의도적 개입 없이 시장 내 행위자의 자율적인 행동선택이 누적되어 사후적으로 형성된 질서도 시스템으로 간주한다. 반면에 유럽에서는 시장이란 근본적으로 시장당국과 거래질서의 확립 등 정부 국제기구 등 공적인 권위에 의한 의도적 노력의 산물로 보기 때문에 여전히 의도적 조절의 산물인 것이다.

인간의 행위는 탐욕, 나태, 단순한 친교, 자비 등 지성의 발현 이외의 다양한 동기에 의해서도 반복되고 정형화될 수 있다. 문제는 이러한 반복되는 행위가 제도라고 불려지기 위해서는 단번에 이루어졌건 아니면 오랜 시간의 누적을 통해 이루어졌건 인간지성에 의한 디자인이라는 틀 속에서 이루어져야 하는 것이다.

그렇다면 한국의 대학은 제도인가, 인습인가? 오늘날의 한국 대학의 실제를 볼 때 기업이나 정부의 단위조직과 같은 의미에서 의도적인 경영 또는 관리가 행해지는 사업체 또는 기관으로서의 성격은 미약하다고 볼 수 있다. 그렇다면 다음으로 우리나라의 대학의 일상에 전체적으로 보아 인간 지성에 의한 신중한 설계 그리고 지속적으로 작동하는 지성에 의한 조절의 흔적이 엿보이는가를 따져 볼 필요가 있다. 아마도 많은 대학의 현실이 그렇지 못하다고 보아도 과언이 아닐 것이다. 바꾸어 말해 우리나라의 많은 대학들이 합리적 제도라기보다는 인습의 수준에 머물러 있지 않은지 자성해 보아야 한다.

교수를 포함해서 우리 대학의 구성원들은 정치 경제 사회 문화 등 대학 밖의 다른 부문에 지성의 잣대를 들이대고 이를 적용하는 데는 많은 관심을 보이고 있으나 정작 자신들이 소속해 있는 대학 그 자체에 이를 적용하고 구현하는 데는 관심이 적다. 예를 들어 건축학과 교수가 자기 대학의 건축물과 시설에 자신의 전문성과 지성을 적용하는 것은 별로 보기 어려우며, 법학과 교수가 자기 대학의 대학법제를 합리화하는 데는 큰 기여를 못하고 있는 것이다. 또 대학 내의 수많은 합의 기구들과 회의들은 실질적 토의를 통한 결론에 도달하지 못하고 형식화되기 일쑤이다. 바로 이 때문에 우리나라의 대학은 지성의 제도라기보다는 점점 인습화되어 가고 있지 않느냐는 의문을 제기해 보는 것이다.

대학, 그 탁월한 생존능력

　제도란 끊임없이 부침한다. 그래서 어떤 사람들은 하늘 아래 변하지 않는 것은 없다고 말하며 영원한 것을 이 세상 밖에서 구하기도 하고 또는 현존하는 제도들을 공격하며 이를 뜯어고치려 하기도 한다. 반면에 보수주의적인 다른 사람들은 사회제도란 궁극적으로 신의 설립물이라는 표현까지 하면서 제도의 영속적 측면에 주목한다. 과거로부터 유래되어 현대 사회에 전해져 살아 있는 제도들 중 가장 오랜 것은 아마도 가톨릭 유교 불교 등 종교적 제도들일 것이다. 수천 년의 오랜 시간이 주는 온갖 시련과 시험을 이겨낸 그 제도들은 그야말로 신의 설립물이라는 표현에 합당할 만큼 영속성을 자랑한다.

　이와 같은 종교적 제도를 제외하면 현대사회의 제도들 중 가장 오랜 역사를 자랑하는 것은 아마도 대학일 것이다. 시대에 따라 변화를 겪어 왔지만 적어도 800년 이상을 유지 발전하여 왔다. 이에 비하면 주식회사와 같은 근대기업제도는 이제 겨우 걸음마 단계라고 보아도 과언이 아닐 정도로 역사가 짧다. 개별적인 조직 단위로 보아도 대학이 기업보다 오래 가리라는 판단을 하는 것이 상식적이다. 예를 들어 그 어떤 우리나라 굴지의 기업이 서울에 있는 어느 한 대학보다도 오래 지속될 것인가를 물을 경우 누구도 자신 있게 기업을 꼽기 어려울 것이다.

　대학은 왜 이렇게 높은 생존 능력을 지니고 있을까. 그 이유를 세 가지 점에서 찾아보고 싶다. 첫째로, 대학은 비경쟁을 통한 경쟁력을 지향하여 왔다. 우리가 사용하는 통상의 의미에서의 경쟁은 제한된 자원을 둘러싼 경쟁이다. 예를 들어 관료제 내의 경쟁은 제한된 자리, 제한된 예산, 제한된 권력을 차지하려는 경쟁이며, 시장경쟁은 궁극적으로 제한된 소비자의 구매력을 겨냥한 공급자 간의 경쟁이다. 이러한 경쟁에서의 승리는 언제나 상대방의 기회를 박탈하는 양상을 수반하기 마련이다.

그러나 교육과 연구를 주된 일로 삼고 있는 대학은 제한된 자원을 목표로 경쟁하기보다 무한한 확장 가능성을 가진 지식의 세계를 놓고 경쟁하고 있다. 대학과 대학 간 또 대학교수와 대학교수 간에는 제한된 자원이라는 한계를 통한 상호 의존과 이에 다른 경쟁갈등이 〈원칙적으로〉 존재하지 않는 것이다. 물론 대학과 대학교수들이 제한된 연구비나 학교운영지원비를 놓고 경쟁하기도 한다. 그러나 이러한 경쟁은 대학교수나 대학의 경쟁력과는 상대적으로 무관하며 인간 본성에 따른 돈에 대한 욕심의 산물로서의 경쟁일 뿐이다. 연구비 많이 쓴다고 우수한 교수가 되는 것도 아니며 교육비 투자를 많이 한다고 우수한 대학이 되는 것이 아니기 때문이다.

그러므로 지금까지 대학사회의 발전과 지속을 위한 지배적 전략이나 행동관행은 대학교수 또는 대학들 상호간에 일정한 목표, 즉 제한된 자원을 향해 경쟁시키는 것이 아니라 시장 경쟁과는 다른 특별한 행동양식, 즉 탐구(inquiry)를 대학 성원과 조직들에 내면화 일상화하고 이를 제도화하는 데 맞추어져 왔다. 예를 들어 대학사회에서의 퇴출은 경쟁의 결과 상대방에게 제한된 자원과 기회를 박탈당함으로써 이루어지는 것이 아니라 대학사회에 내면화되고 일상화된 행동양식, 즉 단체규범을 충족시키지 못한 제재로서 이루어지는 것이며, 이러한 퇴출은 극히 제한적 예외적으로 이루어질 수밖에 없다. 이러한 지배적 관행을 가진 대학이 기업조직이나 관료조직에 비해 뛰어난 생존능력을 보이는 것은 어찌 보면 당연하다.

둘째로 한 사회 내에서 대학의 지위를 전체적으로 볼 때 대학이라는 조직은 영향력과 생존의 기술 그 자체를 조직의 핵심기술로 하고 있는 점을 지적

할 수 있다. 미국의 탐슨(Tompson)이라는 조직사회학자는 비교조직론적 관점에서 조직의 핵심기술(core technology)이 그 조직의 모든 것을 결정한다고 보았다. 그렇다면 대학의 핵심기술은 무엇인가. 대학은 새로운 현상을 이론화하고 이를 전수하는 것을 조직의 핵심기술로 하고 있다. 이 세상에는 끊임없이 새로운 것들이 출현한다. 새로운 관행, 새로운 제품, 새로운 기호와 가치 등. 그러나 이렇게 출현한 새로운 것들은 다른 모든 이 세상의 것들처럼 언제 덧없이 반짝하는 일시적 유행으로서 과거 속으로 사라질지 모른다. 이것들이 사라지지 않고 지속되는 확실한 길은 이론화를 통해 개념으로 정리되고 전수되며 사람들에 의해 기억되는 것이다. 그런데 바로 이 작업을 대학이 수행하는 것이다. 즉 대학은 모든 것들의 생존에 불가결한 기술을 조직의 핵심기술로 가지고 있는 것이다. 하물며 스스로의 생존에 관해서 탁월한 기량을 발휘하는 것에서야 더 말할 나위도 없다.

사실 대학은 역사상 중요한 새로운 변화와 혁신의 주체가 된 적이 별로 없다. 르네상스, 종교개혁, 산업혁명은 물론이고 현재 진행 중인 정보화 혁명 역시 대학 밖의 파이오니어들에 의해 시작되어 진전된 것이다. 대학의 역할과 경쟁력은 이들 혁명이 어느 정도 성공을 거둔 뒤 그 성과가 시간의 시련과 시험 속에서 덧없이 사라지지 않고 존속할 수 있게 이를 정리하여 이론화하고 교육을 통해 전수하는 것에서 발휘되었다. 다시 말해서 혁신은 대학 밖에서 일어나지만, 그 혁신을 제도화하고 지속시켜 그에 따른 과실을 향수하는 것은 대학인 것이다. 대학의 뛰어난 생존능력은 여기에서 기인한다.

셋째로, 대학은 사람을 퇴출시킴으로써 경쟁력을 유지하는 게 아니라 계속 보유함으로써 경쟁력을 유지한다. 이를 뒤집어 표현하면 대학은 특정 공간 예를 들어 시장 기타 특정 체제 속에서의 승리를 노리는 것이 아니라 한 세대 또는 세대를 뛰어넘는 시간 속에서의 경쟁력을 추구하는 전략을 취한다고 말할 수 있는 것이다. 즉 일정수준 이상의 우수인력을 구성원 즉 교수로 충원한 뒤 이들을 지속적으로 보유한다. 같은 세대 또래 집단에서 다른 분야로 진출한 이들의 동료들은 치열한 관료조직 내 경쟁 또는 시장경쟁을 거쳐 대부분이 탈락하고 극히 일부만이 최고의 지위에 도달한다. 그동안 대학은 이들과 언제나 함께할 수 있는 우수 인력을 퇴출시키지 않고 계속 보유하고 있다가 그 사회의 지배적 네트워크를 다른 분야에서의 최종 승리자인 이들과 공유하는 것이다. 어찌 보면 일종의 무임승차(free riding) 전략이라 할 수 있다.

원래 옛날부터 학자들은 권력자와 통치집단에 참여하여 통치와 권력의 네트워크를 형성하여 왔다. 그래서 서양 중세의 많은 교황이 신학교수 중에서 배출되었으며 동양에서는 유학자들이 통치집단을 형성하여 왔다. 근래의 경우를 보더라도 1960~1970년대에 미국의 사회학자들은 주로 지역사회를 중심으로 한 사회 내에서의 지배적 집단의 네트워크가 형성되는 데 주목하고 이를 지배네트워크(ruling network)로 명명하여 그 실체를 분석하고자 노력한 적이 있었다. 최근 행정학에서는 정책결정이 행정조직이 아니라 문제와 이슈 중심으로 교수 등 전문가와 관료 간에 형성되는 이슈네트워크에 의해 주도되는 현상을 주목하고 있다. 이러한 역사적 진전과정을 보면 대학교수들이 과거에는 윤리학 철학과 같은 인문적 지식을 매개로 최고 통치집단의 네트워크에 참여해 왔으며 지식의 축적과 기술화의 진전에 따라 지식을 매개로 하는 지배네트워크가 넓어지고 심화되어 온 것으로 짐작된다. 대학은 그 전 역사를 통해 이러한 네트워크의 중심에 있어 왔으며 그 경향은 오히려 점점 심화되고 있는 것이다. 이것이 대학의 뛰어난 생존능력의 원천이 됨은 물론이다.

마지막으로, 대학의 실체는 구체적 유형물로서의 〈토지(건물포함)〉에 확고하게 뿌리박고 있다. 바로 여기서 대학의 장기지속성을 담보하는 또 다른 원천이 생겨난다. 즉 토지의 항구성이 대학의 존속을 담보하는 것이다. 반면, 회사형태의 근대적 기업제도에 의하면 기업이란 순수한 활동-영리추구 활동으로 정의된다. 설립 초기의 납입자본만 있다면 설립 이후 그것이 자본잠식으로 인해 다 사라져도 기업으로서의 형식적 존속에 지장이 없으며, 채무가 자산보다 더 많아도 존속 자체는 상관없다. 따라서 자산이 전혀 없는 기업, 채무가 자산보다 2-3배, 심지어 우리나라에서는 10배가 넘는 부실기업도 기업으로 버젓이 활동할 수 있는 것이다. 구체적 특정자산은 회사의 존속과 더욱 상관없으며, 매각되어 현금화하거나 다른 자산과 교환되어도 상관없다. 즉, 그러한 것들은 회사의 본질이 아닌 것이다. 기업이 수명이 짧은 이유의 하나는 토지가 아닌 사람-예를 들어 주주를 그 실체로 하기 때문이다. 이러한 기업이 지극히 수명이 짧을 수밖에 없음은 당연하다. 근대기업제도 자체가 짧은 기업수명을 예정하고 있는 것이다. 이에 비해, 개인소유 점포를 토대로 한 가족기업 중에는 2대 3대를 이어 기업이 지속되는 경우가 있다. 이는 구체적인 유형물인 부동산으로서의 점포에 기업의 실체를 두기 때문에 가능해지는 것이다. 대학은 다르다. 설립 당초 또는 그 이후의 조치에 의해 대학기본재산으로 특정된 것들은 원칙적으로 처분이 불가능하며 학교의 본질적 구성부분이 된다.

요즈음 신자유주의의 확산과 함께 대학 사회에도 경쟁을 강조하는 분위기가 급속히 퍼져가고 있다. 그런데 경쟁력을 시대의 풍파를 넘어서 오랜 시간을 단위로 하는 생존능력이라는 관점에서 정의한다면, 적어도 대부분의 우리나라 대학은 현재 우리나라에서 가장 성공적으로 운영되는 그 어떤 기업보다도 결코 경쟁력이 떨어지지 않으며 그 기업들이 세상에서 사라진 이후에도 훨씬 오래 지속될 것이라 추정해도 큰 무리가 없다.[7]

---

[7] 세계적인 초국적기업들의 평균 수명은 30년이 채 되지 않는다는 것이 여러 조사들에 의하여 밝혀져 있다. 이에 비하면 대학들은 아무리 위태로워 보여도 거의 대부분 향후 50년, 100년 후에도 사라지지 않고 존재할 것으로 추정하는 데 전혀 무리가 없다.

대학과 토지

앞서 시사한 것처럼 토지는 대학의 본질적 요소의 하나이다. 국가가 영토를 그 근본요소의 하나로 하는 것처럼 도시가 주민, 자치권과 함께 도시의 영역을 그 근본요소의 하나로 하는 것처럼 대학은 자치관할 속의 토지를 그 본질로 한다.

우리나라 대학들은 캠퍼스라는 이름으로 많은 토지를 보유하고 있다. 크게는 200만 평 이상 규모의 대형 대학부터 수만 평 규모의 작은 캠퍼스를 지닌 대학까지 천차만별이기는 하다. 그러나 이들이 우리나라의 주된 대토지 소유주라는 점은 누구도 부인할 수 없다. 현재 우리나라 4년제 고등교육기관들이 보유한 교지와 그 부속 토지를 전부 합하면 약 4억 3천만 평방미터 평수로는 1억 3천만 평에 달한다. 더구나 대학이 위치한 곳은 지리적으로 요지일 수밖에 없다. 주변의 토지 가격을 감안한 시장가격으로 따지면 수백 조원이 넘는 엄청난 자산이 될 것이다. 그야말로 한국의 대학은 명실 공히 우리나라 최대의 대지주 집단이라 할 수 있다. 그런데 이 대토지 소유자들이 대학재정 부족으로 허덕이고 있다고 아우성이다. 외견상으로는 언뜻 납득이 가지 않는 일이다. 어쩌다 이런 기이한 일이 벌어지는지 단단히 알아보지 않으면 안 된다.

대토지 소유에 대해 말하자면, 우리나라 역사에서 고려시대의 사찰들을 상기하게 된다. 그 당시의 사찰들은 많은 토지를 가지고 그를 바탕으로 고려시대를 풍미한 지배집단의 주요한 일원이었다. 고려시대 내내 우리나라 토지의 생산력 즉 농업생산력의 발전은 그 이전의 삼국시대나 그 이후의 조선시대에 비해 지체되었던 것으로 역사가들은 보고 있다. 그 이유의 하나가 사찰들의 독점적 대토지 소유에 있었던 것은 아닌가 하는 생각이 든다. 독점으로 인해 토지가 충분히 이용 개발되지 못했을 것이 분명하기 때문이다. 고려가 내내 시달리고 그것 때문에 멸망한 중요한 이유의 하나가 사찰들의 대토지 사유화에 있다는 점은 역사가들이 이구동성으로 지적하고 있는 바이다.

그렇다면 현재 우리나라의 대학들은 어떠한가. 우리나라 지방 도시들의 경우 인구 일인당 아주 많아야 기십 평밖에 돌아가지 않는 면적에 사람들이 거주하는 반면 우리나라 대학은 대학생 일인당 70평이 넘는 토지를 보유하고 있다.

대학들이 보유한 이 많은 토지들은 현재 어떻게 이용되고 있는가. 단적으로 말해서 교육적으로는 어떤지 몰라도 경제적으로는 기여도가 제로인 상태라고 보아도 과언이 아니다. 우리나라처럼 좁은 땅덩어리에 많은 인구가 몰려 사는 세계적으로 높은 인구밀도를 가진 나라에서 요지에 위치한 1억 3천만 평의 토지가 경제적인 기여를 전혀 못하고 있다면 이만 저만한 문제가 아니다. 사찰들이 고려 왕조의 경제적 발전에 멍에가 되었던 것처럼 혹시 우리나라의 대학들이 우리 경제 발전과 국민들의 복지 증진에 결정적인 멍에가 되고 있었다고 후세의 역사가들이 기록할지도 모른다는 상상을 해 본다.

대학이 보유한 토지가 경제적으로 무가치하게 되도록 방치해서는 안 된다. 더구나 지식 경제시대를 맞아 국가경제의 발전의 견인차이자 지역개발의 중심 역할을 해야 하는 대학이 그 보유하는 막대한 자산조차 전혀 경제적으로 이용할 줄 모른다면 한국의 미래는 암울하다. 이러한 상황을 개선하는 방법은 산학 협력을 통해서 대학의 토지가 충분히 활용되는 데 있으며 더 나아가 대학 토지 개발을 위한 적극적인 대책이 강구되어야 할 것이다.

대학 토지의 경제적 활용과 산학협력의 활성화를 막는 주된 원인의 하나는 대학 보유 토지와 그 수익에 대한 정부의 규제에 있다. 정부의 대학 토지 규율 자체가 토지의 보전과 학생교육에만 맞추어져 있으며 이러한 경제적으로 생산력 없는 토지를 투기적 목적으로 가급적 많이 보유하려고 하는 대학들의 욕심이 여기에 영합하여 경제 발전에 족쇄가 되는 무가치한 대토지 사유화를 낳고 있는 것이다.

대학 토지를 활용과 개발 촉진의 방향으로 이끌기 위한 정부 정책의 근본적 전환과 각 대학 경영자들의 보유 토지 개발 및 이를 통한 대학 재정 충실화를 위한 경영전략이 절실하다. 이것이 실현되면 우리나라의 경제는 선진국

수준으로 확실하게 도약할 것이며 여기에 실패하면 그야말로 후세의 역사가들이 한국의 대학들을 고려시대의 대토지 보유 사찰과 동열에 놓고 한국사의 발전을 가로막은 한 시대의 문제집단으로 간주할지도 모른다.

대학은 시설인가 단체인가

대학은 시설인가 단체인가? 우리나라의 법제에 의하면 대학은 공원, 박물관, 전시장 등과 같은 시설이다. 국공립대학은 국가 또는 지방자치단체와 같은 공법인이 설립자가 되어 이 시설을 설치 운영하며 사립대학은 대학의 기초가 되는 재산의 집합이 재단법인으로 의제되어 이 법인이 시설로서의 대학을 설치 운영하는 법적 주체가 된다.

흔히 대학교육의 가장 중요한 주체라고 일컫는 교수는 그러면 대학에서 무슨 법적 지위를 갖는가가 의문일 것이다. 이 경우 교수는 대학설립 운영주체가 사용자가 되어 고용(또는 위임)하고 대학이라는 시설에 배치하여 근무토록 한 피사용자일 따름이다. 이러한 우리나라 교육법제의 기본적인 관점은 교수가 교육의 주체라는 교육계의 일반적 인식과 정면으로 배치된다. 즉 제도의 형식과 제도의 내용이 어긋나는 것이다.

형식과 실질 간의 이러한 괴리는 다른 분야에서도 흔히 보인다. 예를 들어 불교종단은 국가법상으로는 불교재산을 기초로 하는 일종의 재단법인일 따름이다. 그러나 실질적인 불교는 이러한 국가법과는 별개의 법체계-종법(宗法)에 의해 승려들과 그 신앙체계를 핵심으로 정의된다. 대학의 경우에도 국법상으로는 다만 시설일 따름이지만 대학의 실체는 일종의 대학 내부규범인 대학법에 의해 교수들과 그 내부지배체제를 중심으로 하는 인적 조직으로 정의되고 있는 것이 엄연한 현실이다. 초·중등학교의 경우에도 대학과 마찬가지로 일종의 사회법 형태로 발달한 학교사회의 내부규범이 확립되고 그에 의해 학교의 실체가 시설이 아닌 교수들의 집단을 중심으로 규정될 가능성은 있다. 프랑스의 경우 아예 국가법률에 의해 학교를 시설이 아니라 교수들의 집단인 공적사단법인으로 정의하고 있다.

사실 우리나라의 민족적 전통에 따르면 대학은 교수 또는 학습자들의 모임으로 정의되는 것이 통상이었다. 구한말과 일제 초기에 걸쳐서 생겨난 수많은 사립학교-당시 이름으로는 학회(學會) 또는 학계(學契)들은 그 실질이 시설이 아니라 교수 또는 학습자의 모임이었다. 이는 계(契)와 같은 인적 조직을 통해 모든 사업(enterprise)을 계획하고 실행하는 전통을 지닌 우리 문화의 유산에 따른 것이었다. 이러한 사립학교들이 물적인 시설로 바뀌게 된 직접적인 계기는 일제에 의한 사립학교령이다. 이를 통해 일제는 '불온한' 인적 요소인 대학의 설립자들을 배제하여 학교를 재산을 중심으로 하는 물적인 실체로 순수화하는 동시에 교사들을 피고용인 신분으로 전화(轉化)시킬 수 있었다.

대학이 시설인가 단체인가라는 질문을 장황하게 검토하는 이유는 과연 어떠한 형태의 대학조직이 지식산업시대의 대학에 적합한 모습인가 하는 점을 논하기 위해서이다. 결론부터 말하자면 대학은 시설로서의 물적 요소와 단체로서의 인적 요소를 함께 가지고 있다. 그리고 지식산업사회에서의 다양한 학습수요를 감안할 때 대학의 형태도 다양화되지 않으면 안 된다는 것이다. 예를 들어 대학을 물적 시설로 정의하는 입장을 고집하면 최근 늘어나는 사이버대학들은 대학으로 인정되기 어렵게 될 것이다. 사이버 대학이야말로 사람들의 모임이 그 실체이기 때문이다. 평생교육의 확고한 전통을 지닌 스웨덴에서 학습을 목적으로 조직한 학습자 단체는 법률에 의한 보호와 정부보조를 받는 엄연한 교육기관이다.

우리나라 교육계의 고질적인 갈등 양상의 하나는 대학경영자와 교수집단 간의 갈등이다. 전자는 대학이 시설이라는 점에만 착안하여 경영권의 우위를 고집하려 하며 후자는 교수들의 모임인 대학의 주인이자 최고 의사결정권자는 전체교수라고 고집한다. 이러한 갈등은 물적 자본과 지식자본의 지분이 함께 인정되는 자본주와 기술자 간의 동업자 관계를 당연하게 인정하고 존중하는 상업적인 관행과 상식의 수준에조차 못 미치는 교육계의 무규범적 혼란(a-momie) 상태를 반영하는 것이다.

지식기반사회에서의 대학은 우선 그 법적인 실체부터 다양화되어야 한다. 어떤 대학은 학습자 단체로, 어떤 대학은 교수 단체로, 또 다른 대학은 물적 재산을 기초로 하는 시설로 다양하게 조직되고 그러한 실체가 법적 사회적으로 존중되어야 한다. 물론 여러 가지 성격을 함께 지닌 복합적인 성격의 대학도 있을 수 있으며 그때는 그 구성과 결합에 따른 지분과 목소리가 존중되어야 하는 것이다.

학교는 자연인인 개인이 아니라 하나의 조직이다. 법적인 현상으로서 분명한 사실의 하나는 학교가 독립된 교육법상의 행위를 자신의 이름으로 행하고 있고, 바꿔 말하면 교육법상의 행위능력을 갖고 있고, 그 대표자인 교장에 의해서 대표되고 있다는 점이다. 교육법상의 행위 이외에 재산상의 행위 등 사법상의 행위를 학교가 할 수 있느냐 하는 것은 별개의 정책적 문제이다. 많은 경우 재산상의 행위 등 사법상의 행위에 있어서는 별도의 대표자를 두는 교육상 재산상 이중대표제를 취하고 있고, 한국과 일본의 경우에는 아예 법인격을 분리하여 학교법인 또는 학교유지자인 법인 또는 자연인이 재산상의 행위 등 사법상의 행위를 하도록 함으로써 교육법상행위와 기타의 법적 행위를 더욱 철저히 구분하고 있다. 물론 학교유지자가 교육과정운영과 직접 관련된 일정 범위의 재산상 거래행위를 학교장에게 위임하여 학교장이 재산상의 거래행위를 하는 경우도 있지만 그것이 이중대표제라는 기본원칙을 벗어나는 것은 아니다.

이와 같은 이중대표제의 관행은 교육상의 행위가 불문의 관습법이나 교육조리의 형태나마 일반 사법적인 거래행위와는 별개의 법체계로서 실질적 공교육법에 의해 규율되고 있기 때문이라기보다는 교육상의 리더십과 경영상의 리더십이 현실적으로 분리되어 있는 사회적 현실 때문에 가능하게 되는 것이기 때문에, 양자의 행위를 하나의 대표에 의해 행해지도록 하는 것도 입법정책적으로 있을 수 있다. 더 나아가 공교육체제에서와 같이 교육사업이 고도로 제도화된 수익성 없는 비경제적행위로 간주되는 체제가 아니라, 교육사업 자체가 경제적 수지타산이 가능한 서비스사업으로 운영될 경우라면 이러한 이중대표의 필요성은 적어진다. 즉 교육적 관점과 경영적 관점을 학교조직상 통합시킬 수가 있기 때문이다.

대학을 포함한 교육기관의 법적 성격은 그래서 학교라는 교육적 경제적 주체를 어떻게 조직하는가와 직접 결부되어 있다. 학교의 실체를 사단(社團)과 같은 사람의 모임으로 보았던 전형적인 사례는 university로 명명되었던 중세의 대학이다. 파리대학은 교수들의 집단이 그 실체였고 볼로냐 대학은 학생들의 집단이었다. 이들은 사람이 그 실체라는 점에서 학교재산의 유무는 학교의 본질과 관련이 없었다. 그러나 유랑하는 교수와 학생의 복지를 위하여 기숙사 강의동 형태의 재산이 기부되면서 대학의 실체는 점점 교육목적에 제공된 재산으로 바뀌는 경향이 생기고 이들 재산을 조직의 실체로 한 대학, 즉 College가 출현하여 대학의 전형으로 화하게 된다. 그 이후 현대에 들어와 정부가 학교의 자본적 경비뿐 아니라 경상경비까지 부담하게 되면서 학교는 별도 독립된 법인이 아니라 정부조직의 일부로서 '공공영조물(公共營造物)'로 간주되기까지에 이른다.

상기와 같은 역사적 과정을 거쳐 오늘날까지 남아 있는 여러 가지 관념들에도 불구하고 현대에 있어서 학교를 포함한 교육기관의 실체는 교사와 학습자를 만나게 해주는 데 있는 것으로 보인다. 현실적으로 학습자와 교사가 개인적으로 만나서 교수-학습을 하는 것은 단편적이고 비능률적이다. 누군가가 의도적인 계획 하에 교육-학습 단계나 분야별로 다양한 전문성을 가진 교사와 다양한 수요를 가진 학습자를 체계적으로 중개하여 교수-학습의 장에서 만나게 해 주는 것이 학교인 것이다. 현대의 조직이론에 의하면 조직이란 시장을 통해서 개별적으로 만날 수밖에 없는 요소들을 조직 내에서 체계적으로 결합시키고 그를 통해서 능률과 합리화를 도모하는 활동을 의미한다. 학교 또한 이러한 의미에서 현대적 조직임에 틀림없다. 학교라는 조직주체가 나서서 교사와 학생을 각각 충원하여 일정한 프로그램 즉 교육의 질관리를 동반한 교육과정과 교수-학습조직을 통해 체계적으로 교육이 이루어지도록 교사와 학습자를 만나도록 중개하는 것이 학교의 실체이다. 이러한 성격은 특히 현대의 성인교육기관의 경우에 전형적으로 두드러지지만 전통적 학교의 경우에도 본질적으로 그 실체는 동일하다.

문제는 학교가 주체가 되어 교사와 학습자의 만남을 중개한다는 학교의 실체를 법적으로 어떻게 표현할 것인가에 있다. 가능한 설명은 ⅰ)학교가 교사와 고용계약을 맺고 학생과는 재학계약을 맺는 것을 통해 교사 및 학생과의 법적인 관계를 설정하고 있는 것이 현재 취해지고 있는 법적 외형의 일반적인 모습이지만, ⅱ)교사의 집단이 주체가 되어 학생과 재학계약을 맺는 것이고 새로 임용되는 교사는 교육의 주체인 교사단에 가입하는 것으로 법적인 구성을 할 수도 있고 ⅲ)학생이 주체가 되어 구성된 학생단이 교사를 고용한다는 구성도 있을 수 있다. 후자의 대학발전과정의 역사적 유산으로 오늘날에도 남아 학교 내 교수단과 학생회를 중심으로 옹호되고 있는 관념들을 법률적 표현으로까지 관철할 때 취해질 수 있는 각각의 입장이지만 이를 그대로 관철하기에는 오늘날의 학교조직 및 기능적 현실과 상당한 괴리가 있다. 한편, 국공립의 학교나 교회 또는 독지가의 재정부담에 의한 비영리사립학교와 같은 근대적 교육기관의 경우에는 상기 첫 번째의 법률적 표현이 외부적으로는 가장 적절할 것이지만, 지식과 학습의 내용이 고도로 분화되어 있고 교육과 학습을 공익재원에만 의존할 수 없는 평생학습지향의 사회에서 교사와 학습자의 만남을 의도적 체계적으로 계획하고 관리한다는 전문적 교육경영관리의 중요성도 정당하게 평가될 필요가 있다. 더 나아가 교사단의 관념이나 학생단의 관념까지 포함한 법률상의 학교조직, 즉 조직규범의 문제를 종합적으로 다시 평가할 필요가 절실하다.

학교의 오너십과 전문경영의 조직을 위한 입법정책이라는 관점에서 보면 학교라는 조직의 운영기반이 되는 지식/기능 등 문화적 축적의 기초와 재정적 기초 학습자의 참여 문제들이 학교의 오너십 구성의 주요 요소로 고려되어야 하

며 전문경영의 학교 오너십으로부터의 자율성을 어느 정도까지 부여할 것인가
도 동시에 고려되어야 한다. 근대 이후 기업조직이 회사법(會社法)을 통해 체
계적으로 규율 발달되어 온 것에 비하면 학교법을 통해 윤곽지어진 학교조직
은, 모든 국가의 학교조직의 외형적인 유사성에도 불구하고, 법률적인 측면에
서는 그야말로 국가에 따라 서로 극도로 다양하고 불분명하기 짝이 없는 상태
가 지금까지 계속되어 왔다. 더구나 각종 비영리, 영리의 사립교육기관의 경우
에는 개인기업이나 주식회사의 형태까지에 이르는 변화무쌍한 조직형태들이
난립하고 있는 것이다. 행정법학자들은 흔히 학교를 공공영조물(公共營造物)로
정의하지만 이는 현실의 일부분에 불과하고, 학교 등 교육기관의 법적 성격을
어느 정도라도 체계적으로 정의하기에는 각국의 이 분야 입법의 현실에 대한
이해작업은 황무지나 다름없는 상태라고 해도 좋을 것이다.

대학과 국가의 관계, 타운십으로서의 대학과 대학본부의 역할

시민사회와 정부 또는 넓은 의미의 정치의 관계에 대하여는 이미 우리나라
에서도 많은 논의와 연구가 축적되어 있다. 반면, 대학과 정부의 관계에 대하
여는 그렇지 못하다. 그만큼 우리의 대학의 지위에 대한 대학 내외의 반성과
지적인 탐구가 결여되어 있다는 반증이다. 그래서 무엇보다 우리나라의 대학
은 정부 또는 국가와 어떠한 관계에 서 있는 것인지를 스스로 명료히 할 필
요가 있다.

사립대학은 물론 국립대학을 포함하여 전체 대학은 국가 또는 정부와는 대
등한 별개의 사회부문이다. 양자는 상호견제 균형관계, 또는 부분적으로 서로

침투 협력관계에 서 있는 것이다. 그러나 어쨌든 시민사회 또는 시장이 국가와는 별개의 자족적인 사회적 실체인 것처럼 대학사회도 스스로의 고유한 원리에 의해 움직이는 자족적인 실체로서 국가와는 상호 대척에 서 있다.

우리 헌법 제32조 제4항은 일반적인 교육의 자주성, 전문성, 정치적 중립성과는 구분하여 〈대학의 자율성〉을 법률로 보장할 것을 명시적으로 규정하고 있다. 바로 이 〈대학의 자율성〉이야말로 국가와 대학의 관계를 규정짓는 핵심이며 이에 따라 정부기능의 한계가 그어지는 것이다. 헌법학자들은 일반적으로 헌법의 이 규정이 이른바 서구식의 대학자치 원칙을 천명한 것으로 해석하고 있다.

자치라고 표현하든 자율이라고 표현하든 이는 그 주체가 되는 대학의 법적 〈주체성〉과 그 주체가 가진 〈포괄적 권리〉를 반드시 전제하게 된다. 즉, 대학은 법률적으로 그 주체성을 인정받음과 동시에, 그 자율성이 미치는 영역에서 개별적인 여러 권능을 갖는 것이 아니라 단일한 포괄적 권능과 그로부터 유래되는 개별적 권한을 보유하여야 한다는 것이다.

대학이 그 법적 주체성을 인정받아야 한다는 당연한 사리를 강조하는 이유는 우리나라의 국립대학은 그 법적 주체성을 인정받고 있지 못하기 때문이다. 굳이 비유를 하자면 우리나라의 국립대학은 국립체육관이나 박물관과 같은 공공의 시설일 따름이며 법인격이 없기 때문이다. 과천시, 창녕군과 같은 지방자치단체가 공법인으로서의 법적 주체성을 가지고 있는 것과는 근본적인 지위의 차이가 있는 것이다. 구체적으로 과천시나 창녕군은 법적 주체성을 가지고 자치권을 행사하지만 서울대학교는 법적 주체성을 가지고 자치권을 행사한다는 것이 불가능한 것이다. 이 점을 본다면 국립대학에 법적 주체성을 인정하지 않고 있는 우리의 고등교육법이나 국립대학설치령은 대학의 자율이라는 헌법상의 제도보장을 정면으로 부정하는 위헌 소지 높은 법령이다.

서양의 도시들은 그 역사적 발전 과정에서 자치권을 획득함으로써 타 지역과 구분되는 지위를 획득하게 되었다. 도시는 스스로 자치권을 획득하여 자치행정당국을 설정함과 함께 그 성벽을 경계로 그 안쪽에 있는 사람들, 즉 시민들에게도 자유를 부여하였다. "도시의 공기는 사람을 자유롭게 한다"는 말이 그래서 나오게 된 것이다.

한편 서양에서는 도시뿐 아니라 대학도 자치권을 가진 사회정치적 단위의 지위를 누려 왔다. 대학의 자치라는 관념은 특히 독일 지역에서 확고하였다. 대학의 자치란 형태적으로는 도시의 자치와 크게 다를 바가 없다.[8] 대학의 구성원은 그 안에서 학문과 연구의 자유를 누리며 대학 당국은 이러한 구성원의 자유를 보장하고 외부의 권위로부터 대학 내의 질서를 지키는 보루 역할을 수행하였던 것이다.

우리나라에서는 대학의 자치라는 관념이 제도적 사회적으로 정착되어 있지 못하다. 우리나라 헌법은 학문의 자유는 보장이 되어 있어도 대학의 자치권이 보장되어 있다고 보기는 어려운 모호한 조문들로 채워져 있다. 실제의 사회적 현실을 보아도 우리나라의 대학은 단지 하나의 시설일 뿐 자치권을 행사하는 사회적 법적 주체라고 보기는 어려운 현실이다. 예를 들어 대부분의 대학이 대학 내의 치안을 스스로 책임지지 못하고 있으며 또 이를 대학 스스로의 책임으로 생각하지도 않는 경향이 있다. 또 국립대학의 경우는 법적 주체성이 부정된 채 정부 조직 체제 내의 사업소 직제와 정원 형식으로 그 지위가 설정됨으로써 객체화되고 있다.

한편 정부의 대학정책 당국자나 개별 대학의 행정담당자 상당수가 관료제 조직의 모습으로 고정화된 대학 이미지를 가지고 업무를 수행하고 있다. 즉 대학을 대학 본부를 정점으로 하는 계층적 조직사회로 무의식 중 생각하고 이에 따라 행동을 취하는 것이다. 많은 우리나라의 대학에서 대학본부의 기능이 대학 구성원과 그 소속 단위들에 대한 서비스가 중심이 되지 않고 관료적 규제와 집권적으로 강화된 중앙처리절차에 집중되는 이유가 여기에 있다.

우리나라에서도 대학은 더 이상 주체성 없는 시설로, 계층화된 조직으로 간

---

8) 〈도시〉는 구조적으로나 역사적으로 도(都, governance)와 시(市, market)가 결합한 것이다. 대학도 마찬가지이다. 대학본부를 중심으로 하는 가버넌스 구조와 대학구성원들의 자유로운 활동에 의한 대학 내 내부시장(internal market)이 결합한 것이 대학이다.

주되어서는 안 된다. 이러한 개념으로는 대학을 올바로 이끌어 갈 수가 없다. 다시 말해 이들은 현실에 부합하지 않는 잘못된 관념, 허구적인 관념이라는 것이다. 실제로는 많은 대학들 특히 대규모 대학들은 수많은 조직 단위와 활동들의 다발(cluster)로서의 실체를 지니고 있으며 단일의 조직으로서 대학이라는 관념은 허구이다. 즉 대학 본부라는 행정당국의 권위 아래 행해지는 상호 유리된(decoupled) 또는 느슨하게 연결된(loosely coupled)활동들의 총합이 대학인 것이다.

그러므로 대학에 대한 이미지는 오히려 하나의 도시 또는 타운으로 묘사되고 관념화되는 것이 올바를 것이다. 대학본부는 타운의 행정당국이며 대학의 캠퍼스는 대학 본부의 관할권이 미치는 공간이다. 그 위에서 자율성을 가진 교수, 학과, 프로그램, 연구소, 부속기구 등 수많은 활동이 행해지는 것이다. 이렇게 보면 대학도 앞서 기술한 서양의 도시와 다를 바가 없는 모습임을 알 수 있다.

다만 서양의 도시는 도시헌장(charter) 등 일정한 조건을 갖추어 법적 주체성과 국가로부터의 자치권을 획득하고 도시 내에서의 시민적 자유를 확립하고 있음에 반해 우리나라의 대학은 그렇지 못한 데 양자의 큰 차이가 있다. 우리나라 대학의 최대 과제는 바로 하나의 교육연구공동체로서 자율권을 획득하고 대학 구성원의 자유를 기반으로 하는 내부질서를 확립하는 것이다. 물론 대학들을 전체적으로 보면 대토지를 소유한 대규모 대학에서부터 조그만 학교 수준에 이르기까지 다양한 스펙트럼을 형성하고 있다. 물론 교육중심의 소규모 대학은 사업체 형태의 조직을 취하는 것이 적절할 수도 있다. 그러나 규모가 큰 대학들의 경우 적절한 절차를 거쳐서 국가로부터 자치권을 획득하고 구성원의 자율에 기초하여 서비스를 제공하는 대학본부 기능을 정립함이 필수적일 것이다.

이렇게 확립된 대학본부의 기능은 자치정부의 기능과 유사하다. 즉 자치정부들이 시민의 자유로운 활동에 기인한 소득으로부터 세금을 걷어 도시민 전체를 위한 공공서비스를 제공하고 더 나아가 시민들의 대외적 활동-이를테면

무역과 같은 것을 적극 지원하듯이 대학본부당국도 대학의 구성단위로부터 세금(overhead)을 걷어 대학 내 서비스를 제공하고 대학구성단위들의 대외활동-이를테면 산학협동과 같은 것을 적극 지원하는 것이다.

대학의 논리와 기업의 논리, 그 상호관계

경제계와 경제관료, 일부 경제전문가를 중심으로 "대학의 영리법인화"를 허용하라는 주장이 계속되고 있다. 더 나아가 기업으로 하여금 대학을 소유할 수 있게 허용하라고 주장하기도 한다. 이러한 주장에 교육계나 대학들이 효과적으로 반박하는 논리가 제대로 나와 있는 것도 아닌 상태에서 이러한 방향의 정책이 채택되어 출현할 가능성도 높아지고 있다. 그러나 이는 잘 모르는 상태에서 번지수를 잘못 찾은 정책이 될 것이다. 몇 가지 점에서 "대학의 영리법인화"라는 주장은 그야말로 궤변에 속하는 주장이라고 볼 수밖에 없다.

앞서 지적한 것처럼 대학과 기업은 그 존재양식과 평균 수명 자체가 크게 다르다. 전 세계적으로 활동하는 다국적 초국적 기업들의 평균 수명은 30년이 채 안 되는 것으로 나타나고 있다. 반면에 대학들은 100년 200년 더 나아가 수백 년씩 지속되고 있다. 수명이 30년밖에 가지 못하는 기업이 그보다 몇 배 더 오래 사는 대학을 소유하는 것이 옳은지 아니면 수명이 긴 대학이 수명이 짧은 기업을 소유하는 것이 옳은지는 삼척동자에게 물어 보아도 명약관화한 대답이 나올 것이다. 당연히 대학이 기업을 소유하는 것이 합리적이다. 실제로도 미국의 유수한 대학들은 수많은 기업을 소유하고 있다.

왜 기업은 수명이 짧고 대학은 수명이 긴 것인가. 이는 전혀 우연이 아니며 유전적으로 수명의 커다란 차이가 예정되어 있는 것이다. 이는 토지와 건물을 기반으로 하는 학교의 본질에서 나오는 결과이다. 토지는 항구성과 영속성이 그 특징이다. 따라서 교육이라는 특정 목적에 기부된 토지를 기반으로 재단법인화 된 형식을 취하는 대학은 그 토지가 천재지변으로 멸실되지 않는 한 지속되는 것이 원칙이다. 반면, 오늘날의 대형 기업들은 회사형태를 취하고 있다. 회사란 사단법인 즉 사람들의 모임이 그 본질이다. 바꾸어 말해 주주(株主)들의 모임인 것이다. 그렇기 때문에 재산이 없어도 기업의 요건은 충족되며 국가가 파산시키지 않는 한 자산보다 채무가 두 배, 세 배, 열 배나 되는 기업도 버젓이 유지될 수 있다. 한편, 인간들은 끊임없이 이합집산(離合集散)하는 동물이다. 뭉쳤다가도 금방 싸우고 헤어지며 또 그 모임도 자연수명을 넘어서 지속될 수 없다. 이러한 기업들이 활동하는 무대는 격렬한 불확실성이 지배하는 시장(market)이다. 기업들이 수백 년의 긴 수명을 갖는다는 것은 냉정히 말하면 거의 불가능하다. 그나마 상대적으로 오래가는 기업은 회사가 아닌 개인사업 형태의 소규모 점포들에서 나온다. 점포에 사용되는 토지 건물이 그대로 있고 자손에게 그 가업(家業)이 원활하게 상속되면 3대까지는 지속될 가능성이 있다. 이렇게 대학보다 오래 살 가능성이 없는 기업이 대학을 소유한다는 것은 그야말로 희극적인 주장이 될 수밖에 없다.

우리나라에서 종종 나오는 주장의 또 다른 하나는 "학교도 기업처럼 파산시켜야 한다"는 겉으로는 그럴싸해 보이는 주장이다. 이러한 주장을 하는 사람은 '파산'이란 채무초과, 즉 자산보다 채무가 더 많은 것을 기본요건으로 한다는 점을 전혀 모르고 말하는 것이다. 기업들은 상법상의 기업유지의 이념에 따라 민사상 사단법인의 경우라면 당연히 파산절차가 개시되어야 할 경우에도 법정관리절차, 회사정리절차 등의 이름으로 그 기업을 살리려는 노력이 제도적으로 보장되어 있다. 심지어는 채무-자산 비율이 1000%가 넘는 부실기업도 기업갱생(work-out)이라는 절차를 거쳐 채권자의 회생과 정부지원으로 살려낸다. 반면에 우리나라 대학의 경우는 제아무리 부실한 학교도 사채까지 포함하여 채무가 자산의 10%까지 올라간 적이 없다. '채무초과'라는 파산의 기본 요건과는 거리가 먼 것이다. 자산이 채무보다 10배 이상 많은 학교를 파산시킨다는 발상은 성립될 수 없다. 학생모집이 어려워 겪는 대학의 재정적 어려움은 기업의 부실과는 달리 현금흐름상의 일시적 어려움에 불과하다. 그러한 어려움은 우리나라 학교들이 통상 과다 보유하고 있는 학교토지의 극히 일부만 처분해도 금방 극복될 수 있다.

대학이나 학교를 영리법인화 한다는 주장 또한 무지로 인한 대단히 잘못된 발상이다. '영리'란 어떤 사업의 수익 일부가 투자지분에 대한 이익배당의 형태로 사업체 밖으로 유출되는 것을 말한다. 그러나 정규학교나 대학에 있어 이러한 방식으로 수익 일부가 학교 밖으로 빠져나가는 것은 즉시 그 교육의 질을 떨어뜨리게 된다. 우수한 교육기관을 육성하려면 수익을 학교 밖으로 빼내는 영리조직의 형태로는 불가능하며 오히려 밖에서 학교로 기부가 많아야 하는 것이다. 회사 형태 속에 들어가 있는 일부 학원 형태 교육기관, 예를 들어 삼성디자인스쿨(SADI)의 경우 그 교육의 우수성과 명성은 삼성그룹 차원에서 막대한 경상비를 계속 SADI에 지원하고 있기 때문에 얻어진 것이며, SADI가 영리기관이기 때문이 아니다.

결론적으로 말하지만, 대학은 기업과는 그 존재방식이 근본적으로 다르며 다른 세계 속에 있다. 기업조직을 모델로 하여 대학의 조직과 운영에 대하여 이런 저런 제안을 하는 것들 대부분은 처음부터 논리적으로나 현실적으로 모순에 가득찬 것들이다. 이미 우리나라는 영리교육사업에 관한 한 세계 최고의 경쟁력을 지니고 있다. 우리나라의 학원교육이 바로 그것이다. 학교의 경쟁력 제고를 위해 이를 영리법인화하자는 주장은 사실 학원을 통해 이미 실현되어 있다. 그러나 학교와 학원은 서로 다르다. 학교와 학원의 구분조차 못한다는 비판을 면하려면 학교의 영리법인화 주창자들이 좀더 신중하고 사려 깊어질 필요가 있다.

우리나라에서 현재 진행 중인 대학의 구조조정에 대한 논의는 그 첫 단추부터 잘못 꿰어진 결과 그야말로 무익한 탁상공론으로 그칠 가능성이 높다. 왜냐하면 그 기본 발상이 기업들의 구조조정 즉 엄청난 채무초과 상태에서 정부지원으로 연명하던 부실기업들의 인수합병을 통한 통폐합의 개념을 대학에 적용한 것에 불과하기 때문이다. 이미 충분히 지적한 것처럼 대학에 그러한 개념을 적용하는 전제 자체가 대부분 성립되지 않기 때문이다. 대학구조조정은 대학의 존재 방식과 운영구조에 대한 명료한 인식을 바탕으로 기업구조조정과는 별개의 구체적 목표와 수단이 개발되고 그를 통해 이루어질 때 비로소 제대로 촉진될 수 있을 것이다.

대학의 자치규범과 학칙

우리나라 헌법이 대학의 자치라는 관념을 헌법적으로 보장하고 있는가에 대하여는 헌법학자들 간에 양론이 엇갈린다. 소극설에 의하면 우리나라 헌법은 교수들 개개인에게 학문의 자유를 헌법상 기본권으로 보장하고는 있으나 대학의 자치는 인정하지 않는다는 것이다. 반대로 이를 인정하는 학자들은 대학의 자치는 우리 헌법이 대학제도의 핵심으로 보장하고 있는 헌법적 질서라고 보고 있다.

이러한 헌법상의 논란과는 별도로 실제의 대학현실에서는 대학의 자치란 인정되고 있지 않는 것으로 보인다. 우선 도시나 군, 도 등 지역 공동체들이 지방자치법에 의거하여 자치단체의 지위를 명확히 부여받고 있다는 점과 비교하여 대학에 자치권을 부여하는 법률은 현재 법전에는 존재하지 않으며 그 결과 당연히 정부도 대학을 자치단체로 인정하지 않고 있다.

자치단체의 지위를 부여받는다는 것은 우선 공적으로 법적 주체성, 즉 법인의 지위를 인정받는 것이다. 그런데 우리나라의 대학은 이러한 법적 주체성, 즉 법인격을 가지고 있지 못하다. 국립대학은 법적으로는 정부 직제의 한 종류인 사업소 직제일 따름이며, 사립대학의 경우도 학교법인과 대학을 인위적으로 구분해 놓고 대학은 학교법인이 유지하는 사업장의 하나로 간주될 따름이다. 그러므로 법적 주체성을 갖는다는 의미에서는 우리나라 대학에는 법적인 의미의 자치권이 없다고 보는 것이 정확한 현실일 것이다.

한편, 자치단체라는 의미는 그 내부의 공동체 규율 즉 자치규범을 스스로 확립하고 있다는 것을 필수적으로 포함한다. 그런데 우리나라 대학들이 과연 이러한 자치규범을 가지고 있는지는 불확실하다. 먼저 국립대학의 경우를 보자. 국립대학들은 물론 자체규정집을 가지고 있다. 그 규정집에는 학교설치령, 학칙, 대학원학칙, 학위수여규정 등 다양한 규정이 수록되어 있다. 그런데 학교설치령은 이미 지적한 것처럼 대통령령이며 정부직제와 유사한 모습으로 되어 있어 대학의 자치규범으로 보기 곤란하다. 학칙 역시 성격이 불분명하다. 그동안의 교육행정법 이론의 주류에 의하면 이들은 학생들의 학교 이용에 관한 규칙 즉 영조물 이용규칙의 성격이며 미리 인쇄된 일종의 이용자 약관(約款)인 것이다. 그렇다면 이 또한 이론상으로는 자치규범이라고 보기 어려운 것이다.

사립대학의 경우에는 사립학교법에 의해 대학은 학교법인으로서 법인격을 가지고 있는 단체이다. 그렇기 때문에 원칙상으로는 법인의 정관(定款)이 단체 내부의 근본규범으로서의 효력을 갖는다. 그러나 우리나라의 교육정책과 행정 관행에 따르면 학교법인 내부적으로는 이사회를 중심으로 하는 학교법인경영조직과 학교법인이 운영하는 교육사업인 학교를 제도적으로 분리하고 학교와 관련된 사항들은 학칙에 기재가 되며 정관 기재사항에서 빠지고 있다. 따라서 학교법인정관은 단체의 근본규범이라고 하기에는 그 효력의 범위가 사실상 크게 제약되어 있다.

한편, 학칙이 대학 내부의 근본규범이라고 선뜻 단정하기에는 학칙의 규범적 성격 또한 모호한 구석이 많다. 우선 학칙의 제정자가 누구이며 그 제정자 또한 학칙의 효력에 과연 구속되는지가 불분명하다. 이미 설립되어 운영되고 있는 대학에서는 학칙의 개정에 전체교수회의의 의결을 필요로 하는 대학에서부터 교무위원회의 의결을 필요 절차로 하는 경우 등 일정한 개폐절차를 다양하게 규정하고 있지만 국공립을 막론하고 최초 설립 당시에는 설립자가 일방적으로 제정하는 것이 학칙이기 때문이다.

그럼에도 불구하고 결과적으로 대학 내 실제에 있어서는 학칙이 사실상의 근본 규범이며 대학 구성원의 법의식 또한 학칙을 대학 내의 최고 규범으로 인식하고 있다. 근본 규범이라 함은 학교의 조직을 구성하는 조직규범이며, 교수와 학생의 행위를 규율하는 행위규범의 성격을 지닌다는 것이다. 학교설립자가 일방적으로 제정하는 이 학칙이 대학 내부의 근본규범으로 전화되는 과정을 논리적으로 이해하는 것이 필요하다.

법이란 그를 정립하고 유지하는 법공동체의 형성과 함께 형성되는 것이다. 단체로서의 대학은 특정 설립자의 설립행위와 지배조직만으로 온전히 성립되는 것은 아니며 교수단이 형성되고 학생이 생겨나면서 비로소 단체로서 진화해 나간다고 보아야 할 것이다. 이렇게 교수와 학생이 단체구성원으로서 형성되는 것과 동시에 그 공동체의 법의식에 따라 학칙은 그 단체의 근본규범으로서의 법적 성격을 획득해 나간다고 보아야 할 것이다. 법이란 규범으로서 그 수범자의 근원적 승인과 수용에 의해 비로소 법으로서 확인되는 것이다. 학칙 또한 마찬가지이다.

따라서 학칙을 단순한 학교시설의 이용규칙 정도로 이해하는 것은 대학의 본질에 대한 이해의 부족에 기인하는 잘못된 개념이다. 학칙을 대학이라는 공동체 내부의 헌법으로 이해해야 대학 내의 조직과 질서를 온전히 이해할 수 있다.

한편, 대학을 명시적으로 자치단체로 인정하지 않는 국가법질서와 학칙을 중심으로 사실상의 법적 공동체가 형성되어 있는 대학의 내부질서는 서로 이질적인 권위를 바탕으로 충돌할 가능성이 있다. 이러한 충돌의 사례를 교회법과 세속법 간의 충돌에서도 찾아 볼 수 있다. 불교든 서양의 가톨릭이든 종교집단은 대체로 그 내부의 규범을 확고히 확립하고 있다. 이러한 교회법이 국가법과 근본적인 충돌이 있을 수 있는 것이다. 이러한 충돌은 보통은 정치와 종교의 분리라는 대원칙에 의하여 방지된다. 정교분리의 원칙이 어느 정도 국가법으로부터 종교의 자치 영역을 인정하는 법적인 통로가 되는 것이다.

대학의 경우에도 명시적인 법적 원칙은 확립되어 있지 않지만 대학캠퍼스 내의 경찰 진입과 경찰행동이 자제된다거나 하는 데서 보듯 상당 부분 대학 공동체의 내부 문제에 대한 자치영역이 사실상은 허용되어 있다. 문제는 우리나라 대학의 경우 대학 내부규범에 대한 법의식의 결핍으로 인해 학칙을 중심으로 하는 근본규범과 그에 근거한 내부질서 확립이 철저하지 못하며 이는 그만큼 대학 내부에 대한 국가공법이나 대학 밖의 시민법의 적용과 그에 의한 지배가 현실화될 여지가 많게 되는 데 있다.

대학자치문서로서의 대학헌장
-국립대학에서 헌장의 필요성

1990대 중반 이후 한때 우리나라 대학들이 대학헌장을 제정 공표하는 것이 유행하던 적이 있었다. 그 배경은 정부가 우수대학평가를 정책적으로 추진하면서 평가 항목의 하나로 대학헌장의 제정 여부를 포함시킨 데 있다. 대학뿐 아니라 우리나라의 많은 도시와 행정기관 역시 〈서비스헌장〉이라는 것을 제정하였으며, 이 또한 고객중심의 행정을 내세운 정부 혁신과 공공부문구조조정 정책의 일환으로 추진된 것이다. 아무튼 많은 대학들이 대학헌장을 제정 발표하였으며, 현재 법제상으로도 대통령령인 〈대학설립운영규정〉에 의해 각 대학들은 〈대학헌장〉을 작성 공표하도록 요구되고 있다.

그러나 이 〈대학헌장〉이라는 것이 과연 무엇이며, 무엇 때문에 이러한 것이 필요한가, 또 어떤 효과가 있는지는 대단히 불확실하다. 서양 특히 영미권 법률 문화에서의 용어법으로는 법률적 효과를 지니는 문서를 통상 'Instrument'라 부른다. 그중에서도 헌장(charter)은 조직이나 단체에서 가장 근본적인 내용을 담은 법적 문서를 의미한다. 이러한 문서의 구체적 내용을 떠나서 헌장의 존재가 갖는 법률적 의미의 가장 핵심 메시지는 그 조직·단체와 국가와의 상호관계에 관한 것이다. 즉, 헌장을 작성 공표한다는 것은 그 조직이나 단체가 국가로부터 자율성과 독자성을 인정받았다. 다시 말해 '자치권'을 갖는다는 것을 만천하에 알리는 행위이다.

사립대학의 경우에는 기본적으로 사적 자치(私的自治)를 향유할 수 있다. 이때 사적 자치는 사적행위자유의 원칙과 사적단체자치의 원칙으로 구성된다. 후자는 단체의 정관(定款)을 작성하여 독자적 단체의 지위를 가짐과 동시에 그 내부문제를 정관이라는 자치규범에 의해 자율적으로 처리함을 의미한다. 따라서 연원은 약간 다르지만 사립대학의 경우 정관자치 사적행위자치라는 형태로 대학으로서의 자치가 제도화되고 있다고 할 수 있다. 그렇기 때문에 사립대학에서는 정관이 학칙보다 상위에 존재하는 그 내부의 근본규범이자 최고규범이다. 반면, 국립대학들은 학칙 외에 이러한 자체적인 근본규범을 가지고 있지 못하다. 대신 〈국립대학교설치령〉이라는 대통령령이 그 역할을 하고 있다. 이는 바꾸어 말해 대통령이 대학의 근본규범을 설정한다는 것을 말하며, 국립대학이 제도적으로 대통령에 종속되어 있음을 말하는 것이다. 국립대학에는 대학자치가 제도적으로 부정되어 있는 것이다.

국립대학에 자치를 부여하려면 대학에 헌장을 두고 정관과 유사한 단체로서의 근본규범의 성격을 부여할 필요가 있다. 이 경우 사립대학의 정관과 국립대학헌장의 차이는 상대적이 될 것이다. 전자는 사법인의 단체규범이나 후자는 공법인의 단체규범의 성격이다. 영국 뉴질랜드 대학의 헌장은 국립대학을 위한 국가 특허장으로서 공적 성격이 강한 것과 같다. 미국의 경우 사립대학들이 정관이라는 명칭이 아니라 헌장이라는 명칭을 사용하기도 하지만 이때의 헌장은 좀 더 정관성격이 강하다.

우리나라는 정부가 설립한 특수법인이나 사법인의 정관이나 모두 정관으로서 유사한 내용을 담으며 법인등기를 함에 따라 정부(행정부 국회)통제의 강약 이외에는 공공특수법인과 사법인의 차이가 거의 없다. 현재 정책의제로 올라 있는 국립대학의 법인화를 추진함에 있어 정관체제를 취하는가 헌장체제를 취하는가에 따라 그 공적 성격의 정도가 달라질 것이다. 국립대학과 사립대학의 차이를 분명히 하려면, 사립대학과 구별되기 어려운 정관체제보다는 헌장체제가 바람직할 것이다. 국립대학의 자치와 법인화를 위해 필요한 헌장은 현재 대학설립운영규정에 의해 정부가 사립대학에 요구하는 광고문안 비슷한 장식적 문서로서의 헌장과는 달리 국가와 대학 간의 경계를 획정하는 실효적 법적 문서로서의 헌장이다.

우리나라의 국립대학 구성원들은 정부의 간섭으로부터 벗어나기를 원하면서도 이를 위해 필요한 대학자치와 헌장 작성을 통한 공법인화는 거부하는 모순된 태도를 보이고 있다. 국립대학들은 하루 빨리 이러한 모순된 태도에서 벗어나, 정부의 간섭인가 아니면 대학의 자치와 법인화인가 둘 중에 하나의 태도를 분명히 해야 한다.

정부 또한 모순된 태도를 취하고 있다. 국립대학을 법인화하기 원하면서 공법적 자치를 부여하기는 싫어한다. 이렇게 되면 국립대법인화는 국립대민영화와 제도적으로 구별하기 어려워지며, 그래서 국립대법인화 정책을 신자유주의적 민영화 정책으로 사람들이 의심하는 것이다.

대학의 역사와 전문직 교육:
전문직(profession)과 전문교육

원래 전문직(Profession)이란 영국과 미국 사회에서 가장 전형적인 모습으로 발달한 역사적 산물이다. 영미권에서 사회제도로서의 전문직은 오랜 역사적 과정을 점진적으로 발전해 왔다. 먼저 그 과정을 개관하는 것이 필요하다. 서양에서의 전문직 단체들은 중세에 그 역사적 뿌리를 갖고 있다. 즉 중세적 직업집단이 그 원형인 것이다. 이들 집단은 일종의 폐쇄적인 진입통제 조직이면서 일종의 제도 유지(사회학 용어로 말하면 '유형유지') 기능을 수행하였다. 의사, 법률가들 역시 마찬가지였다.

그러나 이러한 직종단체가 형성되어 있다고 해서 그 직업이 전문직이 되는 것은 아니다. 우선 이득을 위해 직업활동을 하는 것이 아니라 "고객의 이익을 위해 봉사한다"는 서비스 이념의 확립이 전문직과 비전문직을 구별하는 하나의 기준이다. 예를 들어 의사의 경우 근세 초기에 페스트의 유행 등으로 인구가 대폭 줄고 의사에 대한 불신이 강해지면서 직업으로서는 위기를 맞게 되었었다. 의사단체는 여기에 대해 적극적 대응전략을 세우기 시작하였고 그 전략의 내용은 의사가 그 행동 기준을 '고객의 이익'에 둔다는 윤리적 규범을 확립하고 이를 널리 홍보하는 것이었다. 히포크라테스의 선서 등이 발굴되고 보편화된 것이 이 과정에서였다.

아무튼 〈고객의 이익을 위해 봉사〉한다는 관념은 전문직 서비스의 도덕적 기반이 되었으며 의사의 경우 이를 통해 잃었던 신뢰 회복의 계기를 잡을 수 있었다. 그러나 이러한 신뢰가 구호만으로 가능했던 것은 아니다. 대학 및 정부와의 협력이 그 과정에서 필수적이었다. 의료 법조 등의 전문직은 중세 때부터 시작된 그 역사적 발달 과정에서 대학 및 정부와 밀접하게 제휴해오면서 오늘날 특성을 갖추어 왔다. 정부 및 대학과의 제휴가 전문직으로의 발전에 필수적인 이유는 다음과 같다.

○ 신뢰구축에 결정적 관건인 전문직자격증제도를 확립하고 자격증 미소지자의 해당직종 업무 종사를 배제하려면 정부의 자격증인정과 무면허행위의 형사처벌이 필요했다.
○ 자격의 신뢰에 영향을 미치는 기술적 이론 확립과 체계적 충원교육을 위해서 대학 내 전문교육과정의 존재가 필수적이므로 대학과의 협력이 필요했다.
○ 전문직의 존립에 큰 위협이 되어 왔던 직무행위 결과의 잘못으로 인한

민사상 배상책임과 형사상의 과실책임을 피하려면 결과로부터 단절된 기술적 처방의 과정만을 직무로 하는 서비스행위로서의 지위를 법적으로 인정받아야 했다(변호사/의사의 보수는 소송이나 치료의 결과에 영향이 없음).

○ 정부는 공익성의 서비스라는 이유를 들어 상기의 법적인 배려를 해주는 대신 정부공무원의 능력 밖인 기술적 사항들로 인한 정부의 직접적 책임을 피하고 공적임무를 넘겨 전문직 단체에 수행시킴으로써 감독책임만 질 수 있었다.

한편 전문직 서비스에 있어 고객의 이익 여부 판단을 전문직 자신에게 유보하는 것과 결과로부터 단절된 순수한 과정으로서의 서비스 개념을 관철하려면 그에 상응하는 권위를 확보해야 하였다. 대학과 전문직 단체의 협력은 이러한 이유에서 발전하였다. 즉 대학에서 장기간 수학함으로써 그 전문성과 도덕성을 인정받는 것이 가장 효과적이었기 때문이다. 이런 이유로 전문직 양성프로그램이 대학을 중심으로 발전하게 된 것이다.

오늘날에도 숀(Schon)과 같은 대학교육과정 이론가는 대학에서의 전문직 교육에서의 인문사회 교과의 역할을 전문직으로서 갖추어야 할 소양으로서 합리성(rationality)과 기예(artistry)에 기여하는 데서 찾는다. 그에 의하면 합리성은 문제, 정의, 분석, 방법, 해답의 과정을 중시하는 반면 기예성은 문제가 아니라 상황, 정의가 아니라 지각(perception), 분석이 아니라 상상, 방법이 아니라 반성, 해답이 아니라 판단을 그 과정적 특징으로 하고 있으며 이러한 기예성을 함양하는 것이 인문사회과학교과가 전문직교육에 채택되는 목적이라고 주장한다.[9]

한편 대학 졸업장을 가지고 전문직에 입문하더라도 이러한 과정을 거치지

---

9) OECD, "The Role of the Humanities and Social Sciences in Professional Education: The Case of the Humanities and Social Sciences Complementary Report", paper submitted to the *Higher Education and Employment* Conference, Paris, June 1992, p.9.

않은 자가 전문직의 영역을 침범하여 서비스를 제공하는 행위를 제지하지 않으면 대학과 전문직 간의 협력은 무너질 수밖에 없다. 여기에서 전문직 자격증 제도를 창설하고 이를 소지하지 않은 자의 서비스 제공을 공권력이 제지 처벌해 주는 형태로 정부와의 협력 관계가 형성된다.

이와 같이 하여 전형적인 전문직은 상기의 과정을 주도적으로 성취해온 영미권의 의사 변호사 목사의 경우처럼 전문직 단체-대학-정부의 삼각협력 체제를 기반으로 근대사회에 제도화되어 정착된 것이다.

중세에 그 시원(始源)을 두는 오늘날의 대학은 이 점에서 원래 전문직 교육을 위한 시스템으로서 전문직과 함께 발전해온 것이다. 순수 인문·사회·자연 과학조차도 결국 중등교사와 대학교수라는 전문직업을 위한 것이었다. 이 점에서 현대 사회에서의 전문직의 분포와 그 지위의 변동은 대학의 지위와 정체성의 변화에 매우 밀접한 관련이 있다.

원래 전문직의 발전과정에서 고객의 이익을 위한 봉사라는 관념은 그러나 고객의 이익에 관한 판단을 고객에 맡기는 것을 의미하지는 않았다. 이는 정부관료제가 국민전체의 이익-즉 공익을 위해 봉사한다지만 공익의 판단을 스스로의 판단에 유보한 것처럼,10) 전문직은 고객의 이익 여부 판단을 자신에게 유보한 것이었다. 오늘날 이 부분에 대한 전문직의 책임은 변해가고 있다. 즉 고객이 특정한 이익이 바로 자신의 이익이라고 주장할 때 이를 어느 정도 받아들일 것인가 하는 문제에 대하여, 의사 등 전문직의 과실인정과 그에 따른 책임 추궁이 늘어감에 따라, 고객에게 판단과 주장의 책임을 넘기려는 경향이 일고 있으며 이의 확산 여부에 따라 전문직의 지위는 변하는 것이다. 특히, 대학에서는 전문직 교육과정에 고객과의 협상과 교섭을 포함시키는 경향으로 나타나고 있다.

한편으로는 현대사회경제체제가 서비스경제로 급격히 이동하면서 거의 모든 직업이 전문직화 되어 가고 있다. 이제는 대학이 의료 법조 교육 행정 등

---

10) 공무원은 "국민전체를 위해 봉사한다"는 형태로 이는 각국 헌법 조문에도 반영되고 있다.

소수의 고급전문직만이 아닌 대부분의 전문화된 일반 직업을 위해 대중화된 고등교육을 제공하게 됨에 따라 대학과 직업집단, 정부 간의 관계를 근본적으로 재설정할 필요가 커지고 있다. 오늘날 고등교육체제의 변화와 개혁의 요인이 바로 여기에서 배태되고 있다고 볼 수 있다.

대학의 주인과 동업 관계, 대응투자론의 허구

자본과 기술 간의 동업, 구체적으로는 전주(錢主)와 기술자 간의 동업은 가장 흔한 동업자 관계의 모습이다. 그런데 우리나라 사람들이 예로부터 공유하고 있는 일반적인 상식 중의 하나가 "동업(同業)을 피하라" 하는 것이다. 동업 관계는 싸움으로 인한 파국으로 끝나는 경우가 많다는 것에 대한 깨달음과 일상적인 통찰의 결론인 셈이다.

그런데 기실은 대학이야말로 바로 이 전주와 기술자 간의 동업관계의 전형이다. 사립학교를 설립하려는 육영사업가는 막대한 금전적 투자를 하고 학생들을 가르칠 교수인력을 끌어 모은다. 즉, 교육사업은 근본적으로 돈과 두뇌의 동업에 의한 사업일 수밖에 없으며 이 양자를 대표하는 것이 사립학교설립자와 교수들이다. 양자의 관계는 실질적으로 학교교육사업의 지분을 함께 갖는 동업자관계일 수밖에 없다.

전주와 기술자가 동업을 시작할 경우 양자가 50대 50 또는 51대 49 등으로 지분을 나누고 지분에 따른 상대방의 주인 역할을 인정하는 관행은 우리나라의 일반 시중(市中) 상인들 또는 사업가들 간에는 지극히 당연한 것으로 수용되고 있다. 그런데 우리나라의 학교 특히 대학들에서 매우 이상한 일은 이 양자가 서로 자신이 진짜 주인이며 100% 지분을 보유해야 한다고 고집하는 데 있다. 자금을 대는 설립자와 머리를 빌려주는 교수집단의 양자가 서로 자신이 진짜 주인이며 100% 지분을 보유해야 한다고 고집하는 것이다. 우리나라 대학들이 직면하는 혼란과 갈등의 단초가 바로 여기서 시작된다.

사업적 측면에서 말하자면 교육사업 특히 고등교육사업은 거대한 장치사업이다. 교수들의 두뇌와 학술만 가지고는 대학이 성립될 수 없다. 또 학교시설만으로는 절대로 대학이라는 사업 자체가 출발이 불가능하다. 우리나라 대학 경영진과 교수들이 가장 단순한 보통 사람들의 동업관계에 관한 상식만 지켜주어도 우리나라 대학의 발전이 크게 진일보할 것이다. 그 점에서 아직 우리나라 대학은 소위 배운 자들의 몰상식이 횡행하는 곳으로 남아 있다.

한편, 정부가 대학을 상대로 연구개발투자를 하는 경우에도 유사한 몰상식이 난무하고 있다. 흔히, 정부의 예산지원을 받으려면 그 수혜대학에서도 일정 비율의 대응투자를 할 것을 요구하는 것이 어느 틈에 예산집행의 지배적 관행이 되어 버렸다. 이에 따라 지방자치단체나 기업에서도 대학에 연구용역을 의뢰하면서 유사한 요구를 하기에 이르렀다.

그러나 대학의 재정은 원칙적으로 교육에 충당될 경상경비가 그 목적이며 학교설립자가 별도로 출연하기 전에는 독자적인 투자사업을 위한 재원은 따로 존재하지 않는 것이 원칙이다. 이러한 대학에 대해서 정부가 예산을 지원하면서 현금에 의한 대응투자를 요구하는 것은 학내의 다른 교육프로그램에 정상적으로 가야 할 자금을 가로채는 것이며 정부개입에 의해 대학의 다양한 프로그램을 위축시키는 결과를 낳는다. 대학에 대한 정부 또는 지방자치단체, 기업들의 대학에 대한 투자사업에는 당연히 지식 기술을 보유한 대학교수와 대학원생 등 대학의 두뇌들이 참여한다. 즉 외부지원기관이 자금을 투자하고 대학에서는 두뇌로써 대응투자를 하는 것이다. 전주(錢主)와 기술자의 동업과 조금도 다를 것이 없다. 대학을 경영하거나 대학을 상대로 비즈니스를 하는 사람들이 잊지 말아야 할 요점의 하나가 바로 여기에 있다.

이 같은 당연한 사리를 잊고 현금이나 현물 투자만 투자로 생각하고 두뇌와 기술의 기여는 투자로 생각하지 못하는 것이야말로 지식기반경제와는 거리가 먼 산업자본주의 시대의 낡은 사고에 사로잡힌 결과이다. 오늘날 우리나라 대학들이 처한 어려움의 연원 중 중요한 하나는 바로 대학의 본질적 성격을 잊은 채 대학을 상대로 일하는 의사 결정자들이 가진 잘못된 관념에 있다.

대학의 핵과 구름

1997년에 뉴스위크지는 현대의 대학에 대한 특집을 다룬 적이 있었다. 그 기사에서 기억에 남는 것은 한마디로 오늘날의 대학을 작고 단단한 핵과 주위에 넓게 퍼진 구름의 모습(core and clouds)으로 묘사한 것이었다.

이러한 서구 대학의 모습은 산학협력 또는 학교와 지역사회 간 협력 등 대학과 사회 간의 밀접한 상호작용을 통해 형성되는 것이다. 즉 현대의 대학은 학생과 교수들의 교수-학습을 중심으로 하는 학사운영을 핵으로 하고 그 주변에 대학에서 대학 밖으로 펼친(out-reach) 또는 대학 밖에서 대학 안으로 들어온(incorporated) 훨씬 더 많은 조직과 단위들이 그 핵 주변을 둘러싼 모습이라는 것이다.

일반적으로 우리나라의 대학은 일부 소수 대학들 외에는 이렇게 핵과 구름으로 묘사되기 어렵다. 오히려 구름이라는 옷이 없이 핵만으로 구성된 벌거벗은 모습이라고 묘사되는 것이 정확할 것이다. 바로 이 점이 우리나라 대학이 오늘날 발전된 서구의 대학과 크게 다른 점이다. 그리고 이 차이는 우리나라에서는 산학협력 또는 학교와 지역사회 간 협력 등 대학과 사회 간의 상호작용이 결여되어 있기 때문에 생겨난다.

앞서 지적한 것처럼 우리나라에서는 대학이 대학본부를 정점으로 하는 거대한 관료제인 것처럼 가상하고 규율을 하고 있다. 그리고 이러한 관료제적 경향은 대학의 운영과 감독에 있어 시간이 흐를수록 강화되어 왔다. 이렇게 잘못 규율된 대학지배구조와 관료제적 대학 내 규율의 강화는 산학협력 또는 학교와 지역사회 간 협력의 활성화에 치명적인 방해물이 되고 있다. 산학협력이 이루어지는 것은 실제로는 외부의 기업 또는 연구기관과 어느 대학 전체가 협력하는 것이 아니라 대학내부의 어느 한 구성단위와 외부의 기업 또는 연구기관 간에 행해지는 것이다. 이 같은 산학협력 활동에는 당연히 교수와 연구에 있어 대학과 기업 양 부문 간의 인재 교류가 포함될 수 있을 것이다. 이렇게 산학협력의 주체가 되는 대학의 내부구성단위는 대외적인 상당한 수준의 자율성과 책임성을 보유하지 않으면 산학협력이 원천적으로 제약받을 수밖에 없다.

대학본부의 역할은 이러한 대외적 거래와 협력이 법률적 회계적 경제적으로 명료하고 원활하게 이루어지도록 제도적 행정적 지원을 하는 데 있다. 우리나라의 대학은 대학본부를 중심으로 관료제화되어 이것이 불가능한 것이다.

우리나라에서 입으로는 산학협력이 만사형통의 주문 외듯이 강조되어 왔음에도 실제로는 활발하지 못한 이유가 여기에 있다. 현재의 대학 시스템은 산학협력에 역유인(discouragement)으로 작용하고 있다. 대학조직의 본질에 부합하게 대학법제를 전면 개편하고 그 지배구조를 명료화하는 것은 향후 대학과 끊임없이 거래하고 협력하게 될 기업의 입장에서는 시급하게 요구하고 관철해야 할 사항이다.

한편 산학협력 활동은 그 산학협력 활동이 행해지는 장소와 입지에 있어 대학 안팎을 넘나들 수밖에 없다. 대학의 토지와 건물 교육장에 대한 현재의 경직된 규제를 대거 철폐 완화하지 않고는 실질적인 산학협력에는 이러한 규제가 결정적인 장애물로 작용할 수밖에 없다.

이와 같은 제도적 혁신과 규제개혁을 통해 대학의 구성부분들과 외부의 기업 간에 산학협력을 내용으로 하는 계약과 거래가 활성화되면 자연스럽게 학생과 교수들의 교수-학습을 중심으로 하는 학사운영을 핵으로 하고 그 주변에 대학에서 대학 밖으로 펼친(out-reach) 또는 대학 밖에서 대학 안으로 들어온(incorporated) 훨씬 더 많은 조직과 단위들이 그 핵 주변을 둘러싼 모습, 바로 뉴스위크가 묘사한 대학의 모습이 형성되게 될 것이다.

국립대학과 사립대학의 차이

유럽에서는 모든 대학이 원칙적으로 국립대학이다. 반면 미국, 일본, 우리나라에서는 사립대학이 국립대학(공립)보다 더 많은 비중을 점하고 있다. 국립대학과 사립대학 간에는 일반인들이 모르는 차이가 여러 가지 있다.

우선 학생선발에 있어서 국립대학은 정부의 정책에 보다 강한 영향을 받을 수 있다. 유럽의 경우 정부가 주도하여 실시하는 대학입학자격시험을 통해 대학입학자격(예: 프랑스의 바칼로레아, 독일의 아비투어)을 얻은 자는 대학입학의 법률적 권리를 보유하기 때문에 이들은 이미 국립대학 학생으로 간주된다. 이들은 다만 어느 학교에 등록하느냐만 결정하며, 학교는 이들의 등록을 원칙적으로 거부할 수 없다. 즉, 이들 나라의 국립대학은 학생선발권이 없으며 이들을 수용할 의무만이 있을 뿐이다. 물론 학업을 따라가지 못해 중도에 탈락하거나 졸업이 장기간 지연될 수는 있다.

반면 미국, 일본, 우리나라와 같은 곳에서는 국립대학들도 사립대학교와 같이 대학입학시장에서 학생을 선발하는 학생선발권을 가지고 있다. 다만, 국립대학교는 국립이라는 학교설립취지에 따라 스스로보다 공익적인 판단을 많이 할 가능성이 있으며, 대학의 학생선발권에 대한 규제에 있어서도 정부가 사립보다 국립에 대하여 더 많은 규제를 하는 경우가 있다.

국립대가 사립대학과 또 다른 점은 대학의 조직과 인적 구성의 차이이다. 국립대학의 조직은 정부조직의 일부로 간주되며, 대학의 교수와 행정직원은 국가공무원이다. 이러한 이유로 대학의 기본적 학사조직과 행정조직이 다른 정부조직과 동일한 통제에 들어가 있으며, 교직원들은 공무원의 복무와 인사에 관한 규정에 따라야 한다. 그럼에도, 조직과 인사 부분에 관하여는 아직 우리나라의 대학 관련 법규범의 발전이 거의 없어 수많은 혼돈이 존재한다. 예를 들어, 일반적인 정부조직에서는 조직법규가 없으면 조직과 부서를 설치할 수 없다. 반면 국립대학의 경우, 표준조직은 법규로 규율하지만 그 이외의 조직은 대학이 임의로 설치한다. 또한, 일반 공무원의 복무규범과 대학교수의 복무규범이 같을 수가 없음에도 국립대학교수의 복무규범이 별도로 존재하지 않는 것이다.

국립대학이 사립대학과 또 다른 점은 학교의 재정 부분이다. 특히 학생의 등록금이 사립대학의 절반 이하의 수준이다. 학생이나 학부모의 입장에서 보면 우리나라에서 국립대학과 사립대학의 차이는 실질적으로 이 점뿐이다. 이에 따라, 국립대학생과 사립대학생의 교육기회상의 차별 문제가 제기되고 있다.

한편, 사립대학의 토지와 건물이 그 대학의 사유재산인 반면, 국립대학은 국유재산이다. 재산의 처분에 대하여는 양자가 모두 고도의 제약이 가해지나 그 수익과 활용에서 커다란 차이가 난다. 원칙적으로, 국립대학의 토지와 건물의 수익적 목적에 활용하여 얻어진 수입은 그 학교에 귀속되는 것이 아니라 국고수입으로 납입되어야 하며 학교는 별도의 국회 의결을 거친 세출예산으로 편성되지 않는 한 이를 학교재정에 사용할 수 없다. 사립대학은 이 점에 있어 광범한 자율권을 지닌다.

국립대학의 등록금은 정부가 정한 수업료와 학교가 정한 기성회비로 이원화되어 있다. 전자는 국고에 귀속되며, 후자만이 학교의 자체 사용가능 재원이다. 따라서 대학의 교육비회계도 국고자금을 사용하는 국고회계와 자체 자금회계인 기성회계로 이원화되어 있다. 반면, 사립학교가 학생으로부터 징수하는 등록금은 모두가 학교의 자체 재정자원이 되면 단일한 교비회계를 구성하게 된다.

국립대학과 사립대학의 실질적인 차이로 가장 큰 것은 사립대학은 적어도 대학 자체의 교육이념과 기본질서를 학교정관이라는 근본규범에 담을 수가 있으며 이는 그 학교의 특성과 정체성의 기반이 되는 반면, 현행의 우리나라 국립대학은 이를 위한 장치가 전혀 없다는 점이다. 특정대학의 국립대학이 설립되는 직접적인 규범근거는 대통령령인 국립학교설치령의 부속 별표의 국립학교 목록에 그 이름과 소재지가 규정되는 것뿐이다. 그렇다고 국립대학을 별도로 다루어 법률에 그 교육이념과 교육목적을 규정한 바도 없다. 따라서 그 학교에 고유한 근본규범이 사실상 존재하지 아니하며, 국립대학은 그야말로 무정형(無定形)이다. 우리나라 국립대학의 가장 커다란 취약점이 바로 이것이다.

사학진흥정책: 일본의 경우

전반적으로 보아 일본의 사학진흥정책의 특징은 그 투명성과 엄정성으로 요약할 수 있다. 아울러 이러한 투명성과 공정성을 바탕으로 경제상황의 변동에 따라 재정투자의 규모를 신축적으로 운용하고, 일반경상비보조와 특별보조 및 자본적 투자 지원 정책의 비중을 적절히 조절함으로써 전체 고등교육체제 내에서의 사립대학의 역할을 최적화하는 데 초점을 두고 있는 것이다. 일본의 사립학교진흥 정책이 이렇게 안정적 신축적으로 운용되는 바탕에는 〈사립학교진흥조성법〉을 기초로 철저히 법률에 의한 행정을 펴는 일본 문부성과, 축적된 전문성을 가지고 사학에 대한 재정보조 및 투융자 사업을 실행하는 〈일본사립학교진흥·공제사업단〉의 역할이 크다.

한국이 일본의 교육정책에서 배울 것이 있다면 법률에 의한 행정의 원칙에 철저한 사학진흥정책의 투명성과 안정성, 국립대학과 사립대학의 고유한 역할 인식과 학생의 교육기회 균등 원칙에 바탕을 둔 사립대학 재정지원, 〈사립학교진흥·공제사업단〉의 전문적 활동의 세 가지를 꼽을 수 있다고 본다. 이하 이를 좀더 상세히 보고자 한다.

① 사학진흥정책의 투명성과 안정성

일본의 사립학교진흥 정책은 철저히 사립학교진흥·조성법이라는 국가법률에 근거하고 있다. 동법 제1조는 국가 및 공공단체의 사립학교 진흥 조치의 목표 세 가지를 사학의 "경영의 건전성 향상", "교육조건의 유지 향상", 학생의 "수학상의 경제적 부담 경감"의 세 가지로 못 박고 있다. 이러한 목표에 입각하여 동법 제4-9조는 사학에 대한 국가 공공단체의 보조, 보조액의 감액 증액 조치를 위한 법률요건 등에 대하여 명확히 규정하고 있다. 예를 들어 경상비 보조에 관해 동법 제4조는 다음과 같이 규정한다.

> *제4조 ① 국가는 대학이나 고등전문학교를 설치한 학교법인에 대하여, 당해 학교의 교육 또는 연구에 필요한 경상적 경비의 2분지1 이내에서 보조할 수 있다.*
> *② 전항의 규정에 의하여 보조가 가능한 경상적 경비의 범위, 산정방법, 기타 필요한 사항은 政令으로 정한다.*

아울러 이에 관하여는 일본 참의원이 동 법률 통과 시 부대 결의한 다음 결의 내용이 적용되고 있다.

> *정부는 본법운용에 있어서 사립학교교육의 특질과 중요성을 고려하여 다음 사항에 관하여 특단의 배려를 하여야 한다.*
> *1. 사립대학에 대한 국가보조는 2분지 1 이내로 하도록 하고 있지만, 가능한 한 조속히 2분지 1 수준이 되도록 노력하여야 한다.*

또 동법 제10조에 의하면 "국가와 지방공공단체는 학교법인에 대하여 제4조, 제8조에 규정한 것 외에 보조금을 지출하거나 통상조건보다 유리한 조건에 대부 또는 재산의 양도 임대를 할 수 있다"라고 규정함으로써 보조금 이외의 사학조성 조치의 근거를 마련하고 있다. 동 법률 제12-14조는 국가로부터 동법에 따른 조성 조치에 필요한 절차적 사항과 이 경우 국가와 사립학교 간의 관계, 예를 들어 보조금 증액 감액 회계상 책임 등에 대하여 상세한 규정을 두고 있다. 이러한 방법에 의해 지원자금 사용에 따른 학교의 책임이 명확하고 엄정해지는 것이다. 원래 보조금을 받는 사학은 공공재정자금 사용자로서 특별한 책임을 지며 그에 따른 규제를 받아야 한다. 일본의 경우 규제의 내용은 인건비 등 학교지출에 대한 통제, 교육여건에 대한 통제 등이다. 이에 비해 우리나라에서는 사학에 대한 보조금에 따르는 보조조건이 체계적으로 검토 부과되지 못하고 추상적인 내용에 그쳐 재정자금 사용자의 책임성이 희박해질 우려가 크다.

이상과 같은 일본의 사학진흥 관련 법령은 우리나라에 비하여 훨씬 상세한 것으로서, 이를 통해 법률에 의한 행정 원칙이 구현되고 있는 것이다. 이러한 방식은 행정의 투명성 예측가능성을 보장함으로써 사립학교 정책의 고객인 사립학교 운영에 안정성과 자율성을 제고하는 효과가 있게 된다. 이에 비하면 우리나라에는 고등교육에 관한 한 사립학교 육성정책이라는 것 자체가 존재하는지 의심스러운 상황이며 일부 운용되고 있는 사립학교에 대한 보조금도 그 예측가능성 부족과 행정편의주의 탓으로 대부분의 사립학교가 신뢰를 덜하고 있는 것으로 보인다.

② 사학 보조금 정책과 그 운용

우리나라 고등교육은 일본과 같이 사립대학에 크게 의존하고 있으나 사립대학에 대한 정부의 지원은 국립대학 학생에 비해 사립대학 학생에 대한 위헌적인 차별을 받는 것이 아닌가 싶을 만큼 크게 부족하다(〈표-2〉). 사립대학지원자금은 정부의 시혜가 아니라 학생들의 권리라는 인식이 필요하다. 사학 지원정책의 수혜자는 해당 사학경영자가 아니라 교육받을 권리와 평등권을 가진 사립학교 학생인 것이다. 세금에 의한 국가재정 사용에 있어 정부는 교육정책 우선순위와 국가재원에 대한 학생들의 권리를 동등한 비중으로 중시하고 이를 사학 보조정책에 반영해야 할 것이다.

<표-2> 사학 재원구성의 국가별 비교

(단위: % 자료: 고등교육국제지표 1997)

	호주	일본	미국	한국
공공 재원	74.7	46.4	48.4	16.0
민간 재원	25.3	53.5	53.5	84.0

현재 우리나라에서는 위 표에서 나타난 바와 같이 그나마 극히 적은 규모로 운용되고 있는 사립대학에 대한 보조금이 이른바 "평가 후 차등 지원"이라는 원칙에 따라 배분되거나 목적사업별 경쟁적 사업자 선정 방식으로 배분되고 있다. 대학 간의 경쟁을 통한 수월성 추구라는 원칙 그 자체는 바람직하나, 이러한 목적별 보조나 경쟁적 보조 정책은 투명한 배분 기준에 의한 일반경상비 보조금(Formulae Grants) 정책이 시행되는 바탕에서 부가적으로 이루어져야 한다. 평가 후 차등 지원을 통해 경쟁을 촉진한다고 하나, 통상, 정부보조금은 경쟁의 왜곡과 불공정을 낳는 경쟁제한 요소로 간주되는 것이 일반적으로 인정되는 진리이다. 학생 수, 교원 수 등을 기초로 하는 일정한 공식에 의한 일반경상비 보조방식이 많은 나라에서 보조금 정책의 기본 바탕이 되는 이유는 그렇게 함으로써 보조금의 경쟁 제한적 요소를 극소화할 수 있기 때문이다. 일본에서도 사립대학에 대한 보조정책의 기본은 일정한 배분공식에 의한 일반경상비 보조에 놓여 있다. 1998년의 일본 문부성의 사학조성 예산 내역을 보면 다음과 같다.

<표-3> 일본의 사립학교조성 예산

(단위 억 엔, 일본문부성 내부자료)

사립대경상보조 (목적별특별보조비)	사립고교 경상보조	시설고도화 (이자액)	연구시설 정비보조	연구장치 시설정비	사립고교 시설현대화	진흥공제 사업단출자	합 계
2,950.5 (603.2)	748.5	19.2	37.3	188.2	22.4	3.0	3,969.1
74.3%(15.2%)	18.9%			4.7%			100%

이 표에서 보이는 바와 같이 일본의 사학에 대한 보조정책의 74.3%는 경상비 보조이며 또 그중의 85%를 배분공식에 의한 일반경상비 보조가 차지하고 있다. 참고로 현재 운용되고 있는 일반경상비 보조액 산출 기준을 보면 다음과 같다.

보조기준액＝교직원수×급여보조단가×1/2+강사시수×강사보조단가×4/10+교직원수×후생비보조단가×4/10+(교원 수×교육비보조단가+사무직원 수×운영비보조단가)×1/2

실제보조액: 학생정원관리상황(30점) 교원조직정비상황(20점) 학생납부금 사용내역(50점)을 평가하고 해당학교급여수준·수지상황에 따라 2.5-10점을 감점한 평점을 토대로 상기 보조기준액의 13.0~15.0%를 지급함

※ 이러한 공식의 실제 적용에 있어서는 기준연도 대비 당해 회계연도의 전체 예산규모의 비율을 나타내는 압축률을 적용하여 현실적인 보조금액이 결정된다.

일본의 사립대학들은 상기 공식에 따라 그 학교가 받을 일반보조금의 규모를 산정하여 정부에 보조금을 신청한다. 정부의 위탁을 받은 사학진흥공제사업단은 이들 신청 내역의 정확성을 심사한 후 당해 연도 보조금 규모에 따른 압축률을 적용하여 실제 지급액수를 결정 통보하게 되며 각 대학별로 보조액이 공개된다. 이러한 절차의 특징은 각 대학이 받을 수 있는 보조금액의 추정이 가능하다는 점에 있다. 여기에 5개 특별보조비(고도화추진, 정보화추진, 국제교류추진, 생애학습추진, 대학개혁추진의 5개 부문)가 대학에 따라 약간 추가된다. 5개 특별보조비 또한 상세한 보조기준이 사전에 공개되어 있다. 일본의 사립대학이 안정적이고 예측 가능한 재정계획을 세울 수 있는 계기는 바로 공정한 경쟁을 가능하게 하는 이러한 투명한 행정에 있는 것이다.

이에 반해 우리나라의 사학보조는 일반경상비 보조가 없는 것은 물론 사업별 특별보조마저 사전에 평가와 보조의 기준이 충분한 준비기간을 두고 공개되지 않음으로써 행정의 불투명성을 초래하고 그에 따른 공정성에 대한 의심을 낳기 쉽다. 이는 반드시 시정되어야 할 것이다. 제아무리 좋은 취지의 정책이라 할지라도 투명성이 결여되면 그것은 순식간에 잘못된 제도로 변하고 만다는 것은 오늘날 교육행정을 위시한 한국의 행정일반이 반드시 염두에 두어야 할 불변의 이치이다.

한편 일본의 사학보조 정책은 경제적 상황과 정책추세를 따라 시기적 변화와 신축성을 보이고 있다. 1974년 경제성장이 -0.5%를 기록하는 등 70년대

중반 이후 80년까지 일본의 경제가 어렵고 사립학교재정이 압박을 받을 때 보조금은 계속 늘어났다. 정부보조금이 사학운영비에서 차지하는 비중은 1979년에 29.5%까지 달하여 가장 높은 수준이었으며, 이후 경제회복기에 한동안 줄다가 근자에 경제가 어려워지고 학부모의 학비 부담이 힘들어지면서 보조금이 다시 늘고 있다. <표-4>은 이를 요약한 것으로서 전체적으로 보아 경기가 어려울 때 사학에 대한 지원을 늘리는 것이 지난 20여 년 간 일본의 사학보조 정책 방향이었다. 최근의 경기 불황 속에서는 사학에 대한 지원을 늘림과 동시에 교육정책의 목적성이 강조되면서 전체 보조금액 중 특별보조의 비중이 늘어나는 추세에 있다. 이는 교육재정을 교육개혁의 수단으로 최대한 활용하는 세계적 동향을 반영한 것이다.

<표-4> 일본의 사학보조금의 변동 추이

(자료: 일본 문부성 내부자료 1998)

	1976	1980	1984	1988	1992	1996	1998
경제성장률	3.8	2.6	4.1	6.0	0.7	3.3	
문부성보조액수(억 엔)	1,605	2,835	2,438	2,453	2,601	2,875	2,950
보조금중특별보조비율	2.6%	2.8%	4.1%	7.5%	13.1%	20.0%	23.5%

이상 정리한 일본의 사학지원정책에서 얻을 수 있는 교훈을 요약하자면 다음과 같다. 즉, 사업별 특별지원에 치중하는 것을 지양하고 국가의 사학조성 책임 이행과 사립학교 학생의 부담 완화를 위해 사립대학에 대한 일반경상비 보조제도를 시급히 도입하여 법제화해야 한다고 본다. 특히, 앞의 <표-1>이 나타내듯 한국의 사립대학은 일본의 사립대학에 비해 과다한 인건비 비율과 학생납입금 의존이 특징인 점을 감안하면 더욱 그러하다. 아울러 대학에 대한 보조행정에 있어 신청기간, 신청기준, 심사방법 등 면에서 예측 가능성과 투명성을 최대한 높이기 위한 조치가 필요하다고 본다.

③ 사립학교진흥·공제사업단과 사학에 대한 투융자

원래 자본재비용은 그 내구기간에 걸쳐 분산 배분하는 것이 합리적이다. 마찬가지로 정부의 경상재원은 사립학교의 자본적 투자를 지원하는 데 사용되지 않는 것이 바람직하며, 사립학교 시설사업에는 자본예산방식의 적용과 함께 이를 위한 투융자제도가 필요하다. 일본에서 사립학교의 시설투자비는 소액의 자기자금 투자 외에는 원칙적으로 융자에 의하고 있다. 이를 위하여 일본의 사립학교진흥·공제사업단(1997 이전 사립학교진흥재단)은 사학에 대한 수조엔 규모의 재정융자자금을 운용하고 있다. 이 자금은 보통 10년(환경정비 사업의 경우) 또는 20~25년(일반 시설자금의 경우)의 대부기간에 이자율은 연1.8~1.9%의 좋은 조건에 사립학교에 융자된다. 일본은 사립대학의 시설이 거의 완성단계에 있음에도 불구하고 상당한 액수의 추가융자가 지속 이루어지고 있다. 최근 93~97년 사이 동 사업단의 매년 추가융자액 추이를 〈표-5〉에 요약하였다.

〈표-5〉 사립학교진흥·공제사업단 융자사업 추이

1993	1994	1995	1996	1997
103,000	95,138	63,250	63,043	63,467

(단위 백만 엔, 平成 9年度版 今日の 私學財政)

일본의 사정에 비하면 우리나라에서 사립학교에 대한 융자는 매우 제약되어 있다. 이 점에 관한 한 일반 기업들보다도 대체로 훨씬 불리한 입장에 있다. 사립학교는 공적 책임을 수행하는 공익법인으로서 민간기업보다도 더욱 육성되어야 함에도 금융 혜택에 있어 기업보다도 더욱 불리한 입장에 있는 것은 잘못된 일이다. 담보 및 신용평가 등 사립학교에 대한 대출조건과 대출재원 등에 있어 별도 지원책이 필요할 것이다. 일본의 경우 수익용 기본자산 뿐 아니라 교육용 기본자산까지도 융자를 위한 담보제공이 가능한 것을 참고할 필요가 있다.

우리나라는 지금 어려운 경제상황 속에서 여러 가지를 희생해서라도 사회 전체적 구조조정을 원활히 수행해야 새로운 경제적 도약을 기할 수 있는 여건에 있다. 이 과정에서 반드시 잊어서는 안 될 것이 고등교육의 중요성이다. 그동안 우리나라 초·중등교육에 비해 교육투자에서 언제나 우선순위가 밀려온 것이 고등교육이다. 특히 우리나라에서는 이러한 빈약한 고등교육 재정의 어려움은 그대로 사립대학의 어려움이다. 지금부터라도 고등교육의 건전한 발전을 기하는 것은 우리사회에 긴요한 구조조정의 관건을 이루는 요인이다. 일본의 사학조성정책에서 우리가 정책발전의 시사점을 얻을 수 있는 것이 매우 많다고 본다. 그중 몇 가지만 다시 정리하면 1) 법률에 근거한 사학에 대한 지원정책의 틀을 마련할 것. 2) 배분공식에 근거한 일반경상비 보조 제도를 시급히 도입할 것. 3) 사학의 지원을 위한 평가기준을 명확히 하여 공개하고 그 기준의 안정성을 유지할 것. 4) 사학에 대한 융자제도와 대부촉진 시책을 마련할 것. 5) 사학회계제도를 정비하고 재무회계원칙을 확대 도입할 것. 6) 경제가 어려울수록 고등교육에 대한 투자 우선순위를 높일 것의 6가지로 요약될 수 있다.

사립대학경영과 이사회의 자율성, <개방형이사>의 허구성

일본과 우리나라의 고등교육은 사립대학에 크게 의존하고 있는 공통의 특징이 있다. 다음 표에 보듯 고등교육의 사립 의존율은 우리가 약 76% 일본이 약 74%로 거의 비슷한 수준이다(〈표-6〉).

<표-6> 한국과 일본 사립대학의 비중(자료: 고등교육국제지표 1997)

	학생 수(백만)	국공립	사립(비율)	학교 수	국공립	사립(비율)
한국	1,368	334	1,034(75.6)	150	26	114(76.0)
일본	2,567	698	1,899(74.0)	576	151	425(73.8)

이렇게 높은 사학의 비중에 불구하고, 불경기 시절에 특히 취약한 것이 사립대학이다. 학부모들의 학비 부담능력이 대폭 감소하는 상황에서 장학금과 아르바이트 감소 등으로 학생들 또한 학업 포기의 유혹에 빠지기 쉽다. 또한, 대학 설립의 과잉으로 인해 학생모집에 어려움을 겪는 사립대학들이 많은 만큼 사립대학의 구조조정과 퇴출 압력의 목소리도 높아지고 있다. 이러한 와중에 사립대학경영자의 전횡을 막고 사립학교의 공공성을 강화하기 위한 사립학교법 개정 문제가 정치적 난제로 갈등의 초점이 되고 있기도 하다.

사립대학에 대한 우리나라의 많은 논의가 근본적으로 잘못된 인식에서 출발하여 엉뚱한 방향으로 빠지고 있다. 이 시점에서 사립대학이 과연 무엇인지 짚고 넘어가야 한다. 먼저, 자신의 재산을 출연하여 사학을 설립하는 개인뿐 아니라 종교단체나 전문직업단체 등 단체들 또한 헌법이 보장하는 자유권의 하나로 교육의 자유를 누린다는 점이 기억되어야 한다. 이들 자유 중 어떤 것 -예를 들어 종교의 자유는 더욱 강한 보장을 받는다. 종교단체나 전문직업단체가 사립대학을 설립하여 운영할 때 이는 단순한 사학의 자유를 넘어 종교의 자유, 직업의 자유를 행사하고 있는 것이다. 이들 사학에 대한 규제와 간섭은 종교의 자유, 직업의 자유에 대한 침해에 해당한다. 공익적 목적에 의한 이들 자유의 제약은 반드시 법률에 의해야 하며 이 경우에도 그 자유의 본질적 내용은 법률로도 침해할 수 없다. 이는 모든 민주주의 시스템의 확고한 원칙이다.

종교의 자유를 둘러싼 국가와 종교 간 대립의 역사는 유구하다. 그 결과 종교와 국가 간에는 서로 넘지 않기로 한 정교분리의 경계선이 강력하게 그어져 있다. 사립학교의 공공성을 강화하기 위하여 사립학교법에 의한 규제를 강화할 때 제일 먼저 발생하는 것은 바로 이 정교분리의 경계선을 넘게 될 위험성이다.

우리나라 사립학교법은 학교 전체적으로는 단일 법인격을 부여하면서 학교 내부적으로는 이사회와 그 경영재산, 학교수익사업을 중심으로 하는 법인회계와 교육용재산, 학생등록금을 토대로 하는 학교회계를 회계적으로 분리하고 있다. 여기에서 많은 혼란이 발생하고 있다. 교사와 학생, 교육행정가들은 학교회계의 자금이 법인회계의 용도로 쓰이는 것은 불법적 횡령으로 간주하는 반면 법인회계자금은 학교회계로 전입되어 쓰이는 것을 당연한 의무사항으로 생각한다. 그러나 일반 법률가나 경영자들이 보기에는 학교회계자금이 법인회계를 위해 쓰였다 해도 이는 기본적으로는 학교 내부에서의 자금전용일 따름이며, 기껏해야 행정법규 위반일 수는 있어도 형법상의 횡령으로 보기에는 무리가 있다. 물론 학교경영은 적정해야 하며 규정에 충실해야 한다. 그러나 여러 사립학교 총장이나 경영자들이 단순한 경영상의 과욕이나 실수로 인해 횡령이라는 과도한 사회적 낙인이 찍혀 고생하고 있으며, 이러한 과잉 낙인으로 인해 사학 내의 갈등이 필요 이상으로 증폭되고 있다.

사람들의 상식에 입각한 인식과 과잉규제 하는 제도 간에 커다란 괴리가 있으며 빨리 이를 시정해야 한다. 방법은 두 가지 중 하나이다. 이사회에도 법인격을 부여하고, 학교에도 법인격을 부여해서 두 조직을 별개의 법인으로 하든지, 아니면 다른 공공기관들처럼 이사회와 사업조직을 하나의 질서 속에 통합하여 단일 법인격에 명실 공히 부합하게 하는 것이다.

학생모집에 애로를 겪는 많은 사립대학이 곧 망할 것이라는 일반적 인식도 크게 잘못된 것이다. 이는 앞에서도 지적한 기업과 대학의 근본적 존재 양식의 차이를 간과한 선입견에 불과하다. 사학은 쉽게 망하지 않는다. 흔히 말하는 부실기업은 기업의 총자산보다 채무가 훨씬-적어도 두 배 가까이 초과하는 것이 보통이다. 자산을 다 처분하여도 채무의 일부를 갚을 수 있을 뿐이다. 오히려 이 때문에 법정관리, 워크아웃 등 기업을 살려서 채무를 갚을 수 있도록 노력하게 하는 기업 갱생제도를 두어 기업 퇴출을 방지하고 있다. 반면,

사립대학들은 최악의 어려움에 처한 대학들도 단지 학생모집에 어려움을 겪고 있을 뿐 시가로 평가할 경우 학교의 총자산이 채무총액보다 10배 이상 되는 것이 상례이다. 결국 회계적 용어로 말하면 현금흐름상의 어려움이 있을 뿐 재무상태는 가장 우수한 기업들보다도 훨씬 탄탄한 상황인 것이다. 이들을 '파산'이라는 이름으로 퇴출시키는 것은 법적으로 불가능하다. 민법상 파산이란 자산보다 채무가 더 많은 '채무초과'가 그 요건이기 때문이다.

학생모집으로 인해 어려움을 겪고 있는 사립대학을 위한 올바른 처방은 이들의 파산과 재산 처분을 통한 퇴출이 아니라 현금흐름의 어려움을 재산처분으로 통해 해결할 수 있게 교육행정당국이 재산처분허가를 내주는 것이다. 현재 유수한 사립대학으로 성장한 수많은 대학들 역시 학생 모집의 어려움을 겪은 시기가 수차 있었으며 그 시기를 이러한 방법으로 극복하여 왔다. 경영이란 바로 이런 것이며, 학생부족으로 인한 현금흐름의 어려움이 있다고 해서 기계적으로 학교를 포기하거나 퇴출시킨다면 이는 경영이 무엇인지 모르는 소치이다.

사립대학 이사회의 공개 문제에 대하여도 잘못된 인식이 횡행하고 있다. 현재 사립학교법은 사학의 이사회의 구성에 있어 사학의 공공성을 위해 설립자와 그 친인척의 비중을 적절히 제한하여 외부인사가 이사진의 다수를 차지하도록 하고 있다. 이미, 사학의 공공성과 자유 간에 적절한 균형을 도입하고 있는 것이다. 그럼에도 여기에, 개방형이사라는 이름으로 외부의 인사를 이사로 강제하는 사립학교법 개정이 추진됨에 따라 찬반 세력 간의 갈등이 깊어가고 있다.

한마디로, 사립학교의 경우 개방형 이사제란 언어의 장난에 불과한 잘못된 발상이다. 기업의 개방형이사는 그 기업에 고용된 직원 또는 그 출신이 아니라는 의미에서 〈개방형이사〉로 불린다. 충분히 있을 수 있는 일이며 바람직하다. 이런 의미에서 보면, 사립학교는 이미 오래전부터 개방형 이사를 채택하고 있는 것이다. 사립학교에 〈개방형이사〉를 도입하자는 요즈음의 주장은 시민단체 등 외부 단체의 출신의 이사를 말하는 것이다.

　이러한 사립대학 개방형 이사의 발상이 가진 문제점은 두 가지이다. 첫째 모든 경영은 경영의 비밀이 보장될 때 비로소 경영의 자율성이 가능해진다. 프라이버시의 보장이 선행되어야 개인의 자율성이 가능하며, 영업비밀의 침해로부터 이것이 보장되어야 기업의 자유가 존립 가능하다. 기업의 개방형 이사는 어디까지나 개인이기 때문에 기업이사회에 참여하면서 비밀준수의 의무를 지키고 그에 따른 책임을 질 수 있다. 그러나 지금 논의되는 사립학교의 개방형 이사제는 사립학교 경영의 비밀이 그 이사를 통해 그를 보낸 외부 단체에 그대로 노출될 수밖에 없으며 학교경영의 비밀은 보존이 불가능하다. 이는 막바로 사립학교의 자율성을 치명적으로 해치게 되며, 사항의 '경영'이란 의미 없는 활동이 되어 버린다.

　또한 지금의 사립학교 개방형이사란 결과적으로 시민단체들이 그 출신을 위한 일자리 정복(Job Conquest) 활동에 나서는 것 그 이상도 이하도 아니게 된다. 모든 사회집단들이 그 활동의 마지막 발전단계-즉 집단이기주의 단계에 가면 공공부문의 일자리 사냥에 나서는 것은 사회학 연구자들에게는 익히 알려진 사회현상이다. 사립대학 개방이사제 논란은 우리나라 시민단체들이 바야흐로 이 집단이기주의 단계에 들어가 타락하게 될 위험성이 있다는 점을 웅변으로 보여줄 뿐이다. 시민단체들의 건전한 발전을 위해서라도 사립대학의 개방형 이사제를 막아야 한다.

　우리나라에서는 〈공개〉와 〈투명성-transparency〉에 대해 크게 잘못 알고 있다. 공공의 모든 활동은 적절한 수준에서 투명성과 공개의 요건을 갖추는 것이 필수적이다. 그것이 권력의 부패를 막기 때문이다. 민간 부문에서는 정반대이다. 민간 부문의 개인 또는 단체에 대하여 투명성을 요구하는 국가는 전체주의 국가이다. 조지오웰의 소설 『1984년』은 바로 이러한 투명성이 초래하는 끔찍한 전체주의를 그리고 있다. 기업에 대하여는 그 주주들이 적절한 수준의 경영 공개를 요구할 수 있으며, 사립대학에 대하여는 그 학생과 학부모가 적절한 수준의 공개를 요구할 수 있다. 기업에 대하여도, 사립대학에 대하여도 주주도 아니면서 학생도 아닌 정부나 시민단체 등 관련 없는 사람들이 공공성이라는 이름으로 투명성을 요구하기 시작하면 이는 조지오웰을 읽으면서 사람들이 끔찍해하는 '전체주의' 바로 그것 이외의 아무것도 아니다.

대학의 국적과 정부 간 교류협력으로서의 국제교육 전통, 고등교육시장

개인과 기업에는 국적이라는 것이 있다. 대학에는 과연 국적이 있는가? 대학도 역시 국적이 있다. 기업과는 달리 대학은 비단 국적을 가질 뿐 아니라 대학의 존재 방식 자체가 국가에 크게 의존하고 있다. 근대국가와 함께 확립된 근대교육체제는 교육에 있어 국가적 성격을 부여한 것에 그 중요한 특징이 있다. 초·중등교육은 국민형성을 위한 공교육으로서 정부에 의한 공공서비스 영역에 자리잡았으며, 대학은 비록 대학자치라는 이념이 지배하고 있지만 제도적으로는 국립대학을 중심으로 편성되면서 국가체제의 일부가 되었던 것이다. 비록 아·태지역에 사립의 고등교육이 널리 보급되어 왔다고 하지만, 그 사립교육은 국가적인 틀 속에서 공공성의 유지를 그 기본성격으로 하여 왔다.

이렇게 국가적 대학교육체제가 중심이 되어 근대적 대학체제가 확립된 가운데 학원 사회단체 등에서 시행되는 비정규교육이 사적 영역에 맡겨져 부분적으로 수행되어 온 것이 근대적 교육제도의 기본적인 틀이었다. 이렇게 국가화된 교육이 지배하는 세계에서 국경을 넘어서는 교육적 교류와 왕래는 개인 또는 개별 대학의 국제적 활동이기 이전에 정부와 정부 간의 조약에 의해, 정부 간 협력의 틀 속에서 이루어지는 정부 간의 국제활동의 성격을 지닐 수밖에 없었다.

비록 정부 간 협정의 틀 내에서 이루어지는 형태였으나 이러한 체제하에서도 학생과 교수요원의 국경을 넘어선 이동과 여행이 활발해지면서 대학교육은 빠르게 국제화되어 왔다. 이러한 국제교육질서하에서 사립학교를 중심으로 하는 고등교육질서를 가진 미국 교육체제는 비교적 빠른 시간 내에 세계적인 경쟁력을 가진 고등교육을 성취하였다. 이렇게 우수한 대학 경쟁력을 갖춘 미국은 풀브라이트 법에 의해 세계 각국과 교육교류협력을 내용으로 하는 조약을 체결하고 이러한 쌍무협정체제를 바탕으로 세계 각국과의 교수 학생 교환을 통해 미국교육을 세계무대에 확산하는 한편 우수한 인재를 그 발전 초기에 미국으로 유치함으로써 더욱 미국교육의 국제경쟁력을 강화할 수 있었다.

이러한 고등교육의 국제화는 대체로 각국 정부의 의지와 정부 간의 교섭과 교류, 그리고 일반적인 민주적 기본권으로서 여행의 자유 확대를 그 바탕으로 하는 이상 주로 미국이 그 이동의 목적과 중심이 되며 지식의 생산과 확산 거점이 되는 미국교육의 국제화라는 특성을 지녔다. 아시아 오세아니아 지역의 경우 2003년에 외국유학생들을 가장 많이 수용한 나라는 미국이 294천 명, 다음으로 호주 78천 명, 영국 74천 명, 독일 68천 명으로 나타나고 있으며 그다음 프랑스부터는 2만 명이 채 안 되는 수준이다.[11] 즉 미국의 고등교육이 지식과 문화의 중심이 되고 세계 각지에서 우수한 인재가 학생 또는 교수요원으로서 미국에 유학 또는 초빙되는 양상이 지배적으로 나타났다. 이러한 아·태지역 학생들의 유학 목적국 분포는 고등교육서비스시장 체제가 아직 본격화되기 이전의 국제교육교류협력 체제의 성과로 볼 수 있다.

최근 서비스무역의 자유화가 진전이 되면서 고등교육의 글로벌 시장창출을 목적으로 하는 고등교육시장개방 논의가 10년 이상 지속되고 있다. 서비스무역협정(GATS)[12]이나 양국 간 자유무역협정을 통해 고등교육의 범세계적 시장이 성숙이 될 경우는 어떤 결과가 될지 속단할 수는 없다. 다만 분명한 것은 GATS에 기반을 둔 국경을 넘는 고등교육시장이란 정부의 후원을 통한 전통

---

11) Marginson, p.151.

12) GATS(General Agreement for Trade in Services): 과거 국제적 상품무역질서의 근간이었던 상품무역 및 관세에 관한 일반 협정(GATT)에 상응하게 서비스 분야 무역자유화를 위한 일반협정으로서 WTO 발족과 함께 시작됨.

적인 국제교육교류와 고등교육협력 체제와는 성격이 판이하게 다르며 그에 따라 많은 아·태지역 각국의 대학과 정부들이 우려와 위기를 느끼고 있다는 점이다. 그러한 우려의 내용을 열거하면 다음과 같다.[13]

○ 양자 간 자유무역협약을 통해 주어지는 압박이 다자간 협약의 틀보다 더욱 거센 것이 아닌가. 차라리 다자간 틀을 수용하는 것이 불가피하지 않은가?
○ 고등교육시장개방이 외환유출과 brain drain을 가속화시키지 않을 것인가?
○ 질평가 사업의 개도국진출과 대학 프랜차이즈의 발달이 고등교육에 대한 주재국 정부의 권능을 무력화하는 것이 아닌가?
○ 자연인 주재와 사업적 주재는 과연 그 초청국인 개도국 고등교육의 인적 물적 자원 확충에 도움이 되는가?
○ 고등교육시장은 현실화되어도 정보불균형이 큰 불완전시장일 수밖에 없으며, 중심-주변 현상 심화가 예견되지 않는가?
○ GATS는 고등교육 시장에 의한 획일성을 초래하지 않겠는가?
○ 결국에는 Global Education Athourity의 구축으로 가지 않겠는가?

이상의 우려들은 WTO 측에서는 공식적으로 부인하고 있지만 이는 현재의 GATS상으로 보아 그렇다는 것뿐이며 장기적으로 고등교육의 글로벌 시장이 형성된다는 것을 가정하면 대체로 근거 있는 우려들이다. 현재의 GATS는 개념적 수준의 Framework만을 두고 있으며 사실 많은 것들을 당사국 간의 협상에 맡겨 놓은 채 〈지속적인 협상을 통한 단계적 자유화〉 그 자체를 의무화하고 있기 때문에 오히려 협상력이 강한 강대국들의 주도에 의한 서비스무역질서 형성의 가능성을 크게 높이고 있는 상황이다. 따라서 앞서의 우려들에 대한 각국별 또는 다자간의 해법을 마련하는 것이 아·태 지역에서의 고등교육서비스 시장의 원활한 발전을 위해서는 반드시 필요할 것이다.

---

13) 2004. 12. 인도 델리에서 개최된 2005 서울 회의 대비 전문가 세미나의 결과보고서 내용임.

국경을 넘어 형성된 글로벌 마켓의 주인공은 기업이다. 기업들은 일단 글로벌 마켓의 주인공이 되면 사실상 국적을 떠난 초국적 실체로 활동하게 된다. 마지막으로 짚어 보아야 할 것은 과연 대학이 기업처럼 그 교육의 성격에 있어 특정의 국가를 넘어 탈국가화 할 수 있을 것인가 하는 점이다. 이 점에 있어 필자는 회의적이다. 학원이 아닌 한 대학은 정부의 지원을 떠나 순수한 기업이 되기는 현실적으로 어렵다. 교육기관은 시장만을 기반으로 해서 스스로의 경비를 충당하며, 좋은 교육을 제공하기 힘들다. 바꾸어 말해 대학과 후원-피후원의 관계[14]에 설 복수의 재정적 후원자가 필요하다는 점이다. 다만, 그동안은 국가가 단독으로 그 역할을 해왔지만 앞으로는 국가와 공공단체 민간기업 등 복수의 후원자를 찾게 될 것이라는 점이 달라진 것이다. 결국 대학은 오직 부분적으로만 국경을 넘어 활동을 해온 지금까지의 국제교육 활동의 틀을 보다 활발히 하는 선에서 국제화 세계화될 것이며, 기업처럼 초국가적으로 글로벌 마켓을 활동의 기반으로 삼지는 못할 것이다.

대학과 지방자치단체: 갈등과 협력

조금 큰 규모의 대학 내에는 수많은 산하 조직과 단체들이 있다. 동창회는 물론이고 교수 학생들이 참여하는 연구소, 출판 등의 사업소를 포함하여 수십 또는 수백 개에 이르는 조직이나 단체가 대학 내에 주소를 두고 활동하고 있다. 이들의 활동을 놓고 대학과 대학이 위치한 지역 관할의 기초 자치단체 간

---

14) patronage의 관계는 로마시대 중세시기를 거쳐 많은 사회적 경제적 정치적 활동의 기반이 되어 왔다. 현대에 들어 미술시장 음악시장이 본격형성되기 전까지 미술가 음악가들은 이러한 후원 관계 속에서 비로소 미술 음악활동을 할 수 있었으며, 클래식 음악의 경우는 아직도 기본적으로 순수 시장보다는 후원관계에 더 의존하고 있는 것으로 보인다.

에 갈등이 벌어질 가능성이 높다. 물론 캠퍼스 내외의 도로 건물 등을 둘러싸고 대학과 시청·구청 간에도 입장의 충돌과 갈등이 있어 왔다. 대학 내의 질서 유지와 관련하여 관할 경찰과의 관계 역시 마찬가지이다. 그렇지만 이 글에서 더욱 중요시하는 것은 대학캠퍼스 기반으로 활동하는 조직과 단체들에 대한 관할의 문제이다.

우리나라에서 비영리법인들의 설립허가와 그 사업의 감독에 관한 주무부처 장관의 권한은 기초자치단체장(또는 교육장)에게 위임된 기관위임사무이다. 따라서 대학 내-즉 주소를 캠퍼스 내에 두고 설립되어 활동하는 법인들에 대하여는 시장 또는 구청장이 지도 감독-구체적으로는 결산서류의 검사와 회계감사 등의 권한을 행사하게 된다. 여기서 갈등의 소지가 생겨난다. 예를 들어, 대학 내의 어느 실험실 또는 연구소가 그 기능 수행상 법인화가 필요하여 이를 추진하려면 시장이나 구청장에게 법인설립허가를 받아야 하며 법인화 이후에는 그 구청장의 감독을 받아야 한다. 이렇게 되면 대학 외부의 행정기관이나 시민사회 세력이 대학 내부의 일에 간섭하는 공식적인 방법이 마련되는 것이며, 대학과 시청(구청) 측 간에 갈등이 생길 경우 시장(구청장)은 대학 내의 법인에 대한 감독권이 그 갈등 상황에서의 무기로 사용될 가능성이 높다.

서양의 대학사(大學史)를 보면 똑같이 국가로부터 자치권을 허여받은 대학과 도시가 서로 갈등하는 사례들이 많았다. 대학의 학생들이 그 대학소재지의 시민들과 대립 충돌하는 경우도 있었으며, 교수들이 그 도시의 방침에 저항하여 다른 도시로 대학과 함께 떠나는 사례도 있었다. 지금도, 대학과 도시들 간에는 협력뿐 아니라 이러한 갈등이 언제나 함께 존재하고 있다. 대학 내의 질서유지의 경우 영미권의 대학들은 도시의 자치경찰에 대항하여 대학경찰을 독자적으로 운영하는 경우가 대부분이다.

지금까지 대학교수들이 산학협력 활동에 적극 나설 경우 그 활동의 지속성과 책임성을 위해 법인격이 필요할 경우, 대학본부와는 상관없이 직접 구청 또는 시청으로부터 재단법인 또는 사단법인 설립허가를 얻어 활동하여 왔으며, 조세와 관련하여는 법인격과 상관없이 관할 세무서에 사업자등록을 하고 조세 문제를 직접 해결하여 왔다. 그 결과, 어느 대학캠퍼스를 관할하는 세무서에서는 그 대학 내 최일선에서 일어나는 여러 사정을 알아도 대학본부는 이를 모르고 있으며, 대학소재지의 시장이나 구청장이 관내 대학의 실정을 그 대학총장보다 더 잘 알게 되는 상황이 생겨나는 것이다. 현재의 대학본부 시스템 하에서는 대학의 기능이 산학협력을 통하여 교육, 연구, 사회봉사의 제 측면에서 확대되면 될수록 대학총장 이하 대학당국은 아무것도 모르는 채 외부의 입김에 흔들릴 가능성이 높다.

이미 지적한 것처럼 대학을 구성하는 하부 단위들의 자율성을 보장하고 이들이 학내외를 막론하고 활발하게 활동하도록 하는 것은 산학협력을 통한 대학의 발전을 위해 매우 긴요하다. 이렇게 되기 위한 관건이 이들 구성단위로 하여금 독자적 권리능력과 행위능력을 갖도록 제도적 행정적으로 뒷받침하는 일이다. 따라서 이들의 법인격 취득은 매우 바람직한 일이다.

그런데 법인격의 취득을 위하여 시장이나 구청장의 허가를 받고 그에 수반되는 시민사회 권력의 감독을 받게 된다면 이는 자율과 자치를 지향하는 대학으로서는 용인하기 어려운 것이다. 해결책은 대학캠퍼스에 미치는 대학총장이 바로 그러한 법인허가와 그에 따른 법인 지도감독권을 행사하도록 교통정리를 하는 것이다.[15] 이는 대학 내에서 대학본부의 기능이 도시의 시청과 같은 역할이 되도록 함에 있어서 가장 먼저 이루어져야 할 사항이기도 하다.

---

15) 〈행정권한의 위임위탁에 관한 규정〉을 개정함으로써 이는 쉽게 이루어질 수 있다. 대학 내에 주소를 두고 활동하는 법인에 대하여는 교육인적자원부장과 기타 중앙부처 장관의 법인 설폐 및 지도 감독권한을 대학총장에 위임 위탁하도록 하면 되는 것이다.

자격으로서의 학위

　자격이란 사회 내에서 유통되는 형태로 정형화된 정보의 묶음이며 일정한 평가를 거쳐 개개인들에게 부여되는 것이다. 예를 들어 고등학교졸업장, 각종 학위, 자격증 등이 바로 자격인 것이다. 개개인들은 진학과 취업 등을 위해 자격을 사용하며 학교 기업 정부 등 조직들은 자격을 보고 사람을 충원한다. 대학에서 주는 학위도 이러한 의미에서 정의된 자격의 일종이다.

　자격은 학습이라는 활동을 통해 형성된 실질적 가치를 측정평가하고 이를 기초로 발급된다. 다음은 그러한 시각에서 학습자가 자격을 획득하고 이를 활용하는 과정을 그림으로 요약한 것이다.

<그림 1> 평가와 자격 기능 이해의 기본틀

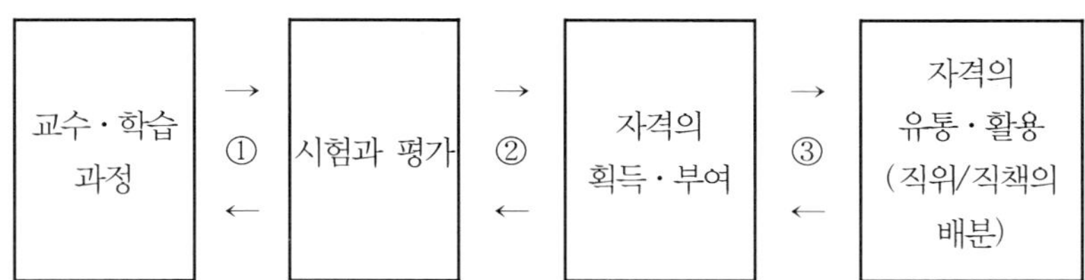

　상기 도표에서 볼 때, 지금까지 이론과 연구들 중 미시적 기능을 다룬 학습평가 관련이론들은 도표상 ①의 과정에 초점을 둔 것이며 거시적 기능을 다룬 교육사회학등의 연구와 이론들은도표상 ③의 과정에 관심을 둔 것이다. 시험과 평가 결과에 따라 일정한 자격을 부여하고 획득하는 상기 도표 ②의 과정에 대한 연구와 설명은 그동안 매우 부족하였으며 그 결과 시험과 평가의 기능에 대한 종합적 이해가 아닌 교육적-사회적이라는 이원화 분절화된 설명이 지배적이었다.

　현대적 정의(justice)의 이론을 세운 것으로 평가되는 로울즈가 그의 두 개정의의 원칙 중 하나를 재산이 아닌 모든 직위와 직책에의 개방된 기회균등에 할당했을 때 그는 이미 현대사회에서 자격의 사회적 배분이 정의가 구현되어야 할 핵심적인 영역임을 시사한 것이다. 평가는 바로 이 자격의 배분을 결정하는 가장 중요한 메커니즘이다. 그렇기 때문에 평가는 교수 학습의 도구이기 이전에 정의를 책임지는 정치적 공동체의 정책수단이며, 가치창출과 성장의 도구이기 이전에 교환과 분배의 도구일 수밖에 없다.

학습평가가 교환과 배분의 메커니즘이라는 분명한 인식은 비교적 최근에 유럽통합에 의해서 비로소 생겨난 것이다. 유럽이 통합되어 화폐뿐 아니라 사람들도 자유롭게 이동하게 되면서 그 역내에서는 국적과 같은 인적지표가 무의미해지고 그 사람이 가진 자격이 중요한 지표가 되어 버렸다. 이제는 그동안 국민국가의 국내에 한정되어 유통되던 인적지표들이 통합유럽 전체에 유통되기 시작하면서 혼란과 갈등의 원천이 되기 시작한 것이다. 즉 화폐의 통일만이 시급한 것이 아니라 자격의 통일도 못지않게 시급한 것임을 인식하게 된 것이다. 이러한 인식과 정책적 관심은 자연히 자격부여의 메커니즘을 구성하는 학습평가로 이어졌으며 통합유럽의 교육정책의 핵심은 평가정책에 집중되어 있다. 상기 도표를 효과적으로 이해하기 위해서는 먼저 일종의 화폐적 현상으로서의 이와 같은 자격의 본질에 대한 인식이 필수적이다.

진학, 취업, 사람충원과 같은 사람의 이동과 관련된 행동을 우리가 인적 거래(personnel transaction)라고 명명한다면 자격은 이러한 인적거래의 매개기능을 담당하는 것이다. 시장거래에 있어서는 화폐가 교환의 매개 역할을 하고 있으며 화폐로 표시된 가격이란 기본적으로 수요자 공급자 간에 교환되는 정보의 묶음이다. 이러한 의미에서 화폐와 자격은 본질적으로 동일한 기능을 수행하고 있다.

그런데 자격 역시 화폐와 마찬가지로 교환의 매개 이외에 추가적인 기능을 수행하게 된다. 즉 가치의 척도 기능, 가치의 저장 기능을 수행하는 것이다. 즉 교육과 학습을 통해 개인에게 획득되고 형성된 인적 가치는 최종적으로 사회적으로는 그 사람이 획득한 자격으로 측정되고 대표되는 것이다(자격의 척도 기능). 또한 자격의 획득으로 이어지지 않은 학습-즉 원래의 가치는 보존이 되지 않고 상실된다. 우리는 그 예를 학교교육과정의 중도 탈락자나 각종 자격시험의 중도 탈락자를 통해 전형적으로 찾아 볼 수 있다. 즉 획득된 자격은 개인이 학습한 성과를 사회적으로 보존하는 가장 확실한 방법인 것이다.

평가와 자격의 발급이라는 과정이 지닌 1차적 의미는 그 것을 통해 학습자에 대한 정보가 생산된다는 점에 있다. 평가에 의해 생산된 정보에 기초하여 자격이 부여되는 것이다. 이런 점에서 보면 각종의 시험이란 자격이라는 화폐의 발행 과정을 구성하는 핵심적 요소이며, 학습자가 성취한 학습이라는 가치를 계량화된 정보 형태로 표시한다. 여기서 과연 무엇이 진정한 학습인가라는 가치판단의 문제가 개입된다. 평가에 있어서 이러한 가치 판단은 평가자 개인의 판단이 아니라 정치 또는 사회적으로 합의된 가치관에 입각한 것이어야 하며 평가 정보의 사용자 필요성과 요구를 반영한 것일 수밖에 없다. 이러한 가치판단은 마치 사회적 정책적으로 합의된 회계기준이 특정한 경제적 가치재를 과연 자산으로 평가하여 장부에 기록할 것인가를 정하는 것과 다를 바 없다.

사실 진정한 경제적 가치가 무엇인지는 바야흐로 철학적 정책적 문제이다. 노동가치설과 효용가치설의 대립에서 우리는 이 문제가 가진 철학적 정책적 성격을 알 수 있다. 그러나 현실 사회에서는 진정한 가치가 유통 사용되는 것이 아니라 그 대용물(proxy)로서 화폐가 사용되는 것이다. 마찬가지로 진정한 학습과 교육적 가치가 무엇인가 하는 것은 철학적 정책적 질문이며 현실의 세계에서는 그 대용물로서 평가 점수와 자격이 사용되는 것이다.

과거 금본위제하에서는 철저히 지금(地金)의 유입에 맞추어 그만큼의 화폐를 발행하는 것을 원칙으로 하였다. 이를 달리 말하면 나름대로 중요한 경제적 가치물과 교환하여 그만큼의 통화 발행을 원칙으로 한 것이다. 오늘날 통화당국의 가장 큰 고민은 무엇을 어떻게 평가하여 그것을 통화발행의 기초로 삼을 것인가라는 고민이다. 과거로부터 전래된 기본 원칙은 오늘날에도 기본적으로 옹호되고 있다. 즉 생산이 늘어나는 만큼의 통화증가가 화폐발행의 원칙으로 한편에서는 옹호되는 것이다.

자격 또한 동일하다. 자격의 발행과 부여는 학습성과를 평가하여 인정되고 획득된 교육적 가치만큼만 발행하는 것이 기본 원칙이다. 화폐를 마구 발행하면 인플레이션이 초래되는 것처럼 자격을 마구 발행하면 졸업장과 학위 자격증의 인플레이션이 초래되기 때문이다. 교육평가 당국의 고민은 다음과 같은 것이다. ① 그 어떤 교육적 가치를 평가하여 그것을 기초로 자격을 발행할 것인가 ② 자격을 얼마나 많이 발행할 것인가. 이 점에서 교육평가정책은 교육 분야의 통화정책의 성격을 지닌 것이다.

일종의 통화정책으로서 교육평가정책이 갖는 어려움은 평가와 자격부여가 단지 선행된 교육과 학습의 결과를 사후에 측정하여 인정하는 데 그치는 것이 아니라는 데 있다. 다시 화폐에 비유하자면 통화발행이 단순히 생산의 증가에 맞추어 화폐를 공급하는 데 그치는 것이 아니라 거꾸로 생산활동에 영향을 주는 것처럼 평가와 자격부여 행위가 교육적 가치의 창출 즉 학습에 결정적인 영향을 주기 때문에 평가정책이 어려움에 직면하는 것이다. 즉 생산과 서비스 등 실물적 경제 현상과 화폐의 공급 유통이라는 화폐적 현상의 관계에 있어 후자가 단순히 전자의 반영(veil)이 아닌 것처럼 평가는 이루어진 학습을 사후적으로 측정해서 표현하는 데 그치는 것이 아니다. 즉 평가와 자격부여는 교육·학습과의 관계에서 영향을 주고받는 상호 독자적 사회현상인 것이다.

대학이 쓸모없는 인재를 양산한다는 비난이 자자하다. 이러한 비난이 시사하는 바는 대학이 발급하는 졸업장과 학위가. 제대로 된 〈자격〉의 품질과 기준에서 볼 때 형편없다는 바로 그 것이다. 우리나라 대학의 학위가 신용을 회복하려면, 좋은 자격제도란 어떤 것인가라는 관점에서 종합적이고도 철저한 검사가 있어야 하며 이에 기초하여 대학의 학위발급의 전 과정-교육과 학습, 학습평가, 학위의 발급 획득, 학위의 사용 과정을 전면 혁신하지 않으면 안 된다.

제2장 대학구성원의 신분과 지위

교수·학생의 소속·신분의 분할과 그 성격, 학부제

　한국인은 한국국적을 가지고 있다. 그런데 이 국적이라는 것의 취득 과정을 보면 반드시 호적을 취득하는 과정과 일체를 이루고 있다. 호적이란 법률상의 한 가정 즉 일가(一家)의 구성원으로서의 지위를 말하는 것이다. 법률상 한국인의 가정에 자녀로 태어남으로써 호적을 취득함과 동시에 국적을 갖게 되는 것이다. 만약 한국인 가족이 없는 귀화인이 우리 국적을 취득한다면 그는 혼자서 일가(一家)를 창립하고 그 호주로서 호적을 갖게 된다. 바꾸어 말해 한국사람이 되는 국적 취득 과정은 그 이면에서는 호적을 취득하는 과정이다.

　호적제도에 대해서는 여권론자들을 중심으로 폐지론이 강력하게 제기되고 있다. 호적제도가 여성의 지위를 억압하고 있다고 보기 때문이다. 그런데 우리나라의 이 호적제도는 비단 여성에 대해서만 억압적인 것이 아니라 남성도 함께 억압하는 다른 봉건적인 측면이 있다. 앞에서 지적한 것처럼 우리의 호적제도에 따르면 개인은 직접적으로 국가의 구성원이 되는 것이 아니라 오로지 일가에의 귀속 즉 호적을 통해서만 국가에 귀속될 수 있는 것이다. 즉 개인이 국가의 구성원이 되고 국민으로서의 모든 지위를 얻는 통로를 가족제도가 그 중간에서 수문장처럼 지키고 있는 것이다. 봉건국가는 이러한 방식으로 국가와 개인 사이에 분권적 매개조직이 발달한 국가체제를 말한다. 즉 우리나라는 국가-가족-개인의 단계적 계층으로 이루어지는 봉건국가의 전형적인 구조를 반영하는 것이며 국가와 시민이 중간의 봉건적 사회조직의 매개 없이 직접 대면하는 것을 원칙으로 하는 근대국가의 구조적 원리와는 상충되는 것이다.[16]

　한편, 교수와 대학생의 신분은 어떻게 취득 유지 변동 소멸되는가를 생각해 볼 필요가 있다. 학생이 학적을 가지고 있다면 교수는 교적(校籍)을 가지고 있다. 이 학적과 교적이야말로 학생과 교수의 신분을 표상하는 것이다. 그런

---

16) 현행 호적법은 2008년 1월부터 폐지되고 1인 1적제가 시행될 예정이다.

데 대학 구성원이 되는 교수와 대학생의 신분과 지위를 얻는 과정에 대해서도 이상에 기술한 국적과 호적의 관계를 유추하여 차례로 분석해볼 필요가 있다.

먼저, 학생의 학적이란 처음부터 소속단위 별로 분할되어 있는가, 아니면 학적은 전체로서 통합된 단일체로서 학적취득이 우선이고 학과는 그 이후에 얼마든지 변동될 수 있는 것인가 하는 문제가 있다. 현재까지의 지배적 관행은 신입생을 모집할 때는 원칙적으로 이 소속단위별로 구분하여 모집하게 되지만 대학 1년 차 또는 2년 차까지에 한정하여 모집단위를 광역화하여 광역의 소속단위를 유지하게 하고는 그 이후는 개별 학과 단위의 적을 취득하게 하는 것이다.

한편, 학부제는 이러한 소속단위를 가급적 광역화하여 세분화된 소속 단위로 인한 경직성을 탈피하고 유연하고도 광범한 강좌선택을 보장하려는 제도라고 볼 수 있다. 이른바 〈학부대학〉이란 학사과정 전체를 단일한 소속단위로서의 학부로 편제하는 것이며 본격적인 전공교육을 대학원 수준에서 실시하는 대학원중심대학은 이러한 학부대학체제를 실시하기도 한다.

교수들의 교적의 경우도 통상은 한 학교 전체의 교수가 통합된 단일의 소속단위를 갖는 것이 아니고 학과별로 분할되어 있다. 그러나 학교교수 전체를 단일 교수단으로 묶거나 계열별로 묶어 계열별 교수단으로 소속시키는 학교도 있다.

그런데 학생이나 교수의 소속단위를 통일하거나 광역화하지 않고 이렇게 학과와 전공으로 분할하여 소속시키는 조직관행이 생겨나는 이유를 분석해볼 필요가 있다. 이러한 소속의 분할은 조직이론 상으로는 과목이수를 둘러싼 교수와 학생의 의사결정이 복잡화됨에 따르는 거래비용의 증가를 회피하기 위한 것이다. 즉 교수와 학생이 각자의 완전히 자유로운 과목선택에 의거 수업에서 만나려면 강의의 사이즈, 원하는 과목의 상이, 강의실의 배정, 과정이수와 학위의 인증요건의 충족 등 고려해야 할 수많은 요인들을 대학 전체적으로 통제하고 조절하는 데 엄청난 노력과 비용이 소요될 수밖에 없다. 이를 사전적으로 조절되게 하는 장치가 바로 학과라는 단위조직에 교수와 학생을 소속시키고 그 안에서 학과단위의 의사결정에 따르는 것이다.

이러한 방식에는 두 가지 문제가 있다. 학과단위의 의사결정에 따르도록 함으로써 학과 간 중복 강의 등 학교 전체 입장에서 보면 강좌의 초과공급이 나타나 과잉비용을 초래할 가능성이 높은 것이다. 또 다른 하나의 문제점은 학과단위의 의사결정에 의해 학과별로 일관된 코스워크를 제공할 수는 있겠지만 결과적으로 학생들의 선택권이 제약되는 것이다.

우리나라에서 학부제를 실시함에 있어서 많은 혼란과 문제점이 야기되는 것은 학교 당국과 학생 교수의 3자가 학과의 벽을 허물어 학부라는 더 큰 소속 단위를 설정하면서 자신에게 유리한 측면만을 취하고 그에 함께 동반되어야 할 의무적 조치를 취하지 않기 때문이다.

학교당국은 전산화의 이점을 통해 수강신청관리가 용이해진 점을 활용하여 학부제를 실시함에 따라 강좌의 수를 줄이고 그만큼 비용이 절약되는 데서만 학부제의 의미를 찾았다. 학교당국은 강좌의 수를 유지하고 그 내용을 보다 다양하게 하는 데 노력을 하였어야 학부제 도입이 갖는 학생의 선택권 확대의 취지가 구현된다는 점을 무시하였다.

교수들은 학교가 비용절약에만 관심을 두는 것을 비판하는 데 급급하여 좋은 강좌를 개발하여 제공하는 노력을 기울이지 않았으며, 특히 주제 중심 또는 문제해결 중심으로 교수들 간의 기존학과의 벽을 벗어난 새로운 모임 결성을 통해 새로운 코스워크를 구축하기 위한 노력을 수행하지 않았다. 학생들은 학부제로 인해 주어진 확대된 선택권을 적은 노력으로 쉽게 좋은 학점을 따기 위한 수단으로 이용하였으며 지식의 폭과 깊이를 넓히는 계기로 활용하지 않았다.

우리나라 대학사회에서는 현재 학부제가 실패했다는 이유로 이전의 학과 전공 중심 체제로 돌아가려는 강력한 경향이 존재하고 있으나 이는 잘못된 것이다. 지금이라도 학부제의 본래 취지에 맞게 학교당국 교수 학생이 취해야 할 행동에 즉각 나섬으로써 학부제가 성공적인 대학혁신의 계기가 되도록 할 수 있을 것이다.

직업으로서의 대학교수와 그 사회적 지위

대학교수의 지위와 그 충원 수급의 방식은 국가마다 또 대학의 유형에 따라 크게 다르다. 그럼에도 불구하고 하나의 직업으로서 볼 때 대학 교수는 다음과 같은 몇 가지 공통적 특징에 의해 정의될 수 있을 것이다.

우선 대학교수는 전문직이다. 전문직(profession)이란 단순히 전문지식을 가진 전문가(expert)라는 의미를 넘어 고객과의 전문직적 관계, 대학에 의한 뒷받침, 공적 기능의 수행, 전문직 단체의 적극적 역할을 핵심요소로 가진 특정의 직업부문을 지칭하는 것이며 이는 상당한 역사적 사회적 노력을 거쳐 성취되는 사회적 실체이다. 전문직으로서 교수는 관료적 권위가 아닌 전문성의 권위라는 또 다른 종류의 권위에 입각하여 직무를 수행하게 된다. 오늘날 기업에서 지식경영이 보급되고 있어 기업조직 내에도 전문성의 권위가 존중되고 이를 기반으로 직무를 수행하는 직장인들이 늘어나고 있지만 교수직은 개별 조직이나 기업 차원을 넘어서 사회 전반적 제도에 의해 그 전문성이 보장되는 직종인 것이다.

둘째로 대학교수는 대학공동체의 일등 시민이다. 법적으로 승인되었건 아니건, 또 강약의 차이는 있으나 모든 나라에서 대학은 국가로부터 상대적으로 자유로운 자치공동체의 성격을 지니고 있다. 대학교수는 이러한 공동체의 핵심 성원이다.

셋째로 대학교수는 우리 사회의 지식 확충의 최일선에 서 있다. 아마도 다른 직업에서 볼 수 없는 대학교수의 가장 특징적인 모습이 바로 이것일 것이다. 지식의 최일선이라 함은 단순히 새로운 것의 발견이나 발명만을 의미하는 것은 아니며, 새로운 정보와 지식을 토대로 일정한 관점에서 이를 정리하고 이론화하는 작업이 핵심이다. 제자들에게 가르치고 전수하려면 이론화 작업이 필수적이며 이론에 의해 비로소 지식은 정리되고 효과적으로 전달될 수 있는 형태를 갖게 되기 때문이다. 새로운 혁신은 대학 밖에서 일어날지라도 이러한 혁신이 일시적 유행으로 끝나는 운명을 벗어나 시대를 초월하여 전달되고 지속되는 것은 이렇게 대학교수들에 의한 이론화와 교육을 통해서 이루어진다.

넷째, 앞의 특징에 따른 논리적 결과이지만 교수들은 혼자 일한다. '혼자 일한다'는 의미는 자기 주도적 스케줄과 계획에 따라 일하는(self-paced working) 것을 말한다. 외부에서 부과하는 스케줄에 따른 작업이 극소화되는 것이다. 그에 따라 교수 상호간에 있어서도 대체로 자신만의 전문분야를 가지고 혼자서 일한다. 최근 공동연구 협동교수(team teaching)가 확대되고 있으나 대학교수는 직무 특성상 상호관련 없이 혼자 일하는 것이 지배적 관행이다. 혼자 일한다는 것은 나아가 교수직이 종교인들처럼 세상의 일상사를 지향하는 일반 사회의 다른 직업과는 다른 고유의 이념 즉 학문을 통한 진리에의 봉사라는 이념을 실행한다는 것을 반영하는 것이다.

마지막으로 대학교수는 제자를 기르고 학파를 형성한다. 아마도 다른 직업에서 볼 수 없는 대학교수의 가장 특징적인 모습이 바로 이것일 것이다. 교수와 학생의 만남은 다른 생산조직 또는 서비스 조직 내에서의 만남과 달리 기능적인 관계 하에서의 만남이 아니라 인간적인 관계에서의 만남이다. 교수들의 강의는 단순한 이론과 지식의 전수에 그치는 것이 아니라 학문의 자유 표현의 자유에 기반을 둔 교수 개인의 인격의 표현이며 학생들은 이로부터 성장하고 배우는 것이다.

제자-요즘 용어로 학문 후속세대들을 통한 이론과 지식의 발전이야말로 새로운 혁신은 대학 밖에서 일어날지라도 이러한 혁신이 일시적 유행으로 끝나는 운명을 벗어나 시대를 초월하여 전달 지속되게 하는 원동력이다. 문제는 이러한 교수직의 특성이 이론과 지식 발전과는 상관없는 인간관계만에 의한 파벌로 이어질 가능성이 있다는 점이다. 대학교수 인사관리에 있어서는 관행적으로 이러한 점이 주목되어 왔다.

나라마다 교수직의 구체적인 신분과 지위 경제적 보상의 수준은 서로 다르지만 이상에서 정리된 다섯 가지의 성격은 어느 나라에서나 교수직이 갖는 본질적 특성이다. 이러한 특성은 교수들에게 다른 어떠한 직업도 주기 어려운 성취동기와 보람 그리고 만족감을 준다. 바로 이러한 이유로, 많은 경제적 보상과 사회적 위세가 높은 기존의 직업을 떠나 교수직을 희망하는 사람들도 많다.

교수직은 아직까지는 그것이 주는 이상에 열거한 것과 같은 보람과 보상으로 인해 많은 사람들이 원하는 직업이 되고 있으며 변호사, 의사와 같은 다른 전문 직과 마찬가지로 그 숫자를 늘리지 않으려는 교수 사회 내부의 압력이 언제나 존재하게 마련이다. 영국 프랑스 등 우리와 유사한 규모의 국가에 비해 우리나 라는 전체 교수의 숫자가 작게는 1/3 정도 작거나 크게는 반 정도의 수준에 그 치고 있다. 우리나라에서 시간강사의 문제가 심각한 이유의 일단이 여기에 있다. 지식기반사회로 깊숙이 진입하면 할수록 직업을 가진 사회 전체 성원 중에서 교 수직의 규모는 더욱더 많아지지 않으면 안 된다.

이상에서 대학교수직이 갖는 몇 가지 특성을 지적하고 그러한 특성에서 유 래되는 기능들을 간단히 언급하였다. 유감스럽게도 우리나라에서는 대학교수직 의 특성에 따른 순기능보다는 교수직의 독점성 폐쇄성에 따른 역기능이 더욱 두드러지고 있는 것이 엄연한 현실이다. 학과, 단과대학 단위의 교수회의, 대학 원위원회, 대학의 교수인사위원회 등 교수들로 구성된 수많은 합의 기구들이 교수직의 독점성 폐쇄성을 강화하고 있으며, 대학의 내부에서 지배권을 둘러싼 갈등은 갈수록 늘어나고 있다. 아울러 고등교육 분야의 혁신 사례의 확산이 늦 고 대학문화에서 파벌이 지배하는 경향이 높은 것도 부인할 수 없다.

교육개혁과정에서 교수직의 폐단과 관련한 논의들이 증대하고 있다. 그러나 이를 시정하는 방법은 모든 전문직업 집단에서와 같이 교수집단 내부의 동료 에 의한 감시와 압력(peer pressure)을 활성화하는 데서 찾아야 한다. 일차적 으로는 개별 대학 내에서 이러한 동료 간 압력이 작동하도록 해야 하지만 전 체 교수사회 내에 이러한 견제 장치를 내장하는 것도 필요하다. 의사, 변호사, 약사 등 전문직들은 그것의 엄격한 작동은 논외로 친다 해도 직무표준과 이 의 적용을 위한 심사위원회 형태로 최소한의 이러한 견제장치를 확보하고 있 다. 교수들은 개별대학들에 이러한 장치가 전적으로 맡겨져 있으며 그것으로 는 부족하다.

교수 수급 방식 차이의 연원과
교수임용제도, 임용과정

현재 우리나라에서는 교수인사와 관련된 주요 이슈가 임용의 공정성 확립, 교수업적평가를 통한 성과주의 인사 관행 확산 등 현안 중심의 정책논의에 집중되어 있다. 그러나 이러한 현안 중심의 논의는 전체적인 교수인사제도의 발전을 지향하는 데는 한계가 있다. 먼저 대학교수 선발의 제도적 환경과 동태적 과정에 대한 성찰이 있어야 한다. 각국에서 구체적으로 교수들의 수급이 이루어지는 전통적 방식은 전체적으로 보면 크게 두 가지 요소의 영향을 받는다. 그 하나는 국가와 대학의 관계이며 다른 하나는 교수사회의 조직적 집단적 성격이다.

각국의 대학교수 충원 과정은 크게 보면 대학과 국가의 상호관계에 따라 두 가지 유형으로 구분된다. 먼저 시장원칙에 맡기는 나라들이 있다. 영미권 국가들이 대체로 그러한데 대학이 국가와는 별개의 실체를 이루고 있고 이들 대학은 교수 임용의 자율권을 충분히 가진다. 그 결과 교수들의 수급을 위한 시장이 형성되게 된다. 또 다른 유형으로는 주로 대륙 유럽 국가들이 이에 해당하는데, 국가관리의 교수자원 풀(pool), 또는 국가적 교수자격제도 등의 형태로 국가관리가 깊이 이루어지는 유형이 그것이다.

교수단(이른바 faculty)의 폐쇄성과 개방성의 정도 역시 국가마다 매우 다르며 이에 따라 교수 충원 방식이 크게 영향을 받게 마련이다. 개방적이냐 폐쇄적이냐 하는 판단의 시금석은 아마도 타 대학 교수나 현장 전문가 등 자기 대학조직 외부 경력자가 중견층 교수로의 진입이 쉬운가, 아닌가에 있을 것이다. 이런 의미에서 보면 영국과 독일의 경우는 상대적으로 폐쇄적 성격이 강하며 미국과 프랑스의 경우는 상대적으로 개방적이다.

아래의 표-7은 과도한 단순화를 무릅쓰고 대학-국가 간의 관계와 교수단

조직의 폐쇄성 정도의 양 요소를 축으로 전형적인 교수인사제도의 패턴을 네 가지로 유형화하고 각각의 패턴에서 일어나는 현상의 특징을 지적한 것이다. 한국의 경우 국립대학 교수와 사립대학 교수가 외견상으로는 유사해 보이나 실질적으로는 서로 다른 교수인사 패턴을 보이고 있다고 보아야 할 것이다.

<표-7> 대학조직의 특성과 교수인사제도의 유형

	대학과 국가의 상호 분리	국가와 대학의 일체성
개방적 교수조직	미국의 대학교수 *교수시장에서의 경쟁*	프랑스의 대학교수 *교수 풀 내에서의 경쟁*
폐쇄적 교수조직	영국의 대학교수 한국의 사립대학 교수 *독과점시장과 파벌 경쟁*	독일의 대학교수 한국의 국립대학 교수 *이완된 관료제*

한편, 형식적 규정을 떠나서 실질적으로 보면, 우리나라 개별 대학에서의 교수 임용의 현실적 동태와 과정은 대학마다 편차는 있으나 학과 단위에서 소속교수들의 합의를 기본으로 하고 여기에 단과대학의 장과 대학본부차원의 목소리를 반영하는 여러 가지 장치를 가지고 영향력을 행사하는 양상으로 진행되고 있다.

학과에서의 합의가 중요하다는 것은 학과중심의 폐쇄성으로 비판될 수도 있고, 철저한 분권화라는 측면에서 중요하게 평가될 수도 있다. 기본적으로, 학과 교수들의 영향력이 크다는 것은 뒤에 다시 논의하는 것처럼 교수임용이라는 것이 근본적으로 교수들의 소규모 조합(또는 클럽)에 멤버십을 획득하는 형태로 이루어짐을 의미한다. 서양 대학의 학과 조직에서는 학과장의 리더십이 확고하게 보장되어 있어 학과중심의 교수 선발이란 우수교수 초빙을 위한 학과의 방침과 학과장 권한에 의한 의사결정이 결정적인 것이 보통이다. 그러나 우리나라에서는 학과장의 리더십과 권한이 확립되어 있지 못한 상황에서 그때그때의 편의적인 기준에 의한 학과교수들 간의 합의(통상 만장일치)에 의존하는 결과, 임용 결과의 예측 불가능성이 매우 높다.

교수 임용에 대한 대학차원의 규율 중 가장 두드러진 측면은 형식적인 공모절차의 강제에 있다. 그러나 대학본부가 해당 전문분야의 실정을 소상히 알지 못하고 있는 동시에 학과 교수들은 해당 분야의 잠재적 교수자원의 윤곽을 뻔히 알고 있는 상황에서 공모절차는 그야말로 형식화되기 쉬우며, 예측하지 못한 인사가 공모에 응모할 경우 교수선발은 마치 주사위던지기처럼 우연에 의존하는 상황이 벌어지며, 이를 회피하기 위해 여러 가지 명분을 붙여 교수채용 자체를 아예 다음 기회로 연기해 버리는 상황이 잦다. 이러한 일이 벌어지는 이유는, 공모의 경우 과연 누가 공모에 응할지 모르는 예측불가능 상황에서 학과가 최선의 선택이 아니라 응모자 중에 차선을 선택하게 되는 수동적 위치에 놓이기 때문이다. 이러한 이유로 일부 사립대학에서는 실질적으로 학과장을 중심으로 학과에 적극적 교수물색 선발권을 위임하기도 한다. 그 근거는 스포츠구단의 경우 감독이 적극적으로 우수선수후보를 찾아 나서서 초빙해오는 것이지 선수를 공모에 의해 선발하는 것이 매우 불합리한 것처럼, 같은 인적자원 중심의 조직인 대학에서도 형식적 공모보다는 해당 학과에서 학과장을 중심으로 우수교수를 찾아 모셔오는 것이 올바른 정석이라는 논리인 것이다.

학과에 실질적으로 적극적 교수 채용을 위임하든 대학본부가 개입을 깊이 하든 이러한 다양한 교수모집정책을 대학본부가 펼 수 있는 것은 사립대학의 경우이다. 국립대학의 경우 대학본부가 겉으로는 모든 절차를 주관함에도 불구하고 대학본부의 실질적 목소리는 비교적 작으며 다만 행정직 공무원을 모집하는 것처럼 형식적 공모절차만이 두드러지게 된다. 그 결과 많은 경우 대학본부의 역할은 학과에서 우수교수모집을 위해 적극 나서는 것을 제지하는 것과 본부 간부들에 의한 면접이나 인사위원회 논의과정에서 올라오는 후보자들의 결격과 비토요인을 찾아내고 걸러내는 데 한정되기 십상이다.

우리나라 대학의 교수선발과정은 표면적으로는 대학본부중심의 관료적 선발의 모습이 강제되는 동시에 실제로는 개별 학과의 영향력이 가장 크다는 이중적인 모습으로 운영되면서 결과적으로는 학과에서 적극적으로 나서서 우수한 교수는 뽑기 어렵고 수동적인 선발과정을 통해 비교적 무난한 인사가 학연, 기타 인연을 통해 들어오기는 쉬운 구조로 고착되어져 있다. 그 원인은 역시 대학의 대학본부 중심 관료제화 및 형식주의화에 있다.

대학관료제의 대안:
대학 내의 교수지위와 교수조합의 기능성

대학을 대학총장과 대학본부를 정점으로 하는 관료제로 보는 한 대학의 모든 기능은 왜곡되고 형식화된다. 대학교수선발과정이 대학관료제를 통해 형식화되는 것은 이미 앞에서 설명되었지만 학생선발과정도 사정은 마찬가지이다.

이미 지적한 것처럼 현실적으로 대학본부는 대학타운의 시청일 따름이며 도시 내부 시장에 형성되어 자유로운 활동이 이루어지는 것처럼 대학 내에도 대학교수와 그 외의 대학구성단위들이 자유롭게 활동하는 내부시장이 창출 가동되는 것이 정상이다. 이러한 방향으로 대학의 운영이 정상화되기 위해서 관건은 교수들의 대학 내의 지위이다. 바꾸어 말해 개개 교수들에게 대학 내의 자율적인 '행위능력'을 부여하고 이에 따라 교수들이 스스로 행위하고 조직할 수 있게 하는 것이다.

이렇게 보면, 학과나 전공은 일단의 교수들이 모여서 힘을 합쳐 운영하는 일종의 공동사업이다. 그리고 이때 그 교수들의 모임은 합동변호사사무소, 회계법인 등의 파트너 변호사, 파트너 회계사들의 모임과 그 성격과 본질이 같다. 즉,

〈조합〉인 것이다. 특정의 교육과정을 운영한다는 공동의 목적을 가진 교수들이 모여 함께 활동하는 것이 학과나 전공이며, 이때 이들 교수들의 모임의 근본 성격은 〈조합〉일 수밖에 없다. 그렇다면 이러한 교수 모임의 성격을 대학자치규범 또는 국가법규로 인정·보장해 주고 그에 맞추어 대학운영시스템을 구축하는 것이 대학관료제를 혁신하는 근본적인 방법이다.

민법상 조합이란 일정한 사업을 목적으로 하는 2인 이상 다수 당사자 간의 계약이다. 교수조합을 국가법규에 의해 제도화한다면 대학에서의 교육과정운영 또는 특정한 연구활동을 목적으로 하는 교수들의 조합으로서 민법상의 조합(민사조합)에 대한 특별법(고등교육법)상의 조합 형태로 도입될 수 있을 것이다.[17]

대학 내에서 교수가 자율성을 행사하여 특정한 활동과 사업을 기획 수행할 수 있을 때 비로소 대학의 내부시장이 창출되며, 이를 통해 대학 내의 다양한 방식의 경쟁체제가 활성화될 수 있다. 예를 들어, 팀티칭이 우리나라에서 활성화되지 못하는 이유는 교수들이 조합계약에 의하여 공동활동을 기획 수행하는 것에 대한 제도적 보장이 되어 있지 않기 때문이며 이를 보장하는 방법이 바로 교수조합 체제가 될 수 있다. 특정의 강좌를 팀티칭의 방식으로 공동 운영하려는 교수들로 하여금 공공규약과 사업계획을 마련하여 해당 단과대학이나 대학본부에 등록하도록 하고 강좌를 운영하게 하면 되는 것이다.

교수조합은 조합에의 참여 범위를 학교 밖에까지 확대할 경우 산·학·연 간 협력의 강력한 수단이 될 수 있으며, 시간강사의 지위 문제를 교수조합(민법상의 조합계약이며, 노동조합이 아님)을 통해 해결할 수 있을 것이다. 또한 대학구조조정의 방법도 대학 간에 교수들의 조합결성과 이들 조합과 대학들의 교섭과 계약에 의하여 교수들의 대학 간 일괄 이동과 집중이 가능토록 함으로써 시장 메커니즘을 활용한 구조조정을 도모함이 정석일 것이다. 또한 교수충원에 있어서도 이러한 고유한 교육목표와 프로그램을 지닌 교수조합단위

---

17) 육성법에서는 이러한 민사상조합에 대한 특별법상의 조합으로서 산업기술연구조합제도를 도입하고 있으며 이러한 조합에 법인격까지 부여하고 있다.

의 채용을 도모할 필요가 절실하다.

원래, 서양의 대학 발전 초기의 대학 모습은 교수들의 조합, 또는 학생들의 조합 형태를 취하였으며 이에 비해 시설 중심으로 대학을 인식하는 college 제도가 도입된 이후에도 대학 내부에 교수조합의 흔적이 강력히 남아 있다. 학과교수회의, 단과대학교수회 전교교수회 등이 바로 그것이다.

교수조합은 우리나라의 법률문화 전통에도 부합한다. 우리나라는 옛날부터 농업, 학술, 방위 등 여러 가지 목적으로 활용된 계(契)의 전통이 있었으며 이 계의 성격은 오늘날의 민사조합 형태이며, 오산학회 원산학회 등 우리의 근대사립학교의 최초 형태는 바로 이 학회 즉 조합의 형태를 취하고 있었다.

교수조합은 교육과 연구에서의 자율성을 지닌 교수가 행위능력을 지니고 그 자율성을 행사하는 한 방편으로 당연히 허용되어야 한다. 법무법인, 회계법인, 중개사법인, 연구개발조합, 투자조합 등 우리나라 법제상 다른 모든 부문에서 조합제도가 활용되고 있음에도 교수조합이 도입되지 못함은 교육부문의 인식의 후진성 때문이다.

교수사회 내의 경쟁 도입의 방법론:
업적평가 대 고객/동료의 선택

대학교수들이 경쟁에 노출되어 있지 않은 결과 대학의 경쟁력이 떨어진다는 주장이 점차 세를 얻어 가고 있다. 그런데 교수들 간의 경쟁은 과연 어떤 방법으로 가능할 것인지 그 효과는 어떤 것인지에 대해서는 충분한 해답이 나와 있지 못한 것 같다. 먼저 경쟁이 반드시 순 기능만을 가져오는 것은 아니라는 점은 지적해야 한다.

우선, 논문이나 연구발표 숫자를 가지고 연구분야에서 교수들이 상호 경쟁하는 것은 어리석은 일이 될 것이다. 다른 많은 직종이 그러하지만 그중에서도 특히 교수라는 직은 대체로 자기 자신과 경쟁하는 직업이다. 자신이 스스로 기획하고 수행하는 연구에 대하여 자신만큼 잘 아는 사람이 있을 수 없기 때문에 자기 자신의 스스로에 대한 성실성만이 진정한 경쟁력의 담보가 될 수밖에 없다. 발표논문이나 저술이 많다는 것이 우수한 대학교수라고 볼 수는 없을 것이며, 외견상 그럴싸한 논문을 다수 발표하는 것은 작심하기로 말하면 그다지 어려운 일이 아니다. 교수에게 있어 진짜 중요한 것은 연구의 양이 아니라 질이다. 그리고 실제로 뛰어난 연구업적들은 경쟁을 고취하는 외부적 압력의 산물이 아니라 풍부한 여가의 산물인 경우가 많다. 바쁘고 항상 스케줄과 시간에 쫓기는 교수가 좋은 논문을 쓰기는 황소가 뒷걸음질하다 개구리를 밟는 격으로 희귀하다.

연구뿐 아니라 학생교육에 있어서의 경쟁 또한 외부에서 강제할 경우는 왜곡되기 십상이다. 교수들 사이에 가장 흔히 나타나는 학생교육에 있어서의 경쟁 형태는 우수 학생을 다른 교수에 빼앗기지 않고 자신의 학생으로 하기 위한 경쟁이다. 이러한 경쟁이 중요한 이유는 우수한 학생의 배출이 교수의 교육성과라고 볼 경우 당연히 그 성과를 결정짓는 요인은 제일 먼저 외에 우수한 자질을 가진 학생들의 자발적인 학습이기 때문이다. 교수가 할 수 있는 최선의 역할은 학습지도자로서 그들의 학습을 촉진하는 역할이기 때문이다.

따라서 학생교육 영역에서 교수들 간의 경쟁을 외부에서 강제할 경우 교수 상호간 경쟁의 형태는 점점 우수학생 확보 경쟁으로 심화될 가능성이 높다. 그렇게 되면 교육체제의 전반적 성격은 고도로 선발지향적이 되어 교육의 선별기능이 비대해지며 인재를 육성한다는 교육의 본래 모습은 더욱 위축될 가능성이 매우 크다.

결국 경쟁을 촉진하는 방법이 문제인 것이다. 경쟁에는 두 가지 유형이 있다. 관료제하의 경제과 시장경쟁이 그것이다. 쉽게 말하자면, 전자는 경쟁상대방과 직접 대면하지 않은 채 관료적 권위가 계산하는 점수에 의한 경쟁을 하

114

는 것이며, 후자는 자기 자신과 상대방이 경쟁 당사자로 맞대면해 부딪치는 경쟁이다. 전자는 관료제 방식이며 후자는 시장경쟁 방식이다.

그동안 우리나라는 모든 분야에서 경쟁 촉진이라는 이름하에 도입된 것은 언제나 경쟁 당사자의 상위 또는 제3의 권위자가 점수로 평가를 하고 이 점수에 따른 보상을 미끼로 경쟁을 시키는 방식이었다. 그로 인해 나타난 결과는 시장의 확대가 아닌 오히려 관료주의의 확산이었다. 대학평가도 그렇고, 교수평가도 그러하며, 연구프로젝트 평가도 동일하다. 평가라는 이름하에 번성해 온 것은 평가라는 수단을 손에 쥔 관료주의였으며, 억압된 것은 개인과 조직의 자율과 창의였다. 평가를 무기로 경쟁을 도입할 경우 평가자의 권위가 막바로 관료적 권위로 전환되는 것은 피할 수 없다. 평가자의 권위는 관료적 규칙의 적용 집행자의 권위보다 훨씬 무섭다. 왜냐하면 관료적 규칙은 규칙복종자에게 최소한 규칙의 투명성이라도 보장해 주지만 평가자의 권위는 규칙에 근거한 것과는 달리 예측불가능하기 때문이다.

교수사회에 자율과 창의를 살리면서 경쟁을 도입하는 방법은 교육과 연구에 있어 대학 내의 시장을 창출하는 것이다. 대학 소속 교수들이 자발적으로 조합을 결성하여 학과 전공을 유연하게 운영하도록 하면 교수 개개인들은 1차로 동료 교수의 선택에 직면한다. 무능한 교수들은 조합을 결성하기 위한 교수들의 동료 선택 과정에서 탈락할 것이며 갈 곳이 없어질 것이다. 이렇게 해서, 결성된 조합이 운영 제공하는 교육과정의 성과에 대해서는 다시 학생들의 선택과 의사표시가 이루어질 수 있다. 이러한 2중의 선택과 압력을 통해 교수사회에는 시장적 경쟁에 입각한 자율과 창의가 살아날 것이다. 업적평가를 도입하려면 교수 개개인을 대상으로 하는 것보다는 이렇게 팀 단위 활동이 활성화된 후에 교수조합이든, 학과든 교수들의 팀 단위로 하는 것이 바람직하다.

교수들의 경력 발전과
교수자원의 부문 간 이동 촉진

교수자원의 관리라는 측면에서 보면 기존 교수들의 관리와 잠재적 교수자원의 육성을 위한 관리의 두 가지가 문제가 된다.

지식이 사회조직과 생산의 기반이 되는 현대사회에서 각 분야의 전문가들은 기본적으로 대학원 이상의 교육을 거쳐서 해당 분야에 종사하게 되는 것이 일반화되어 가고 있다. 또한 지식의 현장성과 구성적 성격에 대한 인식이 강화됨에 따라 현장을 통해 얻어진 경험의 중요성이 교수로서의 경력에서 더욱 강조되고 있다. 그래서 과거처럼 대학원교육을 마치면서 대학에 교수로 자리잡고 평생을 한 대학에서 봉직하는 것은 점점 덜 바람직한 것으로 인식되어 가고 있다. 바꾸어 말해 대학교수직은 그를 지망하는 후보자의 사회진출을 위한 최초 직업이 아니라 두 번째 세 번째의 직업이 되어가고 있으며, 기존 교수들도 현장 경험을 위해 일시적으로 대학을 떠나는 관행이 확산되고 있다. 이러한 변화는 먼저 전통적인 대학교수 양성체제로부터의 탈피를 요구하고 있다. 가능하면 대학원 과정에서 현장 경험을 확보하도록 하거나 현장전문가들의 대학원 등록을 통해 교수요원이 양성되도록 하는 것이 바람직한 것으로 되고 있다.

한편 기존 대학교수의 경력발전 경로(career paths)를 다시 디자인하고 이를 교수인사제도에 반영하는 것도 중요하다. 예를 들어 젊은 시절에 집중적으로 연구에 기여하고 나이가 들면서 교육에 더 많은 시간을 투자하도록 하는 방식이 종합적으로 검토될 필요가 있다. 대학과 대학 간의 교수 이동, 산·학·연·관 간의 인력이동 활성화는 이러한 목적에 유용한 도구가 될 수 있다. 이러한 이동이 활성화된다는 것은 결과적으로 대학교수의 수급이 행해지는 전문인력시장이 발전함을 의미한다. 교수직의 충원을 위한 시장이 발전하기 위해서는 분야별 전문인력과 교수직에 관한 정보체제의 발전이 불가결하다.

대학교수가 교육과 연구 및 서비스의 기능을 함께 수행한다는 점은 대학교수들의 업적평가와 보상 체제를 설계하는 데 있어 가장 많은 고민을 필요로 하는 요인이다. 대학교수가 교수로서 기본적 역할로 간주되는 교육 연구 및 서비스를 자신의 경력발전과정에 적절하게 배분하려면 각각의 활동에 따른 별개의 보상과 유인 체제가 필수적이다.

우리나라에서는 지금까지 교수들의 보수가 이들 기능의 총합에 대한 보상이라는 관념이 지배적이었다. 그러나 이러한 보상체제에서는 대학의 경영이 정확한 원가계산에 의해 합리적으로 이루어지기 힘들다. 즉 대학 차원에서는 정확한 교육비용이 얼마인지가 불분명해지며 교수들은 교육과 연구에 대한 각각의 인센티브가 불투명한 상황에서 표준교육시수를 낮추는 데 주력하게 된다. 우리나라에서 교수업적평가를 연봉과 연계시키는 데 많은 난점이 뒤따르는 이유도 여기에 있다.

원리적으로 말한다면 대학이 부담하는 교수의 보수는 표준적인 강의의무에 따른 교수들의 교육활동에 대한 보수로 개념을 명확히 하고 연구개발 활동에 따르는 대가 지급은 연구비에서 충당되도록 하는 것이 바람직하다. 이때 교재연구 등 강의에 수반되는 연구활동은 교육비용으로서 보수에 포함되어 보상되어야 할 것이다. 이런 이유로 미국에서는 교육과 직접 관련이 없는 연구개발과 강좌의 진행에 필요한 교육관련 연구를 제도적으로 구분하고 있다.

한편, 대학교수 인사제도는 단순히 교수 개인의 인사문제를 넘어서 국가 차원 또는 개별 대학 차원의 지식관리-교수자원의 관리라는 측면에서도 검토되어야 한다. 원래 고대국가 이래 지식의 획득과 유지 발전은 국가의 주요 관심사였다. 고대 이집트 로마 시대에 이미 국가는 수리 천문 등 국가운영에 필요한 지식을 확보하고 전수하는 데 노력하여 왔다. 우리 역사에서도 조선 왕조는 유학을 중심으로 하는 국가 차원의 지식관리에 절대적 노력을 기울였음은 주지의 사실이다. 최근 들어 지식경영과 학습조직이 민간기업에 보급되기 훨씬 전부터 국가는 국가 전체적 지식경영을 이미 수행해오고 있었던 것이다.

어떻게 보면 기업의 지식경영이란 국가만이 독점적으로 지식관리를 할 수 있었던 시대가 끝나고 민간조직도 지식관리에 참여하게 된 역사적 발전의 산물이라고도 볼 수 있다. 근대 국가 이전의 국가적 지식관리활동과 현대에 필요한 국가적 지식관리의 차이는 전자의 경우 지식이 권위와 통제의 원천이라는 점이 중시되었다면 후자의 경우에는 지식이 국가경쟁력과 생산성의 원천이라는 점이 중시된다는 점에 있다. 그 결과 지식관리에 민간의 광범한 참여와 주도가 필요하게 된 시대적 산물의 하나가 지식경영인 것이다. 이러한 관점에서 보면 사립대학들은 원칙적으로 민간 부문의 일환으로서 지식관리 그 자체를 중요한 기능으로 하는 지식관리기관으로서의 성격을 분명히 하는 방향으로 발전되어야 할 것이다.

그러나 어떤 지식 분야는 여전히 그 획득과 유지 발전을 민간과 시장에만 맡겨둘 수 없는 경우도 많다. 이런 경우에는 대학교수들의 임용과 수급관리를 분야별 교수시장에만 전적으로 의존하는 것은 바람직하지 않다. 부분적으로 특히 국립대학의 경우에는 프랑스의 경우에서 보듯이 국가가 관리하는 교수후보자 풀 제도와 같은 방식의 도입과 발전이 필요할 것이다. 이러한 풀 제도는 시장에 의한 교수 수급과 관료주의적 임명제 방식의 교수수급의 중간 정도 성격을 지닌 것이 될 것이다.

국가 차원의 지식관리라는 측면에서 우리가 심각하게 고민해야 할 사항의 또 하나는 전체 사회활동인구 중 교수집단의 전체적 규모가 차지하는 비중의 문제이다. 지식기반사회로 갈수록 이 비중은 더욱 커지지 않을 수 없다. 우리나라의 전체 사회활동인구에 비한 대학교수의 규모는 선진국들에 비해 대체로 절반 수준에 그치고 있다. 대학교수직의 유형을 다양화하는 방식 등으로 이 규모를 크게 늘리지 않으면 선진화된 사회로 진입하는 데 필요한 지식의 부족에 허덕이게 될 것이다.

대학교수의 사회참여: 전문성과 일반교양

대학교수들은 여러 가지 기회를 통해 사회참여를 하고 있다. 장관 또는 정치인 또는 고위행정가로 발탁되기도 하고 정부 또는 대기업의 의사결정에 외부 자문가 또는 비상설 위원회 위원으로 참여하기도 한다. 대학교수가 중요한 정책보고서 작성과 발표 작업을 맡아서 수행함으로써 정부 정책이나 대기업의 경영에 결정적 영향을 미치는 경우도 종종 있다. 대학교수들은 또한 스스로 시민행동가로 나서서 시민운동을 이끌고 이를 통해 사회개량과 정책발전에 기여하거나 언론에의 기고의뢰를 받아 여론 형성에 직접 참여하기도 한다.

교수들의 이러한 사회참여 역할은 어떠한 근거에서 주어지고 정당화되는 것일까? 교수들은 우선 전문가로 인식된다. 그렇기 때문에 전문가들의 의견과 판단을 구하는 모든 곳에 전문가로서 교수들의 할 일이 있는 것이다.

그런데 우리 사회에서는 바로 이 '전문성'이라는 것의 실체가 모호하고 그 결과 교수와 대학이 불신을 받거나 대학과 다른 사회조직 간의 정상적인 관계 설정이 왜곡되는 경우가 많다.

필자는 세계은행과 OECD가 그들의 전문가에 의뢰한 한국의 교육부문 평가보고서 작성 작업들에 함께 동행하고 참여한 경험이 몇 번 있다. 그런데 한국에 대한 그 작업 이전에는 한국에 대한 사전 정보가 거의 없는 그 소수의 전문가들이 1주일이 채 못 되는 짧은 한국 방문기간을 통하여 사람들을 만나 인터뷰하고 몇 개의 교육현장을 방문하여 보고 듣는 것만으로도 한국교육에 대해 작성된 그 어떤 국내 문헌보다도 정확하고 풍부한 통찰력으로 가득 찬 보고서를 산출하는 것이 놀라웠다. 이런 일을 수차 목도하면서 아하 〈전문성〉이란 바로 이런 것이구나 하기에 이르렀다.

이후 필자는 전문성이란 '하나를 보면 열을 아는 능력'으로 정의한다. 10개를 전부 보고 10개를 비로소 알거나, 10개를 보아야 겨우 하나를 아는 사람은 전문성을 가졌다고 볼 수 없다. 전문성을 이렇게 정의하고 나면 과연 우리나라의 인문사회과학 분야 교수들이 전문성을 지녔느냐 하는 질문에 쉽게 답하기 어려워진다. 사회적 정책적 문제에 참여하고 발언하는 우리나라의 대학교수들이 전문성을 구하는 그들의 고객에게 이러한 능력을 가지고 서비스하는 경우가 좀처럼 보기 어려운 것이 실제 현실이기 때문이다.

전문성을 구하는 쪽에도 마찬가지의 문제가 있다. 모처럼 전문가를 모셔다가 어떤 판단과 의견을 구하는 경우라면 그 판단을 전적으로 믿어야 하는데 현실은 정반대인 것이 보통이다. 예를 들어 어느 교수에게 특정 정책 사업 프로그램 등의 평가작업을 의뢰하는 경우 보통 의뢰하는 쪽에서 먼저 상세한 평가 준거와 기준을 만들어 평가도구라는 명목으로 제시하고, 전문가라는 교수는 이를 들고 현장을 방문하여 양식화된 도구에 자신의 판단을 기입하는데 그치는 경우가 많다. 이러한 관행은 그야말로 자신들이 전문가라고 하여 구한 평가자의 전문성을 부정하는 모순된 처사가 될 수밖에 없다.

한편, 대학교수들은 오랜 학문적 수련(academic training)을 통해 고도의 인문적 교양을 보유하고 있다고 간주된다. 대학교수들이 장관이나 정치인 또는 대기업의 고위경영자로 발탁이 되는 논거는 아마도 여기에 있을 것이다. 즉 그들의 전문성 때문이 아니라 고위 정책결정자, 경영자, 정치인들이 가져야 할 일반적 지성인(generalist)으로서의 자질이 집필과 강의를 통해서 단련되어 왔다고 간주되기 때문인 것이다. 이는 조선시대 고위 관리를 사장(詞章)과 경서가 중심이 되는 과거시험으로 등용한 것과 같은 이유에서이다.

이미 지적한 것처럼 일반적 지성인(generalist)으로서의 자질은 고도의 인문적 교양에 그 핵심을 두고 있다. 그런데 우리나라에서는 이러한 자질이 여러 직위를 다양하게 거침으로써 즉 보직 순환을 통해 길러지는 것이라고 오해되는 경향이 있다. 이러한 오해는 특히 관료주의 문화와 결합하여 뿌리 깊게 우리사회를 지배하고 있다. 즉, 관료주의는 그 구성원을 전체적인 풀(pool)로 간주하고 무차별한 순환보직을 실시한다. 이렇게 해서 형성되는 일반성(generality)은 근대적 관료제 원리의 핵심이기도 하다.

그런데 이러한 관료제적 일반성은 그 조직의 사명이나 해결해야 할 조직 밖의 현실문제와는 유리된 관료조직 내부의 자의적 산물이다. 그래서 무수한 순환보직을 거쳐 이러한 일반성을 체화한 관료제적 인간상은 사실은 조직의 역량과 문제해결능력을 중시하는 오늘날의 기준으로 보면 무능한 인간이 되기 십상이다. 보직순환을 거치는 동안 그 어느 분야에도 전문성을 획득하지 못했을 뿐 아니라 인간과 지성에 대한 이해를 핵심으로 하는 인문적 교양이 아닌 형식주의적 일반성만을 그 인격에 구현한 관료적 인간(bureaucrats)만이 남게 되기 때문이다. 많은 사람들이 관료적 조직 내에서 성장한 조직인들을 무능한 사람으로 간주하고 관료적 조직을 이러한 무능한 사람을 양산하는 조직으로 여기는 이유가 여기에 있다.

한편, 관료적 인간과는 달리 대학교수가 구현하고 있으리라고 여겨지는 인문적 교양과 지성이 과연 우리 사회에서 믿을 만한 것인지에 대하여도 많은 의문이 있다. 우리의 대학현실이 그렇지 못한 경우가 많기 때문이다. 대학이라는 조직도 관료제와 마찬가지로 현실과 유리되는 경우 관료제적 형식적 일반성 이상으로 공허한 공리공담(空理空談)에 떨어지기 십상이며, 우리 사회의 현실과 유리된 학문풍토를 가진 우리 대학 현실은 그렇게 될 가능성이 높기 때문이다.

대학과 연구기관 간, 교수와 연구원 간 적절한 역할 분담

고등교육과 연구활동 간의 관계에 대해서는 나라마다 서로 다른 양상을 보이고 있다. 미국은 전형적으로 대학이 연구개발의 중추를 이루고 있어 대학을 중심으로 교육과 연구가 통합되어 있는 체제이다. 따라서 대학교수는 자신의 활동과 경력을 교육과 연구의 양쪽에 걸쳐 생애단계에 따라 적절히 배분해 나가는 개인적 노력이 필요하게 된다.

반면, 프랑스 러시아 등의 나라에서는 연구만을 전담하는 국책연구기관들이 잘 발달해 있다. 이런 경우 대학은 교육기능에 전념하게 된다. 즉 연구는 연구원들이 교육은 대학교수가 하게 되는 것이다. 우리나라도 외형상으로는 이러한 체제를 택하고 있다. 각 분야마다 정부가 설립한 공공연구기관들이 있고 이들이 정부재정을 가지고 공공연구를 수행하는 것이다.

물론 교육에 전념하는 대학교수들도 연구를 반드시 한다. 왜냐하면 강의를 하려면 강의에 필요한 공부를 교수 스스로가 하지 않으면 안 되기 때문이다. 즉 이론적 분석과 체계화, 교재연구 등 강의에 불가피하게 수반되는 연구가 있게 마련이며 이러한 연구도 매우 중요하다. 강의 결과가 저서로 출판되고 하는 것은 바로 이러한 연구활동에 속한다. 여기서 교육과 구분되어 말하는 연구는 조사연구, 실험연구 등 강의와는 다른 목적으로 독자적으로 수행되는 연구(research)를 말하는 것이다.

문제와 혼란은 우리나라의 고등교육정책이 대학의 모델을 유럽식 대학이 아니라 미국식 대학에서 찾고 있다는 점에서 시작된다. 즉 외형은 유럽처럼 교육과 연구를 분리해 놓은 체제에서 대학이 교육뿐 아니라 연구의 중추가 되기를 기대하고 정부의 정책을 펴는 것이다. 그래서 교수와 대학의 실적을 평가함에 있어 연구성과를 매우 중요시하고 있다.

그럼에도 불구하고 실제 우리나라 대학의 현실에서는 대학의 임무를 교육 중심으로 생각하고 있는 것이 지배적이며 대학경영자들은 내심 소속교수들이 연구에 시간을 뺏겨 교육을 등한히 하는 것을 가장 싫어한다.[18] 연구는 연구

---

[18] 우리나라 현행 연구비 회계 구조하에서는 대학에 외부의 수탁연구가 많으면 많을수록 대학재정이 축날 수밖에 없는 상황이며, 간접연구비와 교수인건비만큼 연구발주기관에 연구수탁대학의 재정에 무임승차하는 구조로 되어 있다. 이사장 등 대학의 재무를 책임진 경영자들은 이를 잘 알고 있어 교수들의 수탁연구활동을 반기지 않는 것이다.

기관에 교육은 대학에 맡기는 유럽식 외형을 더욱 원하는 것이다. 반면, 정부나 여론 등 대학 외부로부터의 대학에 대한 압력은 대학이 교육뿐 아니라 연구의 중추가 될 것을 기대하는 데 있다. 바로 여기서 대학현실과 사회적 기대 간의 괴리가 일어나는 것이다.

대학과 연구기관 간의 최악의 관계는 현재 흔히 일어나고 있는바, 연구기관들이 정부 또는 기업으로부터 수탁 받은 연구의 전부 또는 일부분을 대학교수에게 하도급을 줄 경우에 생겨난다. 이 경우 프로젝트 기반으로 연구예산을 편성 집행하는 정부출연 연구기관은 연구 간접비에 연구프로젝트관리 명목으로 소속 연구원의 인건비까지 모두 챙긴 후 실질적 연구는 인건비도 제대로 받지 못하며, 학생교육을 위한 시간을 잘라 하도급 프로젝트에 할애하는 대학교수들에 맡김으로써 이들을 착취하는 결과가 될 뿐 아니라 최초 용역발주기관과 함께 대학재정에의 무임승차[19]에 더욱 무겁게 편승하는 결과가 되기 때문이다.

연구기관과 대학이 제도적으로 분리되어 있는 상황에서 연구기관과 대학이 하도급 관계에서 벗어나 상호 추구해야 할 적절한 역할 분담은 대학과 대학교수가 이론 및 분석, 연구기관이 리서치와 측정, 실험, 데이터 축적에 상대적으로 집중하는 것이다. 대학과 대학교수는 강의를 통한 지식의 전수를 담당하는 기본성격상 이론화에 우선적 관심을 쏟을 수밖에 없다. 연구소들은 연구자금을 바탕으로 한 자료수집과 축적 보급에 주력해야 한다. 이렇게 각자의 장기를 살리면서 서로 상보 관계에 서도록 정책적인 방향설정이 시급하다. 연구용역 발주자부터 이론과 정책연구를 조사연구와 구별하여 대학과 연구소에 나누어 발주할 수 있는 체제를 갖추어야 할 것이다.

---

19) 연구용역발주기관인 정부와 정부연구소, 기업의 대학재정에 대한 무임승차에 대하여는 별도로 뒤에서 논의한다. 분명한 것은 이러한 무임승차야말로 우리나라 대학재정빈곤화의 주원인의 하나라는 점이다.

대학 시간강사의 지위와
비정규 교수요원 문제

2005년도 교육통계에 따르면 4년제 대학의 경우 전임교원이 49,200명이며 시간강사가 58,315명이다. 교육통계는 한 시간강사가 2개 학교에 나가거나 A대학의 정규교수가 B대학에 출강하는 경우 이를 중복 계산한 수치이다. 이러한 중복계산을 뺀다면 중앙고용정보원이 발표한 '2005 직업지도(Job Map)'의 수치가 보다 정확할 것이다. 이에 따르면 75,180명이 전문대를 포함한 대학 전임강사 이상 교수직에 종사하고 있으며 대학 시간강사는 32,928명이다. 다음 표-8에서 보는 것처럼 이들은 대학교수와 인문과학 연구원을 제외하면 가장 고학력 집단이면서 거의 최저수준의 월평균수입을 점하고 있다.

우리나라 대학 강좌의 대략 40% 정도를 정규교수진이 아닌 시간강사가 담당하고 있다. 이에 비추어 보면 시간강사 1인당 수업시수가 전임강사 이상 정규교수들의 수업시수보다 더욱 많을 것이다. 특히, 교양과정의 강좌, 예능 분야의 강좌들은 상대적으로 시간강사에의 의존 비율이 높다. 또한 이들의 문제는, 단순히 적은 수입뿐 아니라 건강보험, 고용보험 등 사회보험의 사각지대에 놓여있다는 데 있다.

시간강사 문제의 본질은 실질적으로 우리나라 고등교육을 이들이 담당하고 있는 교수요원이면서 교수신분을 획득하지 못하고 있다는 데 있다. 이들을 교수규모에 포함시키면, 우리나라의 교수 1인당 학생 수를 선진국에 근접시킬 수 있다. 과연 이들을 교수교원화할 수 있는 인건비 재원을 마련할 수 있는가 하는 점이 문제해결의 관건이 될 것이다.

<표-8> 2005 직업지도 월수입 상위 20개 직업

순위	직업	월평균수입 (만 원)	평균학력 (년)	평균연령 (년)	여성비율 (%)	평균근속 (년)	평균경력 (년)	주당근로시간 (시간)
1	기업 고위임원	694.5	16.1	53.3	-	17.9	19.5	49.4
2	금융 및 보험 관련 관리자	506.1	15.2	4.3	5.8	11.0	17.3	46.2
3	정보통신관련 관리자	493.9	16.0	46.1	-	8.7	15.2	44.5
4	변호사	486.7	16.5	48.9	9.0	9.8	10.8	48.5
5	항공기조종사 및 기술종사자	479.9	16.2	39.2	-	6.6	9.6	44.1
6	경영지원 관리자	479.6	15.7	49.1	1.6	13.8	1.3	49.1
7	의사	470.8	17.5	39.3	16.6	6.0	9.5	54.7
8	문화/예술/디자인/방송 관련 관리자	467.9	15.9	47.8	9.2	14.1	17.4	50.4
9	치과의사	429.3	17.3	39.5	13.1	7.3	10.6	49.2
10	세무사	419.1	14.8	49.8	-	8.7	11.7	50.2
11	기타 경영회계 관련 전문가	413.5	15.5	42.2	-	8.7	10.9	47.3
12	판/검사	409.1	15.1	42.3	-	8.7	11.3	44.0
13	생산관련 관리자	396.2	14.4	48.1	2.3	12.7	16.3	51.8
14	대학교수 (전임강사이상)	392.4	19.7	47.8	20.5	12.0	13.7	38.0
15	변리사	391.3	16.0	33.3	45.7	3.3	4.4	52.2
16	한의사	389.9	16.6	43.2	4.0	11.7	13.0	50.4
17	회계사	386.9	16.3	37.4	18.2	6.3	7.2	45.1
18	금융자산운용가	371.4	16.0	38.0	24.6	6.5	9.4	41.9
19	기타 사업서비스 관련 관리자	36.4	15.8	46.7	24.9	11.4	14.5	46.4
20	운수관련 관리자	366.2	13.9	49.5	5.3	12.2	18.0	50.01
50	자연과학 연구원	289.0	18.1	37.7	28.0	8.1	8.8	45.4
53	생명과학 연구원	282.0	18.3	36.7	34.8	5.7	6.7	48.7
122	인문과학 연구원	221.2	19.4	37.3	34.8	4.8	9.5	46.1
289	대학강사 (시간강사)	143.3	18.3	40.1	61.5	4.4	5.6	21.0
	전체평균	166.6	11.8	44.1	40.9	9.3	11.4	53.5

■ 자료: 중앙고용정보원

기존 교수들의 인건비를 삭감하는 것은 제로섬게임으로 이 문제를 해결하려는 것으로 올바른 해답이 될 수 없다. 문제의 해답은 우리나라의 대학들이 기존 대학교수들이 제공하는 서비스와 대학재정에 무임승차하는 관행에 젖어 있는 정부 기업 등 무임승차자로부터 그 비용을 제대로 상환 받는 데 있다. 기존 교수들이 이들 무상서비스에 시간을 앗기는 동안. 헐값에 기존 교수 대신 강의를 담당하고 있는 시간강사들의 처우 개선을 위한 재원으로 이를 사용하는 것이다. 구체적인 문제해결의 수순은 다음과 같이 할 수 있을 것이다.

1. 전국의 대학에 개설되는 모든 강좌를 현재의 전임교수가 균등하게 담당한다고 가정하고 그에 따른 교수 1인당 표준수업시수를 산정하고,

2. 현재의 담당시수를 기준으로 대학의 강좌 1학점당 교수 인건비 원가계산을 통해 대학별로 또 우리나라 대학 전체적으로 교수 time rate를 산출한다.

3. 프랑스처럼 교수자격제도를 실시하여 전임교수와 시간강사를 모두 이 교수자원 풀 속에서 선정하도록 함으로써 자격을 갖추었으나 대학에 고용되지 못한 시간강사들에게 프리랜서교수의 명칭과 지위를 부여한다.

4. 프리랜서교수 지위를 획득한 강사들에게는 앞에서 산출한 교수 time rate에 따른 공정한 시간당 보수를 지급한다.

5. 현행 시간강사 표준인건비로부터 프리랜서 교수의 time rate로의 변경에 따르는 인건비 추가소요재원은 모든 교수들이 외부 수탁연구를 수행 시 time rate에 따른 인건비를 학교가 용역발주기관으로부터 징수하도록 하고 이를 가지고 충당한다.

6. 프리랜서교수들은 전공분야별로 일종의 사업자조합 형태의 조합을 결성하고 이들 조합의 전국연합회를 결성하여 이들 조합으로 하여금 이들 강좌개설대설과의 강사료교섭을 대행할 수 있게 하는 한편 프리랜서교수의 사회보험 업무를 취급토록 한다.

시간강사 문제의 해결을 위한 자구책으로 비정규노조 형태로 시간강사 노동조합에 의존하는 것은 위험한 가시밭길이 될 것이다. 우선, 〈노동조합〉이라는 이름으로 인해 온갖 외부 위험-예를 들어 노동세력과 사용자 집단 간의 불필요한 갈등 등을 끌어들이는 반면 문제해결을 위한 실질적 해답은 아무도 강구하지 않을 것이다. 또한, 시간강사 문제는 재정 확보와 교수지위획득 문제이지 〈노동문제〉가 아니다. 이를 노동문제화함으로써 시간강사 문제는 모든 비정규직 문제와 한 패키지 속에 들어감으로써 해결이 늦어질 것이다.

아마도 시간강사들의 집단적 이해관계를 대변하고 돌봐줄 조직이 필요할 것이다. 개개의 시간강사들을 위해 실시간 정보서비스, 교섭과 계약대행, 사회서비스의 제공 등을 전담해줄 조직은 시간강사들을 고객으로 하는 서비스사업자조직 형태로도, 또는 시간강사들의 자조적 생활협동조합 형태가 오히려 효과적일 것이다.

1차적으로는 생활협동조합 형태를 취하면서 위에서 제시한 방향의 제도적 문제해결을 도모할 수 있으며, 이후로는 최대 다수의 고급인력 조합원 또는 고객을 위한 지식경영 서비스에 이 조직이 뛰어들 경우 국내적으로는 커다란 영향력을 확보할 수 있을 것이다. 시간강사 문제의 성공적 해결을 위한 유일한 대안이 바로 이것이다.

보수와 진보 대립의 주무대: 대학 이사회와 대학지배구조

사립대학의 이사회는 사립학교법과 학교의 최고 내부규범인 법인정관에 의거한 학교의 최고 의사결정기구이다. 물론, 교무 학사 분야의 문제에 관하여는 1차적으로 대학총장의 소관이거나 중요한 문제의 경우 총장의 제청을 거치는 등 직접적인 개입이 어려운 부분이 있으나 그래도 모든 것이 예산 재정과 무관할 수 없는 상황에서 예산과 재정에 관한 확고한 의사결정권을 지닌 이사회의 우월적 지위는 달라지지 않는다.

사립대학의 이사회는 대체로 학외 인사들에게 개방되어 있다. 따라서 전국의 대학이사회는 거의 지역사회의 명망가들이 차지하고 있으며 대체로 우리 사회의 장로 그룹들이 대학이사회를 구성하는 주요 면면이라고 할 수 있다. 따라서 대학이사회는 우리나라에서 각 지역사회 내의 가장 안정적이고 보수적인 경향을 지닌 인사들의 무대였다고 해도 과언이 아니다. 또한 대학의 이사회는 정부의 결정에 의해 임시이사(官選理事)가 일괄 들어설 경우 외에는 임기가 만료된 일부의 이사들을 기존 이사회의 결정에 의하여 교체하는 방식으로 점진적인 갱신만이 가능하다. 따라서 기존 이사진의 성향이 새로이 이사회에 들어올 신임이사의 선임에 그대로 반영될 수밖에 없다. 즉 보수주의 장치가 이사회에 이미 내장되어 있는 것이다.

최근 진보적 성향의 여당이 계속 집권하면서 대학의 이사회를 둘러싼 보수진영과 진보 진영의 세력 싸움이 커지고 있다. 진보진영의 입장에서는 대학의 의사결정을 좌우하는 대학이사회야말로 그들의 영토정복싸움의 마지막 전장(戰場)이 될 수밖에 없다. 사립학교법개정은 이를 위한 정치투쟁의 성격을 지닌다. 그런데, 이미 지적한 것처럼 제도적으로는 이미 대학이사회는 대학외부에서 이사가 나오는 개방형의 성격을 지녔다. 다만, 이사를 부분적 점진적으로 개편할 수밖에 없어 오직 점진적 변화만이 가능한 구조에서 진보성향의 이사를 진출시키는 방법은 두 가지이다. 그 하나는 학교 내 분쟁이나 불법행위로 인하여 정부가 기존 이사진을 일괄 해임(즉 이사선임 승인 취소)하고 임시이사를 선정하여 해당 학교를 임시로 정부지명 이사진의 관리 하에는 두는 기회를 이용하는 방법이며, 다른 하나는 법개정을 통해 강제적으로 이사진을 특정세력에 할당하는 것이다.

국내 일부 대학교가 전자의 방식으로, 이사진이 완전히 진보적인 면면으로 완전히 바뀌었다. 이러한 경우 필연적으로 부딪치는 문제는 헌법적인 것이다.

원래 정부가 기존 이사진을 해임하고 임시이사를 파견할 때에는 그것이 문자 그대로 '임시'조치여야만 하는바, 그 기회를 이용하여 대학의 지배구조의 정점 인 이사진 구성을 '영원히' 바꾸어 버린다면 이는 정부가 행정조치를 통해 사립학교를 강제로 공영화하였다는 비난을 피할 수 없으며, 그러한 조치의 위헌 위법성 문제가 제기된다.

입법적으로 대학교 이사회의 성향을 바꾸려는 시도는 사립학교법 개정의 시도로 나타난다. 대학의 지배구조에 관하여는 교수 학생 등 내부 집단에 의한 내부지배형과 지역사회와 전문분야 등의 사회지도층 인사[20] 중심 외부지배형의 두 흐름이 충돌되어 왔으며 미국의 대학을 필두로 대체적으로는 외부지배형에 기울어져 왔다. 이러한 외부지배형의 가장 강력한 형태는 이사회 자체에 학교와는 별개의 법인격을 부여하는 것임은 앞서 언급한 바 있다. 지금까지 우리나라의 대학이사회는 외부지배형에 가까웠다. 이사회 자체에 학교와는 별개의 법인격을 부여하지는 않았지만, 내부적으로 법인사무와 학교사무를 철저히 분리하면서 학교의 독자성을 인정하는 한편, 반대로 이사회운영에는 학교 측이 영향력을 행사하지 못하도록 한 것이다.

우리나라에서 최근 사립학교의 공공성 강화라는 기치 하에 추진된 사립학교법 개정작업에서 이사회 구성의 개편 방향은 이러한 상황에서 대학교수와 학교교사 등 내부인사가 이사회에 참여하여 그 영향력과 내부지배의 성격을 강화하고자 하는 작업이었으며, 이를 위해 이사회 밖의 외부 기관 추천 인사를 '개방형 이사'라는 이름으로 대학이사회에 강제 할당 방식으로 진출시키는 것이다.[21]

---

20) 교육관계 법령과 우리사회의 관용어법으로 '학식과 덕망을 갖춘 자'로 표현되는 인사들을 말한다.
22) 개정된 사립학교법 제14조 ③항은 "이사를 선임하는 경우 이사정수의 4분의 1 이상은 학교운영위원회 또는 대학평의원회(신설 법인의 경우 관할청)가 2배수 추천하는 인사 중에서 선임하여야 한다"고 규정한다. 이 조항에 따른 이사는 입법과정에서 흔히 '개방형이사'로 일컬어져 왔으나 기업의 근로자 내부 출신이 아닌 외부 출신이라는 의미의 개방형 기업이사와는 반대로 오히려 '폐쇄형 이사'라고 불리는 것이 정확할 것이다. 외부출신이 대부분인 기존의 사학 이사회와는 달리 학교 내부의 학운위

결국, 우리 사회의 보수 진보 간 갈등이 격화되면서 보수 진영 간의 싸움은 이사회의 권력 장악을 둘러싸고 전통적 이사회 구성원인 기존 외부 명망가들과 총장직선제 등 학내 민주화를 추구해 온 진보적 내부 교수집단 간의 이사직을 둘러싼 싸움으로 귀착되고 있는 상황이다. 이 과정에서 문제를 악화시키는 주된 원인은 보수 진보의 어느 쪽도 '회의를 통한 의사 결정'이라는 민주주의의 역량을 제대로 가지고 있지 못하다는 점이다.

우리나라 전반적 각종 회의의 민주적 운영이 매우 서투른 것처럼 대학의 이사장과 이사진 감사들 역시 회의체로서 이사회의 원활한 운영과 회의 방법에 대단히 미숙하다. 대체적으로 합의제를 지향하는 우리 조직문화 풍토에서 대학이사회 역시 여간해서는 표결을 피하는 것이 관행이다. 이 경우, 이사진의 충분한 토의와 함께 참여와 합의를 이끌어내는 이사장의 회의 사회 능력이 대단히 중요하다. 특히, 의제를 잘 정의된 형태로 준비하고, 경우에 따라서는 의제를 분리 통합하여 논의의 효율성을 기하는 한편, 대립되는 의견들을 조정하는 협상력의 중요성은 결정적이다. 그러나 이사진 구성원 모두가 이러한 훈련이 되지 않은 상태에서 이사장의 전횡 논란이 나타난다. 이러한 경향은 학교설립자 측의 이사장이건, 임시이사로 파견된 교체세력그룹 출신의 이사장이건 동일하다.

바야흐로 고등교육의 지배구조에서 가장 주요한 무대인 이사회의 구성과 그 운영을 둘러싸고 정치적 성격의 갈등과 투쟁이 강화되고 있다. 그만큼 대학이사회가 비중이 큰 사회제도이다. 우리사회의 엘리트 구조의 커다란 부분을 차지함과 동시에 장기지속성을 지닌 대학의 지배구조로서의 안정성을 함께 지녔기 때문에 이 싸움은 더욱 치열할 수밖에 없다. 가장 중요한 것은 보

대학평의원회가 추천하는 이사는 학교의 교수 또는 교사가 될 가능성이 많기 때문이다. 이러한 폐쇄형 이사는 중요한 문제점이 있다. 이들 학운위, 평의원회, 교원노조나 교수회의들은 대체로 이사회와 공식적 비공식적 교섭권을 가지고 있다. 이 상황에서 이사회의 구성에까지 관여하게 되면, 이는 상대방에 대한 선택권(choice)과 교섭권(voice)을 동시에 행사하는 것으로서 바둑에 비유하면 '꽃놀이패'를 쥔 형세가 된다. 궁극적으로 이사회가 교내 교원단체에 의하여 무력화될 가능성이 높다.

수주의자건 진보주의자건 그 이전에 민주주의자이며, 민주적 역량을 지닌 자가 대학이사회의 구성원이 되어야 한다는 점이다.

대학의 학생 선발권과 한국인의 의식·문화수준

우리나라에서는 대학이 학생을 선발하는 행위의 성격에 대한 진지한 규명 노력이 부족하다. 한편에서는 대학의 학생 선발권 보장이라는 구호 아래 학생 선발에 있어 대학의 자율성을 강조하는 반면, 다른 한편으로는 학생선발의 공정성이라는 이름하에 정부, 학부모, 여론의 감시 눈초리가 사방에 번득일 뿐 아니라 대학들이 그 선발의 기준을 대외적으로 투명하게 공개하라는 학생 전형의 투명성에 대한 요구가 거세다. 그러나 이 두 가지 즉 대학의 학생 선발권 보장과 선발기준의 투명성이라는 두 가지 사회적 요구는 서로 충돌·모순된다. 원론적으로 말해, 둘 중의 하나는 포기되어야 한다. 바꾸어 말해 우리나라의 지배적 여론과 국민의식은 모순되는 요구를 동시에 강력하게 제기하고 있으며 그만큼 유아적이며 비합리적인 수준에 머물러 있다.

만약 학생을 선발하는 것이 대학의 권리라면, 그리고 이 권리를 보장하는 것이 대학의 학생 선발권 보장의 진정한 의미라면, 선발의 공정성 등의 이유로 투명한 학생선발 기준을 대학으로 하여금 공개토록 요구하는 것은 이러한 대학의 권리를 침해하는 것이다.

가장 투명한 학생선발 방법은 소위 객관식 선다형 문제지로 불리는 선택형 지필 검사에 의해 학생을 선발하는 것이다. 바로 이 이유로 우리나라에서는 선택형 지필 검사에 의한 학생선발이 광범하게 이루어져 왔다. 그러나 이 방식이 미세한 시험점수 차이에 학생들과 학교가 얽매이고 그 결과 시험준비 위주로 중등교육을 왜곡해 온 폐단은 이미 잘 알려져 있다.

그러나 이러한 선다형 지필 시험에 의한 선발의 진정한 문제점은 그것이 근본적으로 대학의 학생 선발권을 부정하는 결과를 가져온다는 점이다. 즉, 학교는 지필 시험을 출제하거나 사용할 권리는 있을지 몰라도 일단 시험문제가 확정되고 나면 학생의 선발은 그 성적에 따라 기계적 자동적으로 이루어질 뿐이며 그 어디에도 대학이 자신이 원하는 학생을 선발할 자유는 없는 것이다. 물론, 대학이 학생을 선발함에 있어서 남녀 차별을 한다든가, 학생 부모의 경제력을 고려한다든가 하는 것은 선발의 공정성을 해치는 것이다.

대학이 명목상으로가 아니고 진정으로 학생 선발권을 갖는 체제라면 학생선발의 공정성에 대한 입증 책임은 그 불공정을 주장하는 사람이 져야 함이 옳다. 즉 누구도 확실한 증거 없이는 대학이 선발한 학생이 불공정하게 선발되었다고 주장해서는 안 되는 것이다. 우리나라를 지배하는 관행의 잘못된 점은 이 입증책임을 대학이 지도록-바꿔 말해 대학이 스스로 그 선발의 공정성을 입증하도록 요구하는 데 있는 것이다. 이렇게 외부인들이 근거 없이 제기하는 불공정의 의심에 대해 대학이 스스로 반증할 책임을 지는 상황에서는 대학들이 그 누구도 이의가 있을 수 없는 객관식 시험문제를 사용하고 그에 따라 학생을 선발함으로써 스스로 학생 선발권을 포기하는 수밖에 없다.

우리나라에서 횡행하는 공정한 학생 선발에 관한 모든 공적인 주장과 요구 논쟁들은 한국 사회의 후진성, 더 심하게 표현하면 야만성의 발로이다. 적어도 선진적인 의식과 양식을 지닌 국민이라면 인간의 무한한 가능성과 인간적 가치의 다양성에 대한 기본인식을 지니고 있으며, 이 경우 공정성을 위한 최소한의 장치는 '투명한 기준'이 아니라 '투명한 절차'에 있다는 인식이 선진적인 의식의 특징인 것이다. 이 점에서 '투명한 학생선발 기준'을 강요한다는 것은 인간의 무한한 가능성과 다양성을 부정하는 전체주의적이며 야만적인 행동이다.

여기서 반드시 지적하지 않을 수 없는 것은 이 문제에 대한 선진국들의 해법이다. 서구의 선진국에서는 학생의 선발문제를 사회적 여론이나 공론의 문제로 가져가는 것은 결국에는 우생학적 결정론 또는 사회적 결정론으로 끌고 갈 위험이 높다는 것을 역사적 경험을 통해 뼈저리게 잘 알고 있다. 극단적으로 말해 우수한 학생 모집을 위한 방법과 기준을 진짜로 따지기 시작하면 유전적 소질부터 검사해 보는 것이 가장 빠른 길일지도 모르기 때문이다. 따라서 선진국에서는 양식 있는 사람이라면 이를 공개적으로 논의하는 것은 창피한 일이며 사회적 금기를 범하는 것이 된다.

우리나라 교육이 정상적으로 발전하려면 개별 대학이 자신들이 필요로 하는 학생을 선발하는 것에 대해 정부는 물론이고 그 대학 이외의 누구도 그 기준을 공개하라는 등 왈가왈부해서는 안 된다. 즉, 이러한 행동의 사회적 해악과 위험성에 대한 국민적 인식이 전제되어야 교육이 제대로 발전할 수 있는 것이다.

학생선발에 있어서 대학 내의 분권화 필요성

우리나라에서 대학입시 문제가 최대의 사회문제가 된 배경이 여러 가지이겠지만, 이 문제를 악화시키는 가장 큰 요인의 하나는 학생선발과정을 대학본부가 장악하고 있는 대학내부의 중앙집권 구도이다.

대학이 일정수준 이상으로 규모가 커지고 나면, 대학본부의 기능은 대학타운을 관리하고 그 발전방안을 기획 실행하는 시청의 기능과 가까워질 수밖에 없다. 학생들은 개개의 학과와 전공을 중심으로 일정기간을 교수들과 함께 지내는 탓에 그들의 선발에 가장 큰 이해관계는 교수들에게 있다. 특정시기에 특정한 방법으로 학생을 대학본부가 주도하여 연례행사처럼 모집하는 것은 학생들의 모집과 배분을 둘러싸고 대학본부와 정부가 그렇게 하는 데 특별한 이해관계를 갖기 때문이지 일정기간 그들을 가르치고 함께 연구할 교수들의 관심과는 아무런 상관이 없다. 학생선발을 연중 중요한 국가적 행사로 만드는 것은 정부이다.

원래 그 역사적 기원이나 교육의 성격에 있어서 초등교육, 중등교육, 고등교육은 전혀 다르며 이질적이다. 3자가 단선형 교육체제 속의 하나의 사다리 속으로 체계화된 것은 필연적이라기보다는 우연적이다. 초·중고등학교 12년과 대학 4년 과정을 동일한 사다리타기 내의 한 단계로 위치지음으로써 얻어지는 행정적 편의와 경비절감에다가 약간의 학생 학부모 편의라는 목적이야말로 정부와 전국 각 대학의 대학본부가 주도하여 연례행사처럼 특정시기에 특정한 방법으로 학생을 모집하는 유일한 근거이다. 즉 5일장 열듯이 일 년에 한번 대학입학을 위한 큰 장터를 여는 것이다.

학생의 수급이 이루어지는 공간이라는 점에서 대학입학 시즌과 입학지원 및 전형, 입학허가 등 활동이 이루어지고 그 질서를 유지하는 공적권위로 이루어진 공간은 시장의 성격을 지닌다. 그러나 학생의 대학진학이 반드시 정기적으로 열리는 비상설 장터에서만 이루어질 논리 필연성은 없다. 오히려 상설시장을 열어도 충분한데 왜 비상설시장을 고집하는지 그 이유를 탐구할 필요가 있다.

상설시장을 유지하려면 우선 시장의 개설과 유지, 시장에서의 거래비용이 크게 늘어난다. 예를 들어 중복지원에 따르는 혼잡은 대표적이다. 현재, 1학기 수시모집, 2학기 수시모집이 추가되면서 정시모집과 추가 모집을 합하면 대학입학의 비상설 장터는 일 년에 4번 열리는 셈이다. 이렇게 4번의 입학생 모집 장터가 열리는 것만으로도 현재 학부모들은 너무 혼란스럽다고 하며, 대학들은 힘에 부친다며 1학기 수시모집에 참여 않기도 한다.

그러나 많은 대학이 이미 학생입학사무를 전담하는 입학처를 교무처에서 분리하여 따로 두고 있다. 이는 과거 교무처에서 일 년에 한 번 학생모집 업무를 집중적으로 하고 나머지 기간에는 교무 업무를 수행하던 체제로부터 어쩔 수 없는 학생모집의 상시화 추세에 대응 태세를 갖춘 것이라 할 수 있다. 이제 남은 것은 학생모집의 권한과 책임을 개별 학과와 전공으로 과감히 돌리는 것이 남았다.

사실 학생모집에 어려움을 겪는 대학에서는 이미 대학본부는 형식적인 학적 업무만 담당할 뿐 실질적으로 학생모집의 실질적 권한과 책임이 학과의 교수와 학생들에로 옮겨져 있다. 여기서 알 수 있는 것은 대학본부가 학생모집의 권한을 중앙집권적으로 행사하는 것은 결국 그 대학에 학생의 수요가 몰리는 경우 대학과 정부가 나서서 이를 관료주의적 방식으로 집중처리-컴퓨터 용어로 말하면 batch처리방식을 동원하기 때문임을 알 수 있다.

대학본부가 학생들을 모집하여 각 학과에 나누어주는 과거의 체제와 절연을 하고 학생모집의 실질적 권한을 개별 학과와 전공으로 돌려주고 연중 상시모집 체제로 전환함으로써 대학 밖의 학생모집 시장(external market)이 대학 내의 내부시장(internal market)으로 전환되는 것이야말로 우리나라 대학 입시문제를 둘러싼 난제를 해결하는 근본적인 처방이다. 가르칠 학생을 찾아내고 데려가는 책임을 개별 학과와 교수들에게 돌려야 한다. 정부 교육행정당국이건 대학본부당국이건 관료적으로 조직된 그 어떤 행정적 권위도 학생선발에 따른 근원적 책임을 질 수 있는 입장에 있지 않다. 현행 대학입시체제는 이 불가능한 것을 제도화하였기 때문에 끊임없는 말썽과 국민적 고통의 원천이 되고 있는 것이다.

학내·외의 대학생 지위

대학의 역사에서 대학생의 지위와 성격은 그야말로 부침이 심했다. 유럽 대학사의 초기에는 대학생들이란 일반 주민들이 보기에는 그야말로 미래를 알 수 없는 '거지-부랑아-무뢰한'의 이미지였다. 이 당시에 교수들은 배우고자 하는 학생들은 물리치지 않고 모두 제자로 거두었던 것 같다.[22] 그들은 학문을 하려고 유명한 교수 주변에 몰려들었다는 점 외에는 부모로부터 도망쳐 나왔는지 아니면 천애고아인지 알 수 없는 존재들이었다.

뚜렷한 거처 없이 부랑하던 대학생들이 안정을 가지고 정착하게 된 것은 학생을 수용하여 강의실이자 숙사로 사용되는 건물(宿舍-college 불림)이 생겨나면서부터였다. 이것이 분화하여 강의용 건물과 교육과정을 중심으로 오늘날 단과대학(college)으로 발전하고 학생집단은 숙사를 중심으로 폐쇄적 공동생활을 하는 〈학생서클숙사(fraternity-sorority)〉로 남게 된다.[23]

대학이 국가와 결합한 근대사회에 이르러 비로소 대학생들은 국가적 신분과 지위를 획득하게 되며, 국가주도로 고도로 엄선된 대학입학자격을 부여하면서 이들은 단순한 학생이 아니라 엘리트후보생의 지위를 지니게 된다. 그들에게는 공무원 교사와 대학교수, 법조인, 의사, 종교지도자 등 어느 정도 가시적인 좋은 직업과 각계의 리더로서의 앞날이 보장된다.

한편, 기업들이 대학을 졸업한 우수인재를 본격적으로 필요로 하게 된 것은 대체로 20세기 전반을 지나면서이다. 대학이 온전히 산업인력의 공급기관 성격을 갖게 된 것은 1960년대부터라고 할 수 있다. 이때부터 서구 선진국에서 고등교육의 팽창과 대학생 수의 증가가 본격화되었다.

오늘날 대학생들은 최소한으로 말하면 특정 대학생으로서의 '학적'을 지니고 강좌와 프로그램에 등록하고 일정요건을 갖추면 학위를 취득할 수 있다는 최

---

22) 스승이 제자를 받아들이는 방식은 공부의 내용과 사회문화적 전통에 따라 달라지는 것 같다. 공자님은 적극적으로 제자를 물색하기보다는 오는 제자를 물리치지 않았으며 그 결과 수많은 제자를 두었다. 반면, 선교나 도교의 선인들은 아무나 제자로 들이지 않았으며 적극적으로 제자를 찾아 나서서 선택된 극소수의 제자만을 가르쳤다. 불교의 경우, 석가모니께서는 제자를 가리지 않았던 것에 반해, 선종불교에서 그 종법을 전수함에 있어서는 제자를 세심하게 가리는 경향이 생겼다. 오늘날, 대학에서의 학생선발 문제를 분석할 때 이러한 스펙트럼의 관점을 도입하는 것이 아마도 유용할 것이다.

23) 전형적인 미국대학에서는 공동의 숙사를 기반으로 여러 가지로 활동을 하는 폐쇄적 학생서클이 있다. 남학생으로 이루어진 서클을 프라터니티(fraternity), 여학생으로 이루어진 서클을 소로리티(sorority)로 부른다. 이 멤버들은 각각의 고유이름을 가진 이 서클숙사를 중심으로 대학생활을 한다. 새 학기 초 9월경에 각각의 프라타니티와 소로리티가 파티를 연다. 물론 우수한 신입생을 찾아내서 자신들의 서클에 입회시키기 위함이다. 신입생은 이 파티에서 자신이 얼마나 회원으로서 자격을 얼마나 갖추었는지를 입증해야 한다.

소한의 지위만을 가지고 있다. 유럽의 제 국가들처럼 학적을 국가적으로 관리하는 나라들에서는 프랑스의 바칼로레아 독일의 아비투어 등 대학입학자격을 획득하면 이로써 대학생의 지위를 갖는다. 어느 대학에 등록 수강하는가 하는 것은 본인의 선택권에 속한다. 즉 대학생 지위가 국가적 사회적으로 결정됨과 동시에 현실의 대학들은 이들 대학생이 이용하는 시설의 성격을 지닌다.

반면 미국 일본 우리나라에서 대학생의 지위가 국가적으로 결정되지 않으며 특정대학의 입학허가를 받아 그 대학의 학적을 획득함으로써 그 대학의 학생이 되는 것이다. 그 이상의 국가적 사회적 지위는 없으며 기껏해야 각종 시설의 학생입장권, 교통요금 할인 등 사회적으로 마련된 부수적인 것들뿐이다. 따라서 우리나라에서는 대학생의 지위는 철저히 〈특정의 대학〉으로부터 학적을 획득하느냐에 달려 있다.

개별 대학의 학적은, 그러나 사실상 깊고 지속적인 효과를 지닌다. 즉 호적이나 국적 어느 정도 자신의 마음대로 바꿀 수 있어도 학적은 한번 획득하면 마음대로 바꾸기 어렵다. 이미, 지적한 것처럼 대학은 단순한 사업조직이 아니라 백 년, 이백 년 이상 매우 긴 수명을 지닌 제도이다. 학적은 동창회로 이어지면서 학교의 존속과 함께 영원히 지속된다. 따라서 학생의 지위를 결정하는 실질적 요인은 유럽에서처럼 국가가 부여한 대학생의 지위보다는 역시 개별 대학이 관리하는 학적이 가장 중요하다. 이러한 학적의 발생 변경 소멸 이동 등에 관한 모든 원칙과 규율은 개별 대학과 대학 사회 공동들의 관습에 크게 의존하고 있으며, 이에 대한 체계적 연구조차 아직 없을 정도로 불투명하고 모호한 상태에 있다.

대학생 인구의 증가와 학생생활
-대학생의 진로와 직업

한국의 대학생을 알아보려면 먼저 학교인구의 전체 크기 속 초·중등학생 수와 비교하여 보는 것이 필요할 것이다. 우리나라의 초·중등학생 수는 그 절대수치에 있어서 지난 30년 사이에 상당히 줄었다. 1974~2003년 사이에 총 인구가 3469만 명에서 4793만 명으로 늘어나는 동안 초·중등학생 수는 1974 년에 850만 명 수준에서 2003년에는 780만 명으로 줄어들었으며, 전체 인구 중의 비중으로 보면 24.6%에서 16.3%로 줄어든 것이다. 반면, 초·중등학생 의 숫자가 감소하는 가운데 그 기간 중 고등교육의 팽창이 집중적으로 이루 어졌다. 아래의 3그림은 1970~2002년까지 이루어진 대학원생, 4년제 대학생, 전문대학생의 급격한 증가를 도표화하고 있다. 다음의 네 가지 그림이 이를 구체적으로 보여주고 있다.

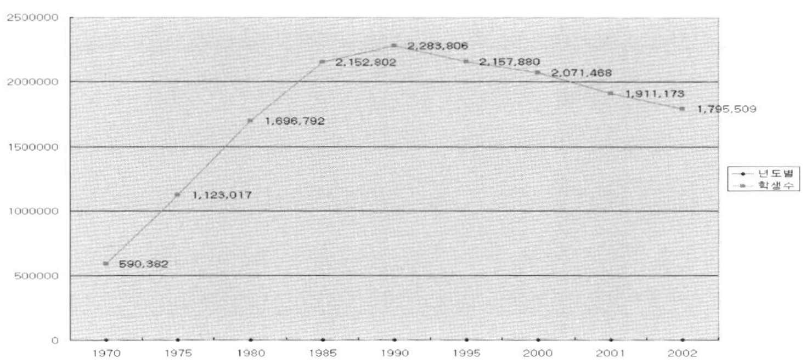

<그림 2> 연도별 초·중등학생 수

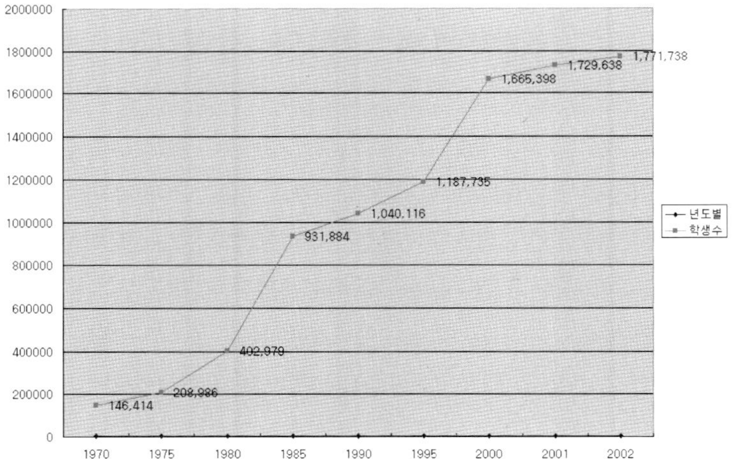

<그림 3> 연도별 4년제 대학생 수

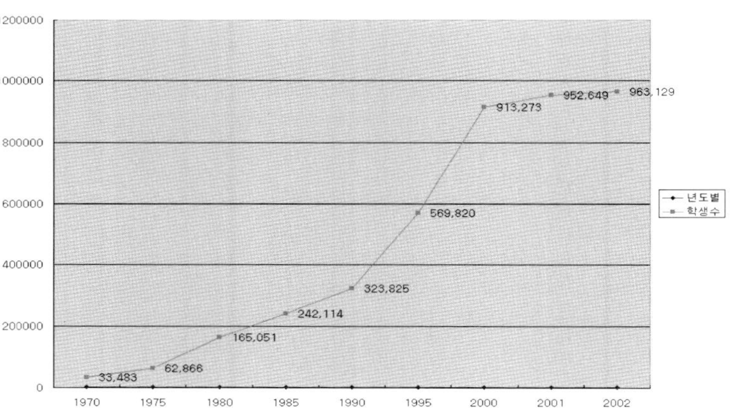

<그림 4> 연도별 전문대학생 수

이상과 같은 고등교육팽창의 결과 전체인구 중 학생 수의 비중은 1974년 25.9%에서 2003년 24.9%로 크게 줄지 않고 있는 가운데 2003년 현재 각급학교 학생 중 고등교육을 이수 중인 학생의 비중이 초등학생 수만큼 커져 있다.

다음 표-9는 전체인구 중 각급 학교 학생 수의 백분율 비중을 나타내고 있다. 여기서 보는 것처럼 지난 30년간 전체 인구 중 초등학교와 중학교의 학교인구의 비중은 크게 감소한 반면 고등학교와 대학의 학생인구가 크게 늘었다. 이러한 인구학적 변화는 지금의 각급 학교교육의 성격이 30년 전의 그것에 비해 근본적으로 바뀔 수밖에 없도록 하는 동인이 되고 있다. 특히 고등교육의 경우 엘리트교육의 성격은 사라지고 사실상 고등보통교육으로 이행한 결과 전통적 엘리트교육은 대학원으로 완전히 넘겨져 가고 있다.

<표-9> 학교인구의 변화

	초등학교	중학교	고등학교	전문대 이상	전체
1974	16.2	5.6	2.8	1.3	25.9
2003	8.7	3.9	3.7	8.6	24.9

고등교육인구의 인구학적 변화가 가장 크게 영향을 미칠 곳은 대학생의 졸업 후 진로 직업의 향방이다. 이러한 변화는 20세기 말에 이미 현저해졌다. 1997년의 노동부 통계에 따르면 50대 그룹의 96년 신입사원 채용인력은 인문계가 1만 4900명(38.8%)이었고 이공계가 2만 3011명(60%, 나머지는 예·체능계)이었다. 이 당시 대학생 인구가 100만 명이 넘었던 것을 감안하면 극히 소수만이 대학 졸업 후 대기업에 취업하는 것이다.

오늘날의 대학생에게는 그 어떤 장래의 고용주도 보장되어 있지 않다. 미국의 미래학자 제레미 리프킨은 이미 10여 년 전에 자신의 저서 「노동의 종말」(The End of Work·95년 민음사에서 번역본 발간)에서 "전 세계의 모든 조직과 산업에서 컴퓨터를 중심으로 한 혁명이 급속도로 인간의 영역을 대체해 노동자들을 일터에서 내몰고 있다"고 밝혔다. 우리나라에서도 교육개혁이 본격

시동된 1995년 5·31 교육개혁안의 발표 당시 이미 기존 산업에서 단순제조 기능 인력과 사무관리 직종의 일자리 파괴가 지배적이었으며[24] 기존 산업을 위한 인력 양성이라는 20세기 후반부형 대학의 기능은 실질적으로 포기되었다고 해도 과언이 아니다.

미래의 고용에 대한 불확실한 전망에 따른 대학생들의 일차적 반응은 휴학 및 제적의 증가로 나타났다. 1998년 한해(98년 3월~99년 2월 말) 동안 휴학한 대학생 수는 50만 명이 조금 넘고, 제적 대학생 수도 10만 명이 넘었다. 98년 4월 대학재학생에 대한 휴학생 비율은 20.4%, 제적생은 4.1%로서 한 해 동안 대학생 4명 중 한 명은 휴학하거나 학업을 그만둔 것으로 나타났다.

우리나라 고등교육팽창의 초기인 70년대에 대학을 졸업하여 국내 유수의 대기업에 취업하던 시절의 환상을 버리는 것이 오늘날 대학생들에게 시급한 의식전환이다. 우리나라의 고등교육의 과잉을 주장하는 사람들 대부분이 빠져 있는 이 환상은 대학을 졸업하면 고급전문직은 아니라도 대기업에는 취업해야 한다는 환상이다. 하지만 이는 대학이 고급 전문직과 공무원 인력 공급에서 산업인력공급기관으로 기능을 확대하던 20세기 중반의 대학모델에 입각한 관념이다.

대중화 또는 보편화된 고등교육을 담당하는 21세기형의 대학에서 학생들에게 되풀이 강조되는 덕목은 "자기주도적(self-directed)이어야 한다"는 것이다. 이러한 배경에서 일반 사회의 성인들에게도 이제는 스스로 자신의 직업과 경력을 개발할 것이 강조되기 시작한 것이 20세기 말의 새로운 추세였다.[25] 이

---

24) 뉴스 plus 1997. 1. 23. 68호 〈「화이트칼라」(White Collar·고학력 사무직 노동자)가 무너지고 있다〉의 다음 기사 참고.

　"기업들은 1996년부터 이미 중간 사무근로자들을 명예퇴직이라는 이름으로 대량 해고하기 시작했다. 중소기업연구원 서상록 부원장은 "19개 대기업과 시중은행에서만 96년 한 해 적어도 5000명 이상의 중견간부를 명예퇴직이라는 이름으로 정리했다"고 밝혔다. 살아남은 자들도 인력재배치 방침에 따라 '생사(生死)'의 기로에 서야만 했다. 한화 쌍용 코오롱 그룹과 현대자동차 삼성물산 기아자동차 등 대기업들은 지난해 하반기 사무 관리직 인력의 15~30%를 생산, 영업 현장으로 재배치했다. 새로운 직무환경에 적응하지 못한 화이트칼라들은 스스로 직장을 그만두기도 했다."

25) 신동아 99.7. 〈커리어 플래닝, 21세기 직장인의 생존법〉의 다음 기사 참조.

　"고용제도가 어떻게 바뀌든 직장인의 최대 관심사는 늘 안정된 고용과 직업적 성공이

는 뒤집어 말하면 이제 대학을 졸업하는 학생은 누구에게 고용되기를 기대하지 말고 스스로 자신을 고용하라는 메시지 이외의 아무것도 아니다. 스스로 자신을 고용하는 대표적 직업은 자영업자이다. 대체로 우리나라 성인 경제활동인구의 절반이 스스로 자신을 고용한 자영업자이다. 이 비중은 향후 더욱 커질 것이며, 거의 모든 고등학교 졸업자가 고등교육에 진입하는 21세기의 우리나라 대학생들이 가장 명심할 것은 바로 이것이다. 공과대학생이건 문과대학생이건, 사범대학생이건 막론하고 대학생활의 기간은 스스로 자신을 고용하여 창업을 하고 서비스 부문에 뛰어들 준비를 하는 데 바쳐지는 기간이다.

고등교육의 과잉이니, 산업수요에 맞지 않는 대학교육이니 하는 것은 대학생들이 아닌 기업들이나 제조업에 경도된 정책당국자들이 과거의 환상에 벗어나지 못한 상태에서 내뱉는 불만일 따름이며, 이들의 주장에 의하면 지금의 대학생 대부분은 당장 대학을 떠나거나 대학진학이 거부되었어야 마땅하다. 적어도 현재의 대학생들은 이들의 말에 현혹되지 말고 짧은 대학기간 중 긴 인생을 스스로 고용하면서 살아갈 준비에 전념해야 할 것이다.

다. 능력 본위의 적자생존 경쟁이 치열해지는 21세기를 대비해 샐러리맨들은 무엇을 해야 할까. 무엇보다도 '커리어 플래닝(Career Planning)'을 해서 자신의 직업경력을 계획적으로 개발해야 한다. '커리어'란 직업경력을, '플래닝'은 계획하는 일을 가리킨다. 커리어 플래닝이란 직업세계의 현실과 추세, 자신의 능력과 여건을 살펴 자신에게 가장 알맞은 직업경력 개발계획을 짜는 일이다. 직업경력 개발이니 커리어 플래닝이니 하는 말들은 우리 사회에서는 그동안 별로 주목받지 못했다. 그러나 미국 캐나다 등 서방 선진국에서는 오래전부터 직장인의 자기개발을 위해 반드시 필요한 일로 널리 인식돼 왔다. 이런 나라들에서는 직업적으로 성공하는 길에 대한 사회 일반의 인식과 가치관이 우리 사회에 비해 훨씬 다원화돼 있다. 사람들이 저마다 고유한 개성과 능력을 살리는 방향으로 직업 경력을 추구해 다양한 분야에서 성공할 수 있다고 생각한다. 그런 만큼 각 개인이 자신의 고유한 직업적 잠재력을 찾아 계획적으로 개발하는 작업이 직업생활에서 성공하는 데 필수적이라는 인식이 퍼져 있다. 전문적으로 개인의 커리어 플래닝을 도와주는 컨설팅 서비스가 비즈니스의 한 영역으로 자리잡고 있고, 이 분야에서 많은 전문가와 기업들이 활동하고 있다."

학생단체의 변화와 대학의 무력화
-학생운동의 지난 약사(略史)와 전망

한국에서도 고등교육이 이미 보편화된 상황에서 개인지향적이고 탈근대적인 컴퓨터세대가 대학생의 주축을 이루고 있다. 학생운동의 새로운 움직임은 이러한 학생들의 변화된 가치관과 행동양식을 반영하는 현상으로 궁극적으로는 학생운동의 성격 변화로 이어질 것이다. 일반적으로 한국의 학생운동은 ① 60년대 민족주의적 반독재운동기 ②70년대 중반 이후 〈민중〉〈민족〉〈민주〉의 이념 확립기 ③80년대 이후 정치투쟁 지향과 폭력적 좌경화시기를 거쳐 ④ 90년대 이후 학생운동의 위기로 특징지어지는 오늘에 이르렀다. 특히 80년대 후반 이후 전대협 6기(87-92), 한총련 4기(93-96) 등 주사파 지배시기를 거쳐 96. 8. 연세대 사태를 정점으로 1997년 이후 지속적 위기에 봉착하고 있다. 위기의 원인은 일반적으로 구소련의 해체와 동구공산권의 몰락에 따른 탈이념화의 세계추세, 북한의 낙후와 인권 문제, 폭력 혐오의 일반 국민정서를 읽고 그에 따른 변화를 모색하지 못한 데 있다고 지적된다.

법률적으로 학생단체 활동의 성격과 근거는 취약하다. 현행 고등교육법 제12조에서 규정하고 있는 것처럼 "학생자치활동은 권장 보호되며, 그 조직과 운영에 관한 기본적인 사항은 학칙으로 정한다."라는 원론적 선언과 함께 동법 시행령에서 학칙의 필요적 기재사항으로 "학생회 등 학생자치활동"을 들고 있을 뿐이다. 학생운동의 주축인 학생회 등 학생단체들 자체를 대상으로 국내에서 이루어진 연구나 조사결과는 거의 없다.

대학의 학생자치활동의 대표적 기구인 총학생회가 우리나라 학생운동의 전면에 나서기 시작한 것은 1987년 전대협의 결성과 함께 중앙과 지방의 각 대학 총학생회가 연대기구를 구성하고 정치투쟁에 나서기 시작하면서부터라고 볼 수 있다. 70년대와 그 이전의 학생자치활동은 각종의 등록, 비등록 학생서클이 중심이었다. 학생들의 희망과 서클별 심사에 의해 가입이 이루어지던 이들 단체가 엄연히 학생자치활동임은 물론이다. 이들은 취미서클, 종교서클, 학습서클, 봉사서클 등 다양한 모습을 가지고 있었다. 이 학생서클들은 또한 대학 외부의 보다 커다란 사회단체와 조직이 대학 내에 하부 조직 발판을 마련하는 통로이기도 하였다. 유네스코 청년회(KUSA), 기독교청년회(YMCA) 등은 이러한 방식으로 그들의 청년조직을 대학생 자치활동 속에서 성장시킬 수 있었다.

이러한 학생서클들 중 우리나라 학생운동의 향방과 관련하여 중요한 것은 학교에 등록하지 않는 비공개서클들이었다. 1970년 전후 이들 비공개서클 중에서 이른바 〈사회과학〉이라는 이름으로 마르크스주의 정치경제학을 공부하는 학습서클들이 생겨났다. 공개적으로는 대학 내의 강좌로 개설되지 않으며 그 주요 문헌들이 금지도서 목록에 올라 있었기에 더욱 호기심과 흥미를 유발한 이들 마르크스주의 정치경제 이론은 학생서클을 통해 대학사회 내에 빠르게 확산되어 갔다.

1970년 대 중반 이후 이들 비공개 서클 또는 등록 서클일지라도 은폐된 학습서클들을 통해 심취된 대학생들에게 확산된 좌파 이론들은 초기에는 농촌활동(농활)과 야학을 중심으로 하던 대학생 봉사서클들 속에서 그 이론에 따른 고민과 실천의 주 무대를 찾았다. 그중에서 특히 사회적 정치적 영향력이 컸던 것은 야학활동을 중심으로 하는 이론적 논쟁이었다. 70년대 초부터 농촌지역 인구가 도시로 무작정 이농하는 현상이 커지고 이로 인해 심화된 도시빈민 및 그 자녀들과 야학을 통해 몸으로 씨름하고 있었던 대학생 야학서클 내에서는 야학의 방향에 대한 고민이 시작되고 있었고 이러한 고민에 이론적 기반을 제시해 준 것이 일부 대학생들이 학습서클을 통해 습득한 정치경제학 이론이었다.

특히 1982년의 『야학비판』이란 운동권 소책자는 이후 학생운동의 향방을 좌우하는 일련의 논쟁을 촉발하는 계기가 되었다. 『야학비판』의 핵심요지는 '대학생들이 중심'이 되어 도시빈민들의 삶과 노동의 현장에 뛰어들어 밑으로부터의 근본적인 변화를 꾀해야 한다는 것이었다. 이에 대해 학생운동을 문제제기의 전위로서는 강조하지만 전체사회운동 특히 노동운동의 학생운동에 대한 우위를 주장한 『학생운동의 전망』은 또 다른 논쟁의 거점이었다. 이 두 문헌은 80년대 이후 총학생회와 총학생회 연합단체 중심학생운동을 학생운동의 주역으로 끌어올리고 학생운동권 내부에서는 대립 분열하는 두 흐름의 원천을 형성하였다.26) 근본적으로 이 두 문헌의 주장 간에 드러나는 대립은 정치화된 노동운동세력과의 관계를 어떻게 설정할 것인가에 있었다. 즉 당면, 정치투쟁의 전면에 설 것인가('전망') 아니면 학생중심의 현장 변화 주도에 나설 것인가('야비')가 논쟁의 초점이었던 것이다. 이러한 실천적 논쟁이 좀 더 이론적인 모습을 띤 대립으로 변한 것은 80년대 중반에 학생운동권을 흔든 이른바 '사회구성체' 논쟁이었다.27) 즉, 한국사회의 전체적 성격의 단계를 '식민지 반봉건사회'로 보느냐 아니면 '신식민국가 독점자본주의사회'로 보느냐의 논쟁으로 이어지고 이것이 또 다시 총학생회 연합체 중심의 학생운동을 분화시키는 이론적 분열로 이어졌다.

학생운동의 향방 더 나아가 우리나라 정치 변동에 큰 영향을 미친 이러한 논쟁은 교수들의 아카데미 공동체인 대학사회의 학문적 연구나 교육과는 상관없는 것이었다. 그 과정에서 특히, 학생자치활동을 지도해야 할 대학교수들의 리더십이 무력화되었다. 왜냐하면, 이미 지적한 것처럼 전국 각 대학의 학

---

26) 많이 알려진 80년대 이후 학생운동 계보에서의 한총련의 위치는 다음과 같다.

   |무림?| → |반깃발(MC)| → |자민투(**전대협 → 한총련**)| → |NL주사파|
     ("야학비판")   ↘ ↗   〈식민지반봉건사회론〉
                   삼민투(1985)
     ("학생운동의 전망")   ↗ ↘   〈신식민국가독점자본주의사회론〉
   |학림?| → |깃발(MT)| → |민민투(전학련)| → |NDR파| → |PDR파|

27) '사회구성체'란 맑스의 이론에 따라 생산력과 생산관계가 합쳐져 규정되는 한 사회의 생산양식 전반에 의해 결정되는 사회학적 대상 즉 사회정치적 〈상부구조〉를 지칭하는 용어로 쓰였다. 이러한 논의는 주로 우리나라 학생들이 비공개 〈사회과학〉서클을 통한 학습을 통해 확산되었으며, 이들의 일부가 졸업 후 연구소 등에 자리잡으면서 이러한 개념이 각 분야 학술 논문의 형태로 일부 발표되었다.

생자치활동은 학교 밖의 제 사회단체와 조직들에 의해 그들의 활동을 위한 전국적 하부 조직의 형태로 조직화되어 왔으며, 그중에서 가장 크게 영향을 미친 대학 밖의 조직은 이른바 〈재야(在野)〉로 불리던 사회정치운동그룹이었다. 총학생회 중심의 학생운동 그룹이 분화되는 이론 투쟁의 계기도 바로 이들 학외의 사회정치세력과 어떤 관계를 설정할 것인가에 있었다고 보아도 과언이 아니다.

학생운동이 이들 마르크스주의 또는 주체사상이론으로 무장된 총학생회 중심으로 집중되어 가는 동안 대학의 교수사회는 대학의 강좌를 통하지 않고 스스로의 학습을 통해 이론 무장을 한 이들 학생들과 전혀 소통이 되지 않았으며, 1987년 직선제 이후의 민주화 국면 이후에는 오히려 개별 대학 경영진들이 자기 대학의 총학생회가 전대협 한총련 내에서 주도권을 획득하도록 지원하는 데 관심을 보이는 도덕적 해이와 기회주의적 행태까지 만연하게 되었다. 1993년 문민정부의 출범 이후에는 군사정부 내내 유지되었던 학생운동 탄압과 규제 정책은 물론 이와 병행하여 유지되던 정부차원의 학생활동 지원정책도 완전히 멸실(滅失)되어 버렸다. 즉, 정부에서도 개별 대학 당국에서도 그나마 이후 객관적 의미에서 '학생정책(student personnel policy)'이라고 불릴 만한 정책을 발전시킬 수 있는 기반조차 온전히 사라진 것이다.

이미 지적한 것처럼 원래 학생자치활동의 본령은 총학생회보다도 다양한 형태의 학생서클들에 있는 것이다. 총학생회는 대학 내에서 이들 다양한 학생자치활동을 위한 우산의 역할을 하는 조직이다. 그럼에도 불구하고 지난 30년간 진행된 우리나라 대학의 학생자치활동의 역사가 보여주는 것은 학생운동의 정치화 과정에서 총학생회와 전국적 총학연대 기구를 중심으로 학생자치조직이 고도로 집권화되고 전투조직화되는 과정이었다. 또한 80년대의 우리나라에서는 고등교육의 급속한 팽창이 세계적으로 가장 빠른 도시화와 맞물리면서 지방대학의 급속한 성장이 수반되었다. 이러한 인구학적 변동이야말로 총학생회 연합기구를 중심으로 하는 학생운동의 중앙집권적 성장을 위한 자양분이 되었다. 이 과정에서 대학 캠퍼스타운을 관할하는 대학본부 당국의 기능은 철저히 무력화되었으며, 소규모 서클 중심의 학생자치활동은 그 건강성을 상실하고 왜곡되어 갔다.

대학을 하나의 타운으로 묘사할 때 그 그림의 핵심요소는 대학이 그 내부에 교수들과 학생들의 자율적모임과 자유로운 활동을 바탕으로 형성되는 내부시장을 가져야 하며 대학본부가 그 시장을 창출하고 시장질서를 유지하는 책임을 다해야 한다는 데 있다. 그러나 지금 우리나라의 대학현실은 대학본부가 바로 이러한 역할을 전혀 하지 못하고 교수들의 모임 학생들의 활동과 철저히 유리되는 가운데, 교수와 학생들이 오히려 대학외부의 정치사회적 세력에 의해 그 하부조직화하는 방향으로 움직여온 결과이다.

유럽처럼 학생의 지위가 국가적으로 결정되는 것을 지닌 곳에서는 정부차원의 학생정책이 반드시 존재할 수밖에 없다. 미국이나 우리나라처럼, 학생의 지위가 개별대학의 입학허가와 학적에 의하여 결정되는 나라에서는 우선적으로 개별대학 차원의 학생정책이 발전되어야 한다. 미국에서 〈student personnel〉이 대학경영의 한 분야로 연구되고 발전하는 배경이 여기에 있다. 이러한 개별 대학차원의 정책을 전제로 정부차원에서 개별대학을 통한 간접지원이나 학생단체에 대한 직접적 지원을 내용으로 하는 학생정책이 발전되는 것이다.

20세기 이후 교육정책 이외에 선진민주주의 체제가 발전시켜 온 정책의 하나는 청소년 육성정책이다. 청소년 정책의 기원이 과연 어디 있는지는 모호한 구석이 있다. 원래 비학업 청소년 즉 근로청소년을 위한 정책이었다고 보기도 하지만 사실 근로기준법은 근로자 보호정책과 청소년 육성 정책이 구별될 필요가 있었는지도 의문이다. 오히려, 청소년을 독점하고 있으나 정책적 서비스 전달기관으로서의 역할을 거부하고 있는 정규교육기관들이 해소하지 못하는 공공서비스의 사각(死角) 영역을 겨냥하여 발전하기 시작한 것이 청소년 육성정책이라고 보는 것이 옳을 것이다.

고등교육이 대중화 보편화된 오늘날에는 학생정책과 청소년정책의 고객집단을 구별하기는 더욱 어려워지고 있다. 육성해야 할 청소년의 대부분은 학생이다. 우리나라에서도 청소년 육성정책의 전달목표 집단은 거의가 학생이다.

그동안 청소년 정책의 주된 전달(delivery)기구는 '청소년 시설'이었다. 따라서 청소년 정책은 청소년시설을 짓고 그 운영을 활성화하는 데 맞추어져 있었다. 이제 청소년 정책의 전달수단은 '청소년단체' 지원으로 옮겨가고 있다.

현 단계에서 학생단체야말로 '청소년단체'임을 다시 한 번 확인할 필요가 있다. 특히, 우리나라처럼 학생운동의 정치화과정에서 고등교육정책당국의 학생정책, 대학당국의 학생정책, 다양한 분야의 소규모학생서클 활동들이 모두 초토화되어 버린 상황에서 전국적 학생조직의 계획에 의한 조직활동이 아닌 대학을 기반으로 하는 자유롭고 건강한 학생자치활동을 활성화하려면 학생들의 자치서클을 청소년 정책의 전달 수단으로 채택하고 청소년 정책 당국이 대학생 자치활동의 지원을 담당해야 한다. 나아가 고등교육의 보편화 시대에 이른 오늘날의 대학은 단순히 교육 연구 지식의 활용을 통한 봉사기관을 넘어 그들이 수용하고 있는 청소년들을 위한 청소년 정책의 전달기관이 될 수밖에 없다.

대학행정사무직원의 지위와 역량의 문제점

고등교육부문은 교수직 이외에도 다양한 직무를 지닌 수많은 사람이 종사하는 거대사회부문이다. 직접적으로 교수에 종사하지 않으나 대학의 기능에 본질적이고 필수적인 기능을 수행하는 이들 전문가의 역량과 수행성과야말로 교육발전의 중요한 요인의 하나라는 점에서 이에 대한 연구개발의 필요성이 매우 높다. 〈표-10〉에서 보는 것처럼 전국적으로 3만 명 이상이 종사하는 큰 인력소요부문임에도 불구하고 교수나 교사와는 달리 이 분야 종사자의 기본적인 실태 자료나 데이터베이스조차 구축되어 있지 않다.

<표-10> 대학사무직 현황

		남	여	합계
전문대학	국공립	306	74	380
	사립	4,458	1,499	5,957
대학교 (4년제 일반대)	국공립	4,363	909	5,272
	사립	12,946	4,476	17,422

자료원: 2001교육통계

미국에서는 통상의 용어법상 총장을 포함한 대학의 실 처장 등 간부급 이상을 〈University Administrator〉로 지칭하며 그 이하 사무 관리직을 〈Staff〉로 총칭하여 교수단을 의미하는 〈Faculty〉와 구분한다. 반면, 영국에서는 〈Administration and Management Staff〉라는 이름으로 대학경영관리진을 함께 지칭하고 논의의 대상으로 삼는다. 이는 공식적 대학총장(Chancellor)이 있고 실질적 대학총장(Vice-chancellor)은 공식적 대학총장(Chancellor)을 보좌한다는 개념을 가지고 있는 형식상의 상황맥락에서 보면 구태여 이를 구분할 필요가 없기 때문일 것이다.

그러나 우리나라 법제에서는 총장의 지위가 다른 총장 보좌진과 두드러지게 다르다. 이 글에서는 총장을 제외한 나머지의 대학행정 간부진 관리자 전문가 사무기술직을 총체적으로 〈대학행정관리직: University Administration and Management〉으로 묶어 논의하는 것이 좋을 것이다.

영미권에서의 대학행정 조직문화는 자격(job qualification)과 성과(job performance)를 중심으로 하는 인사제도와 잘 발달된 조직 내 인적자원개발을 토대로 하고 있다. 따라서 기업이나 정부조직과 마찬가지로 대학도 이러한 조직문화를 토대로 대학행정관리직의 인적자원개발과 관리가 개별 대학별로 잘 발달되어 있다. 거의 모든 대학들이 스탭개발부서(Staff Development Division)를 대학조직의 핵심부서로 두고 일자리(job) 중심으로 인적자원관리 측면에서 계획과 개발 활동을 활성화하고 있다. 이러한 인적자원관리 관행은 대학 내에서 두 가지 전형적인 활동을 포함한다. 하나는 소속상사(supervisor)에 의한 개별 직위관리평가 활동이며 다른 하나는 인적자원관리부서에 의한 직원들의 자기개발지원활동이다.

소속상사(supervisor) 감독자에 의한 개별 직위관리평가 활동은 개별직위마다 직위기술평가서 등 해당직위관련문서를 중심으로 직위설정, 전환, 신규충원, 훈련소요평가 등 핵심적인 인적자원개발관리가 소속상사와 본인 간의 교섭과 의사소통을 통해 이루어지는 것이다.

대학의 인적자원관리부서에서는 행정관리직을 대상으로 개별화된 연수/자기개발지원 프로그램을 제공하거나 외부의 학습기회와 연결 조정 활동을 하는 외에 대학 전체적인 인적자원기획 업무가 잘 발달되어 있는 것이 영미권 대학들의 특징이다.

한편, 최근 정부 기업 비영리조직을 막론하고 학습조직 및 지식경영 전략이 경영의 주요 수단으로 등장함에 따라 이들 외국대학에서는 대부분 학습조직 전략을 대학행정관리직 인적자원개발의 주요 수단으로 채택 강화하고 있는 상황이다. 즉, 평생학습을 인적자원관리의 핵심개념으로 채택하고 직원들의 경력개발을 적극 지원하는 한편 핵심역량(Key Competencies)과 지식을 정의 분류 관리하는 것을 대학발전을 위한 전략적 대학경영의 수단으로 도입하고 있는 것이다. 영국에서는 많은 대학들이 영국정부가 추진하는 인적자원정책인 IIP(Investor in People)인증을 받으려 노력하는 과정에서 학습조직과 지식경영이 대학경영에 급속하게 보급되고 있다. 일부 대학에서는 자신의 성공적인 스탭인적 자원개발 활동의 성과를 기초로 이를 그 대학이 주도하는 범대학 통용 자격증으로 발전시키려는 노력을 보이고 있기도 하다.

이에 비해 우리나라의 대학행정직 인적자원개발활동은 황무지나 다름없다고 표현하는 것이 가장 정확할 것이다. 우선 대학과정 대학원과정을 막론하고 전문분야라고 할 대학행정사무직에의 진출을 위한 자격이나 양성훈련과정이 전혀 없다. 개별 대학당국에 의한 현직에서의 역량개발노력은 형식적인 국·내외 시찰 연수와 국·공립대학에서 집체교육방식의 범공무원훈련 성격의 자체직장훈련이 고작이다. 범대학 차원의 대학행정직 능력개발 프로그램은 한국사학진흥재단이 일년에 한두 차례 대학재산관리와 세무회계 중심의 워크샾을 관련 직무종사자를 대상으로 실시하는 것과 대학교육협의회가 부정기적으로 행정사무직 간부를 위한 세미나를 개최하는 것이 거의 전부라 해도 과언이 아니다. 대학행정관리직 인적자원개발을 직접적 목표로 하는 정부 정책은 아직 존재하지 않는다. 이렇게 된 원인은 지금의 대학행정사무직을 지배하고 있는 잘못된 규정과 대학관행들에서 찾을 수 있다. 이를 나누어 설명한다.

먼저, 관료화된 계급제 인사제도의 폐단이다. 우리나라의 대학행정관리직 인사제도는 정부조직의 관료적 인사제도를 복제(copy)하여 이식한 형태를 취하고 있다. 그 결과 앞서 소개한 영미식의 직위와 직무성과 중심 인적자원개발이 발전될 기반을 원천적으로 결여하고 있다고 봄이 옳을 것이다.

국공립대학의 경우는 자치권은 물론이고 조직상 독자성도 없이 정부조직의 일환으로 편입되어 있어 당연히 기능직, 일반직으로 나누어 정부공무원의 계급제에 기초한 관료주의적 인사제도를 가지고 있다. 사립대학의 경우에 있어서도 공무원 계급제를 그대로 복사하여 운영하고 있다. 다음은 우리나라 사립대학법인 인사규정의 전형적인 내용을 발췌한 것이다.

제5조(교직원의 자격) ①-②(교원임용관련) 생략

③ 일반직은 참여(2급), 부참여(3급), 참사(4급), 부참사(5급), 주사(6급), 부주사(7급), 서기(8급), 부서기(9급)로 구분하고 신규임용은 공개 채용함을 원칙으로 하되 필요한 직위의 능력에 따라 상위학력자를 우선 선발한다.

④ 기술직은 사서, 전산, 시설 참사(4급), 부참사(5급), 주사(6급), 부주사(7급), 서기(8급), 부서기(9급), 간호사(8급)로 구분하고 해당 자격증을 소지한 자라야 한다.

⑤ 기능직은 7-10등급으로 구분하고 임용직종에 따라서 필요한 자격증 및 면허증을 소지한 자로 한다.

⑥ 별정직은 참여(2급)로 한다.

제8조(사무직원 등 임용) ① 법인의 직원은 이사장이 임용하며, 대학교의 일반직, 기술직, 기능직, 별정직은 학교장의 제청으로 이사장이 임용한다. 단, 연봉계약제 임시직원은 이사회가 의결한 예산 정원 내에서 학교장이 임면하고 이사장에게 보고한다.
② 신입직원의 임용연령은 30세 미만을 원칙으로 한다. 단, 경력직원의 경우는 예외로 한다.

이상의 인사규정이 보여주는 것은 우리나라의 대학행정관리직이 공무원조직과 마찬가지의 관료적 계급제 조직이라는 것이다. 관료적 계급제는 우리나라의 문화에 유전자처럼 내재되어 정부조직에서 민간조직으로 복사 유전 확산되어 왔다. 대학의 경우는 다른 사회부문과 비교해서도 상대적으로 가장 철저히 이러한 정부관료제 복제현상이 나타난 곳이라는 점을 주목해야 할 것이다. 더 나아가 정부공무원의 경우는 직군 직렬에 따른 범주구분이라도 존재하지만 사립대학의 경우는 이런 구분조차 없기 때문에 계급제의 특성이 더욱 강화될 가능성이 높다.

한편, 상기 제8조 제2항에서 보는 것처럼 신입직원 임용연령을 제한하는 것은 사립대학 행정관리직이 개방형 조직이 아닌 폐쇄형 조직임을 나타낸다. 즉 젊은 연령에 조기 충원하여 연공에 의한 내부승진을 주로 하고 중간층에 외부에서의 충원을 기피하는 것이다. 이러한 폐쇄형 계급제하에서는 직원들의 자기주도적 학습과 능력개발이 효과적으로 저지되고 조직은 내부단결을 중시하고 외부갈등을 선호하는 노멘클라투라 집단이 되기 쉽다.

두 번째의 문제점은 관료제 조직을 지배하는 여러 가지 역기능이 전형적으로 나타난다는 점이다. 그중에서도 업무최소화의 Minimalism이 대학사무관리직을 지배하고 있는 것이 가장 큰 문제이다. 그 결과 업무회피-기능위축의 악순환 및 그로 인한 전문성 부족이 심화되어 있다.

우리나라 대학의 행정관리직은 3중의 구조로 되어 있다. ① 최고관리직인 실·처장은 교수 중에서 보임되는 일종의 정치적 임용직이며 ② 중간관리층 이

하에 노멘클라투라형의 폐쇄적 일반직 관리집단이 형성되어 있으며 ③ 그 밑에 부정형의 단순서비스 인력이 대거 종사하고 있다. 이러한 집단구조는 이미 지적한 것처럼 우리 사회전체를 지배하는 유전자적 패턴이 정부와 대학 간 상호작용 과정에서 복사 재생산을 통해 진화하는 측면이 강하다. 개별 사회제도와 조직들이 각각의 고유한 기능과 구조를 발전시키는 것이 아니고 지배적 문화패턴에 의한 모방과 유형유지(pattern maintenance)에 충실한 탓이다.

대학행정관리직에서는 이러한 집단구조가 대학캠퍼스라는 좁은 울타리 내에 구현되어 있는 탓에 이들 집단 간 의사소통과 협상에 의한 절충이 결여될 경우 집단 간 상호 견제가 발달하고 그 어떤 새로운 일도 시도하지 않는 업무최소화 경향이 생겨날 가능성이 높다. 그리고 이는 실제로 우리나라 대학에 구현되어 있다. 이러한 체제에서는 전문성과 역량의 개발을 위한 행정관리직 인적자원개발체제가 발전할 수 없다.

세 번째로 자격 및 역량의 불투명성과 이로 인한 대학 간 이동성의 제약이 심하다는 점을 지적할 수 있다. 우리나라의 대학행정관리직이 일종의 노멘클라투라 집단 성격을 지니고 있다면 자격과 역량 측면에서 그 집단 구성원의 실체는 불투명할 수밖에 없다. 그리고 자격과 역량의 실체가 공개되어 있지 않고 불투명한 집단은 그 구성원의 사회부문 간 노동시장 내의 이동이 극히 제약된다.

실제로 우리나라 국공립대학의 행정관리직은 그 지역사회에서 충원되고 그 지역사회를 대표하는 경우가 많다. 사립대학의 경우에는 행정관리직이 그 대학졸업자들 중에서 충원되어 그 대학 동문회를 중심으로 그 대학의 정체성의 일부를 형성하는 경우가 많다. 이러한 면에서 행정관리직 집단은 지역사회나 소속대학의 정체성과 유리되어 학문적 보편성(universalism)에 경도된 집단인 교수집단과 이질 집단으로 존재하는 것이다.

이러한 학내 집단 간 이질성은 대학의 지배구조의 불투명성을 낳고 그에 따른 갈등과 분쟁이 심화될 가능성이 높다. 이러한 갈등과 분쟁의 해결 메커니즘을 우리 대학들이 갖추고 있지 못한 상황에서 집단 간 갈등은 막바로 집단적 권력추구행동으로 이어지게 된다.

마지막으로, 대학노동조합 문제를 지적하지 않을 수 없다. 노동조합이 대학직원의 전문성과 능력향상에 기여할지 방해가 될지를 일의적으로 말하기는 어려우나, 이는 노동조합운동의 성격에 크게 좌우된다. 유럽식 직종별 노동조합의 경우, 조합원의 능력향상에 관심을 보이고 있고 단체교섭 시 단체협약에 이를 위한 내용이 포함되고 있다. 반면, 미국식 산별노동조합의 경우 부문별 단결과 교섭을 통한 권력추구행동에 치우쳐 능력개발에 대한 관심은 사라져 있다. 산별노동조합운동은 포디즘이 지배적으로 확산되고 있던 산업사회적 탈숙련(deskilling)의 상황에서 태어났으나 그 추구하는 목표와 수단으로 인해 바로 그 탈숙련을 더욱 가속화한다는 점이다. 산별노조는 노동자 신분을 계기로 하는 집단적 동질성을 최우선 가치지향으로 삼고 있기 때문에 개개인의 인적자원개발에 무관심할 수밖에 없으며 오히려 집단의 정체성을 확립하기 위한 이념중심의 〈노동교육〉을 강조한다.

세계적으로 탈산업사회적 흐름의 물결이 도도한 지금 우리나라에서는 기이하게도 산업사회적 이념을 추구하는 산별노동조합운동(Industrial Unionism)이 융성하고 있다. 그리고 그 선봉에 서 있는 것이 교원노동조합과 대학노동조합이다. 대학노동조합의 구성원이 되는 대학사무관리직의 정체성과 전문성이 전혀 확립되지 않은 상태에서 산별노동조합이 먼저 발전할 경우 이들의 능력개발은 요원해질 가능성이 높다.

대학행정관리직 개발정책과 대학행정전문직단체

대학행정관리직의 전문화와 그 인적자원개발은 대학자치라는 제도적 기반에 입각한 선진국 대학 내부 행정관리 기능 및 구조의 분화를 전제로 한다.

이를 국내 실정과 비교하여 면밀히 검토하지 않고서는 국내의 대학행정관리직 개발을 위한 연구개발은 자칫 초기부터 그 제도적 바탕이 결여된 채 표류하거나 아예 잘못된 길로 빠질 수 있다.

시민사회와 국가 또는 정부의 관계에 대하여는 이미 우리나라에서도 많은 논의와 연구가 축적되어 있다. 반면, 대학과 정부의 관계에 대하여는 그렇지 못하다. 그만큼 우리의 대학의 지위에 대한 대학 내외의 반성과 지적인 탐구가 결여되어 있다는 반증이다. 그래서 무엇보다 우리나라의 대학은 정부 또는 국가와 어떠한 관계에 서 있는 것인지를 스스로 명료히 할 필요가 있다.

사립대학은 물론 국립대학을 포함하여 전체 대학은 국가 또는 정부와는 대등한 별개의 사회부문이다. 양자는 상호 견제 균형관계, 또는 부분적으로 서로 침투 협력관계에 서 있는 것이다. 그러나 어쨌든, 시민사회 또는 시장이 국가와는 별개의 자족적인 사회적 실체인 것처럼 대학사회도 스스로의 고유한 원리에 의해 움직이는 자족적인 실체로서 국가와는 상호 대척에 서 있다.

우리 헌법 제32조 제4항은 일반적인 교육의 자주성, 전문성, 정치적 중립성과는 구분하여 '대학의 자율성'을 법률로 보장할 것을 명시적으로 규정하고 있다. 바로 이 '대학의 자율성'이야말로 국가와 대학의 관계를 규정짓는 핵심이며 이에 따라 정부기능의 한계가 그어지는 것이다. 헌법학자들은 일반적으로 헌법의 이 규정이 이른바 서구식의 대학자치 원칙을 천명한 것으로 해석하고 있다.

자치라고 표현하든 자율이라고 표현하든 이는 그 주체가 되는 대학의 법적 '주체성'과 그 주체가 가진 '포괄적 권리'를 반드시 전제하게 된다. 즉, 대학은 법률적으로 그 주체성을 인정받음과 동시에, 그 자율성이 미치는 영역에서 개별적인 여러 권능을 갖는 것이 아니라 단일한 포괄적 권능과 그로부터 유래되는 개별적 권한을 보유하여야 한다는 것이다. 그러므로 서양의 대학이란 근본적으로 자치개념에 입각하여 정부로부터 독립된 법적 주체성을 지니고 있다. 이는 이중의 의미가 있다. 우선 대내적으로는 자주적인 지배체제(self governing structure)를 가진 〈자치공동체: Community〉이며 동시에 대외적으로는 바로 그 자치권의 한계선상에서 국가권력이 넘을 수 없는 일정한 경계가 그어져 있는 자치단체인 것이다.

이러한 체제에서는 대학의 조직과 기능에 있어 두 가지 특유한 발전을 가능케 한다. 우선 대내적 공동체라 함은 그 안에 독자적인 대학 내 근본법규범(university constitution) 및 지배구조와 내부 자율성이 존재하게 됨을 의미한다. 구체적으로는 대학본부를 중심으로 하는 대학당국의 대내적 관할권과 행정기능이 확립됨과 동시에 대학에 소속된 교수 학생 학과 실험실 연구소 등 구성부분들이 대학당국으로부터 자율성을 가지고 행동하는 결과로서 대학당국관할하의 내부시장(Internal Market)이 형성된다는 것을 의미한다. 다른 한편, 대외적으로 대학이 자치영역의 관할권을 갖는다는 것은 대학에 소속된 교수 학생 학과 실험실 연구소 등 구성부분들이 대학의 경계를 넘어서서 대외적 활동을 하는 경우에도 그에 대한 대학당국으로서의 관할권을 행사하게 됨을 의미한다.

서양대학의 대학행정관리직 인적자원개발은 근본적으로 국가에 있어서 국민과 그 대표기관이 주권을 행사하면서도 국민전체를 위해 봉사하는 직업공무원제도가 발달하거나, 자본주의기업에서 지분에 의한 주주지배의 원리가 내부에서 작동하면서도 동시에 재무 마케팅 생산 및 총괄 경영 등 자본으로부터 전문경영이 분화 발전해 나가는 것과 본질적으로 같은 현상이다. 대학의 지배권을 갖는 주주는 교수와 학생이다. 그러나 대학이 자치권을 가진 조직 또는 단체로서 그 고유의 자치관할권을 행사함에 있어서는 대학행정관리직과 그에 의한 전문적 서비스의 발전이 필연적인 것이다.

21세기 지식 기반사회에 진입한 오늘날 서구 제국의 정부들은 대학개혁을 위하여 많은 노력을 하고 있다. 그 과정에서 대학행정관리직과 그에 의한 전문적 서비스의 혁신은 대학개혁정책의 주요목표의 하나가 되고 있다. 즉, 대학에도 기업에서와 같이 전략경영의 개념과 관점이 도입되고 있으며 대학행정관리직과 그 서비스가 단순한 내부관할과 지원을 넘어서 혁신의 수단으로 간주되고 있는 것이다. 영국이 그 대표적인 사례를 보여주고 있다. 영국은 국가전체적 인적자원개발 전략의 틀 내에서 고등교육부문의 인적자원개발을 위한 제도형성(institution building) 작업에 적극 나서고 있다. 즉, AUA 등 기존 전문직단체활동 외에 정부 주도로 고등교육 행정관리직개발기구(Higher Education Staff Development Agency: HESDA)를 설립하고 이 기구가 영국 내의 대학행정관리직 인적자원개발 기능을 수행케 하고 있다. HESDA는 법적 으로는 각 분야의 NTO(National Training Organization)을 육성하고 있는 영 국의 국가인적자원 개발체제하에서의 고등교육부문 NTO의 지위를 가지고 있 다. 동시에 개별대학이 영국정부의 인적자원개발조직 인증제도인 IIP(Investor In People) 인증을 획득함에 있어 기술적 자문을 제공하는 IIP 프로모션 기관의 지위를 갖고 있다.

한편, 영국정부는 2003년 봄에 포괄적인 고등교육개혁안을 담은 대학교육백 서를 발표하였는바 이 백서는 대학행정관리직 기능과 직무 발전을 그 주요 내용의 하나로 담고 있다. 그 주요 내용을 추출 요약하면 다음과 같다.

7.3 고등교육부문이 보다 많은 자유와 자치를 기초로 운영될 것이며 이에 따라 대학 내 리더십과 관리 역량의 중요성이 더욱 커지고 있다. 대학 은 중요한 연구와 교육을 수행할 뿐 아니라, 거대한 토지자산의 소유자 이며, 수많은 학생을 위한 사회적 기능 수행의 근거지이기도 하다. 대학 행정관리 기능은 이 모든 것을 더욱 성공적으로 수행하기 위한 역량과 전문성을 확보해야 한다.

7.4 고등교육분야에서의 리더십과 관리역량을 추출 정의하여 발전 보급시키 기 위한 〈고등교육리더십재단〉을 창설한다. 〈리더십재단〉은 고급대학행 정관리자단을 형성하는 것을 목표로 활동한다. 이 〈리더십재단〉이 육성 하는 리더들은 대학 내의 리더십뿐 아니라 산학협력 활동에 있어서의 리더십과 관리 역량을 함께 증진하는 것을 목표로 한다.

7.5 개별 대학 또는 대학집단들의 성공적인 대학지배관리구조 및 기능의 구 축 여부를 평가하여 이들에 대한 연구비 지원과 연계시킨다.

7.6 대학을 관료제로부터 자유롭게 한다. 특히, 대학외부기관에 의한 관료주의적 질평가관리제도들을 개별 대학내부의 질관리체제로 대체한다.

7.7-7.9 지나친 외부감사, 사업별로 세분화된 재정지원, 행정조사를 위한 자료보고를 대폭 지양하고, 별도 T/F에 의한 규제영향평가를 거쳐 대학 규제개혁의 근본 틀을 새로 마련한다.

7.10 학위수여기관의 창설승인을 정부 권한에 유보하는 한도 내에서 이종의 학위수여기관 간 차별을 해소한다.

이상에 요약한 영국의 고등교육백서가 시사하는 대학행정관리 역량 강화 방안은 대학의 자치권 자율권을 더욱 강화하는 이면에서 대학의 혁신역량을 정부나 외부 에이전트에서 찾기에 앞서 대학행정 관리자에게서 찾고 있다는 데 그 특징이 있다.

영국에서 대학행정관리직의 역량개발에 있어 정부 정책과 함께 중요한 역할을 하는 것이 대학행정관리 전문직 단체이다. 사회학적으로 엄격하게 정의된 의미에서의 '전문직(profession)'란 사실 영미문화권에서 전형적으로 발달한 것이다. 즉, 전문직 자격제도, 전문직단체활동, 전문직고등교육프로그램의 3요소를 중심으로 정부, 대학, 전문직 단체 3자의 긴밀한 협력하에 하나의 직종이 전문직화되어 가는 사회학적 현상은 영미권에서 확고한 전통이다. 전문직 단체의 활성화는 그 핵심적 요소가 된다. 즉 미국에서는 대학 실·처장·학장급 이상 간부가 중심의 단체로서 전 미국대학행정가협회(AAUA: *American Association of University Administrators*)가 활동하고 있으며, 영국에서는 보다 광범한 대학행정관리 전문직 단체인(AUA: *Association of University Administrators*)이 활발한 활동을 벌이고 있다.

이들 전문직 단체의 주요 활동은 여타 전문직 단체와 다르지 않다. 즉 전문직윤리, 전문지식과 역량 등 프로페셔널 서비스의 질을 정의하고 높은 서비스 수준을 유지 관리하는 것과 정책결정과정에 기여하는 것이 그 핵심기능이 되고 있는 것이다. 특히 영국 AUA의 경우 대학원 수준의 대학경영관리 전문자격증인 PCPP(*Postgraduate Certificate in Professional Practice: higher education administration and mana- gement*) 자격제를 도입하여 운영하고 있다. 이러한 것은 자격제도가 철저히 전문직 단체 중심으로 운영되는 영미권의 문화적 제도적 전통이 있기에 가능한 것이다. 영국 PCPP 자격의 핵심은 전문직윤리규범(Code of Professional Standards), 고등교육부문지식(Knowledge of Higher Education), 기본역량(Kye Skills), 창발적 역량(Generic HE management Skills)의 4가지 요소로 되어 있다. 이를 정리하면 〈표-11〉와 같다.

<표-11> PCPP 평가요소

전문직윤리	고등교육부문지식	기본역량	창발적 관리 역량
AUA윤리코드집에 대한 분석적 이해를 보유해야 함	영국 고등교육 지도 대학재정 대학지배구조 고등교육의 국제화 대학과 지역사회 대학의 사회정치경제적 이해 대학법제 대학 질관리 대학과 환경보호 개별대학 특유 지식	의사소통 수치해석처리 정보화기술 대인협력 자기학습과 성취 문제해결능력	정보관리 프로젝트기획관리 인간관계관리 자원관리와 재정관리 체제와 절차 관리

자료: AUA웹사이트

AUA의 PCPP자격의 평가 요소를 보면, 대체로 우리나라의 대학원 전문석사과정에서 소화될 수 있는 정도의 내용으로 구성되어 있다. 바꾸어 말해서, 대학행정 사무직에 진출하기 위한 기초자격으로서 대학원수준의 전문교육이 필요하다는 점을 인식할 필요가 있다. 우리나라에서는 과거나 지금이나 대학 학사졸업 정도의 인력이 사립대학에 진출하여 왔으며, 국립대학의 경우 기초역량은 전통 있는 사립대학에 훨씬 못 미치는 것이 현실이다. 이 분야의 새로운 입직자를 위하여서나, 기존 인력의 재교육을 통한 능력향상을 위해서 대학원 수준의 전문 교육과정이 시급히 필요하다.

제3장 대학의 조직과 과정

대학의 설립유형과 설립과정

우리나라에서 고등교육법에 의한 대학을 그 설립 경영의 주체로 나누어 보면 국가가 설립 운영하는 국립대학, 지방자치단체가 설립 운영하는 시립대학, 또는 학교법인이 설립 운영하는 사립대학의 세 가지로 나뉘어 있다.

국립대학에는 독자적 법인격이 없이 교육인적자원부장관 소속하의 정부직제의 일부로 되어 있는 일반적인 국립대학들 이외에 실질적으로 국가가 설립하지만 국가가 학교법인을 설립하고 그 학교법인이 설치 경영하는 사립대학의 외관을 쓴 형태도 있으며,[28] 아예 고등교육법과 그 시행령에 의하지 않고 별도의 특별법에 의하여 설립되는 대학교도 있다.[29] 이 경우는 직접 정부기관 소속의 정부사업소직제 형태를 취하는 경찰대학, 사관학교와 같은 사례와 정부출연 연구소가 설립주체가 되어 운영하는 KDI 국제대학원과 같은 사례가 있다. 고등교육법에 의하지만 정규대학이 아니라 그 학교를 위한 별도의 대통령령에 의한 대학에 준하는 각종학교의 형태를 취하는 한국예술종합학교의 사례도 유사한 것이다. 실질적인 국립대학들의 유형을 분류하면 다음 표-12와 같이 정리될 수 있을 것이다. 이들 다양한 형태의 실질적인 국립학교들은 행정부 국회가 참여하는 정부 내의 의사결정과정에 따라 설립되고 그 의사결정내용에 따라 학교의 조직과 운영내용이 결정된다.

---

28) 산업자원부가 주도하여 설립한 한국산업기술대학교가 대표적이다. 학교법인 한국산업기술대학이 그 경영주체로서 외관상은 사립학교이다. 유사한 사례로 학교법인 한국정보통신학원이 운영하는 한국정보통신대학교가 있다. 이 경우는 정보통신부장관이 직접 학교법인 이사장으로 취임하여 정부직영학교처럼 운영되고 있다.

29) 이때에는 고등교육법의 관할 밖이 되며, 고등교육법에 의한 대학과는 차별화됨에 따른 장점과 단점이 생겨난다. 장점은 고등교육법에 따른 규제를 벗어난다는 것이며, 단점은, 교육법체제하의 학교가 아닌 이유로 교수 학생의 이동성이 상대적으로 제약되며, 사립학교교원연금, 교육공무원연금 등의 복지 혜택에서 원칙적으로 제외되는 등이 불리한 점이 있다.

<표-12> 국립대학의 유형

설립주체 \ 근거법	고등교육법-국립학교설치령	고등교육법-별도 설치령	고등교육법-사립학교법	특별법
교육인적자원부	일반 국립대학	서울대학교 한국교원대학교		
기타정부기관		한국예술종합학교	산업기술대학교 정보통신대학교	KAIST 사관학교 경찰대학
정부출연법인				한국학대학원 KDI국제대학원

아마도 국립대학(시립대학도 동일)들의 가장 큰 취약점은 그 존폐가 정부의 결정에 좌우된다는 점일 것이다. 즉, 정부결정에 의하여 폐지 또는 다른 대학에 통합될 수 있다는 점이 큰 약점이다. 대학입장에서 이에 대한 법적 방어 수단은 별로 없다.

반면에 사립대학들은 국립대학과 달리 헌법에 따른 대학의 자율 및 사적 자치 원칙에 다른 사학의 자율성을 담보하는 사립학교법에 의한 보호를 받고 있다는 점이 장점이다. 일단 설립된 사립대학은 정부가 쉽사리 그 폐지를 결정할 수 없다. 앞장에서 지적한 것처럼 사립대학이 채무초과로 파산선고를 받거나 또는 법인의 목적을 달성이 불가능하다고 판정되어 법인해산명령의 대상이 될 가능성은 거의 없다. 즉 사립대학에는 수 세대를 뛰어넘는 장기 지속성이 시스템 자체에 내재해 있는 것이다. 이렇게 설립되기만 하면 장기 지속적인 제도의 세계로 입장하게 되는 사립대학의 신설과정은 대단히 신중하고 종합적인 고려가 뒤따를 수밖에 없다.

특정의 사립대학 신설이 갖는 의미는 다각적이다. 첫째로, 대학을 통해서 인간세계에서 일어나는 새로운 움직임과 생활방식, 이념과 사상들이 한 시절의 일시적인 유행으로 반짝했다가 사라질 운명을 벗어나 세대를 넘어서 지속적인 존재-즉 장기 지속적 문화의 세계로 진입한다.[30] 그 과정은 이들이 대

---

30) 산업혁명은 대학 밖에서 일어난 중요한 사회경제적 문화적 변동이었다. 대학이 이를

학을 통해 이론화되고 후속세대에 가르쳐지고 전수되는 방식으로 이루어진다. 이 점에서 대학을 설립한다는 것은 시대의 한계를 벗어나 지속될 역사의 세계로 진입하는 출구(gate)를 확보하는 것이다.

1995년 5·31 교육개혁안 발표 이전 우리나라에서의 사립대학설립은 철저히 정부에 의한 고도의 정치적 결정에 의존하는 과정이었다. 이 당시는 국가가 시절의 유행을 벗어나 장기 지속적 문화로 가는 중요한 길목을 지키는 수문장(Gate Keeper) 역할을 자임(自任)한 것이다.

그런데 1995년의 교육개혁안은 이상과 같은 사립대학 설립인가 과정의 불투명성을 이유로 사립대학의 설립인가를 〈준칙주의〉로 전환할 것을 제안하였으며, 이에 따라 1996년 대통령령으로 〈대학설립운영규정〉이 제정되어 동 규정에 따른 교사(校舍), 교지(校地), 교원(敎員), 수익용 기본재산의 기준이라는 4가지 요건만 충족시키면 대학설립을 인가하도록 하는 시스템이 도입되었다. 이후 우리나라에서 사립대학의 신설이 크게 늘었음은 이미 잘 알려진 사실이다.

사립대학설립인가의 준칙주의 전환이 지닌 의미는 엄청나게 중요한 것이다. 우리나라의 민주화 과정에서 국가의 성격이 이로 인해 크게 바뀌었다. 즉, 한 세대를 넘어서는 지속적 제도로의 길목을 국가가 지키고 통과를 결정하던 체제에서 이 문제를 〈지식과 사상·문화의 자유시장〉에 맡기기로 결정한 것이다. 이로써, 국가는 〈역사〉에 개입하는 무거운 지위와 책임을 포기하고 역사의 흐름에 온전히 자신의 몸을 맡기기로 한 것이다.

대학설립준칙주의 도입 이후 고등교육인구의 증가와 대졸인력의 공급과잉에 따른 비판이 거세어져 왔다. 그러나 이를 이유로 대학설립준칙주의 자체를 되돌릴 수는 없을 것이다. 왜냐하면 이는, 민주화 이후 이루어진 국가의 성격 자체의 변화를 다시 과거로 되돌리게 될 것이기 때문이다.

수용하여 이론화하고 가르치지 않았다면, 산업혁명은 19세기라는 한 시대의 유행으로 끝났을 것이다. 종교단체가 대학설립을 통한 종교교육을 신앙 및 종교의 자유의 가장 핵심으로 간주는 이유도 여기에 있다. 그 어떤 종교도 대학(또는 그와 비슷한 이론화와 전수체계)을 확보하지 못하면 죽어 버린 과거 한 시대의 유행의 운명을 벗어날 수 없는 것이다.

현행 준칙주의의 진정한 문제점은 오히려, 다른 데 있다. 대학 하나의 설립이 이같이 중요한 의미를 지닌다면 준칙에 따른 설립 과정 자체를 그에 걸맞게 신중하고 까다로운 과정으로 설계하였어야 하나 그렇지 못한 것이 문제인 것이다. 준칙주의는 행정상의 결정에 있어 일정한 절차를 반드시 거치도록 하는 절차적 통제를 핵심으로 한다. 그런데 학교설립이라는 이 중요한 절차가 거의 대통령령이라는 하위 법규에 의해 통제되고 있다. 이는 마땅히, 대통령령이 아닌 국회가 제정하는 상위법규인 법률에 따라 통제되어야 하는 것이다.

일반적으로 국민의 자유와 권리에 관한 행정처분은 반드시 법률로 그 기준과 절차를 규정하는 것이 헌법이 요구하는 법치주의의 핵심원칙이다. 이를 위해 관련 실체법규에서 행정처분의 기준과 요건을 정하고 그 절차에 관하여는 행정절차법에 따른 고지와 청문, 공청회의 절차를 통해 이해관계자의 의견을 청취하도록 되어 있는 것이 현행 법질서이다. 그럼에도 불구하고 대학설립인가의 기준과 절차를 법률보다 하위규범인 이러한 이해관계자 의견 반영의 절차도 없이 대통령령으로 규정하여 운영하는 것은 법치주의 원칙과 정면으로 배치된다.

우선 대학설립의 요건을 교사, 교지, 교원, 수익용 기본재산이라는 양적 투입요소뿐 아니라 질적인 판단기준을 포함하여 법률로 규정하여야 할 것이다. 또한, 설립의 전 과정 절차를 행정절차법의 일반절차와는 별도의 절차로 운영하려면 대학설립의 성격상 일반 행정절차보다는 강화된 내용을 담아야 할 것이며, 설립심사위원회도 법률에 의하여 구성되어야 한다.

현행 학교설립과정은 학교법인설립과 학교설립의 두 과정을 나누어 후자에 대하여서만 준칙주의를 적용하고 있다. 그러나 절차적 관점에서 보면 이는 동일한 목적을 향한 전후의 단계일 따름이다. 학교법인설립(기존학교법인이 학교를 추가 설립 시는 학교법인 정관변경)허가와 학교설립과정을 동일한 일련의 절차 속에서 함께 다루어야 한다. 더 나아가, 국립대학도 사립대학과 마찬가지로 설립과정의 절차적 통제를 따르도록 해야 마땅하다. 현행의 국립대학 설치과정은 이러한 법정절차 없이 행정청의 실체적 판단과 의사결정 만으로 설립되고 있다.

대학총장의 역할과 리더십, 총장 직선제와 대학 내 민주주의

대학총장의 역할과 기능은 아마도 모든 기관과 제도들의 책임자 중 가장 복잡다기(複雜多岐)하다고 말할 수 있다. 학교의 대표자로서 학내의 학생과 교수들의 그 모든 다양한 활동에 따른 도덕적 정치적 책임은 궁극적으로 총장에게 귀속한다. 또한 대학행정의 총책임자로서 대학본부 직원을 지휘해야 하며 학내의 자원 배분에 책임을 져야 한다. 또한 지역사회의 리더로서 대학과 지역사회 간의 원활한 관계를 유지하고 담보할 책임을 진다. 나아가 총장은 현재의 학생뿐 아니라 누적된 학교의 역사를 반영하는 졸업생과 그 동창회에 의해 상징되는 학교의 정체성의 구심점의 하나이기도 하다. 대학총장은 복잡화되어 가는 정부와 대학 간의 모든 관계의 해결사 역할을 해야 하며, 대학에 대한 정치적 지지를 확보 유지해야 한다. 나아가, 오늘날에는 대학의 경제적 기반을 유지하고 확충하기 위한 외부의 경제적 지원을 얻어내는 일도 대학총장의 가장 중요한 책무로 여겨지고 있다.

대학연구자들의 보고에 의하면, 대학의 발전과 쇠퇴에 있어서 대학총장의 역할은 결정적인 것으로 받아들여지고 있다. 대학총장의 지위는 단순한 기능적 역할을 넘어서는 신념과 비전, 성격, 가치관과 태도를 포함하는 인격적인 지위일 수밖에 없다고도 지적된다. 그러한 인격적인 요소들이 대학총장의 직무수행을 통하여 대학의 구석구석에 흔적으로 남으며, 대학의 탁월한 전통과 특성을 형성하는 사례가 많이 있다.

이렇게 중요한 대학총장의 선출과정은 대단히 폭 넓은 스펙트럼 위에서 전 세계적으로 또 개별 대학마다 극히 다양한 모습을 보이고 있다. 현재 우리나라에서는 대학총장의 선출을 교수들에 의한 직선제로 하는 것이 관행화되어 있다. 법제상으로는 여전히 국립대학은 정부가, 사립대학은 학교법인이사회가 임명하는 임명제이지만, 이들 대학 설립경영자와 교수들 간의 타협의 산물이 현행의 직선제이다. 즉 국립대학의 경우 교수들에 의해 선거로 선출된 후보자 2명 중 한 명을 경영자가 임명하는 식으로 타협이 되었지만 실제로는 최다 득표자를 임명하는 것으로 굳어져 버렸으며, 사립대학도 국립대학에 기대어 이 방향으로 모아지는 것이 보통으로서, 법제상 임명권자의 권한은 상당부분 무력화되어 있는 것이 대다수 대학에서의 현실이다. 이러한 관행에 정부나 사립학교경영진들이 지속적으로 문제제기를 하고 있는 것이 현재의 형국이다. 흔히 논란되는 총장직선 관행의 문제점을 둘러싼 논란을 먼저 짚어 본다.

우선 직접선거로 선출된 대학총장은 리더십이 취약하다. 우리나라 대학총장의 임기는 대체로 3~4년이 보통이며 때로는 2년에 그치는 경우도 있다. 이 짧은 재임기간 중 끊임없이 자신을 지지해준 교수들의 눈치를 보아야 하고 총장을 지지한 교수들도 당당히 서거캠페인 과정에 기여한 지분을 요구하기 때문에 직선제의 영향은 총장의 리더십을 강화하기보다는 해치는 방향으로 작용한다. 대체로, 임기 전반부에는 총장선거 당시의 세력분포에 따른 연합체제의 리더 역할을 수행하며, 임기 후반부에는 레임덕에 빠져 보내는 것이 보통이다.

또한 총장직선제는 캠퍼스의 정치화를 극대화한다. 학내 정치에 영향력 있는 교수들을 중심으로 교육과 연구보다는 패거리 정치와 정략게임(politicking)에 경도되어 이와 거리를 두고자 하는 교수들까지 이에 끌려 들어갈 수밖에 없어 결국에는 대학전체의 분위기를 해치고 대학을 쇠퇴의 길로 들어서게 할 가능성이 높다. 이러한 취약점을 문제시하는 입장은 심지어 하버드대 대학 전 총장의 주장을 빌어 대학에는 민주주의가 아니라 독재가 필요하다는 논리로까지 이어지기도 한다.

이에 대해 총장직선제를 고수하려는 교수나 학생 집단에서는 총장직선제가 민주주의를 위한 투쟁의 성과이며 민주주의가 대학의 최우선적으로 지켜야 할 지배적 가치라고 강조한다. 현재의 부작용은 직선제의 역사가 일천함에 따라 생겨나는 일시적 부작용으로 시간이 해결해 줄 문제이기 때문에 민주적인 직선제를 고수해야 한다고 주장한다.

이상의 논란들에 비추어 보면 결국 총장 직선제의 문제는 대학이라는 제도와 그 제도 내에서 민주주의라는 가치의 중요성과 비중의 문제로 귀결될 것이다. 원래 민주주의란 국가나 도시와 같은 정치공동체 내의 지배원리로서 전체주의나 군주정과 대척되는 정치형태를 말하는 것이었다. 즉 지배자와 피지배자의 자기동일성을 보장하는 지배형태가 바로 민주주의인 것이다.

현대 사회에서 민주주의란 단순히 정치형태를 넘어서 모든 사회생활을 지배하는 생활방식(way of life)으로 인식되고 정의된다. 즉 대학에도 생활방식으로서의 민주주의가 최우선적으로 수용되어야 한다는 주장이 성립될 수 있다. 특히 우리나라에서는 민주주의의 관념적인 우월성에 대한 신봉이 지나쳐 정치, 경제, 사회, 문화 등 생활의 모든 분야에서 명목상으로는 민주주의의 지배적인 가치를 그 누구도 부정하기 어려운 상황이다.

한편, 정치공동체의 운영원리이자 정치체제로서의 민주주의와 사회생활의 원리로서 민주주의는 그 핵심이 다르다. 전자의 경우는 지배자와 피지배자의 자기동일성을 이념으로 하여 선거에 의한 지배자의 선출 또는 직접민주정과 같은 형태적 측면이 그 핵심 원리로 간주되고 있지만 후자의 경우에는 인권이라든가 민주적 문제해결의 방식과 같은 실질적 생활 이념을 그 핵심으로 하는 것이다. 즉 민주주의가 그러한 형식적 지배형태의 문제로 인식되는 것이 아니라 실질적 생활 가치 또는 행동방식으로 간주되는 것이다.

대학도 민주주의적 생활의 장이 되어야 한다는 현대 민주주의의 공리를 우리가 받아들인다면 그것은 바로 이러한 실질적 가치관 또는 행동 방식으로서의 민주주의를 말하는 것이며 대학총장직선제와 같은 형식적인 지배형태를 의미하는 것은 아니다. 이런 관점에서 보면 대학은 정치공동체가 아니라 정치와 무관한 학문공동체로서 정치공동체에 적용되는 민주주의를 대학의 최우선적인 가치관으로 수용하여 총장직선을 주장하는 것은 잘못된 가정과 논점을 기반으로 하는 잘못된 주장이라고 공박을 당해도 마땅하다. 결국, 총장직선제를 금지옥엽 대학민주화의 상징으로 간주하는 논리는 민주주의를 바로 알지 못하여 생겨난 피상적인 주장에 불과하다.

대학의 중핵기술로서 강의계획 수립과
대학의 조직구성

대학을 포함한 모든 학교는 주기적으로 이루어지는 학사활동으로 특징지어지는 조직이기도 하다. 계절이 돌아오는 데 따라 수강신청, 입학식, 개강, 중간시험, 기말시험, 방학, 졸업이 일정한 리듬을 가지고 세월의 한계를 넘어 지속된다. 이러한 모든 일 중에서 대학의 핵심기술(Core Technology) 또는 요즘의 용어를 빌려 핵심역량(Core Competence)은 강의계획수립에 있다.

핵심기술이란 미국의 기술사회학적 접근에 입각한 1960년대의 조직이론가인 탐슨(Tompson)이 조직의 모든 양상과 그 차이를 초래하는 결정적인 요소로서의 생산 또는 서비스 기술을 지목하고 이를 핵심기술이라고 명명한 데서 유래한다. 일종의 조직론상의 기술결정론이라 할 수 있는 이 이론은 한때 큰 유행을 타다가 지금은 잊혀 졌지만 요즈음 전략적 경영론(Strategic Management)의 유행과 더불어 핵심역량이라는 이름으로 다시 등장한 것이 아닌가 여겨진다. 예를 들어 지하철 공사의 핵심 역량은 역과 지하철 선로로 이루어진 네트워크이며 이를 다방면에 잘 활용하는 것이 지하철 공사의 발전전략이라는 것이다.

이런 핵심역량의 의미에서 보면 대학의 핵심역량은 가르치는 교수와 배우는 학생이 서로 일정기간 만나도록 체계적으로 주선하는 일에서 찾는 것이 마땅하다고 보는 것이다. 즉, 특정한 교실(강의실)에서 특정한 시간(강의시간)에 일정 기간(학기) 동안 담당교수와 수강학생의 만남을 기획하고 그 결과(성적)를 대량으로 처리하는 역량이 대학의 학사 관리의 핵심인 것이다. 그리고 학교라는 조직의 모든 특성은 이 일에서 유래되고 있다.

그런데 이러한 일이 대량으로 중복과 상호 충돌 없이, 강의실들이 최대한 효율적으로 사용되면서, 그리고 학생들의 교육과정 이수 요건과 수강희망을 충족하면서 이루어지도록 하는 것은 그 알고리즘이 쉽게 드러나지 않는다. 수

많은 교수요원, 강의실, 강의시간, 학생의 최소한 4가지 요소들이 동시에 매치가 이루어져야 하는 이 작업은 수학적으로도 대단히 복잡하고 어려운 일이다. 그래서 미국의 대학에서는 오래전부터 컴퓨터 프로그램화해서 이러한 스케줄 관리를 하고 있다.

예를 들어 1만 명의 학생을 가진 어느 대학에 400명의 교수가 있고 일주일에 표준적으로 3강좌 9학점 강의를 한다면 이 학교에서는 매 학기 1200개의 강좌가 우선 개설되는 것이다. 그리고 외부 시간강사 의존율이 40%라면 480개의 강좌와 480명의 시간강사가 교육에 참여하게 되는 것이다. 그래서 이 학교에서는 매주 도합 1680개의 강좌가 880명의 교수요원이 맡아 행해지게 된다. 만약, 이 학교에 200개의 강의실이 있고 이 강의실들에서 오전 오후 각각 3시간 3학점짜리 강의가 행해진다면 이론상으로는 월요일부터 금요일까지 2000개 강의의 수용능력을 가지고 있는 것이다. 아주 효율적으로 학사계획을 한다면 이 학교는 1680/2000 즉 84%의 강의실 활용을 하고 있고 16% 정도의 공실(空室)률을 보이게 될 것이다.

그런데 실제로는 교수들의 시간 사정도 고려되고 교육과정상의 요건도 충족시키며 강좌별 수강생 수의 큰 편차, 강의실의 크기 편차까지 함께 조정되어 강좌편성계획이 이루어지다 보면 이상과 같은 강좌규모편성과 강의실 활용의 이론적 수준에는 훨씬 못 미치게 된다.

부분적으로 전산화 작업의 진전이 있기는 하지만 아직도 거의 모든 대학에서 컴퓨터 프로그램 없이 단지 축적된 노하우에 의존하여 순수한 사람 머리와 상호 조정에 의해 이러한 강의편성과 수강 관리를 하고 있다. 예를 들어 학과별로 먼저 당해 학기에 제공되어야 할 강좌가 정해지면, 다음으로 일주일 시간표와 가용한 강의실 호실 목록을 놓고 제일 우대받아야 할 교수부터 순차적으로 시간과 장소를 선점해 나가는 방식을 취한다. 이러한 작업을 위해서는 대학 본부에서 학과나 단과대학에 일정한 수의 특정 강의실을 미리 배정해 놓는 작업이 이에 선행되어야 한다. 이렇게 해서 어느 정도 학과별로 일차적인 윤곽이 나오면 예를 들어 80개의 학과에서 80개의 학과별 계획이 나오면 이들 상호간의 충돌을 해소하는 상호조정 작업이 후속되어야 한다.

이상에 언급된 바와 같은 일련의 계속되는 상호조정과 튜닝 작업 끝에 대학에서의 한 학기 전체 강의 편성표가 탄생하는 것이다. 그 후 학생들의 수강신청과 그 확인이라는 작업을 또 다시 거쳐, 예를 들면 앞서의 1만 명 학생과 880명의 교수 및 시간강사 간의 한 학기의 만남과 교수-학습 일정이 확정되는 것이다.

이러한 어려운 조정과정은 앞서 언급한 탐슨이 조직 내 조정방식의 3가지 이념형으로 제시한 ①표준화된 자원 풀(pool)에 의한 대기열 관리 ②시간적으로 선후를 이루는 인간행동 간의 계열화(sequencing) ③동일시간에 동일장소에서 동일 대상을 목표로 공동행동을 취해야 할 사람들 간의 상호조정(mutual coordination)이 모두 복합적으로 동원되는 매우 복잡한 과정이다.

이러한 복잡한 과정을 컴퓨터 프로그램의 도움 없이 행하려면 학과와 같이 적절한 수준으로 쪼개진 의사결정단위의 역할이 매우 중요하다. 아마도 전 대학의 역사를 통해 학과 조직이 학사의 기본 단위로 형성되고 정착해온 이유는 바로 여기에 있을 것이다. 즉 그 조직의 핵심기술이 조직형태를 결정한다는 탐슨의 이론대로 대학의 핵심기술인 전체적 강좌편성 기술이 학과 중심의 학사조직을 필요로 하기 때문이라고 봄이 타당할 것이다.

교무위원회와 대학 내 위원회들, 교수회의:
대학 내의 합의 문화와 그 한계

우리나라 대학에는 수많은 위원회가 있다. 그중에서 대표적인 것이며 어느 대학에도 공통적으로 있는 것은 교무위원회(또는 교무회의), 교수인사위원회, 대학원위원회와 각급의 교수회의이다. 외형적으로는 총장 또는 대학원장의 결정과 서명으로 이루어지는 의사결정이 내적으로는 이러한 회의체에서 논의를 통한 합의의 형식을 밟는 것이 보통이다. 즉 일종의 집단지도체제, 또는 장로체제와 같은 의사결정절차를 밟는 것이다.

그런데 이중 교무위원회의 운영은 다른 어떤 회의체에 비해 특징적이다. 즉, 총장 이하 실, 처장 등 대학 본부의 간부와 학내 단과대학장, 주요 부속기관장이 교무위원이 되기 때문에 교무위원회는 실제로는 집단지도 기구라기보다는 간부회의의 성격을 띠었다. 그럼에도 불구하고 교무회의는 단순한 간부회의가 아니라 합의제 기구로 운영되며 교무회의를 거치지 않은 의사결정은 하자가 있는 것으로 간주되는 것이 대학사회에서의 관습이다. 무보직자들 간에는 논리와 이성에 입각한 토의를 거친 합의의 성취가 비교적 쉽다. 그러나 특정 부서를 담당하는 보직자들의 경우 그 부서의 입장 때문에 이해관계로부터 벗어난 토의와 합의에 이르기 어려운 것이다. 그렇기 때문에 간부회의를 합의제 형태로 운영하는 대학과 같은 조직에서는 신속한 의사 결정이 어려워지고 많은 경우 외견상 합의와는 달리 실질적 합의가 결여된 형식적인 의사결정이 관행화되기도 한다. 이러한 체제에서 만약 교무위원들이 총장 선거에 기여한 실질적인 리더십 지분 소유자인 경우 더더욱 효과적인 의사 결정은 어려워지게 된다.

대학뿐 아니라 우리나라의 모든 조직의 의사 결정에서 집단적 합의제는 널리 퍼져 있다. 흔히 쓰이는 품의제 방식에 의한 결재제도 역시 서양의 조직 관행에는 없는 것으로 이러한 합의제의 한 표현이다. 품의자를 포함하여 결재 선상에 있는 모든 보직자들이 서명토록 하는 것은 바로 상하 간의 집단적 합의 체제임을 의미한다. 우리나라의 대학에서는 품의제와 같은 상하 간 합의 체제를 사용하고 있음은 물론 여기에 더해 각종 위원회를 통한 수평적 합의 체제가 가장 발달되어 있다. 즉 수평적 수직적 양쪽으로 철저히 합의를 추구하지 않으면 그 어떤 일도 결정이 어렵게 되어 있는 것이다.

그럼에도 불구하고 대학 구성원들은 일반적으로는 다른 조직의 구성원들보다도 합의를 위한 협상과 타협에 훨씬 서투른 사람들이다. 교수들은 보통 사람보다도 자기주장이 강하고 이론 지향의 속성에 따라 사물을 단순화 추상화하는 습관이 있어 애초부터 협상에는 친화적이지 않다. 즉 합의에 도달하기 어려운 사람들을 가장 많이 가진 대학이 합의를 주된 의사 결정 방식으로 사용하고 있는 모순이 처음부터 내재해 있는 것이다. 실제로 대학의 그 어떤 위원회에서도 어떤 조그마한 결정을 내리는 데 1년씩 걸리는 사례는 허다하다.

사실은 대학이란 교수들이 각자 자기의 고유 영역을 가지고 자신의 분야에서 독립적으로 일하며 그들 간에 작업 속성상 필연적인 상호 의존이 적다. 그렇기 때문에 반드시 합의에 의해 의사 결정을 할 필요성은 다른 조직에 비해 오히려 작다고 볼 수 있다. 하버드 대학의 총장을 지낸 유명한 저자가 대학행정에 대해 책을 쓰면서 대학이야말로 독재가 필요하다고 주장하는 실질적 이유가 아마도 여기에 있을 것이다. 조직의 속성으로 보아서는 가장 합의의 필요성이 적은 대학에서 모든 의사 결정을 합의체제로 하는 경우 나타나는 폐단을 경고한 것이다.

대학이 이러한 불필요한 합의제와 그로 인한 의사 결정의 지연으로부터 벗어나는 방법을 생각해 볼 필요가 있다. 우선 중요한 것은, 불필요한 대학 내의 규제를 없애는 것이다. 즉 대학의 구성원과 구성단위들에게 자유를 주는 것이다. 자유를 주면 합의할 필요가 없어지기 때문이다. 우리나라의 대학은 구성원들에게 불필요한 규제를 지나치게 많이 유지하고 있으며 그로 인해 합의해야 할 사항이 더욱 많아지는 것이다. 자유를 주면 수평적 상호의존이 옅은 본래의 대학 속성에 따라 구성 부분 간 서로 부딪치지 않고 잘되어질 수 있는 일들을 규제로 인한 인위적인 상호의존을 창출하고 이를 합의에 의해 처리하는 과정에서 효과적으로 합의에 도달하지도 못하고 갈등만 심화되고 있는 것이 현재 우리나라 대학의 정확한 현실이다.

합의제의 불편함을 더는 또 다른 방법은 협상과 기록을 잘하는 것이다. 우리나라 대학에서는 합의를 위해 백지 상태에서의 난상토의를 즐긴다. 그러나 매번의 회의마다 토의는 원점에서 다시 시작된다. 즉 협의와 협상의 진전이 없는 것이다. 이러한 방법으로는 쉽게 합의에 도달하기 어렵다. 이는 회의를 준비하는 쪽에서의 철저한 준비와 협상가로서의 리더십이 부족하기 때문에 일어나는 일이다. 가장 손쉬운 방법은 기안 문서에 의한 품의제 방식을 수직적 결재 단계에 따라 수행하는 대신 수평적으로 돌려 이를 합의에 활용하는 것이다. 바꾸어 말해 합의된 내용 또는 예상되는 합의내용을 문자화하고 이를 합의해야 할 당사자들 간에 돌려가면서 수정하는 작업을 통해 합의를 촉진하는 방식이 철저히 적용되어야 할 것이다.

대학에 따라서는 이러한 합의 체제를 강력한 의사결정과 집행을 위한 도구로 사용하기도 한다. 즉, 대학본부를 중심으로 하는 행정적 결정에 이해관계자들뿐 아니라 국외자들까지 참여시켜 동료압력을 동원하며, 의제를 사전에 잘 가공함으로써 의사결정을 촉진한다. 학교개혁을 위한 의제들의 경우 이러한 방식은 종종 효과를 나타낸다. 사실, 대학구성원들은 학생들과의 교수-학습 활동 이외에는 의외로 관심이 적으며, 의사결정에 참여하는 것으로 더 이상의 기대치가 없는 경우도 많다. 이를 혁신적 리더십에 효과적으로 활용할 수 있는 것이다.

대학이 하나의 타운 또는 도시라는 속성을 지니고 있는 한, 전체교수가 모여 논의하고 공감대가 형성된 사항에 있어 이는 그리스의 고대도시와 마찬가지로 대학교수들의 직접 민주주의적 총의로 간주된다. 전체교수회의를 법제상 인정하는지 여부와 상관없이, 이를 무시하는 것은 거의 불가능하며 사실상 전체교수회의가 회사의 주주총회와 마찬가지로 대학의 최고의사 결정기구의 역할을 하는 것이다.

대학 내의 의사결정과 쓰레기통 모델

1972년 미국행정학회 저널(Administrative Science Quarterly)에 조직과 의사결정 분야에서 유명해진 논문하나가 발표되었다. 코헨, 올슨, 마치 3인 (Michael Cohen, James March, & Johan Olsen)이 공동으로 발표한 이 논문의 제목은 "*A Garbage Can Model of Organizational Choice*"였다. 이 논문이 유명한 것은 조직과 의사결정에서의 새로운 모델을 제시하기도 하였지만, 또 다른 중요한 이유는 바로 그들이 소속한 대학을 모델로 삼아 연구하고 이를 "쓰레기통-garbage can"으로 명명하였기 때문이었다.

쓰레기통 모델은 의사결정에 있어 목표와 수단이 서로 무관하거나 목표가 불분명한 수단이 지배하고, 이러한 맹목적인 수단 형태의 의사결정안이 방향없이 떠돌다가 어느 순간 우연한 계기에 우연한 방법으로 의사결정 내용으로 채택되는 의사결정모델이다. 대학의 의사결정이 다분히 이와 같은 속성을 지녔음은 전 세계의 대학에서 공통으로 나타나는 현상이다. 여기서 착안하여 의사결정모델화한 것이 바로 쓰레기통모델이다.

대학에서의 의사결정에서 전형적으로 나타나는 현상 중의 하나는 학내에서 제기되는 의제들이 대개의 경우 막바로 제안 형태로 나타난다는 것이다. 왜, 그런 제안을 하는지 문제가 무엇인지에 관하여 묻는 사람은 거의 없으며, 이런 제안은 제안 자체로서 정통성을 지닌다. 이렇게 쏘아 올려진 제안이 그대로 의사결정으로 이어지는 법은 없다. 회의는 계속되며, 매번 원점에서 다시 시작하는 것이 보통이다. 거쳐야 할 회의는 하나가 아니라 여러 개다. 하나의 회의에서 결정되었다 해도 다른 회의에서는 처음부터 다시 논의한다. 이렇게 의사결정을 위한 회의에 의제로 올려진 상태에서 끊임없는 논의만 반복되는 것이 보통이다. 의제는 짧게는 1~2년, 3년, 5년, 때로는 10년간, 이 상태로 떠돌게 되는 것이다. 대학 내에는 이렇게 제안(또는 요구) 형태로 떠도는 의제들이 많이 있다. 그중에 어느 것이 언제 어떻게 떠돌이 상태를 벗어나 최종적으로 결정될

지는 아무도 모른다.

왜 이러한 현상이 벌어지는 것일까. 대학은 본질적으로 어떤 의사결정을 하고 이를 실행에 옮기는 조직이 아니다. 대학은 의사결정을 하기 위해 존재하는 것이 아니고, 다만, 애당초 창조된 모습으로 존재하고 지속하기 위하여 그렇게 존재하는 것이다. 따라서 대학의 구성원이 제일 먼저 배워야 할 것은 〈그냥 그렇게 존재하기-learning to be〉 바로 이것이다.31)

경영 행정 분야에서 발달한 현대조직이론의 중요한 맹점의 하나는 〈존재하기 위한 조직〉과 〈일하기 위한 조직-work organization〉을 구별하지 못하는 점이다. 예를 들어 동창회는 전자에 속한다. 동창회는 그 조직의 존재 자체가 필요해서 생긴 것이며 존재하며 활동하는 그 자체가 조직의 목표이다. 반면에 궁극적 의사결정기구로부터 주어지는 목표를 최선의 방법으로 실현하고 추구하기 위한 작업들을 수행한다. 즉 수단적 조직인 것이다. 오늘날의 조직이론 의사결정이론들은 바로 이러한 경영조직 행정조직 작업조직들 내부에서의 수단적 의사결정을 연구하고 논의하여 왔으며, 반면에 이들 이론은 존재 자체를 목적으로 하는 조직들에는 맞지 않는다. 일하기 위한 조직의 관점에서 대학을 보면 대학의 의사결정은 그야말로 쓰레기통 속에서 우연에 의하여 이루어지는 의사결정으로 보인다. 그러나 대학에서 〈일하기 위한 조직〉은 대학본부와 산하 행정기구들뿐이다. 이는 도시의 경우 그 자체가 〈일하는 조직〉이 아니라 그 도시의 시청이 〈일하는 조직〉일 따름인 것과 같다. 도시는 인간의 생활방식이며, 존재방식이다. 대학도 동일하다. 대학은 가르치는 자와 학습하는 자가 만나고 교수-학습이라는 생활을 하는 특정한 방식일 따름이다.

대학을 상대로 일하는 정부, 기업, 시민사회의 단체들은 흔히 대학을 단일한 〈일하는 조직〉으로 착각한다. 그래서 그들이 접해본 〈일하는 조직〉들과의 경험을 바탕으로 대학 전체를 상대로 비즈니스상의 기대를 하고 교섭하며 거래하려 한다. 그들은 되는 일이 아무것도 없음을 발견하게 될 것이다.

---

31) 〈learning to be〉 유네스코 21세기교육위원회가 〈learning to know〉, 〈learning to do〉와 함께 21세기 학습의 주요 목적의 하나로 꼽은 것이다.

대학의 학사조직:
학과와 학부, 교수부, 단과대학과 대학원

　　대학의 학사조직으로서 학과와 학부는 대부분의 대학에서 원칙적으로 교수들의 모임이며 교수들의 교적(校籍)의 거점이자 학생들의 학적(學籍)의 거점이다. 학생의 경우에도 마찬가지이다. 이는 교수와 학생들의 활동의 거점이 바로 그곳이라는 의미이다. 교수와 학생에게 어느 대학교 소속이라는 것은 큰 의미가 없다. 이미 언급한 것처럼 대학은 일하는 조직이기 이전에 존재하고 활동하는 조직이라고 볼 때 이들 활동의 주체인 교수와 학생들에게는 그 활동의 근거지와 적정한 조직단위가 있어야 함은 필연적이며 학과 학부가 바로 그것이다. 이는 가족법상 가족의 구성원이 호적이나 주민등록을 갖는 것처럼, 또 민·상사법상 경제활동을 하는 개인이나 법인이 그 주된 활동의 근거지로 주소를 갖는 것처럼 당연하다. 그런데 바로 이 점이 흔히 간과되고 있다. 이러한 이유로, 고등교육법에 의하여 "교수들은 학과 또는 학부에 소속한다"는 명문규정을 둔 적도 있었다.

　　지난 10여 년의 대학개혁 움직임 속에서 '학부제'라는 이름하에 학과를 통폐합하여 학부로 이를 광역화하는 움직임이 유행이었던 점은 앞의 장에서 이미 언급되었다. 그러나 대학개혁의 진정한 목표였던 것은 학문분과 중심의 기존 학과 분류와 학과 경계의 경직성과 시대적 낙후성이었지 〈학과〉 제도 그 자체가 아니었다. 교수 학생에게 소속 학과가 없다는 것은 사회적 경제활동을 하는 개인이나 법인에게 주소 없이 활동하라는 것과 마찬가지로 지극히 무리한 것이다. 필요했던 것은 기존 학과 분류들을 풀어헤치고 새로운 방식으로 학과를 재구성하는 것이 개혁의 방향이었으며, 학부제는 기존학과들의 경직성을 풀어헤치는 과도적 방법일 따름이며, 여기서 더 나아가 새로운 방식의 학과 설정이 진행되어야 하는 것이다.

교수들을 학과에 소속시키지 않고 〈교수부〉라는 이름의 교수 전체적인 풀(pool) 속에 소속시키는 대학들이 있다.[32] 학과를 뛰어넘은 교수들의 신축적 활용이라는 취지로 채택되고 있으나 아주 소규모 교수단을 가진 소형 학교가 아닌 한 이는 실패한 모델로 간주되고 있다. POOL제라는 것은 관료적 조직에서 표준화된 동일 작업에 투입되는 자원의 대기열을 능률적으로 관리하는 관료주의적 조정의 한 방식이다.[33] 단순 타이핑 작업을 수행하는 타이피스트들을 부서별로 소속시키지 않고 조직 전체적인 POOL로 운영하는 것이 그 전형이다. 그러나 대학교수들은 동일한 작업을 단순 반복하는 것이 아니라 각자의 고유한 활동을 가지고 있다. 〈교수부〉라는 이름의 풀시스템이 실패할 수밖에 없는 이유가 바로 여기에 있다.

교수부라는 POOL 체제는 교수-학습활동을 위해서는 전혀 기능을 하지 못하며, 오히려 행정적 의사결정과 행동을 위한 단위로서만 기능이 가능하다. 따라서 단과대학별 교수단, 특정 전문대학원교수단, 전체교수단 등은 있을 수 있어도, 교수학습활동을 위한 pool로서의 교수부는 논리적으로 성립되기 어려운 개념이다.

학과 학부와는 달리 단과대학과 대학원은 교수와 학생의 활동 근거지라기보다는 대학 내의 예산 시설 등 자원배분 및 의사결정에 관련한 행정적 단위의 성격을 지닌다. 이미 지적한 것처럼 단과대학별 교수단, 특정 전문대학원교수단의 개념과 그 운용이 필요해지는 것이다. 그런데 학사과정이 없이 대학원에서의 전공만으로 운영되는 전문대학원의 경우는 단과대학과 동일한 병렬적 성격을 지녀 독자적 교수단이 구성되지만 학사과정과 동일하거나 연계된

---

32) 사관학교, 한국교원대학교가 그러하며, 대학은 아니지만 중앙공무원교육원 등에서 이러한 사례가 있다.
33) 탐슨에 의하면 조직에는 전형적 조정의 대상 3유형에 따라 서로 다른 3가지 조정의 방식이 사용된다. 시간적 선후로 연결되는 행위들을 조정하는 방식은 계획(planning)이다. 동일한 대상을 목적으로 집중되는 여러 행위 간에는 상호협의가 조정 방식이다. 동일한 행위를 수행할 여러 행위자들은 pool 구성을 통한 표준화가 그 조정방식이다.

전공으로 구성되는 일반 대학원의 경우 독자적 교수단이 구성되는 것이 아니다. 따라서 교수단의 실체가 없이 그야말로 서류상의 행정을 수행하는 단위로 전락하게 된다.

많은 대학에서 독자적 교수단이 없이 학사과정 전공교수들로 운영되는 대학원과정을 위해 대학원이라는 기구와 대학원장을 둠에 따른 행정의 중복과 비능률이 발생하고 있다. 독자적 교수단이 없는 일반 대학원과 대학원장이라는 기구는 행정조직단위로서는 불필요한 인위적 장애물이다. 학사 석사 박사 과정에 관련된 학과 학부 그리고 단과대학이나 전문대학원에서 직접 운영하는 것으로 충분하다.

대학 내의 조직과 시장: 대학자율화의 또 다른 차원

대학의 자율화라고 할 때 사람들이 흔히 간과하는 것이 대학의 내부에서의 자율화 문제이다. 다시 말해서 대학 본부와 대학의 하부 단위들 간의 관계를 어떻게 자율화하느냐라는 문제가 정부와 대학 간의 관계에서의 대학자율화 문제보다 더욱 중요하다는 점이 인식되지 못하고 있다.

대학본부는 대학의 울타리 내에 있는 모든 구성부분들을 관료제적인 조직 속에 포괄하는 관료적 권위의 정점이 아니다. 오히려 교수 학생 연구소와 실험실 학과나 단과 대학 등 대학 내의 구성단위들은 대학 본부로부터 상대적으로 자율적인 행위자(actor)들이다.

그런데도 우리나라 대학의 현실에서는 왕왕 대학 본부와 경영진이 이러한 관료적 계층제의 정점에 있는 것처럼 인식하고 모든 관행이 행해진다. 심지어는 미국에 있어서조차 조직이론가들은 대학 전체를 하나의 조직으로 보고, 통상의 관료제 조직과는 달리 대학의 목표를 중심으로 조직적으로 통합되지 못하고 방만하다는 의미에서 "느슨한 조직"(loosely coupled organization)이라는 이름으로 대학의 특성을 정의하기도 한다.

그러나 만약 대학을 하나의 대학시민사회 또는 시장으로 개념화하고 바라본다면 대학은 오히려 상당수준 〈조직적으로 통합된 시민사회 (내지는 시장)〉으로 볼 수도 있을 것이다. 이 점에서 대학이란 조직도 시장도 아닌 그 중간의 성격을 지닌다. 요즈음 말로 네트워크 또는 다발(clusters)이라고 표현하는 것이 대학에 대한 정확한 묘사가 될 것이다. 이를 조직이라는 면에서 보면 느슨한 조직이며 시장이라는 면에서 보면 고도로 조직화된 시장으로 보이는 것이다.

보는 관점이야 어떠하든 오늘날 한국에서 꼭 필요한 인식은 대학본부가 대학 내의 모든 것을 관료적으로 조직하고 조정할 수는 없으며 대학의 구성부분들에 독자성과 자율성을 주어야 한다는 것이다. 그리고 그 범위 내에서 대학 내에는 시장 또는 시민사회와 유사한 자율적 활동 공간이 형성될 수밖에 없음을 받아들여야 할 것이다. 예를 들어 학생 선발의 경우에도 대학 본부의 통일적인 선발관리보다는 개별적인 교수-학습단위들에 의한 학생선발의 자율성이 강화될 필요가 있으며, 연구소와 실험실들은 경영 측면에서 독자적인 활동의 여지가 넓어져야 할 것이다.

이렇게 대학을 구성하는 단위들의 자율성이 높아지고 학내 시장이 형성되어 있다면 대학 본부의 기능도 다시 짚어 보아야 한다. 대학 본부는 일반 정부조직 내부나 기업조직에서처럼 계층제적 조정과 권위의 원천으로 행동하는 것이 아니라 학내 구성단위들의 자유롭고 창의적인 활동을 위한 인프라 구축과 조성적 활동에서 그 주된 기능을 찾게 된다.

각종 시설 기반을 구축 정비하는 것은 인프라 구축의 기본이다. 그 외에도 인프라 구축에서 가장 중요한 일은 학내 구성단위들에 대해 대학 구성 부분으로서의 지위를 부여하고 관리하는 일이다. 학생에게는 학적을 부여하고 교수에게는 교적(敎籍)을 부여한다. 학과에는 학과의 지위를 부여하고 연구소에는 학교연구소의 지위와 독립성을 부여한다. 대학 본부의 이러한 기능은 대학 밖의 정부 공공 단체의 권한과 서로 갈등을 일으킬 여지가 있다. 예를 들어 학내 연구소가 외부의 행정당국에 의한 법인격을 취득하고 그의 지도 감독을 받는다면 학내 구성단위에 대한 외부기관의 영향력을 대학 내에 끌어들이는 셈이 되며 이는 대학본부의 기능과 상충될 가능성이 높아진다. 이 경우 가장 좋은 해결책은 대학본부의 기능에 학내의 자율적 단위에 대하여는 일반 행정기관을 대신하는 행정적 관할권을 부여하는 것이다. 이를 위해서는 대학이 일반 행정으로부터 독립된 자치권을 갖는 것이 필수적이다. 우리나라에서는 이러한 의미의 대학자치권이 제대로 확립되어 있지 못한 것이 대학본부의 기능 수행에 장애가 되고 있다.

교수와 학생에 대한 투자의 생산성과 대학의 본질로서의 여가

우리나라의 대학 사정을 조금 안다 하는 기업가 언론인 공무원이나 대학행정가들이 개탄해 마지않는 것 중의 하나는 국민의 세금과 학생들의 등록금으로 봉급주기 아까운 엉터리 교수들이 너무나 많다는 것이다. 즉 대학은 돈 씀씀이가 너무나 방만하다는 말이다.

비슷한 맥락이긴 하지만 또 다른 대학 비판은 대학의 구성원들이 소위 '나눠 먹기'에 너무나도 물들어 있다는 것이다. 바꾸어 말하면 필요한 곳에 선택적·집중적으로 투자를 하고 지원하면 좋으련만 쌀 한 톨이라도 똑같이 나누어 균등 배분하는 관행이 너무나도 지배적이어서 대학에 대한 투자의 효율이 떨어진다는 주장이기도 하다. 그래서 최근 대학 또는 더 넓게 연구개발 활동에 대한 정부의 예산투자의 생산성을 높이기 위해 강조되는 것이 선택과 집중의 원칙이며 성과에 따른 배분의 원칙이다.

그러나 이제는 이러한 효과성과 생산성을 강조하는 관점이 갖는 한계에 대하여도 생각해 볼 때가 되었다. 일반적으로 말할 때 만약 투자 및 노력이 그 성과에 대한 직접적 인과관계가 분명하다면 선택과 집중의 원리는 그 근거가 충분하다. 그런데 고등교육 및 연구개발에 있어서는 이 인과관계가 불분명한 것이 문제이다. 논문을 많이 발표한다고 해서 그것이 반드시 훌륭한 논문의 출현까지 보장하는 것이 아니며, 연구프로젝트를 여러 개 한다고 해서 뛰어난 성과를 올리는 것은 아니다.

대학교수와 학생들을 곰곰 관찰하다 보면 바쁘게 뛰어다니고 많은 과제를 열심히 수행하는 교수나 학생 중에서보다는 한가롭게 지내는 교수나 학생이 의외로 좋은 성과나 업적을 올리는 것을 자주 보게 된다. 이러한 현상을 목도할 때 떠올릴 수밖에 없는 생각이 있다. 그것은 과연 교육과 연구는 과업(Task)에 기초한 활동이기 이전에 여가(leisure)로서의 성격을 벗어날 수 없지 않은가 하는 것이다.

아리스토텔레스 이래로 교육과 연구, 학습은 생산 활동이 아니라 여가(leisure)활동으로 분류되었으며 여가로서 정의되고 사회적으로 조직되어 온 것이 인류가 발전시켜온 관행이었다. 여기에 생각이 미치면 더 나아가 많은 과제의 성공적 수행과 생산성을 목적으로 체계적으로 프로그래밍하기 어려운 것이 고등교육과 연구의 본질이 아닐까 하는 생각이 드는 것이다. 그렇다면, 이를 위한 경비투자는 어떠한 원칙에 입각하여 이루어져야 할 것인가. 선택과 집중이란 과연 가능할 것인가 하는 의문이 다시 인다.

대학의 교수에 대한 투자자는 기본적으로 벤처기업에 투자하는 투자금융회사가 직면하는 투자의사결정 상황과 동일한 상황에 직면한다. 투자 대상으로는 부적격인 실력 없는 엉터리 교수가 많다고 혹자는 불만을 갖지만 벤처기업들도 마찬가지이다. 그중 대다수는 실패할 운명을 벗어날 수 없고 투자자의 원금을 몽땅 날리게 할 따름이다. 문제는 어느 벤처기업이 성공하여 투자에 따른 과실을 몇 배, 몇 십 배 되돌려줄지 모르는 것처럼 어느 교수가 성공적인 연구로 투자 금액의 몇 배 몇 십 배 되는 경제적 사회적 이익을 가져다줄지 모르는 것이다. 즉 교수에 대한 투자와 벤처 기업에 대한 투자는 양자 공히 투자 의사결정에 근본적인 불확실성을 내포하고 있는 것이다.

불확실성이 넓게 분포된 이상과 같은 상황에서 투자의사 결정자에게 아마도 최선의 전략은 모두에게 골고루 분산 투자하고 다만 실패와 성공의 확률에 따른 전체적 수익률을 투자의사 결정의 기준으로 삼는 것이다. 교수들의 봉급이든 연구비든 아니면 교수를 위한 시설설비투자비용이든 대학교수에 대한 투자는 이러한 전략에 입각해야만 할 필요성이 상당 수준 존재한다.

사실 어느 교수에게 집중 투자해야 성공적인 투자인지를 미리 안다는 것은 대단히 힘든 일이며 집중적인 투자가 집중적인 실패로 끝날 가능성도 높은 것이다. 대학재정투자 더 나아가서는 교육투자에 있어 선택과 집중의 원칙이 빠질 수 있는 함정이 바로 여기에 있다. 특히 바쁘게 열심히 뛰는 교수가 아니라 충분한 여가를 가진 교수가 탁월한 업적을 낸다고 하면 통상적인 선택과 집중의 투자 방식은 의외의 복병을 만나게 되는 것이다.

대학의 기능과 그 활동중심 원가계산에 의한 경비배분 필요성

이미 우리나라는 1998년 GDP 대비 2.8%를 연구개발에 투자하고 있으며 그중 사분지 일가량은 정부재정에 의한 연구개발이다. GDP 대비 이러한 연구개발 투자의 규모는 세계에서 가장 높은 수준에 속한다. 따라서 우리나라 대학의 연구개발 기능이 취약하고 이에 따라 대학의 재정이 부실한 것은 투자가 부족하다고 말하기 이전에 이미 국가 전체적으로 연구개발에 투자되고 있는 자금이 효과적으로 대학에 의한 연구개발 활동에 흘러들도록 하는 제도적 장치가 결여되어 있는 점에서 그 원인을 찾아야 한다.

경제행위를 포함하여 사회적 가치를 창조하는 인간의 모든 활동은 경비를 필요로 한다. 이러한 인간의 활동에 따르는 수지와 그 결과 형성된 자산에 대한 정확한 계산과 기록 체계를 인류가 발전시켜온 것은 계산에 입각한 합리적 인간행동 발전 특히 근대적 관료제와 자유시장체제의 발전을 위한 필수적인 선결 조건이었다. 바꿔 말해 정확한 비용계산과 자산 관리야말로 합리적인 인간활동을 위한 인센티브 체제로서의 관료제와 시장 제도의 본질인 것이다. 마찬가지로, 대학의 연구 및 서비스 활동도 그 정확한 비용 계산 관행이 확립되지 않는 한 본격적인 활성화를 기할 수는 없다.

대학의 기능은 교육 연구 서비스의 세 가지에 걸쳐 있다. 그런데 우리나라의 대학은 그 전반적 행·재정 구조에 있어 교육의 기능에 한정된 체제를 가지고 있다. 교육 기능에 치중되어 있는 구조적 특징은 여러 가지 측면에서 찾아 볼 수 있지만 특히 재정 회계 측면에서 교육 중심으로 짜여 있는 것을 주목해야 한다. 구체적으로 말해서, 한국 대학의 재정적 기반은 학생 교육에 따른 등록금과 국립대학의 경우 교육비국고지원에 거의 전적으로 의지하고 있으며, 학교의 예산 회계 체제 또한 학생 교육비 지출과 이에 따른 비용 관리 중심으로 짜여 있는 것이다. 현재와 같은 대학 재정 회계 체제를 지속하는 한 대학에서의 연구 및 서비스 활동은 교육활동에 수반되는 장식물의 성격을 벗어날 수 없으며 비능률과 저생산성의 악순환을 벗어날 수 없다.

우리나라 대학에서 연구와 서비스는 원칙적으로 별도의 지출과 비용이 수반되는 독자적 활동으로 간주되기보다는 아직도 대체로 교육에 수반되는 부수적이며 무상의 자원 봉사처럼 취급되고 있다. 한마디로 합리적 비용 계산의 관행이 확립되어 있지 못한 것이다. 교육 활동은 최소한이나마 비용 계산과 회계로 뒷받침되지만 연구와 서비스는 이러한 비용 계산과 회계에 의해 뒷받침되고 있지 않다. 이러한 교육 중심의 대학교 재정 회계 체제하에서는 대학의 연구와 서비스 기능이 활성화될 기본적 조건으로서 개별 대학과 교수들의 자발적 동기 유발이 이루어지지 않는다. 대학의 연구는 정부가 대학 교수들의 연구실적 심사를 강제하는 데 따른 강제적 동기에 의해 수동적으로 이루어질 뿐이다.

현재 대학에서 수행되는 연구 및 서비스 활동은 그 유형에 있어 몇 가지로 분류될 수 있다. 우선 넓은 의미의 연구개발 활동이 있다. 내용적으로 기초연구 응용연구 개발연구로 통상 구분되는 대학교수의 연구활동이 그것이다. 기초 연구 응용연구의 경우 통상 교육활동에 수반하여 이루어지는 것이 보통이다. 이 경우에는 교육과 연구가 혼재되어 이루어지는 관계상 교육 경비와 연구 경비를 정확히 구분하는 것이 어려운 특성을 지니게 된다. 그래서 이러한 연구를 지원하는 자금 지원은 연구결과에 대한 대가의 성격을 띠기보다는 사회경제적으로 외부효과가 큰 공익적 활동에 대한 일종의 정부보조의 성격을 가질 수밖에 없다. 학술진흥재단의 학술연구비 지원은 전형적으로 이러한 성격을 지닌다.

그러나 대부분의 개발연구는 정부든 기업이든 그 개발성과의 수혜자에 의해 개발에 대한 대가로서의 개발비 지원이 뒤따른다. 이러한 종류의 연구는 통상 개발연구로 불리는 활동을 넘어 보다 생산 현장과 밀착된 제품화연구, 공정개선연구 등 광의의 개발연구까지 포함된다. 이러한 개발연구는 대학의 본연의 교육 연구 서비스 기능 중 연구라기보다는 정부 기업 등 대학 외부에 대한 서비스의 성격을 짙게 갖는 것이다.

개발연구와 마찬가지로 대학의 서비스 기능에 속하지만 통상 연구라는 명칭을 붙이기 어려운 많은 대학 활동이 있다. 기업 정부 등에 대한 컨설팅 설계 감리 등 전문적 자문 용역, 대학이 보유한 지식과 전문성을 바탕으로 하는 대외적 기업과 정부에 대한 교육훈련활동, 건물 벽화 조각 작곡 등 작품 제작 활동 등 매우 다양한 활동이 있다. 이들 모든 활동은 대가 없이 순수한 봉사 차원에서 무상 제공되는 경우도 있지만 대부분 민간 서비스 회사의 활동과 경쟁적으로 시장 내 유상의 용역 서비스 형태로 이루어진다. 이들 활동은 흔히 말하는 대학의 봉사 기능에 속하며 대학이 보유한 지식과 전문성을 사용한 활동이라는 점에서 교육 기능과 마찬가지로 연구 활동을 반드시 수반하게 마련이다.

 이상의 세 가지 연구 및 서비스 기능을 유형별로 그 내용, 수요자와의 이해
관계 형태, 및 경비 측면에서 요약하면 다음 〈표-13〉과 같다. 형태와 경비
조달과 관련하여 이를 검토하는 이유는 이들 중 어느 한 가지에만 중점을 두
어 학교 재정회계체제를 발전시키는 것이 불가능하다는 점을 확인하기 위해
서이다.

<표-13> 대학에서의 연구 및 서비스 활동 요약

유형과 성격	활동 내용	이해관계	경비투자형태	경비의 효과
기초/응용연구 (연구 또는 연구+교육)	교육과 밀접, 지식발전 목적	공익/외부효과 중심	경상이전 성격의 보조 또는 출자중심 (대응투자 필요)	사회 간접/공공 투자적 성격
개발연구 (연구중심)	제품생산이나 공공/시장서비스 개발활동과 밀접	공동 이해관계중심 (조합적 성격)	실비보상지원 또는 용역비, 공동 출자	자산효과 중심의 공공/민간 투자
용역서비스 (용역+연구)	주문자의 요청에 의한 전문적 서비스 중점	유상 쌍무적 계약 관계	용역 대가 중심	비용효과 중심의 공공/민간 지출

 이상의 3유형은 그에 포함되는 활동의 내용은 지극히 다양하지만 대학의
재정과 경비 집행이라는 관점에서는 공통적인 관점 속에서 다루어져야 한다.
왜냐하면 이들 활동에 참가하는 교수들의 행동을 결정하는 인센티브가 바로
경비관리 문제라고 볼 때 이중 어느 하나에 대해서만 정부나 개별 대학당국
의 정책을 한정할 경우 다른 유형의 활동에 참여하는 교수들 간에 심각한 형
평성의 문제를 일으키며 이로 인해 그러한 정책은 사실상 전혀 실효성을 갖
지 못하게 된다. 우리나라에서 그동안 추진된바 대학에 의한 간접비 징수가
별로 실효성 없는 매우 낮은 율의 간접비 징수에 그쳐 연구비 중앙관리에 소
요되는 인력의 인건비조차 충당하지 못하는 이유는 이 때문이다. 즉 C유형에
속하는 기업 정부 상대의 교육훈련, 작품제작, 컨설팅 등의 활동은 중앙관리
가 되지 않을뿐더러 그나마 매우 적은 비율의 간접비조차 대학에 지불하지

않는 상황에서 A, B 유형의 경우에만 경비를 중앙관리 간접비 징수 등 연구비 관리 정책을 적용할 경우 이러한 정책이 형평의 문제를 이유로 강력한 반발에 부딪치는 것은 자명한 일이다.

미국 대학들의 경우 외부 자금지원에 의한 대학교수들의 활동에 관한 경리 및 회계정책은 연구활동에만 적용되는 것이 아니고 교육훈련, 자문, 제작과 도급 등 대학의 연구 및 서비스 활동 전반에 걸쳐 공통적으로 적용되는 틀을 가지고 있다. 이렇게 볼 때 문제의 핵심은 연구비 그 자체의 관리를 어떻게 하는가에 있는 것이 아니고 통상의 교육경비 이외의 외부 자금에 의한 대학의 교육 연구 서비스 활동에 대한 대학의 재무회계 정책의 틀을 확립하는 것에 있다. 연구비 관리의 문제는 바로 외부지원 자금에 의한 대학 활동의 재정 회계 관리를 어떻게 할 것인가의 문제인 것이다. 우리나라 대학 재정 현실의 큰 문제점은 이러한 인식이 완전히 결여된 채 자금 원천과는 상관없이 정부 보조금에 의한 연구비 집행의 투명성 통제 중심으로 정책논의가 편중되고 있다.

연구중심대학을 육성하고 우리나라 대학의 연구력을 강화하기 위해서는 외부 지원 자금의 유치 관리 체제에 초점을 맞추어 연구비 문제에 접근해야 한다. 이러한 관점을 취하게 되면 자연히 가장 중요한 발전 과제는 대학의 회계 체제가 된다. 왜냐하면, 기업회계체제의 근본 목적의 하나가 주주 은행 거래처 등 기업에 대한 투자자에 대해 자금사용성과에 관해 정확하고 신뢰성 있는 정보를 제공하여 건전한 투자를 최대한 유치하는 것인 것처럼, 대학의 연구 및 서비스 활동에 외부의 건전한 투자와 자금지원이 이루어지려면 그러한 자금의 사용성과에 대한 정확하고 신뢰할 수 있는 회계정보 보고(financial reporting)체제가 선행되어야 하기 때문이다.

대학의 연구 및 서비스 기능이 활성화되려면 연구 및 서비스에 따르는 수지가 명확하여야 한다. 이를 위해서는 연구 및 서비스의 비용 계산이 명확히 이루어지고 이에 입각한 수지회계제도의 발전이 선행되어야 한다. 그러나 우리나라의 대학은 이러한 이상과는 거리가 먼 상황에 놓여 있다. 특히 연구나 서비스는 고사하고 교육에 관하여도 정확한 원가계산의 관행이나 지식은 거의 존재하지 않는다. 포항공과대학 등 일부대학에서 최근 간접비 징수를 위한 원가계산이 실행되고 연구용역가격교섭에 적용되고 있으나 대부분의 대학에서는 아직은 회계실무로 도입되기보다는 연구 차원에서 머무르고 있는 실정이다. 원가계산이 정확하게 이루어지지 않는 한 대학 당국, 자금지원 기관, 교수 등 연구 수행자 간에 공정한 게임의 규칙이 결여되어 대학의 연구 및 서비스 활동 참여의 동기를 훼손하게 된다. 이로 인해 대학의 연구 및 서비스 기능 발전이 총체적으로 저해되고 있는 것이다. 이러한 상황에서 대학의 회계 및 수지 차원의 몇 가지 결정적 문제점이 현재 노출되고 있다.

제일 먼저 필요한 것은 교육경비와 연구경비의 회계적 구분이 가능하도록 활동중심원가계산(ABC: activity based costing)을 채택하는 것이다.[34] 이를 토대로, 학생납입금과 국고경상지원금은 〈교육〉에 따른 직·간접 경비에 충당되어야 하며, 연구에 필요한 경비는 별도의 경비 충당 배분방식이 따라야 한다. 교육비라 함은 ① 교육과 ② 교육에 직접 필요한 연구(ex. 교재연구)를 말하며, 교육을 위한 재원이 그 이외의 연구에 기여하는 직/간접 경비에 투입되어서는 안 된다. 우리나라에서는 그동안 이 원칙이 지켜지지 않음으로써, 대학에 〈연구프로젝트〉를 위탁하는 정부와 기업이 결과적으로 대학의 교육재정에 free-riding을 하여 왔으며 그로 인해 대학재정 부실화를 초래해 왔다.

이러한 점을 감안하여 구체적으로 대학의 재정회계는 자산관리회계, 교육경비회계, 연구비회계, 통합연결회계의 네 부분으로 나누어 구성되어야 할 것이다. 교육비 회계는 기존 사립대학회계에서 발전된 원칙을 적용하는 외에, 교육활동에 따른 단위당 인건비가 cost driver로서는 명확히 산출되어야 하며, 이를 기초로 교수와 연구진들의 time-rate가 확립되어야 한다. 이 time-rate는 교수/연구진들의 외부수탁연구 용역시의 인건비 계산의 최저기준이 되어야 한다.

---

34) 활동중심원가회계는 종래의 원가회계 관행이 인건비, 재료비 등 투입중심으로 이루어짐에 따라 경비지출의 목적이 되는 활동의 성격이 드러나지 않는 것을 시정하기 위한 것이다. 대학처럼 다양하며 이질적인 기능을 수행하는 기관에서는 각각의 기능마다 경비의 산출과 배분이 명확히 이루어지는 것이 재정의 효율화에 필수적이다. 활동중심원가회계가 대학에 반드시 도입되어야 하는 이유가 여기에 있다.

연구비 회계는 수탁연구활동에 따른 모든 경비를 망라해야 하며, 연구 project별로 계좌가 설정되어 연구책임자에 따라 최대한 자율화, 분권화해야 함-기존의 연구비 중앙관리시스템은 연구자의 자율과 창의, 대학내부시장 창출을 제도적으로 가로막고 있으며, 대학연구의 위축과 비용낭비의 주된 요인이 되고 있으며, 하루 빨리 이와 결별해야 할 것이다.

또한 자산관리회계를 통하여 대학보유자산의 감가상각에 따른 경비를 분명히 하고 나아가 자산의 유동화/수익자산화를 도모해야 할 것이다. 국립대학법인화의 가장 큰 특징은 토지/건물/무체재산권 등 대학보유자산의 유동화를 가능케 한다는 점이며, 이는 입법적으로 확고하게 보장되어야 한다. 대학보유자산의 유동화에 다른 수익은 재투자와 교육지원을 위한 기금으로 사용되어야 할 것이다.

자금지원기관-대학-대학교수의 상호관계-교수개인별 계좌의 필요성

우리나라 대학에서 연구 및 서비스 활동과 관련한 가장 우선적인 문제점은 대학 소속의 교수가 정부 기업 등 외부 기관의 자금이 지원되는 연구, 개발, 자문, 서비스(이하 '연구 및 서비스') 활동을 함에 있어 그 법률적 회계적 책임의 주체가 불분명하다는 점이다. 먼저, 대학에 소속한 교수가 그 연구 및 서비스 활동을 위한 계약 등 법률행위를 대외적으로 행한다거나 그에 따른 권리를 행사 또는 의무를 이행할 경우 이것이 법적 행위 주체로서 대학을 위하여 대학의 계산으로 행하는 것인가 아니면 교수 개인이 법적 주체로서 자기 계산을 위하여 행하는 것인가가 판정되어야 한다. 이에 대한 대답을 분명히 하려면 현실의 계약 관행에 대한 조사와 신중한 법률적 해석이 필요하겠지만 일반적으로 정부 및 기업 등 자금 지원자들은 대학이 자신들의 계약 상대방이며 계산의 주체라고 생각하지만, 그 반면에 연구를 맡을 특정 교수의 이름을 보고 거래하는 것이지 그 역할을 다른 연구자가 대체한다면 계약을 거부할 것이다. 이 때문에 우리나라 대학에서의 관행은 이런 경우 교수 개인이 권리 의무 및 계산의 주체라는 관념에 기초하여 있는 것으로 보인다. 그 증거로 많은 대학들이 현재 실시 중인 연구비 중앙관리 제도를 교수들이 해야 할 연구비 관리 사무를 대학이 대행하여 주는 제도로 인식하고 있는 점을 들 수 있다.

이 문제에 대해 사용자와 피사용자 간에 상법상 확립된 법률관계를 참고할 필요가 있다. 상법상의 원칙은 시장 체제하에서 거래상의 계산이 따르는 관계에 적용될 수 있는 가장 합리적이고 발달된 규범적 도덕적 원칙을 반영하고 있는 것이다. 상법에 따르면 상인이 사용하는 자가 그 상인의 영업 범위에 속하는 행위를 자기의 계산으로 하는 것은 금지되어 있으며(경업금지의 의무) 피사용자가 이러한 금지를 위반하여 행한 행위를 상인은 자신을 위하여 행한 것으로 보고 그에 따른 이익을 이전할 것을 청구할 수가 있다.

물론 대학과 교수 간의 관계를 상법상의 사용자와 피사용자의 관계와 무조건 동일시할 수는 없다. 그러나 이러한 상거래상의 원칙을 일차적으로 원용하는 것이 올바를 것이다. 이때 중요한 것은 학생들의 교육과 그 교육에 필요한 연구라는 대학교수의 1차적 의무를 넘어서는 외부 수탁 연구나 용역 활동의 범위를 명확히 정하고 그러한 수탁 연구와 용역에 따르는 보상을 명료하게 하는 것이다. 또한, 대학 교수의 연구활동의 자율성을 어떻게 보장할 것인가 하는 방법론을 확립하는 것 역시 핵심이다. 이러한 문제에 대하여 우리나라의 대학사회는 최대한 신속하게 원칙을 확립해야 한다.

미국이나 일본의 경우 대학에서의 연구 서비스 활동에 대한 외부의 자금지원 계약은 대학이 그 계약 당사자가 된다는 원칙이 확고하다. 연구와 서비스는 대학의 주요 기능이기 때문이다. 대학의 교수가 자신의 이름으로 계약을 할 경우 반드시 대학 당국의 승인을 받는 것이 원칙이며 이 경우에도 모든 계산은 대학을 위하여 하는 것으로 간주된다. 미국과 일본에서의 연구비 및 외부지원자금 관리는 이러한 기본적인 법률적 관계를 토대로 행해지는 것이다. 한국의 대학에서 외부 연구비 관리체제를 도입 정착시키기 위한 선결 요건이 바로 이것이다. 그런데 현재 이러한 원칙을 간접적이나마 반영하고 있다고 볼 수 있는 법규 조항은 전혀 없다. 고등교육법, 교육공무원법, 사립학교법과 관련 시행령의 그 어느 곳에도 이에 관련한 조항은 없다. 결국 이 문제는 조리와 관습에 의해 해결하거나 필요할 경우 정부가 입법적으로 기준을 세워 해결해야 한다. 대학교수가 수행하는 이러한 연구와 용역 위탁 거래의 기본적인 관계는 다음과 같이 정리될 수 있을 것이다.

① 연구나 용역의 위탁자는 기본적으로 특정의 대학교수를 지정하여 연구나 용역을 위탁하되, 계약은 교수의 소속대학과 체결하며 대학은 자신의 책임 하에 계약의 교섭과 이행에 따른 행위주체로 나선다. 계약에 따른 연구와 용역 위탁자와의 경제적 계산은 대학의 이름으로 행해진다. 그러나 이는 실질적으로는 대학의 이름을 사용하는 방식으로 이루어지는 실질적인 보증책임이다.

대학이 법적으로 계약의 당사자라는 인식이 확립될 경우 외부 자금 지원 계약을 위한 교섭과 계약 이후의 관리에 있어 대학 당국의 적극적 역할이 살아나게 된다. 현재의 체제 아래에서는 교수들의 개인 역량에 따라 교수개인이 나서서 계약과정이 이루어지고, 대학 당국은 사후에 극히 수동적으로의 연구비 관리나 조금 해주고 간접경비나 약간 징수하는 것으로 자족하는 소극적 방관적 태도에 빠지게 된다. 대외적으로 대학 자체가 계약당사자로 나선다는 것은 책임 있는 계약당사자로서 거래상대방에게 신뢰를 제공하는 것이며 이는 무역업체의 대외거래 활성화를 위하여 정부가 수출입금융의 보증을 서는 것과 다름없다.

한편, 조직화된 연구위탁기관과의 교섭과 계약 이행에 있어 교수 개인이 직접 나설 경우 교수들이 불리한 계약조건과 계약이행에 따른 행정적 부담을 교수 개인이 감수하게 되며 이로 인해 연구의 부실을 가져올 가능성이 높다. 대학이 계약 주체라는 것은 개별 교수가 수행하기 힘든 연구계약 전후 부대활동 부분을 대학 본부가 전문가를 고용하여 책임짐으로써, 연구·용역비의 정당한 가격을 확보하고 연구를 담당한 교수가 연구활동 그 자체에 집중할 수 있게 하는 데 그 의미가 있는 것이다. 대학의 중요한 역할이 바로 이것이다.

② *교수와 그 소속 대학 간의 관계에서는 연구나 용역의 구체적 수행을 교수에게 다시 위탁하는 일종의 하도급 계약관계가 자동으로 성립하는 것이다. 이는 교수임용계약과는 별개의 연구/용역 수행 계약이다.*

바꾸어 말해, 대학의 이름으로 연구와 용역이 수탁되었지만 이를 이러한 관계에 기초하여 대학은 개별 교수와 연구 용역을 위한 경비계산을 위한 교수별 연구용역비 계좌를 설정 운영하게 된다. 이 계좌를 통하여 프로젝트별 경비의 정산이 이루어질 뿐 아니라 대학과 교수 간의 관계가 설정 운영되어야 한다.

③ *연구용역 위탁자는 대학과 계약상의 권리 의무관계에 설 뿐 아니라 연구수행자와도 직접적인 권리의무관계에 있다고 보아야 한다.*

연구수행자와 용역 발주자는 연구수행과정에서 구체적인 협력과 정보교환이 필요하다. 따라서 이러한 사실적 과정의 원활한 진전을 위한 직접적인 권리의무관계는 대학-연구용역발주자 간 관계, 대학-연구수행자 간 관계와 별도로 확립되고 인정되어야 한다.

대학재정에의 무임승차자들과
그에 따른 혼란 문제

우리나라의 대학재정이 다른 나라에 비해 유독 빈곤한 이유는 대학 재정에 무임승차하는 외부자-정부와 기업들 때문이다. 우리나라에서는 대학재정에 무임승차하는 이러한 무임승차자일수록 대학의 비효율성을 비난하지만 정작 그들이야말로 대학재정을 축내는 주된 원인을 제공하고 있으며, 그로 인해 대학의 운영의 효율화를 가로막고 있음을 알아야 한다.

무임승차의 첫 번째 큰 부분은 교수들의 인건비 부분이다. 많은 교수들이 교육과 연구를 함께 수행하게 되는바 교수들의 인건비 지출에 있어 교육에 따른 인건비와 연구 인건비 간에 정확한 계산이 행해지지 않고 있는 것이 문제이다. 우리나라에서 연구비에 대하여는 원칙적으로 연구활동에 들어가는 직접 실비용 외 나머지 비용이 제대로 지급되지 않는다. 교육활동 중심으로 보수가 통일되어 교수들의 연구노력에 대한 별도의 보상 체제가 없는 상황에서, 연구는 별도의 추가보수 없이 수행하는 것으로 간주되는 이러한 경향은 정부가 앞장서서 이를 조장함으로써 더욱 악화되고 있다. 학술진흥재단이든 과학재단이든 연구활동에 따른 교수들의 인건비를 원칙적으로 인정하지 않고 있다. 다른 정부 중앙 부처 사업 형태로 되어 있는 용역연구개발비들의 경우에도 연구개발 용역에 대한 인건비 기준을 분명히 운용하고 있지 못하다. 다만 최근 정부예산 당국이 이공계 40% 인문계 60%라는 잠정 기준을 최근에야 잠정적으로 제시하였을 뿐이다. 정부가 이렇게 하니 정부산하 공기업과 민간기업들도 이에 따른다. 문제는 이 경우, 대학이 교수에게 지급하는 교원보수에 용역 발주자가 무임승차하는 결과가 된다는 것이다.

반대로 교육에 따른 인건비는 교육에만 종사하는 교수와 동일하게 지급받고 여기에 연구노동에 대한 인건비를 따로 외부로부터 지급받는 경우도 존재한다. 이때에도 교수들의 교육 연구 노동에 대한 보상과 비용지불의 원칙이 완전히 무너지게 된다. 대학에서의 도덕적 해이의 주된 원인이 이것이다. 이러한 문제점은 연구 이외의 대외 서비스 활동의 경우에도 동일하다.

이러한 이유로 지난 10년 동안 연구개발 투자가 급증하면서 오히려 우리 대학의 교육과 연구 기능에 있어 혼란과 갈등, 무기력과 적당주의가 심화되어 가고 있다. 이러한 증후는 점점 뚜렷해지고 있다. 교육에만 충실한 교수는 연구와 용역을 많이 하는 교수들이 늘어나면서 이들을 질시하거나 교육에 대한 보상이 낮다고 주장하면서 연구를 많이 하는 교수 수준으로 전 대학의 표준 수업 부담을 낮출 것을 당당히 주장하며, 연구를 주로 하는 교수는 연구노동에 대한 대가가 제대로 지불되지 않는다고 불만이 쌓여 간다.

이러한 인건비 계산 기준의 혼란의 부정적 파급 효과는 연구 및 서비스의 위축에 그치는 것이 아니다. 외부 연구를 수행하는 교수가 많을수록 그 외부 수탁 연구를 위한 인건비를 대학이 지불하는 결과가 되고 이는 대학의 교육 재정을 부실하게 만든다. 연구노동에 대한 인건비가 지급되지 않는 경우에는 그 외부 지원 기관이 부당한 인건비 이득을 보는 것이며 연구비가 지급되는 연구라면 연구 수행 교수가 결과적으로는 부당한 이득을 보게 된다. 이러한 결과는 대학 교육재정의 희생을 기초로 한 것일 수밖에 없다.

또한 인건비 계산 기준 혼란의 부정적 파급 효과는 대학교수 인사제도의 혼란으로 이어질 수밖에 없다. 우리나라에서 연구교수제가 제대로 정착하지 못하는 이유는 그것이 정규 교수와 처음부터 별도의 직종으로 되어 있기 때문이다. 연구와 교육의 인건비 계산이 명확해지면 연구와 교육 간에 자연스런 호환이 이루어지며 연구를 선호하는 교수는 교육시간을 줄이는 시간만큼의 인건비를 대학에 반납하고 연구비에서 인건비를 지급받음으로써 자연히 연구교수가 되는 것이다. 이러한 체제를 갖추지 못한 상황에서 연구 교수제도를 도입하는 경우 연구교수는 자연히 비정규교수로서 낙인 효과를 수반하게 되고 이런 상황에서 연구의 활성화가 이루어지는 것은 기대하기는 매우 어렵다.

인건비뿐 아니라 시설 및 행정 등 연구에 따르는 간접 경비 부분도 외부 연구위탁자가 대학에 무임승차하는 주요 부분이다. 학술진흥재단의 조사보고에 의하면 1996년도의 경우 우리나라의 4년제 대학이 수주한 연구비 총액은 759,913백만 원이며 그중 6.6%인 50,111백만 원이 간접연구경비로 대학에 의해 사용된 것으로 파악되었다. 이러한 비율은 전체 연구경비의 30~40%가 간접비에 충당되는 미국 대학의 일반적 간접연구경비 비율에 비교해 볼 때 터무니없이 낮다. 미국 대학의 경우 심지어는 교수들이 외부기관을 위한 자문, 강연 등 용역 서비스 활동을 하는 경우에도 그 장소가 어디인가에 따라 율을 달리하여 간접 경비(시설 및 행정 경비)를 징수한다. 우리나라의 경우는 물론 이러한 관행은 없다. 우리나라에서의 간접 연구경비가 이렇게 헐값이 되어 있는 원인은 여러 가지가 있다. 이를 하나하나 고쳐 나가고 대학 시설과 행정 경비에 대해 제 값을 쳐주지 않으면 대학의 연구 및 서비스 기능 활성화는 요원하다.

우선 간접 경비의 성격에 대한 정확한 인식이 선행되어야 한다. 이러한 인식 결여가 간접비 징수에 대한 저항의 원천이 되고 있다. 법률적으로 앞서 말한 것처럼 외부 자금 지원에 의한 연구 및 서비스 활동의 주체는 원칙적으로 교수 개인이기 이전에 대학이 되어야 한다. 이렇게 보면 대학이 간접비를 우선적으로 계산하여 자기 계산으로 유보하고 나머지 연구비를 교수들의 연구 인건비와 활동비 등으로 지급하는 것이 당연하다. 법률적인 관점을 떠나 실질적인 관점에서 볼 때에도 간접경비란 기본적으로 대학 교수가 수행하는 외부 연구 및 용역에 활동에 제공하는 대학 내 공공서비스 경비를 대학 당국이 징수하는 것이다. 이는 정부가 국민들에 대한 정부서비스 경비를 세금의 형태로 징수하는 것과 전혀 다를 바 없는 것이다. 기본적으로 원가 회계에 있어 비용산정과 배분의 과정은 본질적인 자의성을 지닌다. 세금 부과 기준이 본질적으로 자의적인 것과 마찬가지이다. 세금이나 간접경비나 모두 이러한 본질적 자의성에도 불구하고 피징수자의 최대한 자발적 동의를 위해 합리적인 경비산정과 배분이라는 과정을 거치는 것뿐이다.

우리나라에서 대학재정에의 무임승차현상이 심화되는 근본원인은 대학이 공공시설이라는 인식하에 대학으로부터 제공되는 서비스에 대해 정부와 기업이 마땅히 지급해야 할 대가를 지급하지 않기 때문이다. 대학시설은 공짜라는 의식부터 바꿀 필요가 있다. 한국인들의 문화는 계산에 약하고 적당주의에 젖어 있다. 이러한 풍토에서는 대학의 연구 및 서비스 활동에 대한 원가 계산이 분명해 질 수 없다. 정부부터가 대학에 인건비와 간접경비를 분명히 지급하지 않고 대학의 시설과 인력을 공짜로 이용하는 적당주의 관행을 탈피해야 한다.

연구비 중앙관리제의 허실: 연구비 집행의 분권화 문제

회계제도의 일반적 목적을 요약하면 다음과 같다. 1) 투자자 및 이해관계자에 대하여 정확하고 신뢰성 있는 재무실적 정보를 제공함으로써 투자의사 결정을 위한 기초를 제공하며 이를 통해 투자를 촉진한다. 2) 경영자의 경영 의사결정을 위한 기초 자료를 제공한다. 3) 거래와 자산관리에 있어 조직의 자원을 최대한 보호할 수 있도록 통제 체제를 확립한다. 4) 개인과 조직의 활동에 수반되는 비용을 그 활동으로 인한 수익으로써 충당하여 비용-효과 간 연계를 분명히 하고 활동의 동기를 합리화한다. 이러한 네 가지 목적은 기업회계나 정부 등 공공기관회계를 막론하고 회계제도의 존재 이유가 되고 있다. 그런데 현재 우리나라 대학연구비 회계제도가 과연 이러한 기능을 제대로 수행하고 있는지는 대단히 의문이다.

우리나라 대학의 회계체제를 일폐하면, 국립대학의 경우 학교 교비회계와 기성회 회계가 사립학교의 경우 교비회계와 법인 회계가 따로 구분되어 존재한다. 사립학교의 경우는 결산 시 기업회계와 마찬가지로 학교재무제표를 작성하고 있다. 즉 회계기간 동안의 학교수지를 요약한 학교운영계산서, 회계연도 말의 자산구성을 요약한 대차대조표, 회계기간 동안의 자금 원천과 그 사용 내역을 요약한 자금계산서의 세 가지가 그것이다. 이러한 기존 대학회계제도는 국립대학의 경우 정부예산회계법, 사립대학의 경우는 정부의 예산회계 절차를 광범위하게 모방한 사학기관 재무회계규칙에 의해 운용되며 앞에서 열거한 회계제도의 일반 기능보다는 지출통제의 목적 중심으로 상당히 경직된 체계를 이루고 있다.

이상의 대학회계 체제는 그나마 교육경비 중심으로 설계된 제도일 따름이다. 이러한 상황에서 연구 및 서비스와 관련된 대학의 수지는 원칙적으로 이상의 기존 회계체제에 원활히 수용될 여지가 없다. 국립대학의 경우 연구 및 용역 수입은 교비세입에 편입되는 순간 국가로 귀속이 되어 버려 학교와는 상관없는 수입이 되고 마는 결과가 초래되고, 그 자금의 지출도 국회를 통과한 예산에 반영되지 않는 한 불가능하다. 그러므로 연구 및 용역 수지는 편의상 국립대학의 경우 학교 기성회 회계로, 사립대학의 경우 학교 교비회계에 반영될 수 있기는 하지만 이들 회계도 철저하게 교육 중심으로 짜인 통제 위주의 절차로 되어 있어 연구 및 용역 수지의 기록에 아주 부적합하다. 예를 들어 대학에 적용되는 일반적 회계규칙인 "사학기관재무계규칙에대한특례규칙"은 연구 및 서비스 관련 수입의 계정 과목 자체를 예정하지 않고 있으며 다만 교육 외 수입 중 잡수입 계정에 연구 간접비 수입만을 예정하고 있을 뿐이다.

연구 및 서비스 활동을 수행하는 대학의 입장에서 연구 개발의 성과로 산출되는 지적 재산권을 효과적으로 사용 수익할 수 있는 체제를 갖추는 것은 불가결하다. 이러한 지적재산권 관리체제의 기초는 자산 회계 제도의 확립에 있다. 우리나라 대학들이 연구 및 서비스 부문에서 자산 관리 주체로서 적극적 회계를 수행하지 못하고 있다는 것은 지적 재산권 관리 체제가 갖추어 지지 않은 것에서 대표적으로 드러난다.

결국 대학의 연구 및 서비스 기능이 활성화되려면 국·사립을 막론하고 기존 학교회계체제와는 별도로 탄력적인 연구 및 서비스 회계를 별도로 두지 않으면 안 된다. 이러한 이유로 1998년 12월 조사에 의하면 44개 국립대학 중

40개가 별도의 연구비관리회계를 유지하고 있으며 사립대학의 경우도 조사된 133개 교 중 86개 교가 법정된 기존 회계와 별도로 연구비 관리 회계를 두고 있다. 문제는 이러한 별도 회계들에 대해서 아직 확립된 회계기준이 존재하지 않으며 이들 회계의 예산절차나 결산보고도 통제 중심의 정부 예산회계 또는 이를 모방한 사학 재무회계규칙을 그대로 적용함에 따라 활발한 연구 및 서비스 활동을 통해 학교의 기능을 강화하고 대학재정을 충실히 할 수 있는 토대가 마련되지 못하고 있다는 점이다.

대학조직의 특성은 전체로서 대학을 구성하는 내부 연구 조직 단위들의 높은 자율성과 분권화 체제이다. 특히 연구 및 서비스 활동의 경우는 매우 높은 수준의 자율성을 지니지 않으면 원활한 수행이 불가능하다. 연구 및 서비스 회계 체제는 이러한 특성을 반영하여야 한다. 이를 위해서는 대학 내부적으로는 연구 및 서비스 회계만이라도 주요 연구 및 서비스 수행 단위 별로 독립 채산화 분권화되지 않으면 안 된다. 대학 본부에서는 이러한 독립채산의 회계 실적을 집약하여 대학 전체의 회계 실적을 유지 공개하고 독립채산의 각 회계로부터 간접경비를 징수하여 그 본부 비용에 충당하는 것으로 충분하다.

전반적으로 보아 현행 연구비 관리 체제의 문제점은 연구 서비스 활동의 주체인 대학이 이를 뒷받침하는 회계의 실체 개념에 입각한 회계체제를 확립하지 못하고 정부 등 외부 감독자의 통제 중심, 자금회계 중심의 회계 관행이 지배하고 있는 것이다. 이러한 관행이 지속되는 한 자금지원 기관이나, 감독자인 정부가 요구하는 각양각색의 계산 기준과 회계정보 들에 의해 대학의 연구 및 서비스 활동의 계산 체제는 파편화되고 지리멸렬한 상태를 벗어날 수 없다. 이를 개선하기 위해서는 ①집행은 분권화, ②정보는 집중화라는 대원칙 하에 연구비집행관리 체제를 개편해야 한다. 전자의 원칙을 구현하기 위해서는 연구책임자마다 계좌를 설정해야 한다. 현재의 연구비중앙관리시스템에서 많은 대학이 여기까지는 나아가 있다. 그러나 연구수행자마다 계좌를 설정하였으면 그 계좌에서의 입출금에 관한 권한과 책임을 연구책임자에게 이전해야 하나 대부분의 대학이 이러한 조치 없이 대학본부의 모계좌(母計座)와 연구책임자별 계좌를 똑같이 대학본부가 전권을 쥐고 집행하는 데서 문제가 생기는 것이다. 이러한 조치가 선행된 후에 대학본부는 대학 전체적인 자금흐름, 수익-비용 흐름, 자산관리 차원에서 전체계좌를 포괄하는 종합회계정보시스템을 운영하면 되는 것이다.

반복하여 강조하지만, 결국 중요한 것은 대학 스스로의 개념에 입각한 회계기준과 일반적으로 확립된 수지회계 자산회계의 회계관행을 수용한 회계체제를 수립하고 이를 중심으로 스스로의 대학경영을 위한 관리회계 정보를 축적하는 한편, 자금지원기관이나 감독기관이 필요로 하는 회계정보를 손쉽게 가공하여 제공할 수 있는 체제를 갖추는 것이 시급하다.

한편, 대학의 연구비 집행관리를 중앙집권적 관료화로 끌고 가는 것이 대학 내부의 잘못된 관행 때문만은 아니다. 오히려 현장을 잘 모르는 정부정책입안자들이 〈연구비중앙관리〉라는 잘못된 개념을 가지고 만들어내는 규제가 더욱 주된 원인이다. 정부의 역할은 연구를 활성화하기보다는 위축시키는 방향으로 흐르고 있다. 이러한 상황에서 대학의 연구개발 회계와 관련 현재 정부가 수행하고 있는 몇 가지 정책의 문제점을 지적하고자 한다.

① 예산당국의 예산편성기준

미국의 경우 예산국 훈령(OMB Circular No A-21) 형태로 정부자금에 의한 고등교육기관의 연구개발 훈련 기타 서비스 활동에 대한 원가 계산기준을 제시하고 있다. 관련 부처가 별도 지침을 제정하지 않으면 이 예산국 훈령이 적용되게 된다. 그러나 현재 우리의 정부 예산 당국은 이러한 기준을 전혀 마련하고 있지 못하며, 오히려 이러한 기준 마련의 필요성조차 규제 완화 차원에서 부정되고 있는 상황이라 당분간 예산당국이나 정부재정당국에 의한 이러한 기준 마련은 요원해 보인다. 정보통신부, 산업자원부, 과학기술처 등 주요 정부 연구개발 자금 지원 부처들도 이러한 원가계산 기준 마련에 적극 나서지는 못하고 있지만 앞으로 이들 부처별로 제각각 다른 기준을 입안 운용할 가능성이 높다. 만약 예산당국이 이러한 조정 기능을 해주지 못할 경우 가장 바람직한 것은 이들 연구개발 수요 관할 부처에 의한 기준이 난립되기 이전에 연구개발 공급자인 대학을 관할하는 교육당국에서 이 기준을 마련하여 운용하는 것이 바람직하다.

② 보조금 정산 제도와 정부출연재단 연구비 산정 집행 기준

정부가 지원하는 연구비는 대부분 보조금(Grants) 성격을 지니고 있으며 정부 보조금에 관한 법률과 관계시행령 및 보조계약에 따른 정산을 필요로 한다. 이 정산 과정에 적용되는 지침이 개별 연구비 지출의 비용 허용 여부를 결정짓게 된다. 그러나 이들 법령은 대학에 보조된 연구개발비에 대한 정산기준이라고 할 만한 기준을 전혀 제시하지 않고 있다. 다만 학술진흥재단이나 과학재단의 연구비는 정부가 이들 기관에 출연하는 자금을 재원으로 하는 보조금의 성격을 갖는데, 이들 기관이 운용하는 연구비 산정 집행기준이 대학에서의 연구비비용 결정과 배분에 큰 영향을 주고 있다.

그런데 이들 기관이 운용하는 연구비 산정 집행 기준은 인건비를 원칙적으로 인정하지 않는다. 연구 간접비에 대해서도 수혜 대학에 따라 전혀 인정하지 않거나 3~10%를 계산하고 있는데 그나마 상당수의 대학에서는 이들 재단에 대하여는 간접비 징수를 면제하고 있는 실정이다. 이러한 일이 벌어지는 근본 원인은 이들 연구비 지원이 연구경비 전체를 지원해주는 것이 아니라 보조금으로서 대학의 연구 활동에 경비의 일부를 지원한다는 보조금 개념에 입각해 있기 때문이다.

회계상 원가를 계산하고 비용 배분을 하는 이유는 비용을 수익에 대응시키거나(수지계산의 원칙) 정당한 가격 설정의 기초로 삼기 위한 것이다. 학술진흥재단 또는 과학재단의 연구비 정산 제도는 보조금으로서 경비의 일부를 지원한다는 개념적 한계 때문에 이를 중심으로 연구비 관리 통제가 강화될 경우 수지계산에 입각한 정상적인 연구의 계산을 왜곡시키고 더 나아가 연구비 회계관리 발전에 저해 요소가 될 가능성이 높다.

③ 학술연구용역 원가계산제도

정부 지원 연구비 중 또 다른 부분은 연구비 보조 성격이 아닌 정부 조달 서비스로서의 학술연구용역에 대한 가격 형태로 지원되는 연구개발비이다. 이들은 대학 입장에서 보면 연구비이지만 객관적으로 보면 대학이 수행하는 연구개발 용역에 대한 정부조달 가격인 것이다. 이에 대하여는 "국가를 당사자로 하는 계약에 관한 법률"과 동시행령에 근거한 회계예규로서 "원가계산에 의한 예정가격작성준칙(회계예규 2200.04-105-3)"이 적용되고 있다. 이 준칙은 학술연구용역의 원가계산에 관한 원칙을 비교적 상세히 규정하고 있으나 유감스럽게도 대학의 구조와 특성이 전혀 반영되지 못한 탓에 대학의 연구개발 활동에 적용되기에는 근본적인 한계가 있어 별로 사용되고 있지 못하다.

구체적으로 대학에서의 연구개발은 교육과 연구 시설 등 대학 내부 기능의 특성에 따라 직접 연구비에 대해 간접 연구비로 나뉘고 후자의 비중이 매우 높을 수밖에 없는데 상기 준칙은 공사 등 도급 계약의 원가 구조를 약간 변형하여 채용함으로써 현재 대학의 원가 계산관행 발전에 전혀 도움이 되지 않고 있다. 예를 들어 연구 인력 인건비와 행정인력 인건비가 전혀 구분되어 있지 않은 점, 도급 공사에서처럼 일반 관리비 5%를 인정하는 외에는 대학에서의 연구 간접비 대부분을 분해해서 개별 비용에 할당 계산해야 하는 점 등이 이 준칙을 현실적으로 대학에 적용하기 어렵게 만들고 있다.

한편, 과학기술부는 산하 정부출연 연구기관에 프로젝트관리회계체제(PBS)를 도입하면서 이들 기관의 원가계산을 수행하여 연구기관별로 원가 측정과 간접비 비율을 확인하는 기능을 갖고 있다. 만약 대학의 연구 및 용역 회계에 프로젝트 관리회계를 도입한다면 교육부가 전문 평가용역 기관을 통해 대학의 연구 및 용역 원가 계산과 간접비 비율 확인 등의 기능을 수행하여야 할 것이다.

④ 연구비와 조세의 문제

1990년대 후반부터 세무당국은 대학에서의 연구비에 대한 과세를 강화하고 있다. 대학의 연구개발 활동 자체는 수익사업이 아니기 때문에 이에 따른 대학의 법인세 문제는 일어나지 않고 연구비를 연구자 개인의 수입으로 간주하는 입장에서 연구원들의 소득세가 주로 문제되고 있다. 즉 연구책임자가 개인적으로 수령한 연구비에 대하여 정식으로 서류에 의하여 비용인정이 되지 않는 부분에 대하여 75%를 세무당국이 비용으로 간주하고 나머지 25%를 연구책임자의 과세소득으로 하여 소득세를 부과하고 있다. 따라서 공식절차에 따라서 비용으로 원활히 입증 처리할 수 있는가의 여부는 세무 당국의 인정에 달려 있기 때문에 연구수행자로서는 엄청난 부담이 아닐 수 없다. 따라서 연구비 집행과 관련한 세무회계 관행이 어떻게 확립되는가는 앞으로 대학에서의 연구 활성화에 매우 긴요한 문제로 등장할 것이다.

이에 대하여는 앞서 계속 지적한 바와 같이, 현행 연구비 관리 체제가 대학에서의 연구 및 서비스를 대학이 계산주체가 되는 것으로 보기보다는 연구를 수행하는 교수개인의 사업으로 보는 잘못된 인식이 세무관행에까지 반영되고 있는 점을 시정하지 않으면 안 된다. 대학을 연구 및 서비스 회계의 주체로 분명히 하는 것은 향후 연구비에 대한 과세의 향방을 결정짓는 데 매우 결정적 역할을 할 것이다.

한편, 대학이 연구 및 서비스 회계의 주체라는 점이 명확히 될 경우의 또 다른 장점은 세법상 연구비 집행 과정에서 구매한 연구 장비들에 대한 부가세를 환급받을 수 있다는 점이다. 이는 대학의 입장에서는 아주 요긴한 재원이 될 것이다.

⑤ 교육당국이 제시하는 대학회계기준과 연구비 중앙관리정책의 한계

이상에서 검토한 정부예산 편성기준, 연구보조금 정산에 다른 계산, 학술연구용역의 원가계산기준, 연구비에 대한 과세 문제에서 본 것처럼 이들 연구비 회계와 관련된 정부의 역할 문제들은 대학을 관할하는 교육당국이 주도적으로 나서서 해결하지 않으면 해결하기 어려운 상황에 놓여 있다. 교육부는 대학의 회계관리에 대해 정부 내에서는 일차적으로 정책발전과 지도 감독의 책

임이 있다. 현재 국립대학의 비국고 회계에 대하여는 "국립대학의비국고회계에관한규정"(이하 "비국고회계규정")을 훈령 형태로 운영하고 있으며, 사학에 대하여는 "사학기관재무회계규칙"(이하 "사학회계규칙")과 "사학기관재무회계규칙에대한특례규칙"(이하 "특례규칙")을 교육부령으로 운용하고 있다.

그런데 비국고회계규칙은 오로지 기성회회계에 대해서만 규정하여 적용되고 있고 내용도 국고회계와 거의 대동소이하여 비국이고 회계로서의 탄력성을 전혀 발휘할 수 없게 되어 있다. 앞서 본 것처럼 교비 회계와 분리된 연구비관리 회계를 유지하는 40개 국립대학에서 연구비 관리계정은 다름 아닌 비국고회계이다. 이에 대하여는 전혀 교육부가 회계기준을 마련하지도 않고 있는 상황이다. 연구비 계정을 학교회계에 통합관리하고 있다는 4개 국립대학의 경우 국고회계인 교비회계에 통합하는 것은 불가능하므로 통합했다면 기성회회계에 통합되어 있을 수밖에 없는데 기성회비 관리를 목적으로 하는 기성회회계의 성격과 관리주체, 회계방식으로 보아 이는 매우 불합리한 결과를 낳을 것이다.

사학회계규칙과 동 특례규칙은 철저하게 앞서 이미 지적한 대로 교육중심으로 구성되어 있다. 법인회계와 학교회계를 구분하고 학교회계에서 법인으로 자금전용을 막는 데 치중한 통제 위주의 회계규칙이다. 또한, 사립대학의 경우 대학회계 중 교비회계나 기성회 회계나 모두 교육비 중심의 회계로서 국립과는 달리 이를 구별할 실익이 전혀 없으며 기실 많은 대학이 사실상 양 회계를 통합운영하고 있다. 여기에 정상적인 연구비회계가 부작용 없이 끼어들어갈 여지가 별로 없다.

이 같은 상황에서 교육당국은 연구비중앙관리제도의 보급이라는 정책을 가지고 대학평가를 통해, 1) 자체 연구비 관리규정의 운용 2) 연구관리 전산화 3) 인건비와 물건비 집행의 중앙관리 4) 회계장부 비치 5) 연구비 정산에 대한 통제 강화 6) 연구비 계정의 별도 운영 6) 연구결과 보고서 관리 강화 등 연구개발비 집행 통제를 강화하고 있고 이러한 경향은 교육부나 감사원의 대학회계 감사방향에도 그대로 반영될 수밖에 없는 상황이다.

그러나 이러한 감독상의 조치는 대학의 연구 및 서비스 기능 강화를 위한 연구개발비 회계 회계체제가 발전 확립되기도 이전에 통제부터 강화함으로써 정부예산회계와 마찬가지로 회계주체 개념이나 수지개념이 전혀 결여된 채 비능률적 통제 위주의 회계 관행을 조장함으로써 오히려 대학의 연구 및 서비스 기능을 위축시키는 결과를 가져올 가능성이 높다.

이미 본 것처럼 연구비 중앙관리라고 하지만 현재 대학회계체제 속에서 연구비 중앙관리회계라면 그 중앙관리 연구비 계정은 1) 성질상 전혀 맞지 않는 교비회계 기성회 회계에 통합되어 불합리가 증폭되거나 2) 이도 저도 아닌 임의회계로서 회계의 법적 기초와 지도 감독의 명백한 근거가 결여된 사각지대에 놓이거나 둘 중의 하나가 될 수밖에 없는 상황이다. 1998년 말 현재 전국 181개 대학 중 158개 대학이 연구비관리규정을 제정하고 연구비 중앙관리를 한다고 하나 그 내용은 회계적 관점에서는 최소한의 분명한 회계 목표와 구조를 가지고 확립된 회계체제라고 보기 어려운 관리통제규칙들의 집합일 따름이다. 특히 국립대학들의 경우 분권화된 학내 관리책임구조에 따라 중앙관리라고 하나 수많은 분임계정들로 나뉘어 관리되고 있는 상태에서 연구비의 전체적 자금흐름이나 전체적 수지 파악조차 매우 어려운 상황이다. 이러한 체제를 중앙관리되는 연구비회계라고 보기는 어렵다.

연구개발비 회계관리는 1) 연구 및 서비스 주체로서 대학의 재정적 충실을 기하고, 2) 연구비 지원 기관에 대학의 연구 및 서비스 활동에 대한 신뢰를 주어 대학에 대한 연구비 투자를 촉진하고, 3) 연구 연구수행자의 편의를 최대한 도모함으로써 대학의 연구 및 서비스 기능이 활성화되도록 뒷받침하는 체제여야 한다.

대학 내 분규와 그 속성, 원인

대학은 작은 공동체이다. 이 공동체에는 공동체로서 나름의 질서가 있고 권위를 가진 당국이 있다. 사회 전반적인 민주화와 함께 갈등도 늘어나고 있으며 민주화에 다른 이러한 갈등이 두드러진 곳 중의 하나가 바로 대학이다. 이러한 대학에서 크고 작은 많은 분쟁이 발생하고 있으나 이러한 분쟁들이 효과적으로 해결되고 있다고 보기는 어렵다. 오히려 많은 분쟁들이 해결되기보다는 회피되거나 감춰지고 있는 것이 현실이며 그렇게 함으로써 해결이 지연되고 악화되는 경향이 있다. 이들 갈등은 흔히 교육 분야 종사자들의 고집스러움과 비타협적 성격으로 인해 더욱 조장되며, 그렇게 해결이 지연된 분쟁들은 끝내는 대학이 자체적으로 수습할 수 없는 큰 분쟁이 되어 사회적 문제가 되고 외부 기관의 개입을 불러일으키게 된다. 이들 대학의 문제 해결을 위해 정부가 개입하게 되고 나중에는 법정 다툼으로까지 비화되는 경우가 허다하다. 이러한 싸움 끝에 이른바 '문제 대학'으로 분류되는 대학이 전체 대학 숫자의 1할 정도라고 보면 된다.

대학 내에서의 갈등과 싸움은 크게 보면 ①대학법인 등 경영진과 교수진 간의 싸움 ②교수진 내부의 싸움 ③대학과 학생 간의 싸움의 세 가지 유형이 있으며, 하나의 계기에 이들이 서로 얽혀 상승작용을 하는 것이 보통이다.

교수와 대학경영당국 간의 분쟁은 대부분 교수에 대한 징계문제 또는 그 발단이 되는 대학경영에 불만을 가진 교수의 대학 당국에 대한 항의 행동에서 비롯된다. 교수에 대한 징계는 대학당국의 권한에 속하지만 교수가 징계의 정당성을 수용하지 않고 이의를 제기함으로써 분쟁이 심화된다. 교수의 이의 제기를 대학 측은 대학당국의 권위에 대한 도전으로 생각하고 교수는 상벌의 부당성 문제뿐 아니라 상벌결정의 원칙문제나 상벌결정의 절차문제에까지 이의를 확대하면서 분쟁은 흔히 다른 교수들이 참여하는 집단 분쟁의 양상에 이르게 된다. 교수가 대학당국의 부당한 처분을 진정서 고발 등의 형태로 외부에 노출시키게 되면 교수와 대학당국의 대립은 더욱 격화된다.

　교수와 대학당국 간의 분쟁 역시 분쟁당사자들이 자율적으로 해결하는 것이 가장 바람직하다. 이를 위해서 교수와 대학장 모두 상호간의 관계를 권위주의적인 시각에서 접근하기보다 차라리 실질적 이해관계와 정당한 이익의 문제를 둘러싼 동반자적 시각으로 바라볼 필요가 있다. 권위주의적 시각 하에서는 분쟁을 힘의 논리로 해결하고자 하게 되는 데 비해, 정당한 이해관계라는 관점에 섬으로써 당사자 간의 원만한 협상과 타협이 가능하기 때문이다.

　대학경영을 둘러싼 정당한 이해관계라는 관점에서 보면 대학경영이란 자본과 지식이 동등한 지분을 갖는 것이 원칙인 일종의 동업자관계에 기초한 것이다. 즉 공·사립을 막론하고 대학시설을 위한 자본을 투자한 설립자 즉 자본투자자와 교육기관으로서 필수 불가결한 지식을 보유한 교수 등 교원집단이 공동목적을 가지고 운영하는 사업이 대학교육인 것이다. 현재의 교육행정 또는 대학경영 법제는 이러한 내면 실상을 제대로 반영하지 못하고 있다. 사립대학의 법률적 실체를 재단법인의 일종인 대학법인으로 구성한 데서 보듯 대학을 순수한 물적(物的) 시설로 간주함으로써 동업 관계에 있는 양자의 관계를 고용주-피고용인의 관계로 왜곡시켜 버린 것이다.

　대학경영을 둘러싼 분쟁이 다발하는 근본적인 이유는 진정한 실질관계를 반영하지 못한 잘못된 법제로 인해 당사자들이 정당한 이익에 기초한 관계를 설정하여 이를 원만히 유지하지 못하고 겉으로 나타난 형식적인 권한이나 이념적인 주장에 매달리게 되기 때문이다. 즉 대학 당국은 자본 투자자로서의 형식적인 대학설립자 즉 교육청이나 사립대학 재단이 형식적으로 대학경영권의 법적인 주체라고 해서 이를 오로지 해서는 안 된다는 인식을 가져야 한다. 교수들 역시 대학의 궁극적 주체는 교수라는 근거도 없고 감정적 이념적인 주장에서 벗어나야 하며, 피고용 근로자로서의 노동권을 고집함과 동시에 교수가 대학의 주체라는 교수주체론을 펴는 이중적 기회주의적 태도를 버려야 한다. 당사자들이 법제에 입각한 형식적 입장이나 정치적 당파성에 입각한 이념적 주장을 밀어 놓고 실제의 진정한 이해관계에 입각한 대화와 협상을 시도할 때만이 대학경영을 둘러싼 분쟁은 효과적으로 예방되고 해결될 수 있다.

교수와 교수 간의 분쟁은 대부분 교수사회 내 파벌과 인간적 갈등에서부터 비롯된 교수인사 문제가 출발점이다. 합의제 문화가 속속들이 퍼져 있는 대학에서 정작 소수로 몰린 상대방의 동의나 합의 또는 의견 청취절차를 배제한 채 상대방의 인사 상 문제가 처리되는 경우가 종종 있으며 이때는 십중팔구 대학은 분쟁의 소용돌이에 빠지게 된다. 대학사회는 속성상 교수들 상호간에 서로 무관심한 것이 보통이며, 그럼에도 불구하고 이러한 일이 벌어질 경우엔, 피차간에 표면상의 공식적 업무를 넘어선 인간적인 공격과 비난이 이면에서 행해지고 그에 따른 적대감이 파벌조성과 상대방에 대한 배제행동으로 나타난 것이다. 이는 공적인 비즈니스와 사적인 인간관계를 구별하지 못하는 우리나라의 잘못된 토론문화의 반영으로서 대부분은 양측 모두에 결정적인 인격적 미성숙함에서 야기되는 것이다. 대학교수들 가운데 이러한 인격적 미성숙함이 일반사회인들보다 더욱 많이 발견된다는 것은 그들의 직무 속성으로 볼 때 전혀 놀라운 일이 아니다. 이러한 교수와 교수 상호간의 분쟁과 싸움은 대학 내에 적당한 중재자가 없는 우리나라 대학의 특성 때문에 악화된다.

교수와 학교당국 또는 교수와 교수들 간 갈등의 근본적인 원인은 대학 밖의 싸움과 마찬가지로 학내에서 재화의 배분이 심하게 불균형일 때 일어난다. 즉 풍족한 자와 빈곤한 자 간의 격차가 도를 지나쳤을 때 일어나는 것이다. 다시 한 번 대학이 하나의 도시 또는 타운이며 대학본부는 그 시 당국과 같다는 비유로 돌아가 보자. 한 도시 또는 나라 내에 부자와 빈자 간의 격차가 심해지면 갈등이 높아지고 싸움이 늘어난다. 그래서 시 당국 또는 정부는 이러한 빈부 격차가 심해지지 않는 것을 중요한 정책 목표로 삼고 빈자들을 위한 대책을 세우는 것이다. 대학의 경우도 마찬가지이다. 대학본부 당국이 이 일을 잘못해 학내 구성원 간의 빈부 격차가 심해질 때 대학이 분란에 휩싸인다고 보면 된다.

우리나라 대학에서 일어나는 일반적인 현상의 하나는 이공 경영 의약 예능 등 분야의 교수나 학과는 풍족한데 인문사회과학 분야의 교수와 학과는 대개 빈곤하다는 점이다. 그런데 이들 빈곤한 교수 학생들이 글이 세고 말은 잘하는 것이다. 대학이 시끄럽지 않을 수 없다. 미국의 대학이 가장 잘하는 것이 간접비 명목으로 이들 잘 나가는 교수들에게서 세금을 걷어 이를 빈곤한 교수 학생들에게 연구비와 장학금을 지원하는 일이다. 즉 대학 당국이 세금을 걷어 학내에서의 재분배 정책을 잘하고 있는 것이다. 대학이 시끄럽지 않으려면 바로 이러한 학내 재분배 정책이 필요한데 우리나라에는 이것이 잘되고 있지 않다.

한편, 학생과 교수 간 분쟁은 대부분 학생에 대한 차별과 성희롱, 상벌, 배치(placement) 등 미국식 용어법으로는 학생인사(student personnel) 문제와 관련된다. 그의 1차 당사자는 처음에는 보통 특정 학생과 특정교수다. 그러나 분쟁의 이슈가 학생의 권익에 미치는 영향이 크거나, 분쟁의 해결과정이 악화되면 학부모나 학생회가 분쟁 당사자로 직접 참여하게 되고 이때는 대학당국도 분쟁당사자가 될 수밖에 없다. 우리사회가 민주화가 되면서 이 유형의 분쟁은 갈수록 늘어나고 있다.

우리나라의 민주화 과정이 이 유형의 분쟁을 격화시키는 요인의 하나는 인간행위의 객관적 판정기준이 점점 상대방의 선의(bona fide)에 대한 신뢰에 기초하기보다는 각자의 감정을 우선 존중하는 방향으로 움직이는 추세 속에서 민주화가 상호신뢰보다는 불신의 조성에 지속 기여하기 때문이다. 예를 들어, 성희롱에 대한 오늘날의 판단에서 가해 상대방의 '의도'의 선의보다는 '피해자가 수치스럽게 느꼈느냐'가 우선적인 판단기준이 되고 있으나, 이 경우 통상 피해자가 수치스럽게 느끼는 이유는 현실적으로 상대방의 선의를 믿기 어려운 불신이나 적대관계가 민주화라는 이름으로 그 전에 이미 조성이 되어 있었기 때문이다. 이러한 경향은 비단 성희롱의 경우에서만 발견되는 것은 아니다.

많은 헌법학자들이 정치적 민주주의는 인간 상호간의 불신에 기초하여 발전하는 제도라고 보고 있다. 인간의 선의를 믿어서는 상호 견제와 감시에 입각한 정치권력의 통제를 말하기 어렵기 때문이다. 우리나라에서도 정치적 민주화는 이러한 불신을 전제로 깔고 있다. 문제는 시민사회와 국가 간의 관계에 적용되는 이러한 논리가 대학사회에도 광범하게 스며들고 있으며 그로 인해 대학에서의 교수-학생관계에도 이 전에 없던 갈등이 확대되고 있다는 점일 것이다.

대학 내의 분쟁해결 절차

대학에서의 분쟁은 속성상 대학 스스로 해결할 수 없는 상황이 되면 외부기관으로서는 더욱 수습하기 어려운 것이 보통이다. 설사 외부 기관이 개입하여 해결되더라도 그 결과는 대학을 포함한 당사자 간의 관계가 깨질 대로 깨짐으로써 분쟁해결의 의미가 없는 지경에 이르기도 한다.

대학 현장에서 갈등관리와 분쟁 해결 시스템의 구축이 지연되고 있는 이유는 교육에 대한 당사자들의 상이한 인식에 기인하고 있는 바가 크다. 대학 현장에서 발생하는 갈등과 분쟁은 의례 발생하는 사소한 갈등과 분쟁으로 인식하고 대수롭지 않게 여기거나 갈등과 분쟁은 학생 지도나 대학 감독을 강화해서 해결해야 한다는 인식이 많이 퍼져 있다. 갈등과 분쟁 때문에 고충이나 불만을 느끼는 당사자는 해결방법을 찾지 못한 채 좌절감을 느끼지만, 사소한 문제니까 참아야 한다든지 고충이나 불만을 제기하면 자신의 권위에 도전하는 것으로 느끼는 양극화된 감정이 분쟁의 원만한 해결을 어렵게 만들고 있다.

이러한 문제는 어떤 특정대학에서 발생하는 것이 아니라 거의 모든 대학에서 발생하고 있기 때문에 대학 현장에서의 갈등과 분쟁 해결에 대한 정책적 관심을 필요로 한다. 학생·학부모, 교수·대학, 교육행정기관 모두 갈등과 분쟁에 대한 인식이 높아져야 된다. 동시에 대학 현장에서 교육당사자들이 갈등과 분쟁을 자율적으로 해결할 수 있는 역량을 키우고 이를 뒷받침하는 시스템이 마련되어야 한다.

대학 현장의 분쟁을 해결하는 데 지금까지 활용된 방안으로는 당사자 간의 폭력이나 처벌, 관계의 단절, 그리고 재판 등을 들 수 있다. 그러나 이러한 분쟁 해결방안은 새로운 분쟁을 유발하거나, 분쟁 해결 이후에 후유증을 수반하게 된다. 교육 당사자들이 갈등과 분쟁을 자율적으로 해결할 수 있기 위해서는 협상, 조정, 중재 등 대안적 분쟁 해결방안을 활용할 필요가 있다.

협상, 조정, 중재 등 대안적 분쟁해결방법을 통해 대학현장에서의 분쟁을 해결하기 위해서는 이를 뒷받침할 수 있는 제도적 환경의 구축이 필요하다. 특히 학습권 보호를 위해 교육법규의 투명성을 높여 학습권의 실체적 권리성을 강화하거나 행정절차법에 의한 절차참여를 통한 목소리를 강화(Choice or Voice)하는 것은 협상에 의한 문제해결의 확산에 긍정적 효과를 가져올 것이다.

학습권의 실체적 권리성을 강화하는 것은 재학계약의 존재를 법적으로 인정하고 대학만이 아닌 교수들을 재학계약상의 권리 의무 주체로 확인함으로써 학습권자가 교수를 직접 법적으로 대면하는 것이 가능하게 해야 한다. 이를 위해서는 우선, 교육 관련 법령의 투명성을 높여야 한다. 현재 교육체제는 점차 자율화의 추세로 가고 있다. 이런 상황에서 자율성을 가진 개인과 조직들 즉 교수 학생 학부모 대학들의 행동 결정의 지침이 되는 것은 행정적인 지시가 아니라 교육법규들이다. 현재처럼 불투명성이 높고 추상적인 규정이 대부분인 교육관계 법령을 그대로 둔 채로 자율화가 확대될 경우 분쟁의 소지는 더욱 커질 수밖에 없다.

법규의 투명성을 강화하는 것에 수반하여 대학의 학칙을 보다 구체화하고 학칙에 학내 자치 규범적 성격을 명확히 부여하는 것이 학습권을 보다 분명하게 하는 방법이다. 아울러 교원의 직무상의 의무 규정을 상세화하는 정책을 추진한다. 그 방법은 입법에 의한 해결과 단체협약에 이를 담는 방법이 있다.

학습권의 권리성 강화가 여의치 않을 경우 학생단체의 법적 주체성을 강화하고 적법절차 원칙에 따른 대학 내 의사결정 과정에의 참여를 보장함으로써 학생 학부모의 목소리를 강화한다. 특히, 하나의 대안은 1997년 제정된 행정절차법에 따른 행정절차를 최대한 활용하는 것이다. 미국에서는 행정행위나 행정입법이 사법절차와 마찬가지로 적법절차(Due Process of Law) 원리에 따라 이해관계자의 참여와 청문과 증거조사를 거치는 행정절차에 따르게 되어 있으며 이는 행정기관뿐 아니라 대학의 통상적 의사결정에도 광범하게 채용되어 있다.35) 우리나라는 1997년 행정절차법을 제정하면서 청문회 주재관의 자격이나 행정절차의 내용을 상세화하지 않아 미국처럼 행정절차를 거친 행정사실의 법적 기속력을 주장하기 어렵게 되어 있다. 그러나 다수의 이해관계자의 갈등 속에 전문적 정책논의가 행해지는 행정의 전문성과 효율성을 위해서는 양 당사자 구조의 한계를 가진 소송사법에 의해 행정사건이 다뤄지는 것을 확대하기보다는 다수당사자 구조를 가진 행정절차를 발전시키고 행정절차를 거친 결정에 대해 사법권이 지나친 개입을 하지 못하도록 한계를 두는 것이 훨씬 바람직하다.

아울러 당사자들이 소송, 행정심판 등에 의존하기 이전에 협상, 조정, 중재 등을 활용하도록 하는 당사자 자치 선행의 원칙을 확립해야 한다. 이와 동시에 학생·학부모와 학생·학부모 간의 분쟁이 협상을 통해 해결될 수 있도록 학칙 정관 등 대학 내 규범의 개정도 필요하다. 학생·학부모와 교수·대학 간의 분쟁을 조정과 중재 또는 옴부즈맨 제도를 통해서 해결하기 위해서 먼저 대학 내에서 자체적으로 분쟁해결시스템을 구축해야 한다. 중재제도를 예를 들면, 학칙에 중재제도의 운용에 대한 근거를 만들고 여기에 중재결정의 법적 성격, 중재의 신청, 중재자의 선정방법, 중재자의 권한, 중재의 절차 등에 대한 규정을 명시할 필요가 있다. 이러한 토대 위에서 양 분쟁당사자는 합의하에 중재를 신청하고, 중재자와 분쟁당사자들이 협의해 중재 일정 등을 만들 필요가 있다.

이상과 같이 기본적인 체제가 정비되더라도 우선, 학생·학부모와 교수·대학 간의 분쟁은 교육행정기관이나 법원의 판정에 의존하지 말고 대학차원에

---

35) 행정적 결정은 이러한 행정절차를 주관하는 전문가(Administrative Judge)의 보고서를 기초로 내려진다. 행정절차를 통해 확정된 사실에 대하여는 사법기관도 구속된다.

서 분쟁당사자들이 자율적으로 해결한다는 각오가 필수적이다. 교육분쟁의 특성상 분쟁당사자들의 사생활 침해 등 분쟁해결과정에서 발생하는 후유증문제를 최소화시킬 필요성이 크고 분쟁해결의 신속이나 간편성 등 분쟁해결의 효율성을 높일 필요가 있기 때문이다. 이를 위하여 학생·학부모와 교수·대학장의 이러한 문제의식을 가지고 분쟁해결에 접근할 필요가 있다. 학생을 포함해 분쟁당사자들이 상대방의 의견을 존중하고 협상적 시각에서 분쟁을 해결하겠다는 자세를 가져야 한다.

대학 내의 분쟁은 먼저 그 분쟁이 개별 교수나 대학당국의 능력 범위 내에 있을 때 협상에 의해 해결하는 것-일종의 초동 협상에 의한 해결이 가장 바람직하며 이 시기를 놓치면 분쟁의 확대재생산과 악순환 경로에 들어갈 가능성이 높다. 수사에 있어서 초동 수사가 중요한 것과 마찬가지로 초동 협상이 중요한 것이다. 초동협상이 중요한 이유는 이때는 아직 대학의 권위가 남아 있고 당사자 간의 감정이 격화되어 있지 않기 때문에 비교적 가벼운 개입으로서 문제의 악화를 방지하고 당사자들의 동의를 이끌어 낼 수 있기 때문이다.

그러므로 협상에 의한 교육분쟁 해결에는 초기에 대학당국과 교수의 적극적 자세가 필수 불가결하다. 공동체로서 대학 내외의 교육분쟁은 공동체의 질서 유지 차원에서 대학 스스로 해결한다는 자세가 있어야 하는 것이다. 대학과 교수의 임무는 교육에 있을 뿐이라는 생각은 분쟁해결에서 대학 당국과 교수의 소극적인 대응을 낳는 잘못된 인식이다. 대학이 자율성과 독립성을 가진 교육공동체적 단위가 되려면 그 관할 내에서 일어나는 모든 문제가 대학당국에 의해 해결되어야 한다는 대학과 교수의 책무성에 대한 기본 인식이 그 출발점이 되어야 한다.

대학본부, 대학이사회, 대학평의회 대학의 경영을 위한 기구들이 대학차원의 분쟁해결을 위한 조정기구가 될 수 있도록 이들 기관과 그 구성원들의 분쟁해결 능력을 강화해야 하며 협상에 의한 분쟁해결이 확산되는 데 필요한 전문적이고 중립적인 조정자나 중재자의 확보를 위해 분쟁해결기법에 대한 양성훈련 등이 필요하다. 특히, 대학본부의 직원들과, 행정 담당 교수들의 협상 및 의사소통 능력을 높여야 한다. 이들은 공식화되는 분쟁에 최초로 접하게 되는 사람들로서 이들이 관련 당사자 사이의 갈등을 어떻게 조정하고 의사소통을 촉진하여 합의와 화해에 이르게 하는가가 분쟁의 해결에 있어서 결정적인 관건이 된다.

교수와 대학당국 간의 분쟁이 당사자 간의 협상으로 해결되지 않을 때 제3자의 조정과 중재, 또는 옴부즈맨 제도를 통해서 해결하는 것을 시도해야 한다. 이때는 당사자 간의 합의에 입각한 임의 조정과 중재를 먼저 시도한다. 중재제도를 이용하는 경우 학생에 대한 처분이 부당한지 시시비비를 중재자가 판정하고 분쟁의 당사자인 학생·학부모와 교수가 중재판정에 따르기로 합의함으로써 분쟁을 해결할 수 있다. 중재자는 학생·학부모와 교수가 중재과정에 상대방의 주장을 이해하도록 중재 회의를 진행함으로써 쌍방 간의 화해를 유도할 수 있다.

이것이 여의치 않을 경우 이러한 임의 조정과 중재를 상시 수행할 일종의 옴부즈맨을 지명 운용하는 방식을 채택할 수도 있다. 이때는 지명된 옴부즈맨이 대학본부와 독립적인 지위에 설 수 있도록 만들고, 옴부즈맨이 상담·조정·사실조사·중재 등의 기능을 수행할 수 있도록 만들어야 할 것이다. 대학장의 처분에 대해 불만이나 고충을 느낀 교수는 교육행정기관에서 정한 고충·불만 처리절차를 밟은 다음 옴부즈맨 제도를 통해 최종적으로 해결한다는 데 동의해야 할 것이다.

대학과 지역사회 관계, 대학운영과 지배구조와 관련된 분쟁과 갈등에서는 대학총장의 리더십과 협상 조정능력이 결정적인 관건이 된다. 이들이 협상 및 조정능력과 및 리더십을 키울 수 있게 체계적 총장후보자 훈련프로그램을 발전시켜 가야 한다.

더 나아가 학생, 교수, 대학이사 등 분쟁당사자들에 대한 교육을 통해 분쟁해결역량을 강화해야 한다.

대학분쟁의 교육당사자들이 대안적 분쟁 해결방안을 활용하기 위해서는 협상, 조정, 중재의 원리를 이해할 필요가 있다. 이러한 바탕 위에서 일반분쟁과 다른 교육분쟁의 특수성을 감안해 대안적 분쟁 해결방안을 선택할 필요가 있다. 또한 교육당사자들이 협상, 조정, 중재의 기법을 익힐 필요가 있다. 이를 통해서 교육분쟁의 대안적 해결을 위한 모형을 만들어야 한다. 정부에 의해서 도입이 권장되고 있는 대학 단위의 분쟁조정 위원회 같은 제도는 이러한 협상에 의한 문제해결의 제도화된 틀이 될 수 있다. 단 이러한 분쟁조정위원회는 필요할 때마다 구체적으로 특정된 분쟁사례를 해결하기 위해 구성되는 비상설의 절차적 위원회로 운영되어야 하며 대학 내에 구성되어 있는 다른 많은 위원회들처럼 형식화된 자문기구여서는 아무런 분쟁해결 기능도 기대하기 어려울 것이다.

대학의 질서유지와 캠퍼스경찰

일반적으로 '경찰'이란 '질서'를 유지하고 이에 대한 위험을 예방하기 위한 강제력의 행사를 핵심으로 하는 공공활동을 말한다. 그런데 통상 경찰활동의 목적이 되는 질서는 일반적인 사회질서와 특수한 부문의 질서가 개념상 구분된다. 이에 따라 전자는 일반적인 경찰기구가 담당하며 후자는 1차적으로 해당 분야의 공적권위를 지닌 기구가 담당하는 것이 대부분의 나라에서 경찰행정의 전통으로 확립되어 있다. 예를 들어 철도에 대한 위험의 예방과 열차 내의 질서 유지는 일반 경찰이 개입하기 전에 철도 당국이 운영하는 철도 경찰이 그 임무를 담당하는 것과 같다.

대학이 일반경찰기관에 의존하지 않고 독자적으로 경찰을 유지할 필요성은 매우 크다. 특히, 대학 내의 질서유지를 국가경찰기구에 의존하는 것은 대학의 자율성에 대한 침해를 가져올 우려가 많다. 그래서 외국의 대학들은 스스로 캠퍼스의 질서 유지를 위한 경찰조직을 창설하고 유지하는 것이다. 이는 자치단체들이 스스로의 경찰(국가경찰과 구별되는 '자치제 경찰') 조직을 창설하고 유지하는 것과 다를 바가 없는 국가에 대한 대학의 권리에 속하는 사항이다. 우리나라에서도 대학이 스스로 캠퍼스 내의 질서 유지를 위한 자체적인 경찰 기능과 공적 권위를 보유하는 것이 필요하고도 마땅한 일일 것이다.

문제는 국가경찰과 구별되는 대학경찰을 운영하는 것이 우리나라에서 법적으로 허용될 것인가에 있다. 왜냐하면 이에 관한 법률의 규정이 명확히 존재하지 않으며, 시·도, 시·군·자치구와 같은 지방자치단체들의 경우 자치경찰제도를 운영하는 것이 법적으로 허용되어 있는지에 대해서는 논란이 있기 때문이다. 그러나 자치단체의 경우와는 달리 대학은 일반적인 사회질서를 목적으로 하는 것이 아니라 대학의 캠퍼스라는 대학 내부에 한정된 질서유지 기능이기 때문에 스스로의 경찰기능을 갖는 것이 허용되어 있다고 보아야 할 것이다. 이미 한국과학기술원(KAIST)의 경우는 그 소속하에 캠퍼스 경찰을 스스로 운영하고 있다.

대학들은 헌법상 그 자치의 영역을 국가로부터 보호·존중받고 있다. 국가경찰과 구별되는 대학경찰의 영역이 그 범위 내에서 존재하는 것이다. 그럼에도 불구하고 우리나라 대학들이 대학경찰을 창설 유지하지 못하는 것은 대학경찰을 창설 유지할 비용의 염출이 어렵다고 생각하기 때문이다. 그러나 비용의 문제는 적으면 적은 대로 대처할 수 있는 문제다. 1~2명으로라도 대학경찰을 두기 시작하면 되기 때문이다.

사이버대학이 아닌 모든 대학은 토지와 건물로 구성된 캠퍼스라는 일정한 공간을 가지고 있다. 그곳에는 상주인구는 아니라 할지라도 항상 일정한 규모의 학생 교직원과 대학 외부인들이 수용 왕래하고 있으며 그에 따른 질서유지의 필요가 있다. 그 대표적인 사례가 성희롱예방, 강의와 연구에 방해되는 소음의 통제, 교수나 학생들의 데모 등 집단행동의 질서유지, 학내의 교통사고와 범죄 예방 등의 문제이다. 현재 우리나라의 대학들은 이러한 문제들을 효과적으로 처리할 수 있는 체제와 권위를 제대로 갖추지 못하고 있다. 그 이유는 여러 가지가 있지만 크게 요약한다면 우리 사회에서 '경찰(Police)'의 개념이 제대로 확립되지 못한 것과 이에 대한 대학, 정부, 지방자치당국 상호간의 책임한계가 모호해져 있는 점에 더하여, 대학경찰의 필요성에 대한 대학 내의 합의가 부족한 데 그 주된 원인이 있다.

우선 캠퍼스 내의 소음과 무질서가 얼마나 대학의 정상적 교육과 연구에 지장을 가져오는지에 대한 대학 구성원들의 인식이 높아져야 할 것이다. 예를 들어 학생들의 소음이 우리나라 대대학수 연구실과 강의실 분위기를 얼마나 해치고 있는지 대학 외부 사람들을 잘 모르고 있으나 대학에 몸담은 사람들은 잘 알고 있다. 다만 이러한 문제해결의 시도조차 하지 않는 무기력증이 대학을 지배하고 있기 때문에 대학의 질서를 외부 경찰기관에 의존하게 되는 악순환을 벗어나지 못하는 것이다.

더 나아가 오늘날의 대학은 산학 협력의 활성화에 따라 대학 밖과 접촉이 확대되고 있고 그 때문에 대학 외부인의 출입 및 대학 내 상주가 늘고 있다. 그에 따른 대학 내 질서유지의 필요성과 차원이 심화되고 있다. 이러한 질서유지 활동이 원활히 되지 못하면 이는 궁극적으로 그 대학의 산학협력사업 발전을 가로막는 요소로 등장하게 될 것이다.

대학에서의 전문경영과 기업형 관리

순수하게 경영수지관리 차원에서만 본다면 대학의 경영처럼 손쉬운 것도 없다. 대학 수입의 대종을 차지하는 학생등록금은 일시에 선금으로 납입이 되고 대학의 경상운영비용은 연중 분산되기 때문이다. 단순한 셈법으로 보더라도 대학의 수입의 절반을 평균잔고로 유지할 수가 있는 것이며 이 평전의 관리만 잘해도 대학재정에 큰 보탬이 되기 때문이다. 적어도 경상수지의 차원에서 보면 대학경영은 어려울 이유가 없다. 그럼에도 불구하고 대학이 빚을 지고 재정적 위기를 겪는 원인은 대부분 시설투자에서 생긴다.

우리나라의 사학회계 체제는 법인회계와 학교회계를 철저히 구분한 결과 사학재정운용에 있어 심각한 경직성을 낳고 있다. 원칙적으로 우리나라 사립학교에는 기업처럼 신규자본투자를 위한 수익의 적립-사내유보제도가 없을뿐더러 건물 기타 시설설비의 감가에 따른 투자소요에 대비한 적립도 없다. 이러한 시설투자는 원칙적으로 학교경영자가 학교수익사업을 통해 충당하거나 학교외부에서의 자본출연을 얻어내는 방법으로 충당하게 되어 있다. 대학 스스로의 자구노력과 수익창출-즉 재무적 의미의 경영활동을 위한 제도적 기반이 결여되어 있는 것이다. 이는 사학재정의 효율적 운용을 위해 결코 바람직하지 않다. 이러한 경직성은 학교법인과 학교가 마치 별개인 것처럼 인식하는 교육행정의 그릇된 관행에서 유래한다. 우리나라 법원의 일관된 판례가 지적하듯이 법인과 학교가 별개가 아닌 것이다. 법인과 학교 두개의 회계 구분은 다만 관리상의 기술적 필요성에 따라 학교 내부적으로 구분 경리를 하는 것으로 족하다. 이를 정부가 정책적으로 강제하면 그 경직성에 따른 비효율과 낭비가 더 커져 버리게 되는 것이다.

사학 재정의 건실화를 위하여 건전한 회계제도가 중요함은 더 말할 나위 없다. 일본의 사학회계제도는 이 점에서 우리가 본받아야 할 점이 많이 있다. 특히 사학재정의 충실과 합리적인 비용배분이라는 측면에서 일본의 사학 회계제도를 연구하고 그 장점을 받아들여야 할 것이다. 일본의 사학회계는 법인과 학교회계를 통합할 수 있게 되어 있는 것이 우리와 결정적으로 다른 특징이다.

한편 일본의 사학 회계는 우리나라에 비해 복식부기 방식에 의한 재무회계 원칙에 훨씬 충실하다. 적정 수준 내에서 각종 충당금 적립금을 광범하게 허용하고 있는 것이나 학교자산의 감가상각이 적용되는 것이 그 대표적이다. 우리나라에서도 사학 재정의 건전화와 장기적 계획에 입각한 재투자 수요의 충족을 위해 사립학교에서도 충당금과 적립금의 설정이 대폭 허용되어야 한다. 아울러 사학에 대한 융자의 활성화와 사학재정의 효율화를 위하여 대학교육에서도 원가개념의 적용이 불가피하다. 이를 위해 일본에서와 같이 자산재평가를 통한 자산 가액 평가의 현실화와 함께 고정자산에 대한 감가상각 회계의 도입이 필수적이다. 감가상각은 교육에 따르는 고정자산비용의 부담을 현재의 학부모와 미래의 학부모 간에 균등하게 배분하는 비용배분의 합리화 수단이다. 더 나아가 이렇게 함으로써 사학재정의 건전과 원활을 기할 수 있게 될 것이다.

제4장 대학에서의 학습과 교육과정

대학에서의 교육과정과 전공 이수

고등학교 학생이 대학에 입학하면 가장 달라지는 점이 교육과정의 성격이다. 고등학교까지는 학교에서 일방적으로 제공하는 과정을 학생이 수행해야할 과업이려니 생각하고 따라가면 되었다.

그러나 대학의 경우는 이것이 달라진다. 대학요람에 나와 있는 각 학과의 교육과정을 보면 상당히 많은 강좌가 열거되어 있다. 그러나 실제로는 이 목록을 모두 이수해야 하는 것은 아니다. 원칙적으로 학교에서 이들 목록 중에서 일부를 매학기 강의계획에 올리고 학생이 이들 중에서 선택하여 자기 자신만의 교육과정을 구성하는 것이다.

물론 이렇게 구성 실행된 학생 자신의 과정이수 결과는 대학이 정하는 일정한 조건을 갖추어야 한다. 예를 들어 총 몇 학점 이상을 이수해야 한다든지, 어떤 것은 필수과목이어서 반드시 이수해야 한다든지 하는 것이 그것이다. 졸업 시에 학교가 행하는 졸업사정이란 학생이 스스로 구성 이수한 교육과정이 대학이 정하는 요건에 맞는지를 검사하는 절차를 말하는 것이다.

이상에 기술한 내용은 기실 누구나 알고 있는 익숙한 내용이다. 주목해야할 것은, 개개 학생이 실제로 이수하는 교육과정이 학교 측의 오퍼와 학생의 선택이라는 두 가지 행위의 결과로서 구성된다는 점이다. 그런데 학교 측의 오퍼에는 교수자원의 제약, 물리적 공간의 제약 등 각종의 사실상의 제약이 있으며, 학생의 선택에 있어서도 시간의 중복이나 제약 등 각종 한계가 있다.

그래서 대학요람에 나타난 강좌목록만으로 보면 상당히 다양한 과목을 개설하고 이를 학생이 이수하는 것 같지만 현실적으로는 학교 측도 현실적으로 가능한 소수의 과목을 매년 개설하고 학생들은 선택의 여지없이 이를 수용하는 관행이 상례화되어 있다. 결과적으로 이렇게 되면 현실적으로 학생들이 이수하는 교육과정은 학교의 강의 요람 또는 학사요람에 나타나 있는 교육과정과는 크게 다른 것이다. 후자는 수많은 가능성을 열거한 장식적인 목록일 따름이며 그 많은 가능성 중 현실화되고 관행으로 굳어진 특정의 교육과정이 현실적으로 운용되고 있는 것이다.

현실적으로 운용되는 교육과정은 그래서 그 학과가 보유하는 교수들이 가르칠 수 있는 것을 중심으로 그들이 필요하다고 선택한 외부강사에 의한 강좌들로 이루어진다.

학문과 예술 그리고 인문주의

1980년대 후반 이후 전 세계적인 차원에서 교육과정의 개혁이 진행되고 있다. 특히 90년대 이후에는 초·중등 학교교육이나 대학을 막론하고 교육과정 연구와 실제에 있어 기예와 인문(Arts and humanities: 이하 '인문'으로 사용) 교과의 가치에 대한 재인식이 일고 있다.[36]

지금까지 인문교육에 대한 전래의 인식을 요약하자면 대륙 유럽에서는 대학에 들어가기 전 고등학교까지에서 배우는 자유교육(liberal education)이었으며 미국과 우리나라에서는 대학의 교양교육의 핵심이었다. 초·중등에서 대학에 이르는 전체 교육과정에 있어서 인문사회 교과는 교수나 대학교수가 되기 위한 학생 외의 다른 학생에게는 단지 교양인이 되기 위한 필수적인 과정일 따름이었다.

흔히 교육과정 변화의 계기는 3가지 측면에서 찾게 된다. 사회의 수요가 그 첫째요, 인간의 지식 가치 능력에 대한 철학의 변화가 그 둘째이며, 학습자로서의 인간의 발달과 생애 전망에 대한 고려가 그 세 번째이다. 21세기를 코앞

---

36) Greene Maxine, "The Passion of Thoughtfulness: Arts Humanities and the Life of the Mind", in *Learning to Think: Thinking to Learn* edited by Stuart Macure and Peter Davis, Oxford UK, Pergamon Press는 이 방면의 기본적 자료이다.

에 둔 현재 각국에서는 교육과정의 전면적 쇄신에 대한 요구와 전망이 늘어 가고 있다. 이러한 요구와 전망은 교육과정 변화를 위한 이상 3가지 측면에서의 변화에 의하여 뒷받침되고 있다.[37]

먼저 사회경제 및 정치적 측면의 변화를 들 수 있다. 현대의 경제는 비물질화되고 추상화되어 가는 노동, 국경과 문화의 경계를 넘어 우수인력을 향해 흘러가는 자본, 다종다양한 중소기업과 서비스 부문 중심의 경제발전 등으로 특징지어진다. 경제사회체제의 이러한 변화는 모든 사람에게 보다 높은 수준, 구체적으로는 최소한 고졸에서 전문대학 수준의 교육과 평생에 걸친 학습능력과 자기갱신 능력을 요구하고 있다.

한편, 현대사회에서는 시민들의 적극적 참여에 의해 유지되는 정치체제가 확산 보편화되고 있다. 입법 행정 사법이나 지역사회와 국제사회를 막론하고를 참여와 공동의사결정은 정치적 공동체를 이끌어 가는 일반화된 방식이 되어가고 있다. 시민적 질서를 지키고 투표소에서 의사표시를 할 줄 아는 정도 수준의 국민으로는 현대의 참여적 정치공동체의 구성원으로서 크게 부족한 것이다. 민주시민의 개념조차 적극적 능력을 그 핵심 요소로 하게 된 것이다.

두 번째로 지식과 가치, 인간 능력에 대한 인식의 근본적 변화가 있다. 지식에 대한 일원적 절대적인 기준과 통일과학적 개념은 점차 해소되고 있다. 과거 독일에서는 정신과학과 자연과학을 엄격히 구분하는 경향이 있었고 아직도 이 경향이 남아 있지만, 포스트모던의 흐름을 반영하듯 지식도 분야별 영역 별로 별개의 고유 논리와 기준에 따라 정의되는 경향이 대두하고 있다. 이에 따라 지식의 창출과 학습이 하나의 통일된 사고방법과 논리에 의존하는 것이 아니라 내용에 따라 달리 적용된 여러 가지 사고 방법과 논리에 의존한다는 관점이 확산되고 있는 것이다.

가치와 의미 영역에서도 이러한 분화와 다양화가 나타나고 있다. 도덕적 가치와 예술적 가치 또는 종교적 가치는 점점 서로 다른 논리와 근거에 입각하고 있으며 그들 간에 보편적으로 타당한 가치의 원리를 상정하는 사람들이

---

37) OECD, *Curriculum Reform: An Overview of Trends*, Paris, 1990, pp.15-31.

적어져 가고 있다. 절대적 가치관이든 자연주의적 가치관이든 결정적 보편적 타당성을 주장하는 입장은 점점 수용되기 어려워지고 있다. 가치와 의미의 영역에서도 하나의 방법, 하나의 길이 아니라 여러 방법, 여러 길이 존재한다고 생각해야 하게 되었다.

이러한 추세 속에서 인간의 능력에 관해서도 보다 다원적이고 복합적인 시각이 도입되는 것은 당연하고 필연적인 발전이다. 가드너가 인간의 지능 개념을 전통적 언어 수리 공간 등 지능을 넘어 확대하고 이를 7개 영역 -96 이후 자연주의적 지능(naturalistic intelligence)을 추가하여 8개 영역으로 나누게 된 것은 이상과 같은 지식과 사고에 대한 관점의 변화와 궤를 같이 하는 것이다. 이 다중지능 이론이 특히 비판하는 것은 전통적 교육이 언어적 지능 수학적-논리적 지능에만 치중함으로써 다른 여러 인간 능력을 무시했을 뿐 아니라 언어적 수학적 논리적 학습이 본질적으로 구체적 상황과 유리되어 순수한 형식적 조작의 능력으로 가르쳐지며 상황과 통합된 진정한 학습(Authentic Learning)으로부터 멀어진다는 점이다.[38]

세 번째로 언급되어야 할 것은 인간의 발달과정과 그 생애에 있어서 초래된 변화들이다. 오늘날 점점 더 많은 기간을 학교에서 보내게 되는 인간은 결과적으로 사회적으로는 성숙기간이 더욱 길어지게 되었으며, 사회에 진출한 이후에도 노동 시간의 단축에 따른 여가의 증대, 보다 잦아질 수밖에 없는 직업의 전환, 그에 따른 실업 기간과 회수의 증대가 현대인의 생애를 특징짓게 되었다. 노동과 학습은 이제 불가피하게 현대인의 생애 전체에 걸쳐 반복 교체 통합되어 지속될 수밖에 없게 되어 가고 있는 것이다.

이러한 현대인에게 있어서 학습은 인생의 어느 특정 발달 단계와 시기에 한정된 활동이 아니며 평생에 걸친 생활의 일부분이 된 것이다. 과거 학습과 발달의 심리학은 이점에서 큰 한계를 지닌 것으로 간주되고 있다. 예를 들어 피아제의 한계가 인간의 발달과 학습이 형식적 조작기 이후에 어떻게 되는지

---

38) 김명희 김양분, "중등학생의 다중지능 분석" 교육논총 제12권, 한양대학교 한국교육문제연구소, 1996, pp.151~160.

에 대한 무관심에 있었던 것으로 평가되는 것은 오늘과 같은 상황에서는 지극히 자연스런 일이다. 과거의 교육심리학과 발달심리학이 교육연구에 기여한 만큼을 이제는 산업심리학, 성인심리학 등이 교육연구에 기여할 것이 기대되는 상황인 것이다.

이상에서 개괄한 세 가지 측면의 변화는 오늘날 각국에서 진행되는 교육과정 개혁 추세의 직접적 배경이 되고 있다. 각국에서의 이러한 교육과정개혁 움직임은 여러 중요한 특징을 공유하고 있다. 그중 이 글의 목적인 인문교육으로서의 사회과 교육과정과 관련하여 특히 논의할 사항은 이른바 핵심교육과정(core curriculum)의 문제, 교과와 교수법의 이원론의 해소 경향, 수행과 능력에 대한 강조의 세 가지와 이에 따른 교육과정상의 의사결정 체제 변화이다. 장을 바꾸어 검토한다.

바브 문(Bob Moon)은 교육과정에 있어 인문주의의 원형을 고대 그리스에서 조화와 균형을 이룬 인격을 나타내는 파이데이아(*paideia*)에서 찾고 있으며, 로마는 이를 발전시켜 교육을 통치와 윤리(governance and ethics)에 초점을 둔 교육과정으로 구성했다고 지적한다. 그에 의하면 로마 시대에 있어서도 교육은 인문(humanists)과 동의어로서 자유기예(Liberal Arts)였으며 학제적(inter-disciplinary), 통합적인 것이었고 이러한 전통은 코메니우스에 이를 때까지는 비교적 충실히 지켜졌다. 그러나 그 이후 백과전서파에 의한 계몽적 합리주의와 근대 자연과학에 의해 무너지기 시작하였으며 교육과정이 여러 개의 교과로 분할되면서 인문주의가 쇠락하게 되었다는 것이다.[39]

현재 교육과정개혁의 동향이 교과단위로 파편화된 교육과정을 다시 기능 중심으로 통합하고 있다는 점에서 보면 이는 과거의 인문주의적 전통을 회복하고 있는 것이다. 이러한 인문주의적 전통의 회복은 오늘날 통합사회과 교육이 파편화된 교과들의 분리를 지양하고 시민으로서의 기능교육과 가치교육에 초점을 두고 있는 데서도 나타난다. 바로 로마가 시행한 인문교육과 동일한

---

39) Moon, R. E. "Humanities and Arts Education A Review of Issues", prepared as part of the OECD/CERI Project *The Curriculum Redefined*, Paris, 1993, p.2.

성격을 회복하고 있는 것이다.

한편, 숀(Schon)은 대학에서의 전문직 교육에서의 인문사회 교과의 역할을 검토하면서 전문직으로서 갖추어야 할 소양을 합리성(rationality)과 기예(artistry)로 구분하고 있다. 그에 의하면 합리성은 문제, 정의, 분석, 방법, 해답의 과정을 중시하는 반면 기예성은 문제가 아니라 상황, 정의가 아니라 지각(perception), 분석이 아니라 상상, 방법이 아니라 반성, 해답이 아니라 판단을 그 과정적 특징으로 하고 있으며 이러한 기예성을 함양하는 것이 인문사회과학교과가 전문직교육에 채택되는 목적이라고 주장한다.40) 이러한 숀의 입장은 바로 현대 사회과 교육이 근대적 합리주의와는 상반된 인문주의적 전통의 회복이라는 맥락에서 검토될 수밖에 없음을 보여주는 것이다.

오늘날 실사회에서 필요로 하는 학습과 지식이 근대적 합리성에 기반을 둔 지식이 아니라는 점은 오늘날 학습기업의 이론이 잘 보여주고 있다. 현대 기업조직은 바로 지식조직으로 간주된다.41) 이러한 조직에서는 지식에 대한 이러한 새로운 관점이 새로운 기업조직 형태의 기반이 되고 있다. 아지리스에 의하면 정상과학의 이념에 입각한 근대적 관료제 모형의 조직이론과 조직 관행이 기업조직에서 학습을 방해하는 주된 요인이다. 그가 말하는 정상과학의 이념이란 과학은, 1)세계의 실재를 기술하는 것이다. 2)내적/외적 타당도에 대한 위험을 극소화하는 것이다. 3)가치중립적이다 라는 세 가지 관념을 말한다.42) 그는 기업에서의 학습을 기존 조직의 목표 정책에 대한 의문으로부터 시작하여 조직을 혁신하는 주된 수단으로 보고 있다. 그에 따르면 학습기업은 이러한 정상과학의 관념에 입각한 근대관료제적 조직 내의 지식과 관행을 타파함으로써 가능하다고 보고 있다.43)

---

40) OECD, "The Role of the Humanities and Social Sciences in Professional Education: The Case of the Humanities and Social Sciences Complementary Report", paper submitted to the *Higher Education and Employment* Conference, Paris, June 1992, p.9.
41) World Bank, *Knowledge for Development*, World Bank Report 1997.
42) Chris Agyris, *On Organisational Learning*, Cambridge MA: Blackwell Pblishing, 1992, pp.285~294.
43) Chris Agyris, "Double Loop Learning in Organization", *Harvard Business Review*

사실, 아지리스가 말하는 정상과학의 이념은 근대적 조직의 이념적 바탕일 뿐 아니라 교과 교육과정을 중심으로 짜여진 근대 학교교육의 바탕이기도 하다. 기업조직과 경영의 변화에 따른 기업교육의 이념은 근대적인 정부, 기업관료제의 수요에 따른 학교교육의 이념과 분명히 다른 바탕 위에 서 있다. 오늘날 기호화된 지식과 체화된(embodied) 지식의 구별이 지식과 교육에 관해 새로운 사고를 하고자 하는 사람들 간에 널리 퍼져 있다. 영어사용권에서는 이러한 체화된 지식을 한마디 말로 TACITNESS라 표현하고 있으며 과학발전과 기술혁신을 위한 핵심적 요인으로 간주하고 있다. 이 용어는 기호와 논리로 표현되지 않는, 지식의 또 다른 존재 방식과 확산 형태를 가리킨다.

모든 기호와 개념은 그것이 지칭하는 대상의 많은 부분을 버리고 일부만을 추상화하여 보존한 것이다. 기호화된 지식, 전통적 대학에서 문자를 통해 전달되고 교육되는 지식은 그렇기 때문에 인류문명의 가치 있는 많은 부분을 전달하고 보존하지 못하고 있다. 인간은 사실 기호와 문장에 의하지 않고서도 오랫동안 문명을 전수해 왔다. 어느 한 사람에 체화된 지식이 직접적 경험의 형태로 다른 사람에게 전수되고 익혀지는 방식이 문명의 전달 통로였던 것이다. 근래에 들어 지식과 기술의 혁신에 관한 연구를 통해 밝혀진 중요한 사실은 이러한 방식이 문화적 유산의 전달뿐 아니라 기술의 혁신과 확산을 통한 현대사회 발전 과정에서 광범하게 작동하고 있다는 점이다. 이러한 발견은 자연히 교육에 대한 전통적 관념을 다시 생각하고 새로운 교육의 개념과 학습조직의 새로운 형태를 추구하는 움직임을 야기하였다.

지식과 경험이 통합되어야 한다는 점은 심리학 인공지능 정보이론 등을 종합하여 최근 크게 발전해온 인지과학(Cognitive Science)에 근거한 학습이론의 기본적 관점이다. 이에는 모든 지식과 이론이 기본적으로 상황 의존적이라는 인식이 그 기초가 되어 있다. 인지과학을 원용하지 않더라도, 이론적 진술이나 개념은 현실과 경험에 입각한 선이해(先理解)에 의해서만 의미 있게 해석되며 현실과 경험은 개념과 이론의 틀에 의해서만 인식될 수 있다는 해석학적 순환

---

sept., 1997.

228

(Hermeneutics Circle) 현상은 고대로부터 최근까지의 인류의 인문학적 사유의 일관된 결론이다. 이러한 관점에서 보면 현실과 환경에 대처하는 학습자의 주관과 창의성이야말로 지식과 경험의 통합을 성취하는 기본요인이며 요즘 거론되는 묵시적 지식(tacit knowledge)과 현시적 지식의 통합에 기초를 이루는 것이다.44)45)

지식에 대한 이상과 같은 새로운 관점은 분명히 근대적 합리성에 의해 그동안 가려져 왔던 인문주의적 전통의 회복이라는 관점에서 평가될 수 있는 것이다. 사실 앞서 언급한 가드너의 다중지능이론 역시 근대적 합리성에 입각한 편협한 지능개념을 타파하고 지능개념을 기예적인 분야까지 확대한 것이다. 바브 문 또한 가드너의 이론을 집중적으로 소개하고 이를 인문교육 논의의 기초로 삼고 있는 것이다.46)

이상과 같이 전 세계적인 최근의 교육과정 개혁 움직임은 근대적 합리주의에 대한 회의와 인문주의의 회복이라는 성격을 지녔다. 통합사회과 교육의 성격이 지식보다는 기능중심이라는 것은 우리나라에서도 분명히 인식되고 있다. 이렇게 통합사회과 교육이 기능 중심이라고 볼 때 그 기능은 근대적 과학적 합리주의에 입각해서는 정당화되기 힘들다. 이때의 기능은 숀이 말하는 기예이며 현시적 지식과 대조되는 묵시적 지식의 관점에서 정의되어야 한다고 본다. 그리고 그 한도 내에서 통합사회과 교육은 과학적 방법론에 입각한 사회과학의 교육이라기보다는 인문교육의 일부로 간주되어야 한다.

---

44) Ikujiro Nonaka and Hirotaka Takeuchi, *The Knowledge Creating Company*, London: Oxford University Press, 1995.

45) National Center for Education Statistics US and Statistics Canada, *International Life Skill Survey: Project Advisory Group Briefing Materials*, Ottawa, 1998에 따르면 묵시적 지식은 개인에게 체화된 지식으로서 절차적 내용이며, 개인가치에 기반을 두고, 근본적으로 혼자 학습되며 집행 가능한(executable) 지식으로 정의되고 있다.

46) Moon, R. E. "Humanities and Arts Education A Review of Issues", prepared as part of the OECD/CERI Project *The Curriculum Redefined*, Paris, 1993, p.30.

대학교육의 보편화와 교양과정 교육의 변화

대학의 교양과정 문제는 우리나라 대학교육과정의 개선을 논할 때의 단골 메뉴 중 하나이다. 특히, 고등교육이 거의 모든 학생에게 보편화되면서 대학교육의 성격에 일반인을 위한 시민교육적 성격이 부가되면서 교양과정 교육의 내용과 목표 성격에 대한 재정의가 필요하게 되었다. 전통적으로 교양과정의 목적과 내용을 구성하는 두 가지 요소는 자유인과 민주시민의 이념일 것이다. 여기에 오늘날 더 추가될 만한 것이 아마도 평생학습의 이념이 될 수 있을 것이다.

유럽의 교육체제에서는 아직도 교양교육이 고등학교과정을 통해 완성되고 대학입학 이후는 전문교육으로 진입한다는 개념이 지배적이다. 문법학 수사학 논리학 등 소위 7자유학과를 통해 지식을 갖춘 '자유로운 인간'으로 거듭나기 위한 것이 바로 교양과정이고 이는 문법학교(grammar school)과정을 이수함으로써 성취되는 것이었다. '자유롭게' 한다는 아이디어는 오늘날에도 우리나라에서 흔히 국어 영어 수학 등의 중등교육 교과를 일컫는 '도구과목'이라는 용어에 살아 있다.

'도구과목'은 다른 전문교육에 진입하기 위한 기초수단이라는 의미와 사회, 과학 등 그 자체의 탐구대상을 가진 목적교과와 대조되는 도구교과라는 의미가 이중으로 포함된다. 그러나 더 깊은 의미는 이들 교과를 이수함으로써 학습자가 단순한 노동과 인습을 벗어나 자유인으로서 무엇인가를 성취할 수 있는 기본적인 도구를 손에 쥔다는 의미가 들어 있는 것이다. 그렇기 때문에 서구에서는 대학에서의 전문교육을 받기 이전에 그 선결요건으로서 이들 도구교과를 마스터한 '자유인'의 자격을 입학자격으로 요구하는 것이다. 프랑스의 바까로레아, 독일의 아비투어 등 대학입학자격이 바로 그것이다. 유럽에서는 이들 자격이 고교졸업장이 아니라 최초단계의 고등교육 자격으로 간주되고 있다. 즉 이를 소지함으로써 실질적인 대학생이 되는 것이다.

우리대학의 교양과정은 이런 점에서 바까로레아 소지자와 같은 실질적인 의미의 대학생 자격을 갖추기 위한 과정의 성격을 부분적으로 지닌다. 즉 유럽 학생들이 고교졸업 후 바까로레아 아비투어 자격을 위해 공부하는 과정을 대학에 들어와서 거치는 것이다.

한편, 대학의 교양과정 교육은 오늘날 대학생에 대한 민주시민 교육의 성격을 점점 더 강화하고 있다. 민주시민으로서의 교육은 과거 한때에는 초등학교에서 가르쳐지는 것으로 충분하였다. 그러나 의무교육이 중학교 고등학교로 확대되면서 중등교육 역시 민주시민 교육으로서의 내용이 강화되어 왔으며, 급기야는 고등교육이 대중화 보편화되면서 대학의 교양과정에서도 민주시민 교육이 강조되기에 이르렀다. 사회생활이 복잡해지면서 민주시민이 되는 데도 점점 고도의 지식과 학습이 필요하게 된 것일까. 원래 대학에서 가르쳐 온 것은 민주시민으로서의 자질보다도 아카데미 공동체로서의 성원이 가져야 할 자질이었다. 그런데 오늘날은 대학에서의 민주시민교육을 논해야 하는 시대가 되었다.

대학에서 민주시민을 논의하기 시작한 것은 아마도 유럽에서 대학이 국민국가(nation-state)와 일체가 되어 동전의 양면처럼 기능하기 시작한 19세기 후반으로 거슬러 올라갈 수 있다. 즉 대학이 국립화되면서 국가지도층 인력양성의 견인차가 되면서 대학생들은 국가가 민주시민의 으뜸으로 키우고자 하는 주요 목표집단이 되어 왔다. 이러한 전통에 따라 대학의 교양과정이 민주시민교육을 위한 교육과정의 성격을 띠게 되었던 것이다. 또한 대학의 학생회가 단순한 이익집단이 아닌 민주주의의 훈련과 참여를 위한 학생자치 기구가 된 것도 역시 같은 취지에서이다.

그러나 오늘날 세계화 흐름 속에서의 국민국가의 쇠퇴와 더불어 대학에서의 민주시민교육은 그 차원을 세계시민(Global Citizen) 교육으로 확대해 가고 있다. 국민국가 중심의 과거 국제사회와는 달리 오늘의 세계시장(Global Market)과 지구사회(Global Society)는 국경을 넘어서 활동하는 개개의 시민 단체 도시 기업들을 그 구성원으로 하고 있다. 대학은 그 자신이 이러한 지구사회의 구성원으로 활동할 뿐 아니라 자신의 학생들을 이 지구사회의 구성원으로 키우는 데 핵심적인 역할을 하는 위치에 있다.

문리대와 사범대·교육대의 고민과 갈등

　우리나라에서 각 대학마다 가지고 있는 공통된 학내 갈등요인의 하나는 이른바 문리 계열대학과 사범계 대학 간의 갈등이다. 예를 들면 문리 계열인 국문과와 사범계열인 국어교육과, 전자에 속하는 불문과 역사과와 후자에 속하는 불어교육과 역사교육과 간에 각각 갈등이 있는 것이다. 그 갈등은 여러 방식으로 나타난다. 문리계열 학과에서는 교수자격 취득을 위한 교직과정을 필요로 하는 반면 사범계 학과에서는 비사범계 학생을 위한 교직과정운영을 강경하게 반대한다. 이러한 고민과 갈등은 서양문물로서 수입되어 설립된 현재의 우리나라 대학이 가진 구조적인 문제에서 유래한다.

　원래 서양의 대학발전사를 보면 대학은 직업과 유리된 학문 그 자체를 위해 존재하는 것이기 전에 특정한 고급 직업에 입문하기 위한 수련과정이었다. 의사를 위한 의과대학, 법률가를 위한 법과대학 성직자를 위한 신학대학이 있었다. 즉 대학의 원형은 공공성을 지니는 고급 직업을 위한 준비교육이라는 것이다. 상기 전문직 준비 과정이 아닌 학부에 속하는 문학 사학 철학 등 인문학조차 사람들이 오늘날 생각하는 것처럼 직업과 무관한 것이 아니라 학교교사나 인문학 교수가 되기 위한 과정 즉 교직준비를 위한 과정이었다. 이러한 전통은 20세기 중반까지도 대체로 유지되어 왔다. 즉 대학은 1950년대까지도 대체로 종교인 의사 변호사 행정가 교수 등 넓은 의미의 지도자 또는 공공부문에 필요한 인력의 공급을 담당하는 기관이었다. 공공부문이 아닌 민간의 직업을 수행하는 산업인력을 공급하는 것은 대학의 사명과는 상관없는 일이었다.

선진 각국에서 이러한 상황이 바뀌기 시작한 것은 1960년대에 들어서면서부터이다. 산업의 발전에 따라 대학이 공공부문 인재가 아닌 민간산업인력의 공급 기능을 담당하게 되는 것이다. 그 결과 오늘날은 대학의 중요한 사명으로 민간부문을 이끌어갈 질 높은 인력의 공급이 강조되게 된 것이다.

우리나라의 경우, 대부분의 대학이 사학으로 출발하면서 처음부터 민간에서 활동할 인재를 길러왔으며 서양처럼 공공부문의 인재양성이 원래의 사명이 아니었다. 대표적인 공공부문 인력인 교수의 경우는 초등교수양성을 위한 '사범학교'(교육대학교의 전신)로 정부가 따로 직접 운영하였으며 대학들이 본격적으로 설립되기 이전에 이미 전국적인 체계를 형성하였다. 이러한 발상은 중등학교교수를 양성하는 사범대학으로 이어지고 사범대학이 종합대학 내의 특수한 단위로 자리잡는 배경이 되었다.

인문자유학(Arts & Science)은 대체로 어느 나라에서나 초·중등교육과정의 주요교과를 구성하고 있는 지식분야이다. 따라서 미국의 대학에서 중등교수양성 프로그램은 대체로 인문자유학(Arts & Science)을 공부한 학생들에게 교수로서의 프로페셔널리즘을 구비하도록 하는 데 초점이 놓여 있다. 그리고 독일에서는 아직도 여전히 인문자유학(Arts & Science) 이수자들이 별도의 교육학이 아닌 그 인문자유학의 일부로서 페다고지를 함께 하며 교수로 진출하고 있다.

이러한 이유로 우리나라에서는 원래의 대학 역사에서 대학입학 예비과정 성격의 그래머스쿨 교사 공급의 주된 원천이었던 인문자유학부(Arts & Science)와 현대사회의 단선형교육체제의 이념에 따라 초등학교위에 쌓아 올려진 중등교육 담당 교사양성을 위해 종합대학 내에 설치한 사범대학 간의 관계가 불편한 갈등관계로 비화될 소지를 원천적으로 안고 있었던 것이다.

한편, 우리나라에서는 초·중등 교과로서 갑오경장 이후 시작된 한국의 근대학교현장에 보다 뿌리박은 사범대학의 학문과 교육내용에 비해, 문리계열의 학문과 교육내용은 보다 더 최근에 수입된 서양의 선진문물의 성격을 지니는 것이 상례였다. 즉 근대화 이후 끊임없이 서양의 선진문화를 수용하는 데 급급한 실정에서 그나마 먼저 시작되고 학교현장을 중심으로 토착화된 사범교육과보다 최신의 서구사조를 끊임없이 수용한 문리과 대학교육 간에는 또 다른 의미에서 갈등의 소지가 배태될 수밖에 없었다.

우리나라 대학에서 사범교육과 문리과교육 간의 갈등은 복선형에서 단선형으로 발전해온 근대교육체제가 야기하는 갈등인 동시에 주체적으로 학문을 하지 못하는 한국적 상황에서 나타나는 후진적 학문연구의 부산물이기도한 것이다.

사실 우리나라의 대학에서의 학문연구와 지식탐구가 충분히 토착화되고 나면 사범대와 문리대 간의 갈등은 사라질 것이며 교직과정과 교대·사대를 통한 정식 사범교육 간의 구분도 무의미해질 것이라고 본다.

교직의 집단화, 교사의 질과 교사양성전문대학원

수백년의 역사적 발전 과정 내내 자영의 개인사업자 형태로 일해 왔던 전문직들이 현대사회에 들어서면서 대형 서비스 조직에 고용된 신분으로 일하는 경우가 늘어났다. 이 경우 조직을 지배하는 관료제의 원리와 전문가의 자율성을 바탕으로 하는 전문직의 원리가 조직 내에서 충돌하게 된다. 종합병원이 그 대표적인 사례가 될 것이다. 많은 경우 적절한 타협점을 찾게 되지만 그렇지 못할 경우 전문직은 노동조합주의로 나가게 되는 경향을 보인다. 교사의 경우는 바로 그 대표적 사례이며 아직도 혼란과 갈등을 겪고 있다.

1820년 결성된 미국 NEA의 첫 100년간은 교원들뿐 아니라 교감, 교장, 교육감들도 가입된 '전문직' 단체(Professional Organization)로서의 발전 목표를 추구한 기간이었다. 그 결과 전문직으로서의 교사라는 개념이 확립되고 20세기 중반에는 유네스코가 교사직을 전문직으로서 공식으로 후원하게 된다. 그러나 전문직화는 여러 가지 역사적 환경적 요인이 어우러져 달성되는 현상으로서 교사의 경우 그 과정이 성공적인 것은 되지 못하였다. 그 결과 많은 나라에서 교사가 전문직이라는 개념은 하나의 당위일 뿐 현실은 아닌 상태에 있다.

노동조합 운동이 점차 강화되는 20세기 초에 들어와서 교원들도 이제까지의 전문직 단체로서의 한계를 느끼고 교장·교육감 등 행정 직원을 축출한 교원만의 단체로서 단체협상을 통한 교원의 권리 신장 등 일부 젊은 교원들의 NEA(National Education Association)의 체질개선 운동이 일어났다. 이러한 운동이 교장·교육감들의 반발로 좌절되자 이들은 1919년 NEA를 탈퇴, 교원들로만 구성된 AFT(American Federation of Teachers)를 창설하여 미국 교원노조 운동이 시작된다. 이에 자극받아 NEA도 드디어 교장·교육감 등 행정 직원을 축출하고, 흑인 교원단체들과 통합하여 민권운동에도 참여하게 되며, 대학교수들을 조직하여 명실 공히 교원·교수만의 단체로 발전하게 된다. 단체협상을 시작한 것은 그 뒤 50년 가까이 지난 1960년대 후반이다.

미국에서는 1960년대에 교원단체교섭의 입법화 운동이 시작되어 각 주별로 단체교섭을 교원의 신분과 복무에 관한 주 정부 특별법 형태로 도입하기 시작하였다. 미국 근로자의 노동권과 노동조합의 단체교섭권이 연방노동법에 근거한 제도인 데 반해 교원단체교섭은 주 정부의 법률에 의한 것인 점에서 일반 노동조합의 단체교섭과 성격이 다르다. 주 정부의 법률에 의한 단체교섭의 이론적 근거는 집합적 전문직론 (Collective Professionalism)으로서, 집합적 전문직론은 Myron Lieberman이 그의 저서 *Education as a Profession(1959)* 을 통해 정립한 이론이다. 그 요지는 다음과 같다. 즉 교사는 위에서 기술한 전문직의 의미에서 의사 변호사 목사 등과 같은 전문직이어야 한다. 그러나 교사의 경우는 이들 기성 전문직과는 달리 교사를 고용하고 있는 교육관료제에 의해 그 전문직화가 방해를 받고 있다. 그러므로 교육관료제를 극복하지 않으면 교사의 전문직화는 불가능하다고 판단하고 이를 위한 전략적 수단으로 교원단체교섭체제를 통해 관료제를 견제하고 교사의 전문직화를 추구하자는 입장이 집합적 전문직 이론이며 최근 30년 이상 미국 NEA의 공식적 이념이 되어 왔다.

Lieberman은 전 세계적인 명저로 보급된 동 저서 출판 이후 자신의 주장을 실천하기 위한 입법운동에 투신하여 1960년대에 들면서 미국의 각 주에 교원 단체교섭제도를 보급한 일등공신이다. 리버맨 등에 의해 북미주에 보급된 미국에서의 교원 단체교섭은 지역교육청(School District) 단위로 행하여진다. 교섭사항은 기업에서의 단체협약과 마찬가지로 포괄적으로 임금 및 근로조건 관련 사항을 포함하고 있다.

한국에서의 교육전문직 단체인 한국교총은 NEA와 같은 조직 형태로 출발하여 90년대에 들어 노동운동의 전반적인 발전 그리고 전교조 활동 등의 영향으로 정부와 단체교섭의 필요성을 느끼게 되어 '교원지위향상을 위한 특별법' 제정을 요구하게 되는데, 정부에서도 교원노조의 태동을 견제하기 위한 방안의 하나로 한국교총에게 부분적인 단체협상권을 부여하게 되었다.

한국교총이 교장 교감 장학사 교직사회의 리더들을 중심으로 조직된 반면 평교사 중심으로 조직화한 것이 1998년부터 합법화된 교원노동조합이다. 교원노동조합은 단체교섭권 확보와 함께 산별노동조합이념을 지향하는 민주노총에 가입하고 이를 통해 21세기 한국사회의 주요 권력집단으로 부상하였다. 이러한 현재의 상황은 교사직의 집단화 과정의 마지막 절정 단계에 이르러 있는 것으로 보인다.

그러나 20세기 후반 내내 진전된 교직의 집단화 추세 속에서 교사의 질 저하와 그에 따른 교육의 질 저하가 교육계의 당면 문제로 우려되어 왔다. 이미, 리버맨은 1978년 돌연 *Eggs That I Hatched*라는 논문을 통해 교원의 단체교섭제도를 주장/이론화하고 이의 입법화에 헌신한 것은 자신의 결정적인 실수라고 고백하고 교원노조와 교원단체교섭제도의 가장 강력한 반대자로 변신하였다. 그가 지적하는 바 교원노동조합과 단체교섭제도가 미국 교육에 남긴 영향은 매우 부정적인 것으로 인식되며 다음의 세 가지로 크게 요약될 수 있다.

① 단체교섭에 의한 협약이 관료제적 규칙과 같은 기능을 하게 되어 그 집행을 위해 많은 레드테이프를 초래하고 그 결과 학교 일상과정의 관료제화를 급격히 촉진시켰다.

② 협약의 적용 범위가 확대됨에 따라 또 단체교섭에서의 교섭력 강화 필요성에 의해 학교구의 통합 대형화가 빠르게 진행되었고 교육행정의 집권화가 크게 진행되었다.

③ 선거에 의해 선출되는 교육장들이 단체교섭에서 선거를 의식하여 양보를 거듭함으로써 교육정책결정이 교원노조 중심으로 편향되어 교육정책의 공공성이 훼손되었다. 그 결과 캘리포니아 시카고 등을 시작으로 1980년대 교육세 납세거부와 학교폐쇄로 이어지는 학부모의 저항을 불러 일으켰다.

오늘날 교사의 질에 대한 심각한 우려 끝에 나온 각국 교육정책당국의 근본적인 처방은 대학과 분리된 체제하의 고교이후 학사수준 고등교육 부문에 위치해 있던 기존의 교사양성과정을 대학에 기반을 둔 전문대학원체제로 전환하는 것이다. 많은 나라들에서, 교사양성은 고등학교졸업자들을 모집하여 대학 밖의 별도 교사양성기관에서 훈련시켜 교직을 준비시켜왔다. 이 영향하에 우리나라도 교육대학을 대학과는 별도의 기관으로 지역별로 설치하여 초등교사양성의 책임을 주었던 것이다. 이러한 체제는 교직을 고도의 동질성과 단결력을 지닌 단일 응집 집단화하였으며 노동조합을 통한 집단화를 낳는 토양이기도 하였다. 교사양성전문대학원은 교사양성을 대학 내에 기반을 둔 활동으로 다시 불러들임과 동시에 지나친 단결과 동질화 및 그에 따른 질 저하라는 문제점에 대한 종합처방이 될 것이다.

프랑스의 대학부설 교육전문대학원
(IUFM: Institutes Universitaire de Formation des Maitres)

프랑스의 교사양성체제개혁은 교사교육대학원(IUFM) 설치로부터 시작되었다. 기존의 여러 갈래의 다양한 초·중등교사양성기관, 즉 사범학교(ecoles normals d'institutaires), 지역교육센터(centres pedagogiques regionaux), 국립연수사범학교(ecoles normales nationales d'apprentissage)를 단일 기관으로 통일하고, 수준 높은 전문 교사 교육을 실시할 필요성이 제기되었다. 이에 따라 1989년의 교육개혁법 제정에 의거해 교사교육전문대학원(IUFM, instituts universitaires de formation des maitres)이 설치된다. 이는 교직을 전문화시키고 복잡하게 갈라져 있던 초·중등 교원 양성 체제를 동질화하는 방향으로의 개혁을 지향한 것이다. 교사교육대학원은 학생들의 교직 진출을 돕고, 각종 교사 자격증 준비와 교직을 대비한 이론 및 실제를 겸비한 고도의 전문적 훈련, 사명감 있는 교사 양성, 교원의 계속 교육 및 교육 연구 증진을 도모하는 것을 교사 교육의 기본 방향으로 설정하였다.

1990년 9월에는 grenoble, lille, reims에 IUFM이 실험적으로 설치되었으며 1990년 7월 4일 기존 사범학교를 규제하고, IUFM과 국가 및 도(department)와의 새로운 관계를 규정하기 위한 법령이 제정된다. 이후 IUFM은 1991년부터 교사양성기관이자 동시에 각 지역의 교사선발시험주관기관으로 일반화되었다. IUFM의 설치는 대학과 국가와의 계약에 의해 하나 또는 다수의 대학에 연계하여 설치되며, IUFM의 책임자는 정부에 의해 임명된다.

새로운 체제하의 정규 코스를 통해 프랑스의 교사가 되려는 경우 학부 3년, IUFM 2년, 모두 5년이 소요된다.[47] IUFM 1년차 입학은 초·중등 교사를 희망하는 학사학위 소지자(프랑스를 비롯한 유럽 연합국 국적소유자)에게 개방

---

47) 유럽의 대학과정은 3년이므로 통산 5년은 우리의 석사수준에 해당된다.

되며, 초등·중등 교사 과정에 대한 선택은 입학 시 이뤄진다. IUFM 1년차 (선택적 교육과정)에서는 본인이 선택한 분야의 교사선발고사에 대비한 교육을 이수하고 시험의 성공적인 통과 후 2년차에 입학한다. 이들 선발 고사의 합격자는 일 년 동안 수습 교사가 되며, 급여가 지급된다. 제2차 연도 교육은 의무적인 전문 직업 교육의 성격을 띠며, "교실 책임을 맡는 연수"로 대부분 구성된다. 최종 자격취득과 발령은 2년차 말에 이루어진다. 2년차 연수 과정의 끝에, 학술 심사 위원에 의해 합격된 지원자에게 교육부 장관이 교사자격을 부여하며 공립 기관의 교원은 11단계의 승진 체계를 가진 공무원으로 임용된다. 학위논문의 제출도 필수적이다. IUFM에서의 교육과정을 요약하면 초·중등별로 다음과 같다:

▶ 초등 교사(유치원 및 초등학교) 교육 과정
- 초등 교육 단계(취학 전 및 초등)의 모든 교사는 학구(academie) 차원으로 조직되는 동일 선발 고사(concours)에 의해 뽑힘. 1992년 이후 초등학교 교사의 선발은 대학 입사 후 3년 이상의 교육 수료자 (bac+3) 가운데 실시.
- IUFM 입학 지원자들은 서류 전형 또는 경우에 따라서는 선발 고사 준비 학년 입학을 위한 면접 후에 받아들여짐. 지원자는 유럽 연합국 중 하나의 국적을 가져야 함.
- IUFM의 이론적·실제적 교육의 일차년도가 끝나면 초등교사 (professeurs des coles) 선발 시험을 치게 됨. 시험에 통과한 경우 학생들은 수습 사(professeurs-stagiaires)가 되며, 의무 교육 년도 1년 동안 급여를 받으며, 졸업 후 능력 평가 후에 유치원 또는 초등학교 교사로 임명.
- 전문 교육을 다 마치면, 연수동안 행했던 과제 및 IUFM에서 공부한 분야와 교육 실제와 관련된 논문(m moire)을 토대로 증명서를 발급. 이 증명서는 교사에게 공무원의 지위 및 교육권을 부여.

- 초등 교사는 자신의 희망에 따라, 또한 교직을 희망하는 도 (department) 내의 가능한 자리 여부에 따라 유치원 또는 초등학교에서 가르칠 수 있음.

▶ 중등 교사 교육 과정(대학 교수 후보생을 위한 교사전문 교육과정 포함)
- 초등 교육 기관 교사에 대해서와 마찬가지로, 중등 교육 교사 지원자도 유럽 연합국 중 하나의 국적을 가져야 함. 지원자는 학사 학위 취득자 또는 후기 중등 교육 이후의 최소한 3년(유럽 연합 국가) 내지 4년(다른 나라들) 교육과정의 졸업자여야 함.
- 일반적으로 1년간 IUFM에서의 준비 과정을 거친 후 다음 자격증 취득을 위한 국가 선발 고사를 치름.
·중등 일반 교사 자격증(capes)(체육과목 제외한 과목별)
·중등 체육 교사 자격증(capeps)
·중등 기술 교사 자격증(capet)
·직업 고교 교사 자격증(caplp2)
·교수 자격증(agregation) : 고등학교 상급 과정과 대학 교양 과정의 교수 자격증. 석사 자격 또는 이와 동등한 수준의 자격증이나 상기 교사 자격증 소지자 대상. 아그레가시옹은 일반적으로 대학에서 준비하지만 아그레가시옹에 합격한 후 바로 전문 직업 교육을 위해 IUFM 2년차 과정에 입학.

프랑스 교사양성대학원의 성과는 일단 긍정적이다. 학부 수준에서의 교사 양성이 아닌 대학원 수준의 전문 교사교육대학원의 설치로 교원 자격 요건이 강화되고 수준 높은 교사 교육을 통해 교직의 전문성을 향상시킬 수 있는 효과가 기대되고 있으며, 학교현장에서 IUFM 출신에 대하여 비교적 높은 평가가 이루어지고 있다. 2000년 보고[48]에 의하면 교직에의 지원경쟁률이 3배에

---

48) 2000년 프랑스교육과학성의 IUFM 특별장학보고서, 2003 OECD 제출 보고서 내용

서 8배로 증가하고 IUFM 출신의 교사선발시험합격(교사자격획득) 가능성이 비IUFM 출신보다 3대1의 비율로 높은 것으로 밝혀지고 있다.

새로운 제도는 여전히 실험적 단계에 있다. 대학 밖에 있던 교사양성프로그램을 IUFM 형태로 대학 내에 위치시킴에 따라 IUFM과 그 소재 대학교 간의 제도적 관계에 상시적 지속적 갈등이 발생하고 있어 이 분야의 개선방안이 필요하며, 입학생 수와 교사선발규모 간의 지속적 조정이 어려운 과제로 제기되고 있다.

교사의 양성과 대학의 기능적 구조적 관계는 대학의 역사에서 중요한 주제의 하나였다. 프랑스의 교사양성대학원은 국민교육의 이념과 교육관료제, 대학의 자유와 보편성, 교사의 전문성과 질 제고라는 다양하고 이질적인 요구를, 어렵사리 조합하여 만들어낸 최신의 제도이다. 한국의 교사양성과정과 대학의 기능을 설계할 때 가장 좋은 참고가 될 것이다.

공과대학과 공학교육: 공학은 학문(discipline)인가? 기예(Art)인가?

우리나라에서는 대학에서의 지식탐구가 'ㅇㅇ학'으로 명명되고 정의되어 왔다. 서양에서는 '엔지니어링(engineering)'과 같이 활동중심으로 명명된 것이 한국에서는 '공학(工學)'과 같이 이론과 지식의 체계로 정의되는 것이다.

서양의 대학에서 탐구되고 연마되는 엔지니어링의 성격은 적어도 네 가지 복합적인 요소를 함께 지닌다. ① 학문으로서의 성격 ② 실제의 '문제해결'로서의 성격 ③ 전문직 서비스로의 성격 ④ 기예(Art)로서의 성격. 우리나라 대학에서의 공학교육이 가진 가장 잘못된 점은 이러한 네 가지 측면 중 학문으로서의 성격 하나가 지나치게 강조되고 나머지가 경시되고 있다는 것이다.

엔지니어링은 우선 문제해결을 위한 방법과 과정이다. 따라서 여러 가지 대안을 분석 평가하기 위한 준거 지식 이전에 문제를 정의하는 시각과 대안을 안출하는 창조적인 역량과 상상력이 매우 중요하다. 흔히 ○○공법(工法)으로 알려지는 엔지니어링의 정수들은 지식의 적용이기 이전에 바로 이러한 상상력의 산물이다. 산업계에서 우리의 대학에 가진 가장 큰 불만은 공학을 전공한 대학졸업자들이 현실의 문제해결 능력이 부족하다는 것인데 이는 우리나라의 공학교육이 엔지니어링이 무엇보다도 문제해결과정이라는 기본 인식을 바탕으로 하고 있지 않기 때문이다.

엔지니어링이 서비스라는 인식 역시 우리나라의 공학교육에는 현저히 결여되어 있다. 물리학은 직접적으로 고객 개념을 가지고 있지 않은 추상적 개념과 사실 및 이론들의 체계일 수 있다. 그러나 공학 즉 엔지니어링은 서비스이기 때문에 반드시 고객을 가지고 있다. 그러므로 고객의 욕구와 이해관계는 엔지니어링 체계의 구성요소로서 내장되어야 한다. 이 점이 잊혀지고 있는 것이다. 이에는 우리나라의 지배적 문화적 전통이 서비스 개념을 결여하고 있는 탓도 있다. 그러나 서구문물로서 공학교육을 받아들이면서 서비스로서의 엔지니어링 개념은 수입하지 않은 것이 잘못된 첫 단추였던 것이다.

엔지니어링은 또 일종의 기예이다. 기예란 오랜 기간의 연마와 수련을 통해 얻어지는 경지를 뜻한다. 그러므로 최고의 공학자와 엔지니어는 예술가일 수밖에 없고 이들이 도달한 경지 역시 교육을 통해 전수되고 더욱 고도화되어야 할 것이다. 우리나라는 전통 건축의 유지 관리를 위한 수요가 상당함에도 불구하고 훌륭한 전통 건축가를 점점 잃어가고 있다. 대학들은 전통건축을 대학의 건축공학과나 건축과의 일부 또는 그들과 병렬되는 엔지니어링의 한 부분으로 받아들이고 있지 않다. 성악과 기악 또는 회화 조각 등이 대학의 과정으로 보편화된 것과는 대조적이다.

이상에 언급한 공학의 성격으로 볼 때 공학교육의 정상적 발전을 위해서는 대학교수들뿐 아니라 현장의 엔지니어 집단, 공학의 고객인 산업계의 참여가 필수적이다. 최근 공학교육의 개혁을 위해 정부는 공학교육인증제를 도입하려고 노력하고 있다. 그런데 이때 공학교육인증 활동을 누가 할 것인가가 문제이다. 정답은 분야별 현장 엔지니어와 산업계가 이를 수행해야 한다는 것이다. 정부가 직접 나서거나 제3의 객관적인 공공기관이 주도하는 공학교육인증사업이란 무의미하다. 공학교육의 발전을 위해서는 각 분야별로 관심 있는 기업과 현장전문가들이 모이고 이들이 대학의 공학교육에 대한 목소리를 내는 차원에서 인증활동을 수행해야 하는 것이다.

학문으로서의 공학교육발전 더 나아가 기초과학발전은 현장의 요구와 관심을 기반으로 성취되는 것이다. 근대 기초과학이 산업의 문제해결이라는 필요를 바탕으로 발전하였다는 증거를 물리학 발전사에서 찾을 수 있다. 근대 물리학이 태동할 때 그 원동력이 된 것은 원양으로 진출하려는 영국의 해운업계의 필요와 재정적 투자였다. 정확한 공간상의 위치 측정의 시급함은 곧 시간의 정확한 측정에 대한 요구로 이어졌고 당시 영국 여왕의 주선하에 물리학자들을 위한 해운업계의 연구개발투자가 이어졌다. 그 결과 근대 물리학의 근간이 되는 시간 공간 또 그 상호의존이라는 개념들이 확립되었고 근대 물리학의 기초가 형성된 것이다.

또 다른 증거를 세균의 발견과 세균학의 시초에서 볼 수 있다. 파스퇴르가 세균을 발견한 것은 당시 썩지 않고 오래 보관이 가능한 포도주 제법에 사활을 걸었던 프랑스 포도주 산업계가 엄청난 자금을 모아 연구비를 지원하여 성공한 결과이다. 즉 여기서도 세균학은 문제해결 노력의 산물로 태동한 것이다.

예술대학과 예술교육: 대학교육과의 호환성과 차별성

대학의 본질을 강조하는 국내의 대학사회에는 음악 미술 등의 분야는 대학 밖으로 나가야 한다는 분위기가 항상 존재한다. 일부 대학에서는 대학구조개혁 논의과정에서 이를 대학개혁 의제로 올리기까지 함으로써 학내 분쟁이 초래되는 경우도 있다. 대학교수사회에서 이들 분야는 다소 이질적이다. 이들 분야는 우선 실기교육을 중심으로 대거 외부강사에 의존하는 시스템을 지니고 있고 별도의 음악 미술 분야 사교육 시장이 거대하게 형성되어 대학강사 경력이 대학교수신분 이상으로 권위를 가지고 이 사교육시장에서 통용되고 있다. 일반 대학교수들이 보기에는 대학과는 이질적인 요소가 너무 많다고 느끼는 것이다.

한편, 음악 미술계에서도 대학이라는 우산이 거추장스러울 뿐 아니라 제대로 된 예술교육에 오히려 장애가 된다고 주장하며, 대학 밖으로 뛰쳐나가 독립하려는 경향도 함께 존재한다. 예를 들어, 대입수능시험 때문에 정말로 재능 있는 잠재적 예술가들이 대학에 진학하여 예술교육을 받을 기회가 봉쇄되고 있다고 보는 것이다. 지금은 국내 유수의 예술교육기관으로 자리잡은 한국예술종합학교는 이러한 대학 밖으로 나가려는 경향이 낳은 대표적 산물이다.

음악은 원래 서구에서 중세를 지나 근세 초기까지 이미 7자유학과의 하나로서 인문교양과 철학 과학의 한 부분으로 확고하게 자리잡은 바 있다. 아마도 음악이 지닌 수학적 질서에 대한 높은 평가 때문일 것이며, 동양에서도 공자 이후 유학의 전통 내에 음악은 확고히 자리 잡고 있었다. 이러한 이유로 지금도 음악대학에는 철학박사(PhD) 과정이 있다. 우리나라에서는 음악학 박사라는 명칭으로 학위를 수여하지만 그 성격은 역시 PhD와 같다.

반면, 미술대학에는 통상 미술학 박사과정이 없으며 우리나라에서는 예외적으로 극히 일부 대학에 미술학 박사과정이 있을 뿐이다. 이는 미술분야에서 교수 채용 시 통상 박사학위를 요구하지 않고 석사학위를 요구하는 것만 보아도 알 수 있다. 미술 분야가 음악과는 달리 이러한 사정에 있는 것은 미술분야가 음악보다 이론화에 있어서 그 역사에 있어 훨씬 뒤늦었기 때문이다.

오늘날 이들 분야의 발전 수준을 볼 때 음악교육과 미술교육이 대학 밖에 있어야 할 본질적 이유는 사실 없다. 공학적 측면에서는 음향공학, 색채공학이 나란히 발전하며, 수학적 측면, 기호학적 분석 측면에서도 현재 음악분야의 분석과 미술분야의 분석 수준의 발전이 크게 다르지 않다. 이러한 발전에 힘입어 미술분야의 박사 학위도 출현하고 있는 것이다. 미국에서는 조형미술 석사(MFA: Master of Fine Arts) 학위 과정이 MBA가 경영실무분야의 표준자격화되어 있는 것처럼 미술분야에서의 활동을 위한 대학원수준 기초자격으로 정착되어 있다. 즉 실기를 강조하는 전문학위과정이 대학을 기반으로 발전하고 있다.

우리나라 고등교육에서 음악 미술 분야와 그 밖의 전통적 학문분야 간의 갈등은 음대 미대의 입시 열풍과 거대한 사교육 시장의 존재로부터 그 단초가 야기되며 그에 따라 대학 밖으로 내보내거나 나가려는 압력이 상존하는 것이다. 이 문제를 해결하려면, 대학구조개혁이나 예술교육기관의 대학 밖으로의 독립과 같은 어느 일방의 주장에 따른 사고와 처방을 벗어나야 하며 유아교육 초·중등교육에서 대학입시에 이르는 대학 이전의 예술교육체제 전반을 종합적으로 재조정하지 않으면 안 된다.

예술교육은 지식기반사회에서 강조되는 수행을 기반의 학습과 지식의 활용을 위한 가장 효과적인 토대로 간주되고 있다. 따라서 초·중등교육에서부터 예술적 재능 그 자체를 위한 교육뿐 아니라 교육의 보편적 목표에 기여하는 만인을 위한 교육(education for all)으로서 계획되고 실행될 필요가 있다. 또한 이러한 이유로 대학의 필수적 구성부분으로 자리잡아야 할 것이다.

대학과 학문의 균형발전 – <이론적 지식>의 중요성

개발도상국으로서 불균형발전 전략에 입각한 산업화 과정을 거치면서 우리나라의 대학 또는 학문 역시 어느 정도는 의도된 불균형 상태를 불가피하게 겪어 왔다. 그런데 최근, 이러한 불균형을 이제는 더 이상 용인할 수 없다는 듯이, 학문의 균형발전에 대한 논의가 왕성해지고 있다. 이 문제를 논의함에 있어 여론에 떠오르는 이슈와 문제 중심으로 쫓아가다 보면 건설적이고도 올바른 논의를 그르치기 쉽다. 바꾸어 말해 종합적인 접근방식이 필요하다는 것이다.

대학은 지식을 그 존재 근거의 알파요 오메가로 삼는 제도이다. 대학이라는 제도는 지식의 창출, 유지 관리와 활용의 핵심기관이며 관련되는 모든 활동의 정거장이다. 그렇기 때문에 학문과 지식의 균형은 대학사회의 균형의 전제 조건이다. 학문의 균형발전을 논함에 있어서 우선적으로 먼저 가려야 할 일은 무엇과 무엇 사이의 균형인가 하는 것이다. 이 문제에 대해 여기서 내리는 잠정적인 해답은 다음과 같다. ①연구와 교육 사이의 균형 ②이론적 연구와 조사연구 간의 균형 ③이론과 경험(또는 정책) 간의 또는 이론가와 현장전문가 간의 균형 ④지식분야 간의 균형.

그 다음으로 가려야 할 것은 균형의 내용이 무엇인지 하는 것이다: ①양적(규모와 무게에 있어서)인 균형인지 ②대등한 상호의존 관계를 의미하는지 ③상호 견제와 비판에 의한 균형인지. 이들 세 가지 물음은 서로 긴밀히 관련이 있다. 여기서는 이들을 서로 교차시켜 가며 논하고자 한다.

교육과 연구의 균형

교육과 연구 간의 균형 회복은 개발도상국 처지를 벗어나 선진국으로 진입하는 데 중요한 발전 과제 중의 하나이다. 전체적으로 보면 지식의 창출과 이의 전수/확산 간의 균형 문제인 동시에 학문과 지식에 종사하는 개인의 입장에서 보면 자신의 활동 중점의 생애에 걸친 배분 문제이기도 하다.

원칙적으로 지식 창출은 누적된 기존 지식을 바탕으로 하는 것이다. '원칙적으로'라고 토를 다는 이유는 기존 지식과의 결별을 전제로 하는 새로운 패러다임 창출과 같은 경우도 예상되기 때문이다. 그러나 통상적인 경우인 동일 패러다임 내 발전에 관해 말하자면 지식과 학문은 역시 누적된 바탕이 그 발전의 토대이다.

따라서 교육과 학습을 통한 지식의 확산은 연구를 통한 지식 창출을 좌우한다. 반대로 그 어떠한 연구성과도 학습을 통해 확산되지 않으면 무용지물이다. 즉 양자는 상호 의존관계에 있는 것이며 이러한 상호 의존관계가 깨지거나 바로 서지 못하면 그것이 학문의 불균형을 낳는 것이다. 우리나라는 고등교육기관과 연구기관이 분리되고 교육자와 연구자가 분리되는 지배적 관행에 젖어 왔다. 그만큼 양자 간의 불균형이 초래될 가능성이 높은 것이다. 이러한 위험은 현재 이미 충분히 현실화되어 있으며 이로 인해 대학과 학문의 불균형 논란이 계속되고 있는 것이다.

교육과 연구는 교수 또는 연구자와 같이 지식을 직업적으로 다루는 개인의 생애발달에 있어서도 자연적 연령의 한계에 따라 균형 배분되어야 한다. 즉 체력과 정신력이 왕성한 젊은 시절에 집중적으로 연구활동에 종사하고 지혜와 인간관계가 성숙해지는 장년에 가까울수록 교육을 통한 지식의 확산에 보다 많이 집중해야 하는 것이 자연의 요구에 따른 순리일 것이다.

고등교육기관과 연구기관이 분리되고 교육자와 연구자가 분리되는 지배적 관행에 젖어 있는 우리나라에서는 지식 종사자들에게 이러한 자연의 순리에 따른 경력발전이 대단히 제약되어 있다. 이를 시정하는 것이야말로 학문과 지식의 균형발전을 위해 시급한 과제가 될 것이다.

이론연구과 조사연구의 균형

research와 theory 간의 균형의 필요성은 모든 연구자가 기본적으로 공감하는 사항이다. 이론가들은 분석적 작업을 통해 현장 경험 또는 체계적 조사 자료를 토대로 주장과 판단들을 논리적으로 연결짓고 이를 이론화한다. 그러나 검증이 되지 않은 주장이나 판단은 결국에는 가설일 따름이며 경험적 조사 자료를 바탕으로 하는 검증을 필요로 한다.

한편, 그 어떠한 가설도 처음에는 제한적인 경험을 기초로 형성되게 된다. 우리가 현장 전문가의 경험을 중시하는 이유가 여기에 있다. 이들의 경험은 보다 체계적인 검증을 위한 가설 형성의 주요 원천이 되기 때문이다.

지식과 경험이 통합되어야 한다는 점은 심리학 해석학 정보이론 등을 종합하여 최근 크게 발전해온 인지과학(Cognitive Science)에 근거한 학습이론의 기본적 공리라고도 볼 수 있다. 이에는 모든 지식과 이론이 기본적으로 상황 의존적이라는 인식이 그 기초가 되어 있다. 다른 한편, 이론적 진술이나 개념은 현실과 경험에 입각한 先理解에 의해서만 의미 있게 해석되며 현실과 경험은 개념과 이론의 틀에 의해서만 인식될 수 있다는 해석학적 순환(Hermeneutics Circle) 현상은 고대로부터 최근까지의 인류의 인문학적 사유의 일관된 결론이다. 이러한 관점에서 보면 현실과 환경에 대처하는 연구자의 주관과 창의성이야말로 지식과 경험의 통합을 성취하는 근본 요인이며 요즘 많이 운위되는 TACITNESS의 실체를 이루는 것이라고 생각된다.

학자나 연구자들은 취향에 따라 대체로 이론 또는 조사연구의 그 어느 한쪽에 전문적으로 매달리게 되고 자연스럽게 학자들 간의 분업이 형성되게 된다. 그런데 우리나라에서는 이러한 분업이 충분히 발달되지 못하고 있으며 그 결과 이론도 약하고 조사도 취약한 경우가 많다. 특히 사회과학 분야의 경우에는, 연구와 현장 전문가 간의 분리 단절로 인해 경험적 정보가 부족한 상태에서, 이론이나 가설이 현실과 유리된 공론으로 떨어지기 쉽다. 우리나라에서 특히 학문의 균형발전을 저해하는 요소가 있다면 그것은 바로 경험 특히 한국의 현실과 현장에 바탕을 두지 못한 학문연구의 습관과 교육 관행에 있다고 여겨진다.

지식과 행동(정책)의 균형

지식은 활용됨으로써 가치를 창출한다. 기업의 경영이든 정부의 정책, 기술 현장이든 오늘날 인류의 조직화된 행동은 고도화된 지식을 기반으로 이루어지고 있다. 행동의 현장과 유리된 지식과 학습은 이른바 진정성(authenticity)을 결여한 것으로 간주된다. 우리나라 대학이 균형을 잃고 있다면 그 가장 주된 불균형 양상은 바로 여기에 있다. 대학의 교수는 자신이 가르치는 지식이 현장에 어떤 의미를 지니는지 모르며 현장 전문성은 지식과 상관없는 것으로

치부하여 왔다. 그러나 바로 그러한 이유로 대학과 사회가 유리되며 대학이 가르치는 지식과 현장이 축적하고 전수하는 지식이 서로 분리되어 왔다. 교수와 학생의 채용이나 모집, 교수-학습의 상호 작용, 학습성취의 인증 등 대학의 전 과정에 있어 지식과 행동 간의 균형을 바로잡는 것이 우리 대학의 시대적 과제이다.

지식 분야 간의 균형

학문 분야 간의 균형이라는 점에서 보면 해묵은 정신과학과 자연과학 간의 균형, 기초과학과 응용과학 간의 균형을 우선적으로 생각하지 않을 수 없다. 우리나라에서는 전자의 경우, 어떤 사람들은 인문사회과학이 무시되고 있다고 주장하는 반면 다른 사람들은 이공계 학문이 기피되고 있다고 주장하여 판단이 엇갈리고 있다. 기초와 응용 간의 경우에도 마찬가지이다. 어떤 사람들은 기초과학이 불충분하다고 하며 어떤 사람은 응용학문이 제대로 발달하지 않고 있다고 불만을 표한다.

이러한 주장과 논란들은 그 자체로는 일리 있어 보인다. 그러나 전체적으로 보면 타 분야에 비교해 양적으로 불균형되었다는 주장이라기보다는 연구와 교육의 질이 낮다는 주장으로 귀일된다.

다른 한편으로는, 학부제 논란에서 보는 것처럼 학생 모집단위 광역화로 인해 학생들이 특정 분야로 편중됨으로써 후진 양성에 위기를 겪는 문·사·철 등 순수학문 분야의 문제가 학문의 불균형 발전 논란을 야기하고 있기도 하다. 이 문제는 과거의 학문분류에 입각한 편제에 집착하여 학생 모집 및 소속 단위 즉 교육과정의 구조조정이 원활히 이루어지지 못하는 데 그 근본 원인이 있는 것이다.

원래 산업구조가 고도화될수록 이공계 제조업 분야의 고용비중이 줄고 서비스 부분의 고용이 확대된다. 이른바 서비스 사회로의 발전이 이루어지는 것이다. 그런데 서비스란 인간과 인간 사이의 관계이며, 고도화된 사회경제 구조가 요구하는 표준화된 행동양식이다. 따라서 서비스가 발전하려면 그만큼 인문사회과학의 수요가 늘어나는 것이 정상적인 추세이다. 다만 이때의 대학교육과정의 구조는 과거와 같은 전통학문중심의 편제가 아니라 문제 중심 또는 직무 수행 역량 중심의 편제를 채택하고 이러한 편제하에서 인문사회과학 지식이 고등교육프로그램의 핵심을 이루게 되는 것이다. 우리나라에서는 바로 이러한 방향의 대학교육과정 및 학생모집·소속 단위 재편이 이루어지지 못하고 세분화된 전통적 학과 경계를 허물어 모집단위를 기계적으로 확대하는 데 그치고 있기 때문에 학과 전공 교과목 간 학생 모집의 불균형이 심화되는 것이다.

사실 흔히 학부제라고 불리는 모집단위 광역화 조치의 의의는 문제중심 또는 직업적 역량중심의 교육과정 재편을 위해 그 선결 조건인 전통적인 학과 간의 벽을 허무는 데 있는 것이지 광역화 그 자체가 정책목표인 것이 아니다. 그런 의미에서 현재의 진통은 과도기적인 것이며 하루 빨리 대학교육과정의 재편 작업이 진행되어야 인문사회과학이 사회경제 발전과 함께 발전하는 길로 들어서게 될 것이다.

대학교육과정개혁과 개혁도구로서의 실라버스

대학 연구자들 간에 예기되는 21세기형의 대학은 교육과정 측면에서 몇 가지 특징을 지닌다. 우선 전문교육은 대학원 중심으로 이루어지며 학사과정은 폭넓은 지식의 습득이 강조된다. 아울러 과거 대학원에 가서야 비로소 강조되던 독자적인 학습자/연구자로서 학생의 역할과 평생학습자로서의 자세가 학사과정 초기부터 강조된다. 또한, 지식체계 중심으로 분화된 학과의 경계를 넘어서 전공을 문제영역(strand) 또는 더 나아가 활용 이슈 중심으로 재조직하는 경향이 지배적이 된다. 그러나 이러한 새로운 추세들을 종합적으로 하나의 대학에서 구현하는 것은 쉽지 않은 일이다. 이를 궁극적으로 실현하는 것은 교수들의 교육철학과 목표를 하나로 모으는 대학총장의 강력한 아카데믹 리더십에 의존하는 것이다. 21세기를 염두에 둔 우리나라 대학교육과정 개혁을 위한 주제들은 다음과 같다.

전반적으로 볼 때 우리나라의 고등교육개혁의 와중에서 잘 준비된 코스워크의 중요성은 흔들리고 있다. 학부제의 확산 과정에서 졸업과 전공과정에 필요한 필수학점수가 줄면서 코스워크 기반의 대학교육과 전문직 교육과정은 약화되고 있으며 대학생들은 각종의 시험 준비에 많은 노력을 기울이고 있다. 이러한 요인들로 우선 대학교육과정이 급격히 파편화되어 가고 있으며, 결과적으로 시험만능주의가 확산되고 있는 것이다. 이른바 cafeteria식 교육과정을 제공하고 학생들의 입맛에 따른 선택에 의하여 이수하도록 하는 모습은 과감히 지양되어야 한다. 새로운 대안은 교수들의 충분한 협의와 인력수요자들의 전망에 기초하여 꼼꼼히 설계된 일련의 과정(courswork)이다. 과정의 초기에는 공통의 역량과 학습자로서의 태도를 중심으로 일관된 과정을 거쳐야 하며, 과정 후기로 가면서 전공영역을 좁혀야 한다.

교육에서 학습자가 거치는 코스워크는 사전에 기획된 교육프로그램의 핵심이다. 이러한 코스워크를 거쳐서 이루어진 학습은 측정과 평가를 통해 확인될 수 있다. 교육을 제도화하고자 할 때 이 두 가지 요소 중 어디에 중점을 두어서 제도를 설계할 것인가 하는 점이 결정적인 고려요인이 된다. 대학을 포함한 모든 학교의 특징은 코스워크 기반이라는 점이며, 사전에 잘 준비된 교수-학습활동의 시리즈인 교육과정을 운영하는 것이 학교의 주된 기능이다.[49]

전공설계에 있어 지식체계중심의 분류와 문제영역/이슈 중심의 분류를 조

---

[49] 단적으로 말해서, 학점은행제는 전자에 초점을 맞춘 제도이며 독학사 제도는 후자에 초점을 맞추어 설계된 제도이다. 그러나 학점은행제는 독학사 시험과 학습성취도 테스트를 거쳐 취득된 각종 자격증을 학점으로 환산해 주고 있다는 점에서 성취도 평가기반의 교육제도의 특징을 흡수하고 있다. 독학사 제도 역시 학점은행제나 기존 대학과정 이수 결과를 시험 면제라는 형태로 흡수하고 있다. 이러한 방식으로 두 가지 유형의 제도가 상호 보완되어 운용되는 것이다.

화시키는 것은 대학교육과정 설계자들에게 난제 중의 난제로 꼽히고 있다. 이에 대한 해답은 ① 교수의 신분과 학사행정적 단위와 별도로 교육프로그램을 위한 교수들의 팀구성을 활성화하고 ② 학습자로서 학생들의 관심을 체계적으로 개발하는 과정과 전공선택을 일치시키도록 하는 데서 찾아야 한다.

한편. 코스워크의 강화를 넘어서 교육과정의 모듈화가 촉진되어야 할 것이다. 대학교육이든 기업교육훈련이든 과거의 교육과정은 대체로 일정한 시간표에 기반을 둔 일련의 코스워크(coursework)를 기반으로 하고 있다. 코스워크는 교사와 학생의 상호작용이 이루어지는 최소단위 시간을 수업시간(learning-hour)으로 정의하여 일련의 순서와 계통에 따라 쌓아올린 것이다. 즉 규칙적으로 구획화된 시간 축 위에 배열된 교수-학습활동이야말로 기존 교수-학습 체제하의 교육과정이 갖는 특징인 것이다. 이러한 코스워크 기반 교육과정의 본질적이고도 결정적인 특징은 동일한 시각에 묶여 행해지는(synchronic) 교사-학생의 상호작용을 토대로 하고 있다는 점이다. 학교의 경우를 예로 들자면 동일 시공간 내에서의 교수학습활동이 단위화되어 수업시간이 되고 이들이 모여 주간수업시간표가. 더 나아가 학기와 학년 그리고 최종적인 코스워크로 완성된다는 데 그 특징이 있다.

이러한 코스워크 기반 교육과정에서 교과의 구성단위인 단원은 지식 중심의 교과의 성격을 그대로 반영한다. 단원은 교수-학습활동이 이루어지는 일정한 단위시간 내에 진행되는 교수학습활동의 단위이며 전체 지식의 체계 속에 위치한 단위로서 분절화된 개념과 의미 이론 사실들로 구성된다.

이에 비해 수행 중심 역량 중심의 교육과정은 시간 위에 펼쳐지는 과정상의 구속과 무관하게 획득되어져야 할 일정한 수행능력을 반영하는 분절화된 수행표준을 중심으로 설계된 모듈을 그 기본 구성단위로 한다. 즉, 학습자가 성취해야 할 수행목표(performance objectives)로 표현된 모듈들을 쌓아올려져 모듈기반의 교육과정이 구성되는 것이다. 모듈 기반의 교육과정은 시간에 종속된 코스워크 기반의 교육과정과는 달리 초시간적인 것을 특질로 하는 사이버교육과정에 친화적이다.

코스워크기반 교육과정과 모듈기반 교육과정의 가장 결정적인 차이는 이종(異種)의 교육과정 간에 그 구성단위가 상호 호환될 수 있는가에서 나타난다. 예를 들어 영국의 A+ 과정과 GNVQ(General National Vocational Qualification) 과정 또는 이종의 GNVQ 과정들 간에는 상호 호환되는 다수의 모듈을 공유하고 있는 것이다. 전통적인 코스워크기반의 교육과정의 경우 이러한 호환성이 지극히 제약됨은 기지의 사실이다.

또한 교육과정의 계통 구조에 있어 학생의 School-to-work, 또는 School-to-school 간 이동을 활성화하여 이를 뒷받침하는 자격 및 역량의 투명성 호환성 제고를 위해 고졸+6년의 기간을 적절히 2년씩 분할하여 전문학사-학사-석사 과정의 사이클을 도입해야 한다. 단계마다 졸업 입학 가능케 하고 학위 등 인증을 수여해야 할 것이다.[50] 이러한 재구조화의 기대효과로는 우선 각 단계의 이행기마다 과정 이수 시험 도입을 통해 학습성과 중심의 중간 평가에 의한 교육의 질관리를 가능케 하는 것을 들 수 있다. 특히 우리나라 대학의 취약점인 첫 2년 과정의 교육을 강화하기 위한 제도적 전제가 바로 이것이다. 또한, 각 단계의 이행기에 본교 출신뿐 아니라 타 학교 출신이나, 성인 학습자들의 편입학을 활성화함으로써 대학교가 고등교육과 계속교육기능을 함께 지니는 21세기형 대학으로 발전할 수 있다.

대학교육과정 개혁을 통해 지향할 방향의 하나는 학생들이 자기 자신의 학습목표와 학습과제를 설정하고 이를 실행에 옮기도록 지도되어야 한다는 점이다. 교수의 역할도 지식 전수자를 넘어 학습관리자 역할이 강화되어야 한다. 대학생활 중에 학생들이 학교의 교육프로그램과 관련하여 자기 자신의 프로젝트를 갖는 것이 이를 위해 가장 도움이 될 것이다.

대학교육과정개혁의 또 다른 측면은 개별 교수들의 교수활동의 질을 높이는 데 있다. 선도적인 일부 국내 대학들은 이를 위해 학내에 교수학습

---

50) 프랑스 대학 교육과정 사례: 고졸(BAC+) 이후 1~2년씩 나누어 수학연한에 따른 학위-자격의 호환성 제고, 대학 2년(DEUG)+대학 3~4년(licence-Maitrise)+대학 5년(DEA/DESS), 프랑스 에콜폴리테크닉 등 이공계/경영계 그랑제콜 사례: BAC+2에서 입학 BAC+5까지(DESS) 3년 교육.

지원센터를 설치하여 교육활동 지원에 나서고 있다. 그러나 방법론 측면에서 이보다 더욱 중요한 것은 교수들이 작성하는 강의계획서(실라버스)를 활용하는 것이다. 실라버스를 대학에서 요구하는 서류 요건으로 단순히 생각하지 말고 이를 보는 관점을 바꾸어야 한다.

　기능적으로 볼 때 실라버스는 대학과 개별 교수-학생 간의 계약이며 합의서이다. 실라버스를 통해 대학당국과 개별교수 학생이 모두 동의하는 한 학기 강좌활동의 윤곽이 정해지며 당사자들은 이를 지켜야 한다. 바로 이러한 기능 때문에 실라버스를 교육과정개혁의 주요 매체로 사용할 수 있다. 학교 당국-교수-학생 삼자가 매 실라버스의 작성 시마다 그 내용의 개선에 충분한 노력을 기울이고 그 후에는 이를 충실히 이행하는 자세를 갖는다면 대학교육과정 개혁이 생각처럼 그리 어려운 일은 아닐 것이다.

대학의 Outreach교육: 샌드위치 프로그램, 인턴십과 학교기업, 협동과정

　현대의 대학에서 특징적 양상의 하나는 대학의 정규교육활동이 대학 울타리 밖으로 나가는 현상이다. 학생들은 캠퍼스 내에서만 학습활동을 하는 것이 아니며 대학 울타리 밖의 '현장'에 뛰어들어 직접 부딪치는 경험 속에서 학습을 한다. 이를 단지 가능케 할 뿐 아니라 정규 대학교육과정의 일부분으로 편입하기 위한 목적에서 개발된 것이 인턴십, 샌드위치, 협동과정과 같은 프로그램들이다.

　우리나라 공과대학에서는 졸업 전 6개월의 현장실습기간을 운영하여 왔다. 이러한 현장실습은 많은 경우 형식화되는데 그 주된 원인은 짧은 실습기간과 함께 이것이 졸업 직전에 행해짐으로써 실질적으로 학교를 떠나는 시기로 이어져 버리기 때문이다. 실습현장에서 6개월은 학생들이 와서 귀찮게 하다 떠 가기에 아주 알맞은 기간이다. 취업을 당장 염두에 두어야 하는 학생들의 입 장에서도 취업되는 것도 아닌 현장에서 겉돌기만 하다가 떠날 수밖에 없다.

샌드위치 프로그램은 이러한 이유로 정규교육기간 중간에 현장으로 나가 6 개월(thin sandwich) 또는 1년(thick sandwich)을 보내도록 하는 것이다. 6개 월짜리의 경우 2번을 나가도록 하는 것이 보통이다. 이러한 샌드위치 기간은 정규교육과정의 필수 요소로 편성된다. 샌드위치프로그램의 주목적은 학생들 이 이 기간 중 실사회생활과 현장에 노출되면서 학습과 취업의 진로를 고민 하는 시간을 충분히 갖도록 하는 데 있다.

오늘날 교육에서 강조되는 학습의 진정성(authentic learning)이란 학습이 학생들 자신의 필요와 스스로의 고민에 바탕을 둘 때 생겨나는 것이다. 학교학 습은 많은 경우 현실로부터 유리된 공간에서 관념적 체계적으로 이루어지기 쉬우며, 이런 의미에서 진정성이 결여된 것이다. 학생들은 진정한 샌드위치기 간을 통하여 학습을 위한 동기를 개발하고 학교로 복귀하게 된다. 우리나라의 대학에서 휴학 후 복학한 복학생들의 경우 이러한 학습의 진정성이 살아나고 우수한 학습성취를 보이는 경우가 많다. 대학의 학사과정에서 주로 이용하는 샌드위치 프로그램은 일종의 복학생 효과를 기대하는 것이다.

인턴십 프로그램은 전문자격 획득 또는 전문대학원과정에서 졸업 또는 입학을 위한 과정필수요소로 많이 채택된다. 인턴십이 대학교육과정의 필 수요소로 성공적으로 운영되려면 상당수준의 가시화된 직무전문성과 커리 어 경로가 확립된 영역이어야만 한다. 더 나아가, 인턴십을 제공하는 업무 현장이 대학의 주도로 운영된다면 최상의 것이 될 것이다. 의사들이 전문 의 자격을 획득하기 위하여 대학병원의 인턴, 레지던트 과정을 거치는 것 은 가장 모범적 사례에 속한다.

오늘날 대학병원은 이른바 학교기업의 대표적인 사례로서 의과대학을 가진 대부분의 대학교 내에서 대학운영의 가장 중추적인 비중을 점하고 있다. 단지, 병원운영에 그치는 것이 아니라 의사양성의 교육훈련과정에서 핵심적 기능을 하는 것이다. 유사한 방식의 학교기업과 인턴십 모델이 호텔관광레저 전문대학원, 디자인전문대학원, 회계, 법률, 정책 분야의 대학원과정에서 발전하고 있다.

대학이 외부의 연구기관이나 산업체와 함께 운영하는 협동과정은 현대의 대학이 발전시킨 또 다른 형태의 outreach 활동이다. 성공적인 협동과정의 핵심적인 양상은 협동과정 운영의 거점 자체가 대학 밖으로 옮겨져 현장에서 주도권을 가지고 운영되어야 한다는 것이다. 우리나라의 산학협동과정이나 학연협동과정의 상당수가 현장에서 주도하지 않고 대학 내에서 운영되는 과정 협약에 의한 연구소 또는 산업체의 현장전문가가 참여하는 형태로 운영되는 실패사례들이다. 성공적인 협동과정은 대학은 연구현장 또는 산업현장에서 편성되고 실행되는 교육과정에 소속교수들이 참여하고 그러한 교육의 성과에 대학원교육의 우산을 씌워주는 것이다.

대학원중심대학과 연구중심대학

학사과정을 중심으로 운영되던 현대의 대학체제 속에서 대학원을 그 중심으로 올려놓은 것은 미국의 대학에 특유한 발전양상이었다. 연구와 교육을 통합한다는 훔볼트의 근대 대학이념이 미국에서는 대학원을 중심으로 구현된 것이다. 따라서 미국적인 개념에서 보면, 연구중심대학은 바로 대학원중심대학인 것이다.

대학원 중심이라는 의미는 구체적으로 대학원생선발과 학사과정의 성격에서 나타난다. 미국의 대학원생 선발에서는 학사과정에서 어떤 분야를 전공했는지 묻지 않는 것이 원칙이다. 즉 이로써 학사과정과 대학원과정이 연계된 일련의 과정이 아니라 전혀 별개의 학교급처럼 운영되는 것이다. 바꾸어 말해 종합대학교 안에 2개의 학교급이 병렬하고 있는 모습이 되는 것이다.

대학원중심대학에서의 학사과정은 자연히 전문교육이라기보다는 폭넓은 소양교육의 성격을 지닌 이른바 〈학부대학〉의 형태로 운영되는 것이 대학원중심대학의 전형적 모습이다.

미국의 대학원 중심대학에서의 대학원은 2가지 형식으로 발전하여 왔다. 전통적인 학술연구과정으로 PhD 학위취득을 목표로 하는 일반 대학원은 통상 석·박사 통합과정으로서 석사학위는 별도의 논문 없이 박사과정으로 이어지게 된다. 의료, 법률, 경영 등 각 분야의 전문직 양성을 위한 과정은 전문대학원 형태로 일반 대학원과 별도로 운영된다. 전문대학원들은 강화된 코스워크와 이수학점을 바탕으로 현장 실무역량의 제고에 중점을 두며 학위논문을 요구하지 않음이 보통이다.

대학원중심으로 운영되는 미국의 연구중심대학의 또 다른 특징은 학과장중심 체제라고 할 수 있다. 교무학사행정의 모든 권한은 각 학과와 학과장은 중심으로 철저히 분권화되어 있다. 학과 중심으로 교육, 연구, 행정이 통합되기 때문에 규모의 경제를 위하여 미국의 연구중심대학의 학과는 상당히 대형화되어 있다.

연구는 개개의 대학원교수가 최우선의 주도권을 갖게 된다. 연구실/세미나실/실험실 중심으로 전공교육과 연구를 통합하며, 연구실/세미나실/실험실 근무 연구원, 조교의 인사와, 대학원생 배치에 관하여는 책임교수가 전권을 행사한다. 모든 교수는 연구와 관련하여 학교연구비회계시스템 내에 개인별 연구비계좌를 가지며 이 계좌에 모든 수탁연구비를 통합관리하고 이 계좌관리의 권한과 책임을 스스로 지게 된다.

대학원이라는 독자적 제도를 연구기능의 중심으로 발전시켜온 미국에서 이렇게 대학원중심의 연구를 활성화시킨 주된 동력은 프로젝트별로 지원되는 미국 연방정부의 막대한 연구비지원에서 온다. 이에 비해 교육활동의 기본 경비는 주립대학은 주정부 사립대학은 학생들의 등록금이 그 재원이 되는 것이 보통이다. 특히, 연방의 연구비 지원에는 연구활동에 따른 교수의 인건비를 충분히 계상함으로써 연구에 따르는 교육시간 수 감소만큼의 대학재정을 축내지 않도록 설계되어 있는 것은 바로 대학원 중심의 연구-교육통합에 결정적인 메커니즘이기도 하다. 이러한 재정지원 체제하에서 연구중심대학의 교수는 개인의 형편에 따라서 연구와 교육 사이를 유연하게 이동 조절하는 것이다. 즉 젊어서는 보다 연구활동에 많은 시간을 투자하고 원로교수가 되면 교육에 더 많은 시간을 투자하는 것이다. 즉, 당초부터 연구교수와 교육교수의 신분이 제도적으로 분리되는 것이 아니다.

최근 우리나라에서 정부와 대학 간에 연구중심대학 육성이라는 구호가 요란하다. 그러나 대학의 기능을 강화하고 이를 교육과 연계시키는 방법은 여러 가지가 있다. 대학원이 중추가 된 연구중심대학은 미국의 주 정부 교육책임, 연방의 연구비재정, 대학원과 학과 중심의 미국대학시스템이 서로 결합된 미국 특유의 산물이다. 이러한 전반적 제도를 함께 도입하지 않은 상태에서 연구중심대학의 외관만을 모방해서는 실패로 끝나게 될 것이다.

전문대학원과 특수대학원: 체제의 차이와 그 결과

의사양성과정을 예과 2년, 본과 4년의 6년제 의과대학이 아닌 학사과정 이후의 전문대학원에서 운영하는 것은 오늘날 전문직 교육을 대학원 수준에서 실시하는 추세에 따른 것이다. 국내에서도 일부 대학이 이미 의학전문대학원을 설립하고 학사과정졸업자를 대상으로 의사 지망생을 모집하기 시작하였다. 의료부문뿐 아니라, 법률 분야는 법학전문대학원 설치 논의가 10년 이상 계속되어 오고 있으며, 신학분야에서는 과거 난립하던 무인가 신학교들이 정리되면서 독립대학원대학 형태로 신학대학원[51]들이 다수 출현하였다.

유럽에서 대학이 발달하면서 근세 초기에는 의료 법률 신학이 대학의 중추였으며 여기에 철학(과학)·문학을 중심으로 공부하여 교사/교수로 진출하는 문리학부가 추가되어 대학의 모습이 형성되어 갔다. 그런데 고등교육의 대중화가 실현되면서 미국을 중심으로 이들 기능은 현재 거의 대부분 대학원 수준으로 넘어갔다. 즉 문리학부는 일반 대학원으로, 의료 법률 신학은 전문대학원으로 이행하게 된 것이다.

현대사회에서의 진척된 각 분야마다의 전문직화 추구 경향은 다양한 분야의 전문대학원이 출현하는 방향의 발전을 가져 왔다. 이른바 MBA 수여를 목표로 하는 경영대학원 외에도 정책대학원, 보건대학원, 환경대학원, 건축대학원들이 출현하여 관련 분야에 진출할 고급전문인력을 양성하고 있다.

우리나라의 종합대학 내에는 일반 대학원 외에 별도의 명칭을 가진 수많은 종류의 대학원이 있다. 한 대학에 적게는 3-4개에서 많으면 10개가 넘기도 한다. 예를 들어 관광대학원, 유통대학원, 자연자원대학원, 비영리조직경영대학원 등 그야말로 다양한 이름의 대학원이 있다. 이들은 앞서 설명한 전문대학원과는 다소 성격이 다르다. 이들은, 원칙적으로 해당 분야의 직업인들을 위한 계속학습기회를 제공하는 데 목표를 두고 있다. 즉, 주경야독하는 직장인들의 모임 성격이 강하다는 것이다. 이러한 이유로 정부의 대학당국에서는 이들을 전문대학원과는 별도의 제도, 즉 '특수대학원'이라는 범주로 분류하여 별도의 취급을 하고 있다.

문제는 이들 특수대학원이 난립하고 있으며, 설립과 폐지가 수시로 이어지는 등 안정성이 전혀 없는 부문이라는 점이다. 마치 시장상황에서 기업들의 부침과 다를 바가 없다. 국립대학의 경우는 대학원의 신설이 엄격히 법규에 의해 이루어지므로 이러한 현상이 훨씬 덜하지만 사립대학교의 경우는 거의 통제 없이 대학원 총정원 내에서 자율적 판단으로 설폐가 이루어지는 것이 이러한 특수대학원이다.

---

51) 신학전문교육기관인 세미나리(seminary) 형태를 말한다. 이들은 PhD를 수여하는 학술연구과정을 기본으로 하는 university 부문과의 이질성으로 인해 결국 독립교육기관화되었다.

사립대학에서 특수대학원이 난립하는 것은 이들이 별도의 전임교수진 없이 ‘학생들의 모임’ 성격이 강하며, ‘대학원장’도 그 대학원의 성격과 전혀 상관없이 기존 교수들의 ‘돌려먹기’식의 감투로 이용되기 때문이다.

요약하면, 우리나라에서 특수대학원은 기존 직장인의 주경야독수요를 바탕으로 서비스 질 통제가 이루어지지 못하는 상태의 자유로운 서비스시장 형태로 번성하고 있으며, 높은 시장 위험에 노출되어 있는 부문이다. 반면, 전문대학원은 특정 전문직 분야에의 입직을 목표로 하는 고급양성교육기관으로서 해당부문의 전문직 단체와 관련정부기관, 대학의 3자 간 삼각협력체제를 통해 처음부터 존속이 보장된 제도로 운영되는 것이 특수대학원과 다르다. 즉, 자유로운 시장서비스 형태가 아닌 것이다.

겉으로는 대단히 유사해 보이는 전문대학원과 특수대학원이 보여주는 커다란 실제적 차이는 교육분야에서 공급자의 진입이 자유로운 시장체제와 정부-전문직 단체-대학 간의 합의에 따라서 비로소 설치 가능한 고도로 제도화된 체제가 어떻게 다른 결과를 낳는지를 보여주는 대표적인 사례이다. 양자를 적절한 수준에서 조화시킨 고도로 통제된 시장과 진퇴의 절차를 통제하는 형태의 규제시스템을 마련하고 전문대학원과 특수대학원을 제도상으로는 통합하는 것이 앞으로 필요할 것이다.

학점제도, 학점은행 – 시간제등록과 국민교육계정

학점이란 공적으로 인증된 학습을 누가 계산할 수 있도록 표준화된 기본학습 계산단위를 말한다. 즉 학습 그 자체가 아니라 학습인증(credentials)의 성격을 가지며, 동시에 표준화된 단위를 통해 척도화함으로써 계산 가능하게 한 것이다. 오늘날 통용되는 학점제도는 원래 미국의 대학에서 대학교육과정을 표준화하기 위한 대학제도로 발달하였으며 이를 통해 대학에서의 학습내용의 투명성을 확보하고 대학 간 인증된 학습의 상호 인정과 교환을 가능케 한 제도적 기초가 되었다. 일주일에 1시간씩 한 학기간의 교수-학습을 이수하면 1학점이 된다. 이는 학생들에게는 학습량의 단위이면서, 교수들에게는 강의시간을 계산하는 단위이기도 하다. 한 학기가 15~16 계속되는 시메스터 학기제의 3학점은 한학기가 10주 계속되는 쿼터제 학기의 5학점과 상호 교환된다. 이러한 학점제도를 통해 교육-학습의 활동의 계산단위를 만들어 내고 서로 다른 시간과 장소 분야에서 이루어지는 교육-학습활동을 비교하거나 서로 환산하는 기초를 만들어 낸 것은 미국의 대학시스템이 전 세계 고등교육발전에 크게 기여하는 계기가 되었다. 미국의 고등교육 발전에 크게 기여한 학점제도는 시간과 장소, 분야의 다양성에서 훨씬 커다란 폭과 깊이를 가질 수밖에 없는 평생학습활동의 학습인증과 비용계산 등 표준화를 위한 주요 도구이자 발전의 토대가 될 수 있다.

1995년 5·31 교육개혁안이 그 정책비전으로 〈평생학습사회〉를 제시한 이후, 대학개혁에 있어서도 성인들이 대학의 주요고객이 되어야 한다는 점이 언제나 전제되어 있다. 이를 위한 구체적 제도가 학점은행제와 시간제등록제의 도입이었다. 결과적으로 볼 때 1995년 교육개혁안 발표 당시 참신한 개혁안으로 매우 큰 주목을 받았던 이 두 제도의 보급은 10년이 지난 현재에도 매우 느리게 조금씩 진행되고 있다.

학점인정의 의미와 학점인정대상, 이용자

우리나라의 학점은행제는 대학에서 통용되는 이러한 학습인증과 계산의 체제를 평생학습을 위하여 도입한 것이다. 현재 우리나라 시행되는 학점은행제도하에서의 '학점인정'은 ① 대학 또는 전문대학 및 학점인정 대상학교에서 이수한 학점, ② 평가 인정받은 학습과목을 운영하는 교육훈련기관에서 이수한 학점, ③ 독학사 시험에서 합격한 교과목, ④ 국가기술자격 시험을 통해 취득한 자격증, ⑤ 중요무형문화재 전수교육을 이수한 경험을 학점은행제에 의한 학점으로 환산하여 인정하는 것이다.

제도로서의 학점은행을 이용할 수 있는 자는 한정되어 있다. 고졸 또는 이에 상응하는 학력을 갖춘 자로서 다음 조건에 해당하는 학습자가 140학점을 취득하면 학사학위, 80학점 또는 120학점을 취득하면 각각 2년제 또는 3년제 전문학사학위를 취득할 수 있다.

⑴ 교육부장관의 평가 인정을 받은 학습과목 이수자
⑵ 시간제 등록 수업 이수자
⑶ 대학 또는 전문대학을 포함한 학점인정 대상학교 졸업자 및 중퇴자
⑷ 자격기본법에 의한 국가기술자격 취득자
⑸ 독학학위제에 의한 학위과정 단계별 시험 합격자 또는 시험면제교육과정
  이수자
⑹ 중요무형문화재 보유자 혹은 보유단체에서 전수교육을 받은 자

학점은행의 이용과 관련하여 주목할 점은 대학(교)을 포함한 학점인정 대상학교 재학생이나 휴학생은 별도 규정에 따라 제한적으로 학점이 인정되고, 이수한 학점으로는 학점은행제 학위취득이 불가능하며 자격증 취득응시요건 충족 등 일부목적으로만 이용 가능하다는 점이다. 바꾸어 말해, 기본적으로 학점은행제 학위 취득을 위해서는 대학(교)을 졸업 혹은 자퇴 후에 학점을 이수해야 학위취득이 가능하며, 해당 대학의 졸업을 위한 학점으로 인정될 수 없다(예를 들어 대학 재학 중에 자격증 응시요건 충족을 목적으로 해당 대학의 학점과 타 학점 간의 합산은 불가능함).

학점은행제가 기존의 대학재학생의 등록을 받아주지 않을 뿐 아니라 해당 대학의 졸업을 위한 학점으로 인정하는 것까지 부인하는 것은 결과적으로는 학점은행자 학습자와 대학의 재학생을 제도적으로 분리시키는 결과가 된다. 결과적으로 대학의 학점과 학점은행제 학위의 학점 간의 연속성과 호환성을 배제하는 것이며, 고등교육과 평생학습의 통합이 제도적으로 부정되어 있는

것이다. 이 문제는 개별 학습자가 아닌 대학들의 학점은행제 이용이라는 관점에서 좀더 검토해야 할 필요가 있다.

학점은행제의 성과

학점은행제의 기본적인 성과는 학습자 등록생의 숫자와 인증된 프로그램들의 규모와 분포를 통해 알아볼 수 있다. 다음의 그림과 표-14에서 보는 것처럼 학습등록자의 3만 명에 육박하는 수준까지 급증하고 있으나 전체 성인인구의 학습수요를 감안하면 아직도 매우 적은 수에 불과하여 본격적인 평생교육제도라 하기에는 그 영향력이 미미한 장식품에 그치고 있는 것으로 판단된다.

<표-14> 연도별 학점은행 등록자

	계	1999	2000	2001	2002	2003	2004	2005
학습자 등록자수	138,272	11,489	11,732	19,315	17,250	24,924	24,011	29,551

그에 비해 학점인정과정의 종류와 숫자는 표-15에서처럼 비교적 다양하다. 그중 대부분을 차지하고 있는 것은 대학의 평생교육원이다. 결국 학점은행제의 최대 이용자이자 수혜자는 대학들로 나타나고 있으며, 대학들이 자체 학위를 받는 정규학생과 자체 교육과정에 정규과정으로 등록하지 않는 성인학습자를 철저히 차별하고 있는 것이 문제의 핵심이다.

<표-15> 학점은행제 교육훈련기관 및 학습과목 현황(2005)

총 계		423	100.0	14,203	100.0
대학(교) 부설 평생 교육원	소계	191	45.2	7,539	53.1
	대 학 교	112	26.5	5,303	37.3
	전문대학	79	18.7	2,236	15.7
전문대학 전공심화		18	4.3	501	3.5
전문대학 특별과정		7	1.7	316	2.2
학 원	소계	74	17.5	1,623	11.4
	기술계	51	12.1	901	6.3
	어학계	2	0.5	12	0.1
	사회계	7	1.7	133	0.9
	예능계	12	2.8	411	2.9
	전자계산원	2	0.5	166	1.2
기술인력 양성기관	소계	74	17.5	2,874	20.2
	공공직업훈련	12	2.8	680	4.8
	인정직업훈련	60	14.2	2,161	15.2
	기능대학	2	0.5	33	0.2
정부관련기관		21	5.0	332	2.3
언론관련기관		3	0.7	25	0.2
고등기술학교		3	0.7	196	1.4
특수학교		4	0.9	96	0.7
평생교육시설		7	1.7	361	2.5
중요무형문화재		16	3.8	292	2.1
원격교육		5	1.2	48	0.3

264

시간제 등록과 학점은행

대학에서의 시간제 등록제의 도입과 확산은 평생학습사회를 지향한 5·31 교육개혁안으로 제안되고 정책으로 채택되어 꾸준히 유지되어 온 주요 교육 개혁정책의 하나였다. 주요 정책수단은 간략히 요약하면 다음의 세 가지였다. ① 시간제 등록을 법적으로 허용하고 학점당 등록제를 권장한다. ② 대학 평가를 통해 개별대학이 이를 도입·확대하도록 인센티브를 제공한다. ③ 시간제 등록생을 학점은행제 학습자로 정의한다.

그러나 지난 10년간 대학에서의 시간제 등록제 채택과 확산은 지극히 부진하다. 결과적으로는 실패한 정책이라 하여도 과언이 아니다. 그 이유의 하나는 대학정원제도에 묶여 있는 상황에서 시간제 등록 학생을 정원 내로 볼 것인지 아닌지 하는 데 있어 모호한 상황이 지속된 데 있다. 그러나 더 큰 이유는 학점은행제를 도입 운영하면서 대학의 학점인정권을 배제하고 학점은행제를 정규대학교육과정과 유리된 시스템으로 고착시킴에 따라 장기간에 걸쳐서 여러 곳의 학습을 통합하여 학위 취득을 설계할 수밖에 없는 성인학습자가 대학의 시간제 등록을 하기 어려운 상황을 조성하였기 때문이다. 여기에는 앞서 지적하였듯이 개별 대학들의 잘못도 있지만 궁극적으로는 정책의 실패라고 보지 않을 수 없다.

〈닫힌 교육〉으로서 학점은행의 성격과 한계

학점은행제는 학점은행제 학위를 궁극적인 신용의 근거로 해서 유지되는 신용(credential)의 체계이다. 학점은행제는 개별 대학과는 별개의 학점은행학위를 수여하고 있으며 그에 따라 학점은행학위 취득을 위한 학습등록자와 학점이수로 인정될 수 있는 인증된 교육프로그램과 자격증들의 목록을 가지고 있다. 이러한 시스템 전체의 운영은 현재 행정권한 위탁의 형태로 한국교육개발원에서 수행하고 있다.

학점은행제가 이러한 방향으로 성격이 굳어진 것은 5·31 교육개혁안이 나온 이후 1996년 정기국회에서 학점인정 등에 관한 법률안이 의결되기까지 진행된 구체적인 정책형성과정에서 결정된 것이다. 이 정책형성의 초기 단계에서의 주요 선결사항은 ① 과연 학점은행제를 전국의 대학들이 참여하여 공동 운영토록 함으로써 개별 대학들의 학점 및 학위와 호환되는 시스템으로 가져갈 것인가 아니면 기존 대학의 학점 학위와는 별개의 독자적 시스템으로 가져갈 것인가 하는 점과 ② 학점은행제를 고교단계의 학습에도 적용할 것인가의 두 가지 문제였다. 결과적으로 기존 학교와는 별개의 시스템으로 가며, 고교단계는 배제하고 고등교육단계에 한정하여 도입하는 것으로 귀결되었다. 문제는 막상, 기존대학들이 여기에 참여하는 것을 극히 꺼렸다는 점이었으며 또한 몇 년이 걸릴지 모르는 충분히 시간을 두고 대학들을 설득하기도 어려웠다는 점이다. 그 결과 현재처럼 대학의 학점과는 호환되지 않는 시스템으로 성격이 굳어진 것이다.

이 문제는 학점은행제가 어느 정도 정착되면서 본격적으로 문제로 등장하게 된다. 대학들은 설립과 함께 국가로부터 개별적인 학위수여의 권한을 부여받아 각자의 독자적 권위와 그에 따른 프로그램을 운영하고 있다. 그런데 개별 대학의 의사와 상관없이 그 대학의 재학생들을 학점은행제 학습자로 등록할 수 없게 하고, 학점은행제 학점을 대학의 학위수여를 위한 학점누적에 포함시킬 수 없게 하는 것은 이 점에 관한 한 대학의 권한과 고유한 권위를 제한하는 결과가 된다. 대학들이 학점은행제를 이용하고 싶어도 이용이 어려운 상황이 된 것이다.

물론 현재의 학점은행제는 대학의 장에 의한 학점은행제 학위수여권을 부여하고 있다. 학점은행제법률 제9조 제2항은 대학의 장도 동 대학에서 일정 이상의 학점은행제 학점을 취득한 학습자에게 동법 시행령과 규칙에 따라 학위를 수여할 수 있음을 규정하고 있으나 현행의 시스템은 동 법률에 의해 교육개발원이 운용하는 표준교육과정과 표준학위에 한정하여, 그것도 개별적인 학점인정은 여전히 교육개발원에 등록한 학습자가 교육개발원의 학점인정심의를 개별적으로 받아서 학위수여만을 대학의 장에게 신청하는 것으로 되어 있다. 이러한 상황은 이미 지적한 것처럼 학습의 인정에 관한 대학의 고유한 권리를 배제한 채 대학을 학위수여증을 주는 심부름 수행기관으로 전락시키는 결과가 된다.

한편, 학점은행제가 고교단계의 학습을 배제한 것은 아직도 고교 졸업 미만의 학력만 가지고 고생하고 있는 수백만 명의 성인에게 평생학습의 중요한 기회를 봉쇄한 것이다. 학점은행제가 가진 이상의 두 가지 문제점은 결과적으로 학점은행제가 여전히 〈닫힌 교육〉의 틀 속에 새로운 트랙을 하나 추가하는 데 그치고 말았다.

그림-5 대학의 장 등에 의한 학위수여 개요
(출처: 교육개발원 학점은행사이트)

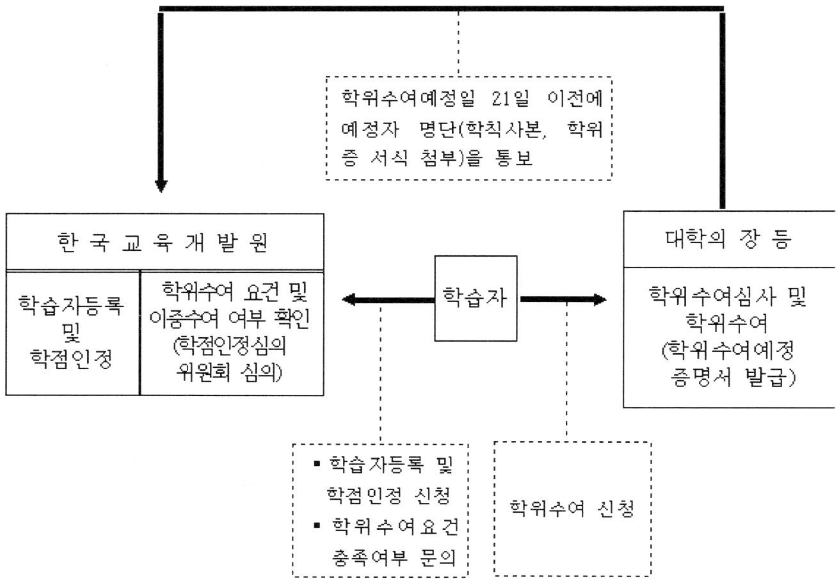

이렇게 된 이유는 학점은행제 도입과정에서 과거 영국의 Open University의 학위인증 수여모델이 은연중 전이되어 버린 때문으로 보인다.52) 교육개발

---

52) 영국은 이미 1980년대 후반 Open University를 통한 학점인정과 학위수여만이 가능

원이 수탁 운영하는 현 학점은행제는 이미 폐지된 영국의 Open University의 개별적인 학습자 등록 심사와 학습인증 및 학위수여와 거의 동일한 방식을 따르고 있으며, 고등교육에 한정하여 운영되는 것 또한 같다. 정책결정과정에서 당초의 교육개혁안이 낡은 정보와 선입견, 관련자의 참여 기피로 인해 축소 변질되는 대표적 사례를 학점은행제의 도입과 실행 과정이 보여주고 있는 것이다.

국민교육계정으로의 발전 전망

한편, 평생학습시대에 진입하면서 다양한 형태의 성인학습을 촉진하고 그 학습의 결과를 공적으로 인증해주는 것이 점차 중요해지고 있다. 이를 위한 제도를 어떻게 마련하는가 하는 것이 각국 교육정책발전의 주요 관심사로 부각되고 있다. 이를 위한 제도로 OECD 내에서 집중 논의되고 있고 이미 여러 나라에서 부분적으로 시도하고 있는 것이 이른바 국민교육계정제도이다. 우리나라도 OECD 가입 이후 이를 주목하고 1996년 제2차 교육개혁안에 장기정책과제로 제시하여 장기정책의제로 올라 있다. 당시의 교육개혁위원회 내부 논의자료에서 인용한 다음의 국민교육계정 설명을 통해 그 윤곽을 이해할 수 있다.

① 국민교육계정(National Education Account)

교육·학습이 중심이 된 새로운 복지국가체제에서, <u>개인을 중심으로 개인의 학습경험과 교육투자의 흐름을 통합하고 학습자·교육기관·교육투자자의 의사결정에 필요한 정보를 제공</u>하고자 하는 것이 교육계정제도의 주된 목적이다. 교육계정은,

o. 개인의 학습경험과 인정된 능력에 관한 정보가 기록되는 공간이다.

했던 폴리테크닉을 Open University로부터 완전히 독립시켜 일반의 대학과 동일한 wdnl로 통합하였다. 그와 함께 Open University는 학점과 학위인증 기관으로서의 지위를 완전히 상실하였다.

o. 개인의 기본권으로서 교육에 관한 권리(학습권)를 표상한다.

o. 교육과 관련된 개인의 재정상태(Financial Position)이다.

o. 인적자원의 개발과 교육투자의 효율화를 개인의 창의적 주도로 실현한다.

②교육계정제도 도입에 관한 국제적 논의와 정책추진사례

o. 미 국: M. Friedman이 바우처(Voucher)시스템 도입을 주장한 이래 특별한 정책적 보호가 필요한 학습자를 위한 교육복지차원에서 바우처 방식을 통해 교육·학습경비를 지원하는 방식이 주별로 도입되고, 일부 주정부에서 이를 교육재정집행방식으로 일반화, 개인별 교육계좌를 창설하는 방향으로 정책 논의 중.

o. 스웨덴: 북지국가 체제 재편을 추진하는 과정에서, 의료보험, 실업보험, 국민연금기금을 통합하는 국민교육계좌 창설방안이 채택되어 구체적 실현을 위한 법제화 방안 논의 중에 개인의 평생에 걸친 노동·학습·건강·노후계획을 복지재정을 통해 지원하는 방안으로 추진됨.

o. 프랑스: 모든 국민이 자신의 학습경험을 체계적으로 수록·관리하고 이를 객관적으로 인증받기 위한 제도적 장치로 개인수첩(Bilan)제를 법제화하여 실험 운용 중.

o. OECD 비공식교육부장관 포럼: 1993 향후 주요 교육정책 발전방향을 논의하면서 평생교육체제확립과 교육재정의 효율화를 위한 가장 유력한 대안으로 교육계정제도를 중기정책과제로 꼽고 실현방안을 논의.

③ 한국에서의 교육계정 제도 도입필요성과 도입방향

〈필 요 성〉

o. 학점은행제(Credit Banking)의 도입으로 개인별 학습누가기록체

제의 도입은 불가피.

o. 개인별 학습경험의 학점인정은 그 개인의 계속교육 기회를 열어
   주기 위한 것으로 계속교육에 필요한 교육투자의 지원 촉진방안
   이 함께 수반되어야 함.

〈도입방향〉

o. 개별적으로 취득한 학력·학위·자격 등 인정된 학습경험과 비형
   식적교육·직업경력 등에서 얻은 학습경험을 종합할 수 있는 정
   보체제로 운영하고, 이를 장기적으로는 의료보험, 고용보험체제하
   의 개인정보파일과 연계된 정보네트워크化.

o. 각종 교육투자성격의 자금이 개인에게 지급되는 통로로 장기적으
   로 일원화.
   - 1단계: 직업능력개발기금에 의한 교육비용자
   - 2단계: Vaucher방식에 의해 개인 지급되는 정부교육투자
   - 3단계: 각종 장학기금에 의한 장학금 지원
   - 4단계: 정부·기업 등 고용주에 의한 학비보조

o. 개인별 교육투자의 흐름이 종합적으로 관리되는 계좌로서 개인별 인
   적자본상황(Educational Financial Positing)을 명확히 함으로써 장기
   적으로 기업의 인적자산회계(Human Asset Accounting), 국민소득
   계정에서의 인적자산회계 도입을 위한 기초 확립.

o. 새로운 복지국가의 제도적 기초로서의 교육계정: 고도산업사회에
   알맞은 복지국가형태의 핵심정책으로서 개인의 창의에 바탕을 둔
   인적자원개발의 제도적 토대로 구상(장기적으로 보건, 연금, 고용
   등 다른 복지정책과 통합운영).

OECD 국민교육계정에 관한 논의는 국내 교육정책 현장전문가들에게는

1993년부터 이미 알려져 있었다. 5·31 교육개혁보고서에 처음 나타나는 〈학점은행제〉라는 정책 아이디어가 이 국민교육계정 논의로부터 구체적으로 얼마만큼 시사를 받았는지는 충분히 알려져 있지 않으나 인증된 학습의 누가기록을 〈계정〉이라는 정보의 묶음으로 제도화한다는 점에서 양자는 유사한 구조를 지니고 있다. 다만, 국민교육계정은 그것이 단순한 학습기록인증 체제가 아니라 교육경비의 지불 체제와 결합되어 있는 것만이 다를 뿐이다. 5·31 교육개혁에 의해 도입된 학점은행제가 지속 발전하여 학교교육에서의 학점과 통합되고 더 나아가 공적인 교육경비지출과 결합된다면 사실상 선진국들 간에 논의되는 국민교육계정제도의 모습이 되는 것이다. 학점은행제의 발전 귀추가 주목되는 이유가 여기에 있다.

성인 학습자와 독학학위제 학점은행
–대학평생교육원의 기능

교육적 측면에서 본 우리나라 사람들의 중요한 특성 중 하나는 스스로 학습-독학을 즐긴다는 것이다. 유교문화의 영향 중 하나가 될 것이다. 이러한 독학에는 자료와 서적 그중에서도 잡지 등 정기 간행물이 큰 기여를 한다.[53] 비록 각종 수험서 학습서 중심이지만 우리나라가 세계적인 출판대국일 수밖에 없는 이유도 여기에 기인할 것이다.

---

[53] 현재 우리나라 산업의 중추를 이루는 가전 전자 반도체 산업의 최초의 기반은 1960년대 후반의 독학자들에 의하여 만들어졌다. 이 당시 수많은 전기 전자 관련 잡지들이 간행되고, 전자기사 통신기능사 등 국가자격 취득을 위해 독학하는 사람들의 저변이 넓게 형성되어 있었다. 이러한 학습열풍이 가전 전자 반도체 산업을 일으키고 현재까지 국제적으로 비교우위를 점하는 바탕이 되었다.

우리나라 사람들의 독학을 활성화시키는 주요 동기는 검정고시, 공무원시험 등 각종 국가시험과 국가자격의 필요성에서 나온다. 1990년 이후에는 독학을 통한 학사학위 취득의 기회가 마련되었으며, 1998년 이후에는 자격기본법이 제정되면서 국가자격이 아닌 민간자격을 자격증의 기본 형태로 전환함에 따라 각종 민간자격이 대폭 늘어나고 있다. 이러한 모든 것이 우리나라에서 독학을 활성화시키는 데 기여하고 있다.

평생교육의 이념을 구현하고 개인의 자아실현과 국가 사회의 발전에 기여한다는 목적으로 1990년에 〈독학에 의한 학위취득에 관한 법률〉이 제정 공포(법률 제4227호)됨에 따라 이에 의거하여 도입된 독학학위제도는 같은 해 10월 최초의 교양과정인정시험 실시 이후 오늘에 이르기까지 8,589명의 독학사를 배출하였고, 2006년 3월 14일 현재 53,893명이 이 체제하의 학적을 보유함으로써 적어도 아직까지는 학점은행제보다 더 많은 평생학습자가 이용하는 제도로서 기능하고 있다.

독학사 제도는 1990년대 후반까지는 그야말로 대학졸업학력 검정고시처럼 운영되어 왔다. 초반에는 다음 그림과 같은 절차와 단계에 따라서 과정시험을 치러 합격하면 학력을 취득하는 단순한 내용으로 시작되고 그렇게 운영되어 왔다. 오늘날 주목할 점은 학점은행제가 도입되면서 독학사 제도와 상호 상승작용을 일으키고 있는 것이다. 즉, 독학사 시험 과목합격당 5학점(교양과정시험은 4학점)의 학점인정이 되면서 학점은행제를 독학사 시험 준비자들이 이용할 수 있게 된 한편 학점은행제로 획득한 학점을 독학사 제도의 단계별 시험의 면제에 활용활 수 있게 되는 등 상호간에 학습인증의 교환이 일어나고 있다.한편, 독학학위 제도는 기존 대학이 독학사 시험 면제과정 운영을 통해 시간제 등록, 학점은행 이외의 또 다른 방법으로 성인들 대상의 교육에 참여하는 길을 터놓고 있다. 시험면제과정이란 정부가 일부 대학교 등을 지정하여 독학학위과정을 운영하도록 하고 독학자들이 이러한 시험면제기관에서 전공별로 지정된 과목을 이수하면 이를 1~3단계의 시험에 합격한 것으로 인정하여 해당 국가시험을 면제해 주고, 최종적으로 4단계 종합시험 6과목만 합격하면 교육인적자원부 장관이 학사학위를 수여하는 제도이다.

<그림 6> 독학에 의한 학위 시험의 구조

(출처: 방송통신대 독학사웹사이트)

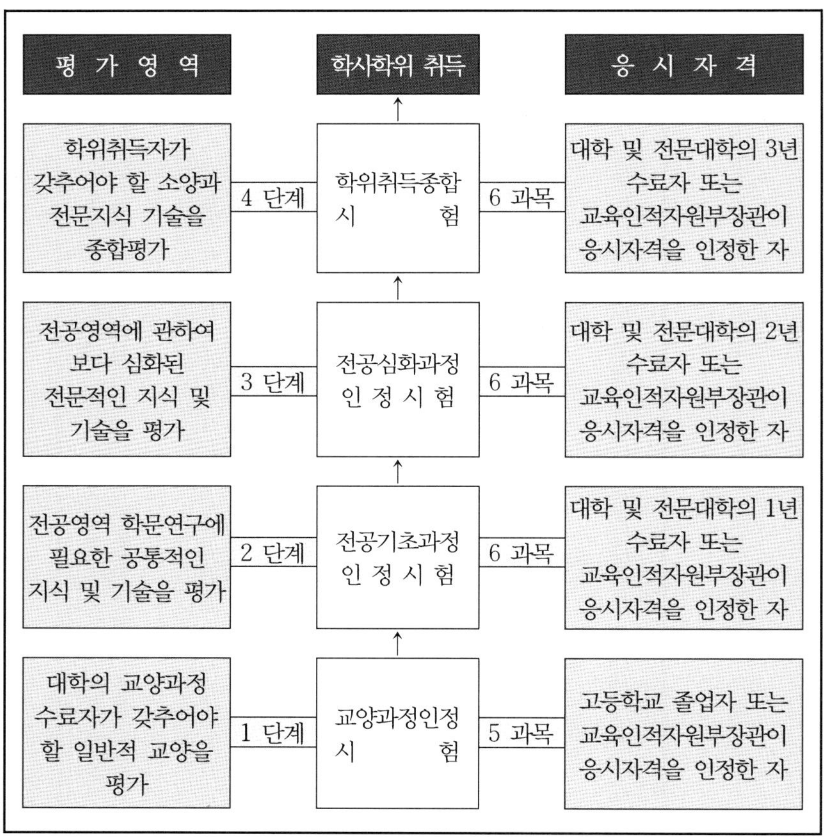

우리나라의 대학들은 학원과 같은 사교육부분과 치열하게 경쟁하는 사교육 프로그램을 대학 내에 내장하고 있다. 다음의 표-16에서 보는 것처럼 전국적으로 200여 개 이상의 대학이 평생교육원을 설치하고 이를 플랫폼으로 하여 다양한 프로그램을 제공하고 있다. 평생교육원은 보통 독립채산형태로 운영되

고 있으며, 평생교육원장 역시 많은 대학에서 기업경영 마인드를 지닌 유능한
경영자를 높은 보수로 초빙하고 있는 형편이다.

<표-16> 대학부설평생교육원현황(2004. 6.)

구 분		대상설치 학교수(A)	평생교육원 설치 현황			
			학교수	평생교육원수 (B) (B/A)	설치과정수	교육인원
대학교	일반 대학교	169	158	168(98.8)	4,375	238,861
	산업대학교	19	16	16(84.2)	136	4,595
	교육대학교	11	10	10(90.9)	98	3,475
	대학원대학교	25	16	16(64.0)	72	2,060
	방송통신대학교	1	1	1(100.0)	7	6,000
	원격대학(4년제)	15	1	1(6.7)	12	360
소 계		240	202	212(88.3)	4,700	255,351
전문대학		158	131	131(82.9)	1,779	70,113
기타(기능, 각종)		28	20	20(71.4)	277	7,871
합 계		426	353	363(85.2)	6,756	333,335

자료: 교육인적자원부 평생학습정책과 내부자료(2004. 6. 14.)

이들 대학부설 평생교육원들은 학점은행제를 이용한 평가 인정된 학점인정
학습과목의 강의를 폭넓게 제공하고 있다. 2004년 현재 4년제 대학 108개 교,
4,636과목과 전문대학 80개 교, 1,916개 과목으로서 총 188개 교 6,552과목이
대학 평생교육원을 통해 학점은행인정 강좌로 제공되고 있다. 이보다는 덜 활
성화되어 있으나 독학사 1~3단계 시험면제인정과정을 개설하고 있는 평생교
육원도 14개 교에 달한다.[54]

---

54) 2004년 현재 면제과정이 설치되어 있는 대학은 14개 기관이다. 광운대학교 전산사회교
   육원, 덕성여자대학교 평생교육원, 동덕여자대학교 여성사회교육원, 명지대학교 사회교
   육원, 중앙대학교 산업교육원, 한양대학교 사회교육원, 수원대학교 정보사회교육원, 평
   택대학교 사회교육원, 배재대학교 사회교육원, 호서대학교 사회교육원, 계명대학교 사
   회교육원, 우석대학교 사회교육원.

평생학습의 활성화에 한국의 대학은 나름대로 활발히 참여하고 있다. 그러나 정규교육을 중심으로 하는 대학의 주류 조직과 과정으로부터 대학에 베이스를 둔 평생학습활동은 대학 내에서 주도면밀하게 서로 분리되어 있다. 양자간의 호환과 교류 역시 대학사회 주류의 완강한 저항에 부딪쳐 있으며, 이를 극복하는 데는 상당한 시일이 소요될 것이다.

고등교육의 국제화: 두 가지 접근 방식

고등교육서비스의 글로벌 시장이 마련된다는 것은 지금까지 정부 또는 공공부문의 일환으로 남아 있는 아·태지역 각국의 개별대학과 관련제도들에 중차대한 변화를 의미하는 것이다. 이는 우선 국제화의 양상과 동인(動因) 자체가 변하는 것을 의미한다.

세계화의 진전과 대학국제화의 양상 변화

지금까지 〈국제화〉라는 용어는 정확히 정의되지 않은 채 심정적(emotive) 수준에서 사용되는 경우가 많다. 구체적으로, 양 또는 질 측면에서 국내적 비교수준을 넘어서는 국제적 비교수준 즉 국내 몇 위가 아니라 세계 몇 위의 수준을 논하는 것이 〈국제화〉라는 용어 사용에 내포된 핵심의미인 것이다. 더 나아가 국제화는 교육시설, 교육프로그램, 교수/학생의 질, 교육/연구 성과, 학교경영관리 등 교육의 질적 수준에 있어 선진 국제적인 기준을 충족시켜야 한다는 의미로 흔히 이해되고 있다. GATS 체제에 대응방향의 하나로 각국 대학의 질적 수준을 높이고 질관리체제를 구축한다는 방안이 자주 언급되는 것도 이러한 국제화 개념에 의거해 있다.

그러나 이러한 국제화 개념은 자칫하면 글로벌 서비스시장의 출현이라는 문제의 본질을 놓치고 대응방향을 오도할 우려가 있다. 국제화가 기술적 분석적 용어로 사용되는 것이 아니라 질적 수월성을 나타내는 가치판단 용어로 사용되는 것이다. 이러한 용어사용법은 국제화와 관련된 정책에나 조사연구에서도 흔히 발견되는데, 그 결과 정책의 혼선이나 조사연구의 실패로 이어지게 된다. '국제화'라는 개념은 좀더 정확하게 그 용어가 지칭하는 대상을 기술하고 그 분석적 특징을 가리키는 용어로 정의되어야 한다.

이제 국제화는 불가피한 현상으로서 그것의 주체가 되는 단위상의 활동의 성격에 있어 국경을 넘어서는 국제적인 특징, 또는 그 구성에 있어 국제적 다양성을 지칭하는 용어로 정의되어야 한다. 또는 여기서 더 나아가 행위목표나 전략, 마인드에 있어 국제적 범위를 지닌 것까지를 국제화라는 용어의 의미 속에 포함시킬 수 있을 것이다. 대학국제화를 논할 때에도 먼저 이러한 방법으로 〈대학국제화〉의 명확한 용어 정의가 먼저 이루어져야 한다. 그다음으로 필요한 것이 그러한 현상에 제대로 적응하고 성과를 지향할 수 있는 좋은 제도와 규율을 개발하는 것이다. 예를 들어 일본이 국립대학의 법인화를 서두른 근본적인 이유는 그것이 대학의 국제화 현상에 국립대학이 제대로 적응할 수 있는 전제조건으로서 시급하기 때문이다. 이런 관점에서 먼저 대학국제화의 개념 요소를 요약하면 다음 도표와 같이 정리될 수 있을 것이다.

<표-17> 대학 국제화의 개념과 의미요소

국제화의 단위와 수준	국제화의 의미	사례와 지표
교육/연구/봉사 활동(개인수준)	국경을 넘어서 이루어지는 활동 (cross-border activity)의 증가	해외 인턴십 증가 국제공동연구 증가 해외 연구용역 수주 증가
학생, 교수진 구성 및 국제화프로그램과 조직(조직수준)	구성요소의 국제적 다양성 (international composition)증가	외국인 학생의 증가 외국인 교수의 증가 캠퍼스 내 외국연구소 증가
경영/정책의 목표와 전략(제도수준)	국경을 넘어선 관점과 고려(deliberation)의 증대	국제적 학생모집 목표 외국의 저명교수 유치 정책 고등교육해외진출 전략

국경을 넘는 고등교육서비스시장의 출현은 국제화의 수준과 단위에서의 변동을 요구한다. 즉 과거와 같은 교수 학생 수준의 국제화가 아니라 프로그램과 조직 또는 대학자체의 경영전략의 국제화를 불가피하게 하고 있는 것이다.

대학이란 흔히 생각하는 바처럼 단일한 실체라기보다는 학생 교수 실험실 연구실 신문사 도서관 박물관 연수원 대학본부 등 여러 가지 요소들이 대학의 이름 아래 섞여 있는 복합체이다. 따라서 대학 전체를 놓고 국제화가 되었다 안 되었다라고 말하기 어려운 경우가 많다. 특히 우리나라처럼 대학 내의 국제화 스펙트럼의 폭이 큰 경우에는 특정 대학 자체를 놓고 국제화 정도를 이야기하는 것은 무의미할지도 모른다.

한편, 정보기술과 컴퓨터의 발전은 사이버상에서의 정보와 지식 교환을 가능케 하였으며 이에 따라 사이버 상에서의 교수 학습 활동이 교육프로그램으로 조직되기 시작하였다. 미국 등 고등교육경쟁력을 가진 외국의 우수한 사이버 교육프로그램을 국내에 거주하면서 이수하는 것이 가능해졌다. 이러한 국경을 넘어선 사이버 교육 프로그램의 출현은 그 교육의 이수에 따른 외국의 학력과 학위를 국내에서 인정할 것인가 하는 문제를 둘러싸고 해외에서 이수한 학력 학위의 인정을 중심으로 하는 국가 간 학력 학위 상호인정체제에 새로운 이슈와 과제를 야기하고 있다.

한편, 지식경제의 발전과 함께 세계적으로 유수한 고등교육과 연구의 중심지 즉 지식자본의 집적지를 향한 국제적 자본의 이동과 진출 현상이 두드러지기 시작하였다. 이들 지역은 지식을 바탕으로 기업과 대학 연구조직들 간의 네트워크가 발전하고 이를 통해 경제의 국제적 성장거점이 되고 있는 지역이다. 과거에는 유학생이나 교수요원으로서 단순히 개인적 동기에 의한 해외진출의 목표가 되던 지역에 이제는 기업 연구소 대학 공공기관 등 세계를 무대로 활동하는 초국가적 조직과 자본들이 진출하는 현상이 두드러졌다. 최첨단의 지식과 정보를 확보할 수 있는가의 여부가 이들 국제적인 기업, 연구소, 대학 및 공공기관들의 성장과 발전에 핵심적인 관건이 되었기 때문이다.

그 결과 이들 지역에 대학과 연구소 등 비영리조직 형태의 외국법인의 진출,

또는 비영리조직과 그 활동에 대한 외국자본 참여 형태로 고등교육과 연구의 국제화 현상이 두드러지게 되었으며 이에 따른 국제적인 법적용 상의 이슈와 문제들이 제기되고 있다. 고등교육에 있어서 외국법인의 지위 문제는 선진국의 경쟁력 있는 고등교육기관이 그 소비시장을 찾아 해외에 진출함에 따라 생겨나는 문제라기보다는 선진 지식집적지에 직접 진출하고자 하는 다른 외국의 대학 기업 연구소들의 필요에 의해 생겨나는 문제의 성격이 짙다.

또한, 세계화된 경제 상황하에서 국내 경제의 발전을 위해서는 우수인재를 중심으로 하는 국제적 지식 거점이 국내에 형성되어야 하며 경제적 이유로 국내에 거주하는 외국인이 늘어나고 우수한 외국의 기업과 인재를 유치할 필요성이 늘어남에 따라 그들을 위한 생활환경으로서 자녀교육 문제가 중요한 요소로 등장하게 되었다. 단순히 내국인을 위한 국민교육이라는 자원을 넘어 국적을 막론하고 우수한 인재의 국내 거주를 촉진하기 위한 필수적인 생활여건으로서 자녀교육여건이 중요해지고 있는 것이다.

교육국제화 현상에 대한 대응 방안으로서의 대학국제화 정책

지식경제와 세계화 경제의 진전에 따른 이상과 같은 상황 변화는 우리 교육의 발전 전략과 교육정책의 수행에 있어서도 국내적인 시각에 한정된 전통적인 국민교육과 지도자 양성 교육의 틀을 넘어 경제의 지속적 성자의 원동력이 될 수 있는 지식자산의 국내 축적과 우수인재를 국내에 끌어들일 수 있는 국제경쟁력 있는 교육을 중심으로 기본적인 목표를 새로이 정립할 것을 요구하고 있다. 다음과 같은 사항이 바로 그 핵심적인 목표가 되어야 할 것이다. ① 내·외국인을 막론하고 국내에 우수인재를 유치하여 한국을 지식의 축적과 창출의 거점으로 발전시키며, ② 국내 교육프로그램과 졸업장·학위 자격의 국제적인 통용력과 경쟁력을 확보하며, ③ 이를 위한 국내 교육제도와 교육여건의 국제화를 달성해야 한다.

오늘날 교육과 연구사업을 위한 자본투자 또는 생산요소로서의 지식을 겨냥한 투자와 자본이동은 우수인재와 교육연구의 중심지를 향해 이루어지고 있다. 따라서 우리의 대학이나 교육연구자본이 한국보다 사회경제 문화적 발전이 뒤떨어진 개발도상국 지역에 교육시장 확대라는 목표를 가지고 진출한다면 이는 대단히 어리석은 일이 될 것이며, 마찬가지로 특별한 목적이 없는 한 선진 외국의 경쟁력 있는 대학이 우리 국내 지역에 교육시장 확대라는 단순한 목표를 가지고 진출할 가능성은 거의 없다. 그들이 신규로 투자할 재원이 있다면 우리나라에 투자하는 것은 어리석은 일이며 현재 자신들의 소재지 또는 그보다 더욱 우수한 지식 거점에서 투자되는 것이 훨씬 수익이 높을 것이기 때문이다.

고등교육 부문의 경우 국제화의 또 다른 의미는 국제적으로 국내 대학들이 국제적으로 상호의존·분업화된 고등교육·연구 체제에 역할을 가지고 참여하여 중요한 한 축으로 발전하는 데 있다. 따라서 우리 고등교육과 연구의 국제적 경쟁력 강화를 위해 먼저 이루어져야 할 과제는 국내의 대학 기업 정부가 합심하여 산·학·관 협력 방식으로 널리 알려진 해외 지식거점에 진출하는 것이다. 이를 통해 최신의 국제적 지식 발전에 참여하고 외국의 우수 인재와 우수 프로그램의 국내 확산을 도모함으로써 국내 대학과 국내기업의 지식기반 확충의 계기를 마련하는 것이다.

우리 대학의 해외 지식거점 진출과 함께 궁극적으로 추진되어야 할 것은 외국의 우수교육 프로그램과 연구사업 그리고 교수 및 연구 요원들을 국내에 유치하는 것이다. 이를 통해 지식자산과 인적자본의 국내형성을 위한 기반이 마련되어야 한다. 이미 언급한 것처럼 선진국의 고등교육·연구자본이 국내에 직접적으로 투자될 유인과 여건은 존재하지 않는다. 외국 교육기관의 국내 진출 목적과 동기에 대한 정확한 이해와 함께 국내 진출에 다른 영향에 대한 평가를 바탕으로 정책이 수립되어야 한다. 초기에는 국내에서 물적 자본을 투자하고 선진외국의 우수인재와 프로그램을 유지하는 방식이 현실적으로 가능한 국내 지식거점 형성의 유일한 길이다. 이것이 어느 정도 진척된 이후라야 이들 우수 인재와 프로그램 지식거점들을 겨냥한 외국의 고등교육·연구자본이 국내에 투자되기 시작할 것이다.

이를 위한 수용 체제 정비가 물론 선행되어야 할 것이다.

> ☞ 외국교육기관의 국내 진출 목적과 동기의 이해
>   - 경제적(영리) 목적인 경우: 학원, 교육서비스 산업형태로 진출
>   - 비경제적 목적인 경우: 대학분교 또는 협동과정 형태로 진출
>   · 학술·문화·정보 교류의 국제적 활동 거점 확보,
>   · 인원 및 조직 축소의 회피, 조직 유지 확대 등 조직상 목적
> ☞ 국내에서 활동하는 외국교육기관의 정치·경제·사회·교육적 영향
>   평가
>   - 대학분교/협동과정 형태로 진출 시: 해당국과의 교류협력 강화
>   - 학원, 교육산업 형태로 진출: 외화유출과 절약 간 비교 형량 필요
>   - 사회적 영향: 교육적 가치관 다양화/국제화 및 갈등을 동시 초래 등

또 다른 전략적 발전 목표는 중국과 아시아 등 주변 개발도상국 우수인재들의 국내 유학생을 유치함으로써 교육과 지식의 아시아 거점을 형성하는 것이다. 이미 우리나라에는 개발도상국의 우수인재가 산업연수 단순취업을 목표로 우리나라에 입국코자 몰려들고 있다. 이들 개발도상국의 젊은 우수인재가 우리 고등교육을 살찌게 하고 궁극적으로 우리나라를 아시아의 지식거점으로 발전시킬 인적자원으로서 잠재력을 크게 지니고 있다. 이를 가능케 할 전략과 정책 수립이 시급하다.

마지막으로 국내에 거주할 외국 우수인재의 국내 생활여건으로서 외국인 자녀들의 초·중등교육 여건이 대폭 확충되어야 한다. 내·외국인 공통의 기본적 인권으로서 교육·학습권이 보장되고 타 문화에 대한 존중, 외국인과 더불어 사는 생활문화가 국내에 확산되어야 할 것이다.

대학과 사이버학습

　우리나라에서도 이미 많은 사이버 교육프로그램들이 기업교육을 중심으로 발전되고 있으며 그렇게 해서 개발된 e러닝과정은 일반 공중을 위한 학습과정으로 웹 기반의 시장서비스 형태로 제공되는 단계로 발전되고 있다. 이러한 e러닝과정들은 대체로 학습자의 학습수행에 대한 수행지원시스템(performance-support-system)의 성격을 지니고 있으며 복수의 모듈들을 그 구성단위로 하여 편성되고 있다. 이러한 모듈기반의 사이버 학습프로그램의 활성화 이면에는 전통적 교육에서 강조되는 단순한 이론적 개념적 지식보다는 역량과 수행성과를 강조하는 인적자원개발의 시대에 코스워크 기반의 전통적 교육과정보다는 모듈 기반의 e러닝프로그램이 더욱 적합하고 친화적이라는 것을 측면이 있음을 지적하지 않을 수 없다.

　모든 현대의 테크놀로지들은 인간사이의 기존 상호작용(human transaction)과 분업(division of labor)체제를 대폭 절감하는 유형(조직-노동 절약적 기술)과 새로운 욕구와 효용을 창출하는 유형(수요창출형 기술)의 어느 하나 또는 양쪽 모두의 기능을 수행하여 왔다. 집적회로의 등장이 진공관 트랜지스터 시절의 수많은 회로 부품과 그 기판 생산업체들과 그 근로자들의 복합체를 반도체 위에 집적된 회로로 대체해 버린 것은 전자의 대표적인 사례이며 TV의 출현은 후자의 기능이 전형적으로 나타난 것이다.

　정보통신기술 또한 마찬가지이다. 정보통신기술은 사무 및 서비스 분야의 거래활동과 조직활동의 많은 부분을 메모리 위에 로드된 사이버상의 프로그램으로 대체해가고 있다. 이러한 정보통신기술의 효과는 한 사회의 인적자원개발에 있어 중추기구인 학교에 e러닝을 도입하는 과정에서도 그대로 나타날 수밖에 없다.

　현실적으로 기존 학교조직과 정보통신기술에 기반을 둔 e러닝 간에는 갈등이 발생하고 있다. 흔히 정보화가 원활히 되려면 기존의 학습과 조직과정

(organizational process)에 정보통신기술이 적응해야 한다고 주장된다. 이러한 시각은 교육의 경우에는 대학의 일상 교육과정-즉 시간표 중심의 교수-학습 프로세스에 e러닝이 적응해야 한다고 주장에서 나타난다. 그러나 기존의 학교 조직과 과정에 e러닝이 적응한다는 것은 기존의 질서에 기술이 종속되는 것이며 새로운 기술이 제공하는 새로운 지평의 가능성을 원천적으로 억압하는 것이 될 뿐이며 새로운 기술의 성과와 효용은 죽어버리고 말 것이다.

e러닝을 통한 교육정보화는 단지 교육과정 및 교수-학습조직의 재구조화만으로 학교 내에 안정적인 새로운 구조를 정착시킬 수 없다. 교육과정의 성격 자체가 바뀌는 변화가 동반되어야 한다. 이미 지적한 것처럼, 코스워크 기반의 교육과정에서 모듈기반의 교육과정(modular curriculum)으로의 변화가 바로 그것이다. 문제는 학교교육과정을 기존의 코스워크 기반의 교육과정에서 모듈기반의 교육과정으로 점차 개편해 나가는 것이며 그 변화에 맞추어 정보통신기술이 점진적으로 학교에 도입되는 데 있다. 이를 위해서는 코스워크 기반의 현 교육과정과 모듈기반의 미래 교육과정 중간 단계로 시간표의 엄격성과 경직성이 유연화된 중간단계의 교육과정이 적극 모색될 필요가 있으며 이러한 유연화가 진전되는 만큼 진정한 교육정보화가 가능하게 될 것이다.

기존 시간표와 코스워크의 유연화 방법은 여러 가지가 있을 수 있다. 예를 들어 일주일에 1시간씩 4학기에 걸쳐서 분산해 놓은 어느 과목을 일주일에 4시간씩 한 학기에 마친다든가 2주짜리 방학 중의 집중 이수과정으로 선택할 수 있게 한다든가 하는 것이다. 또한 이미 우리나라의 초등학교 열린교육 실험과정에서도 기존 수업시간표의 경직성을 극복하는 문제는 중요 과제의 하나였다. 이렇게 기존 주당시간표, 학기, 학년이 유연화 된다면 그다음 단계로 교육과정을 목표 중심으로 하나 하나 모듈화할 수 있을 것이며 그 후에는 이들이 사이버 강좌로 대체될 수 있을 것이다.

대학교조직의 전통적 핵심기술은 제한된 시간과 공간에 따른 대학교수들의 최소한 상호의존 관계를 학교시간표와 강의실배치표 형태로 조직화한 것에 있다. 대학에 도입되는 정보통신기술이 이러한 시간표와 강의실배치표에 순응하여 도입되는 방식으로는 큰 효과를 볼 수 없다. 강의실정보화라는 기존 대학정보화 방식의 한계가 여기에 있다. 이미 지적한 것처럼 e러닝을 통한 진정한 교육정보화는 근대 교육체제의 특징적인 학교시간표와 강의실배치표를 허물면서 이루어질 것이다. 아마도 학교시간표와 강의실배치표 중심의 체제가 허물어지기 시작하면 가장 큰 변화는 교사와 학생이 만나는 사회적 방식의 변화에서 나타나게 될 것이다. 강좌시간표와 강의실배치표를 운용하기에 적합하게 되어 있는 현재의 교사 채용과 역할 부여 방식, 학생의 모집과 배치 방식 등이 근본적으로 달라질 수밖에 없기 때문이다.

기존의 학교조직은 여러 가지 사회적 기능이 있음에도 불구하고 교사와 학생의 만남을 수업시간표와 강의실배치표라는 수단을 통해 조직화하는 경향 때문에 교육정보화가 교육의 질적 향상으로 이어지지 못하였다(이기범: 2000). 더 나아가 이로 인해 보다 중요한 학교고유의 기능이 가려져 왔다. 즉 ① 정보·지식 인프라-서비스 네트워크로서의 학교 ② 학생들의 일상생활의 장으로서의 학교 ③ 수용기관 복지전달기관으로서의 학교 ④ Credential 기구로서의 학교와 같은 공공시설로서의 기능이 가려져 있었던 것이다. 정보통신기술의 채택을 통해 교수-학습과정이 시간표와 강의실배치표로부터 해방되고 나면 학교는 이러한 기능들을 중심으로 하는 거의 순수한 의미의 공공시설로서 거듭나게 될 것이며 국가적인 인프라로서 전국적인 네트워크화하게 될 것이다.

코스워크기반의 교육과정과 모듈 기반의 e러닝 간의 또 하나의 중요한 차이는 학습평가를 통한 공식적인 인증의 부여(credentialing)에서 나타난다. 코스워크기반의 교육과정에서 단원은 분절된 교수-학습의 단위가 되기는 해도 평가 단위가 되지는 않는 것이 보통이다. 인증을 위한 평가는 통상, 단원의 구분과 관련 없이 정해진 공간에서 일정시간 동안 지속된 교육과정 이수 여부를 바탕으로 총괄적으로 행해지는 것이 보통이다. 그러나 시간과 공간의 한계를 벗어난 모듈 기반의 e러닝에서 이러한 교육과정이수를 조건으로 하는 인증은 무의미해진다. 따라서 모듈 기반의 e러닝에서의 학습인증은 사실상 자격증 수여에서처럼 수행능력의 실증을 통해서만 가능하다고 볼 수 있다.

그런데 수행능력평가와 그 기법의 발전은 아직까지 사이버상에서 가능한 수준에 전혀 못 미치고 있으며 가까운 장래에도 이루어질 것 같지 않다. 바로 이러한 이유로 사이버 학습은 아직까지는 공식적인 인증과 그에 대한 정통성 부여를 생명으로 하는 정규학교교육처럼 제도화되기 어려운 한계가 있다. 이는 마치 사이버 공간을 통한 전자상거래가 사이버상의 상호작용에 대한 공식적이고 제도적인 인증기술의 발전 없이는 불가능한 것과 같다.

학교 밖에서 빠르게 발전하는 e러닝프로그램이 정규의 인증을 생명으로 하는 학교교육을 쉽사리 대체하지 못하고 보조적인 활용에 머물며 기존 학교조직과 충돌하는 근본적인 원인이 바로 여기에 있다.

e러닝은 학습자 중심으로 재편될 미래의 학습과 인적자원개발을 위해 분명 매력적인 가능성을 보여주고 있다. 그러나 동시에 여러 가지 한계도 있다. 우선 고품질의 e러닝 프로그램들이 높은 이용가격을 유지하고 있는 것에서 보듯 오프라인 교육에 비해 충분한 비용효과를 아직 보여주지 못하고 있다. 그러나 이는 곧 극복될 것으로 보인다. e러닝의 보급과 일반화에 보다 큰 장애는 이미 기술한 바와 같은 교육과정의 형태, 기존 학습조직과의 충돌, 사이버상의 학습평가인증 기술의 저발전 등에 있다. e러닝이 학교시설과 연수시설을 중심으로 강의실과 세미나실 교사 또는 강사와 같은 기존의 학습 테크놀로지의 보조 수단을 넘어서 인적자원개발의 주요 수단으로 기여하기 위해서는 향후 이러한 문제점들을 극복하고 해결하기 위한 노력이 집중되어야 할 것이다.

제5장 대학과 사회

떠오르는 대학의 경쟁자들

전통적인 대학은 지식의 창출과 교육의 양면에서 강력한 경쟁자를 만나고 있다. 이에 따라 대학의 기능과 내부 조직의 혁신이 불가피해질 것이다.

우선 유수한 기업연구소들과 컨설팅 회사들이 그 경쟁자로 부상하고 있다. 초국적 또는 다국적 형태의 대기업들은 연구소를 갖거나 컨설팅 회사 형태로 직접 지식의 창출에 나서고 있음은 주지의 사실이다. 세계적으로 수백 개의 지사나 자회사를 지니고 수천 명의 고급 연구 인력을 지닌 이러한 기업조직들은 공개적으로 발표되고 기록되는 문헌을 통해 새로운 지식에 기여할 뿐 아니라 일종의 영업비밀로 보유되고 있는 더 많은 지식들을 창출하여 보유하고 있다.

19세기 이후 대학들이 국가화되면서 국민국가의 국경 내로 그 지적 활동의 울타리를 스스로 한정하는 경향이 짙어짐으로써 지식의 생산에 있어 퇴보해 온 데 반해 이들의 이러한 성과는 과거 중세의 대학들이 그러했던 것처럼 국경을 넘어 전 세계적인 네트워크를 가지고 활동하는 데서 얻어지는 것으로 보인다.

다른 한편, 전통적인 대학들은 새로운 교육과 학습 방식을 채택한 교육기관들의 출현에 의해서 강력한 도전을 받고 있다. 이러한 도전은 비단 사이버대학이 운영하는 사이버 학습프로그램과 강좌 정도에 그치는 것이 아니라 인재의 알선과 파견 그리고 파견된 현장에서의 현장학습을 효과적으로 결합하는 새로운 상업적 교육기관들로부터 유래되고 있다. 이들 혁신적 교육기관들은 지금은 새로운 학습 모델과 새로운 수익 모델을 결합하여 주로 틈새 교육시장을 겨냥하고 있지만 머지않아 기존 대학들의 많은 프로그램들이 이러한 새로운 형태의 교육기관들로 인해 경쟁력을 상실할 가능성이 높다. 대학이 여기에 대처하는 방법은 자신의 전통적 장기(長技)를 발휘하여 이들을 대학 내로 끌어들이는 것이다.[55]

대학 간의 국제교류와 협력

대학은 원래 국가의 경계를 넘어서는 보편주의(universalism)를 지향하던 제도였으나 근대 이후 근대 민족국가와 긴밀히 결부된 국가적 대학이 되었음은 이미 이 책의 서두에서 지적한 바 있다. 그 결과 대학 간의 국제적 협력과 교류는 근대 이후 국가가 크게 관심을 갖고 주목하는 문제로 되어 버렸다. 바꾸어 말해 대학은 기업보다 더욱 큰 정도로 국가를 대외적으로 대표하는 속성이 있고 정부는 대학들의 국제교류에 직접 개입하거나, 세심한 주의를 기울여 왔던 것이다.

전자의 전형적인 예를 들면 대학 간의 국제적 교류가 보통 국가 간의 학술문화협정의 내용으로 포함되고 정부 간의 교류사업화하는 것을 들 수 있다. 그리고 미 수교국 상호간에 수교를 위한 준비 과정에서 보통 대학 간의 교류를 수교에 선행시키는 것도 대학 간의 국제교류의 속성을 잘 드러내 보여주는 것이다. 우리나라는 조선시대에 중국 및 일본과 사대교린(事大交隣)의 국제질서를 맺어 왔다. 이런 사대교린의 국제질서의 핵심은 학술문화교류였다. 그런데 사대교린이 아닌 대등한 주권국가의 교류라는 근대 이후 외교에 있어서도 학술문화교류는 국가 간의 관계에서 핵심적인 중요성을 지니는 것이다.

글로벌 시장이 확대되고 지식경제시대가 도래하면서 국가 간의 지식경쟁이 치열해지면서 대학 간의 국제교류와 협력은 또 다른 국제적 의미를 지니게 되었다. 선진 각국 정부는 구체적인 지식획득의 정책목표를 분명히 세우고 이를 위해 대학 간 국제교류협력을 확충 조직화하고 관리하는 것을 국가 간 외교의 중추적 수단으로 삼는 경향을 보인다. 아쉽게도 우리나라는 아직 경제외교의 중요성은 익히 알지만 이러한 대학 간 교류협력의 중요성을 외교정책의 우선순위에 올리지 못하고 있다.

---

55) 대학은 근본적으로 조직이라기보다는 장소(topos)이다. 이 책에서 대학을 타운으로 누누이 정의하는 이유가 여기에 있다.

반대로 정부의 관여가 없는 대학 간의 국제교류 협력 활동에 대해서 각국 정부는 주의를 집중할 수밖에 없다. 혹시 전술적 전략적으로 중요한 지식이나 기술이 외국으로 유출되지는 않는지 대학 간의 교류가 국가 간 정보전의 창구로 활용되지는 않는지 하는 것이 그들의 주요 관심사항이 되는 것이다.

고등교육 시장개방과 그 쟁점들

우루과이 라운드 협상의 결과 서비스무역자유화협정(GATS: General Agreement on Trade in Services)이 체결되었다. 당초에는 고등교육도 서비스의 하나로 간주되어 협상테이블에 의제로 올라 있었으나 이 분야는 개념 확립과 자료조사가 부족한 상황을 감안하여 다음 협상으로 미뤄 버린 결과 WTO의 서비스무역자유화협정에 이에 대한 내용은 없다. 그러나 협상을 미뤘던 고등교육 시장개방의 문제는 이제 서비스무역자유화 협상의 2차 라운드라 할 도하 라운드 협상에 다시 의제로 올라 논의가 진행 중이다.

우리나라의 경우 대학은 당연히 국가적인 그리고 국가 내의 제도로 인식해 온 대학 구성원들과 교육정책당국의 뇌리에 박힌 관념을 씻어내기가 매우 어려운 형편이다. 구체적으로 외국 고등교육기관이 국내에 진출하는 데 따른 문제와 국내의 교육기관이 외국에 진출하는 것의 양 방향에서 과연 그것이 어떻게 가능한지에 대한 개념이 제대로 잡히지 않기 때문에 고등교육 시장개방 협상에 대처하는 데 어려움을 겪고 있다. 구체적으로 고등교육에 적용되는 시장개방의 의미와 이에 따르는 국가 간의 고등교육법제 차이에 따른 법률 저촉의 문제가 제대로 이해되지 않고 있다.

고등교육 시장개방의 개념은 두 가지 요소를 포함한다. 먼저 시장진입을 허용한다는 의미이다. 외국의 고등교육기관이 국내에 진입하는 것(market presence)을 허용한다는 것이다. 이는 외국의 대학이 국내에 고등교육사업자로서 현전(現前)하는 것에 대한 장애를 설정해서는 안 됨을 의미한다.

시장개방의 또 다른 의미는 외국 고등교육기관의 국내 진입이 허용되어 있다 하더라도 그 활동에 있어 내국의 고등교육기관과 차별대우를 받아서는 안 된다. 즉 내국인과 동일하게 취급(national treatment)해야 한다는 것이다. 요컨대, 외국의 고등교육기관에 대하여 시장진입허용과 내국인 대우라는 두 가지 원칙을 관철하는 것이 고등교육시장개방의 의미인 것이다.

그런데 이러한 원칙을 적용함에 있어 국가 간의 법제가 다름으로 인한 저촉의 문제를 어떻게 다루는가 하는 문제가 제대로 이해되지 않아 의사소통과 의사결정에 장애가 발생하고 있는 것이 저간의 우리나라 사정이다.

우선 시장진입허용의 경우에 고등교육기관은 학교법인일 것을 요구하는 국내법의 원칙을 외국대학에 어떻게 적용하는가 하는 문제부터 근본적인 오해가 있다. 이 경우 반드시 국내법 즉 우리나라 사립학교법에 의한 법인설립 절차를 거친 학교법인이어야 함을 고집하면 사실상 외국인-외국의 학교법인의 국내 진출은 금지되는 것과 같다. 국내법에 의해 설립된 법인은 이미 내국인이지 외국인이 아니기 때문이다. 그래서 고등교육시장개방에는 먼저 외국대학의 국내등록과 그 사무소 설치라는 형태로 외국대학법인의 국내활동에 따르는 법적 주체성 인정 절차를 설정하는 것이 필요하다. 등록된 외국대학은 국내법에 의한 학교법인과 같은 지위를 갖게 되는 것이며 그에 대한 취급은 학교법인 관련 법조항을 준용하면 된다. 그리고 그 이후 대학교육기관을 국내에서 운영하는 데는 내국인 대우의 원칙에 따라 국내 학교법인이 학교를 설립하는 것과 동일한 규율과 절차를 따르면 되는 것이다.

외국인으로서 국내에 등록한 외국의 대학법인이 대학설립을 시도하지 않고 교육사업을 하는 경우가 있을 수 있다. 이러한 교육사업에 대하여는 이를 학원법에 의한 학원으로 간주하여 규율을 하면 된다. 즉, 우리 고등교육당국은 그 수강생을 대학생이 아니라 학원수강생으로 취급하며 그 교수들은 대학교수의 지위가 아니라 학원 강사의 지위만을 갖는 것으로 취급하는 것이다.

이렇게 외국대학이 운영하지만 국내법상으로는 학원으로 간주되는 외국계 교육기관에서 자신들의 본 국법에 따라 본교의 학위를 수여하였을 경우 어떻게 되는가 하는 문제가 생긴다. 이에 대해서는 학위나 자격의 상호인정에 관한 국제규범에 따르면 된다. 즉, 그 본국과 우리나라 사이에 상위의 상호인정에 관한 조약이 체결되어 있거나 함께 가입한 관련 국제협약이 있으면 그 조약 또는 협약의 조문해석에 따르게 될 것이며, 만약 그러한 조약이 없다면 국내 입법 또는 우리 고등교육당국의 법적 해석에 따라 결정하면 되는 것이다.

외국대학의 국내 활동과 관련하여 영리행위 또는 과실송금의 허용 여부가 일찌감치 논란이 되고 있다. 그러나 외국대학의 국내 활동에 따르는 과실의 배당은 원칙상 허용될 수 없다. 왜냐하면 국내 교육기관들의 경우 사업주에 대한 과실배당이 허용되지 않는 것이 우리나라 법제이기 때문이며 내국인이 운영하는 교육사업과 외국대학이 운영하는 교육사업을 동일하게 취급해야 하기 때문이다. 다만 국내에도 영리가 허용되는 사교육기관-예를 들어 학습지 회사와 같은 기관이 있으므로 외국대학이 국내에서 이러한 사업을 하는 경우는 과실송금을 허용하여야 할 것이다.

원칙적으로 선진국의 대학이 외국에 진출할 때 영리의 목적은 두드러지지 않는다. 왜냐하면 외국의 대학도 그 자체가 보통 비영리기관이기 때문이다. 그래서 일반적으로 대학의 해외분교란, 마치 정부가 다른 나라에 외교공관을 설치하듯 분교 또는 사업소라는 형태로 외국에 학술교류와 정보수집, 유학생 모집 등의 활동을 위한 거점을 확보하는 데 목적을 두는 것이 보통이며 더 나아가 국경을 넘어 대학조직을 확대함으로써 글로벌한 활동의 기반을 구축함에 목적을 두는 것이 보통이다.

이러한 경우에도 외국대학의 국내분교의 활동에 따르는 외환자유화의 문제는 여전히 생겨난다. 외환자유화에 대한 현재의 국제규범이 요구하는 원칙은 투자자본자유화와 경상거래자유화의 두 가지를 내포한다. 전자는 과실송금허용문제를 포함한다. 반면 후자는 과실송금과는 관련 없는 외환거래에 필요한 자금의 이동을 자유화하라는 원칙이다. 외국대학의 국내 활동에 따른 외환이

동의 자유화 문제는 외국의 본교와 국내의 분교(대학으로 인정되든 학원으로 인정되든 불구하고) 간의 자금이동에 우리나라가 받아들이고 있는 경상거래 자유화에 관한 규범을 어떻게 적용할 것인가의 문제인 것이다.

고등교육과 대학의 영역은 법적인 규범이 불분명하고 축적된 연구 또한 거의 없어 국가 간의 교류와 국경을 넘어선 활동이 문제될 경우 이에 대한 법 적용 문제가 대단히 오리무중의 상태에 있는 부분이다. 고등교육시장개방의 문제는 그래서 대학을 잘 모르는 각국의 무역 및 경제 당국이 이를 적극적으로 주장하고 논의하려 하지만 사실 각국의 고등교육당국은 이에 대해 어찌 대응해야 할지 모르고 헤매는 상황이 현재의 실정이라고 보면 정확할 것이다.

지식의 기능으로서 문제해결과 통제, 대학의 역할

요즈음 경영학에서는 지식경영(KM: Knowledge Management)이라는 용어가 유행이다. 지식의 역할에 대해 현대인이 가진 생각의 변화를 이 말처럼 잘 시사하는 용어도 달리 없다. 지식경영은 바로 지식이 문제해결의 수단으로 쓰이는 이 시대의 지식관을 그 배경으로 하고 있다. 남보다 생산, 판매와 관리에 있어서의 문제해결에서 탁월하며 경쟁력이 있기 위해서는 지식이 필요하고 이를 체계적으로 경영 관리할 필요가 있기 때문에 지식경영이 필요하게 되는 것이다.

그런데 이러한 지식경영의 유행현상을 올바로 이해하기 위해서는 커다란 역사의 흐름 속에서 이 문제를 볼 필요가 있다. 크게 보면 지식경영이란 국가가 먼저 발전시켜 왔으며 그다음으로 종교단체들이 이를 발전시켜온 활동이다.

원래 지식을 관리하고 경영하는 데 있어서는 기업보다 국가가 훨씬 앞서 있었다. 이미 고대 국가들은 나라를 꾸려 가는 데 필요한 천문 기상 농사법 등의 지식을 계획적으로 관리하여 왔으며 기초적인 회계, 법률적 지식들은 예로부터 국가가 적극적으로 발전시켜온 것이다. 바로 국가가 직면하는 여러 가지 문제해결을 위해 필수적인 것이 바로 이들 지식이었기 때문이다. 문제는 국가란 단순히 성장과 발전을 위한 기구에 그치는 것이 아니라 권력을 보유하고 행사하는 통제기구이기도 하다는 점이다. 지식은 문제해결의 기능만을 가진 것이 아니라 지식 그 자체나 그 보유자가 권위를 행사하게 되고 이로써 사람들을 통제하게 된다는 점에서 권위와 통제의 원천이기도 하다. 그렇기 때문에, 국가가 발전시켜온 지식경영에는 성장과 발전, 문제해결을 위한 지식의 기능뿐 아니라 통제와 권위를 위한 지식의 기능 발전이 함께 수반되어 왔다는 점이 오늘날 기업에서 유행하는 지식경영과 다른 점이다. 아무튼 이러한 점에서 보면 오늘날 기업이 지식경영을 적극 도입하는 것은 국가, 종교 등 다른 사회제도에서는 이미 오래전부터 보편화된 활동을 드디어 기업도 채택하게 되었다는 지식경영 확산의 21세기 최신 추세의 의미를 지닌다.

지금까지 국가 종교단체 기업들에 의한 지식경영에 대해 논급하였다. 그러면 지식의 창출과 전수 보존의 중추로 여겨져 온 대학은 과연 그 지식들을 어떻게 사용하고 관리하여 왔을까. 우리나라에서 어느 대학이 보유 관리하는 지식의 목록을 찾아보려면 가장 손쉬운 방법이 그 대학의 대학 요람 또는 편람을 들쳐보는 것이다. 거기에는 교육과정이라는 이름 아래 그 대학에서 제공하는 또는 수강기회가 있는 모든 강의 과목명이 학과별로 열거되어 있고 '학수번호'라는 명칭으로 그 관리를 위한 코드 번호가 매겨져 있다. 대학에서도 지식관리 또는 지식경영이 응당 이루어지고 있고 그러한 관리활동의 현상적 표현이 바로 이들 편람과 관리번호로 나타나고 있는 것이다.

그런데 대학이 이렇게 그 보유하는 지식을 관리한다면 그것은 과연 무엇을 위해서일까. 그 국가는 그 자신의 목적인 통치 또는 사회발전을 위해서, 종교단체는 교리의 유지 발전과 이를 통한 신앙의 융성을 위해서 지식을 관리한다. 기업은 보다 효율적으로 생산 판매하고 이익을 올리기 위해서 지식 경영을 한다. 그런데 대학은?

흔히 대학인들은 대학이 지식을 다른 무엇을 위한 수단으로서가 아니라 그 자체를 목적으로 추구한다고 말한다. 대학 내부의 구성원은 그렇게 인식하고 말하고 행동할 수 있다. 그리고 이를 위해 대학인의 여가와 자유가 부여되었다고 말할 것이다. 그러나 대학이 지식 그 자체를 목적으로 하고 지식을 지식 그 자체로서 관리한다는 이야기는 대학이 대학인 자신도 의식하지 못하는 사이에 다른 목적에 대한 수단으로서 봉사하게 될 여지가 크다는 것을 역설적으로 보여주는 것일 수도 있다. 근대 유럽에서 발전된 근대와 현대의 국립대학들은 결과적으로 은연중에 국민국가에 봉사하는 지식관리활동을 대신해 온 것이며 그를 통해 근대 국민국가의 성립과 발전을 뒷받침해 온 것이라고 역사가들이 기술한다 하여도 이를 효과적으로 반증할 수가 있을지는 의문이다.

한편, 산업체와 정부기관으로부터 연구프로젝트 확보와 그 수행에 열심인 미국의 대학들은 결과적으로 은연중에 미국의 시장체제에 봉사하는 지식관리활동을 대신해 온 것이며 그를 통해 미국식 자본주의와 시장발전을 뒷받침해 온 것이라고 역사가들이 기술한다 하여도 이를 효과적으로 반증할 수가 있을지는 의문이다.

"지식은 힘이다"라는 말은 아마도 만고불변의 금언일 것이다. 문제해결을 통한 역량의 근본이 지식일 수도 있고 반대로 지식이 통제와 권위의 원천일 수도 있다. 어느 경우에나 지식은 영향력과 힘의 원천인 것이다. 오늘날 대학이 직면하는 가장 큰 문제는 그 자신이 비록 무의식중에 다른 제도를 위한 봉사에 쓰였을지라도 이렇게 힘의 원천이 되는 지식의 창출과 그 배분에 있어 독점적 지위를 누리고 있었던 대학이 기업, 민간 연구소와 같은 다른 지식 창출 배분 기구들이 다수 출현하면서 이들에게 그 기능을 빼앗기고 있는 것이 아닌가 하는 점이다. 우리나라의 대학들은 학생을 지속적으로 확보 배출함으로써 이들 경쟁자들과의 경쟁에서 우위를 지키고 있다. 그러나 만약 유용한 지식의 창출과 배분이라는 기능을 잊은 채 학생의 확보와 배출만으로 대학이 유지된다면 이는 결국 대학이 클럽화되어 이를 통해 지배적 지위를 유지하는 당파로 전락하게 된다. 우리나라에서 심각한 사회문제로 인식되는 학벌주의라는 것이 바로 그것이 아닌가.

아카데미즘과 저널리즘, 대학언론과
출판저널리즘, 그리고 학술저널리즘

아카데미즘과 저널리즘 간의 상호 견제와 갈등은 널리 알려진 경향이다. 아카데미즘에 충실한 교수는 언론에 자주 얼굴을 내밀고 일반 언론 매체에 글을 쓰는 것을 피할 뿐 아니라 그런 행동을 잘못된 타기의 대상으로 비판한다. 반면 저널리스트들은 아카데미즘에 입각한 글과 행동에 대해 현실에 둔감하고 공허한 것으로 무시하고 조롱하기까지 한다.

이상과 같은 아카데미즘과 저널리즘의 관계는 개인적 차원을 넘어 대학과 언론이라는 양 제도 간의 상호 견제와 갈등으로 확대되는 것이 보통이다. 대학은 언론을 센세이셔널리즘과 인기 영합의 주범으로 비난한다. 대학의 언론에 대한 무시는 생각 이상으로 심각해서 많은 우리나라 대학에서 교수업적 평가 시에 일반 출판사의 출판물 형태의 저서는 학술지에 실린 논문보다도 그 가치를 인정받지 못하는 것이 보통이며 아카데미즘에 철저한 일부 학과의 경우 학위논문지도 시 학술지 논문이 아닌 저서는 인용하지 않도록 지도하는 경우도 많다. 이에 대해 일반언론은 흔히 대학을 보수와 권위주의를 이유로 비난하고, 출판언론에 종사하는 출판인들은 출판이야말로 대학의 권위주의로부터 벗어난 재야 지식인과 진보적 지식의 요람이라고 자부하며 대학을 비판한다.

그런데 이상과 같은 아카데미즘과 저널리즘, 대학과 언론의 상호 비판과 갈등은 나쁜 것이 아니다. 오히려 지극히 건강한 사회의 한 징표이기도 하다. 오히려 문제는 대학과 언론이 서로 추켜세우고 담합을 할 때 나타난다.

우리나라에서 언론이 가장 무서워하는 것 중의 하나가 대학이다. 대학에 대한 도전적 기사를 쓴다는 것은 언론인의 경우 가장 용기를 필요로 하는 일이 되어 있다. 아마도 그러한 기사 대부분이 언론사 데스크와 편집과정을 통과하기 힘들 뿐 아니라 기사화되지도 못하고 취재한 기자만 눈총받기 일쑤이기 때문일 것이다.

한편, 많은 대학교수들이 언론과 친하려고 애쓰고 있다. 학회 등 학술행사를 언론에 보도자료를 내면서 홍보에 노력하는 것은 물론이고 경우에 따라서는 참여라는 명분으로 언론에 기고하고 언론을 활용하는 것을 마다하지 않는다. 대학 스스로는 언론 상대의 홍보에 많은 노력을 기울인다. '대외 협력'이라는 이름의 PR활동이 늘어나는 것도 이 때문이다.

이상과 같은 언론의 대학에 대한 경계와 대학의 언론에 대한 홍보 노력은 양자 간의 담합을 손쉽게 가능하게 하는 조건이 되고 있다. 여기에 언론과 대학이 서로의 경영진 간에 중첩 공유가 생기면 언론과 대학의 담합은 더욱 쉽게 일어난다. 우리나라에서 언론사와 사립대학의 최고경영진이 특정인을 중심으로 상호 유무상통하는 사례는 흔치 않게 볼 수 있다. 우리나라 대학의 건전한 발전을 가로막는 원인의 하나가 바로 상호 견제 관계에 있어야 할 대학과 언론이 서로 제휴 관계에 서는 것이며 이는 대학의 발전뿐 아니라 언론의 발전 또한 가로막는 것이다. 대학으로부터의 비판이야말로 언론의 정상적 발전에 약이 되는 것이기 때문이다.

대학과 언론의 담합을 방지하고 이를 견제하는 역할을 효과적으로 하는 것이 잘 발달된 정상적 출판저널리즘, 또는 대학언론이다. 출판저널리즘이 일반 신문저널리즘을 견제하고 학술적 지식의 유통을 통해 대학을 지식수요자와 만나게 함으로써 대학이 나태에 빠지지 않도록 하는 역할을 하는 것이다. 유사한 대학과 언론의 담합 견제 역할을 대학신문이 한다. 언론의 상업주의에 대학신문이 경종이 되고 대학 내의 공론 활성화를 통해 대학 구성원에 자극이 되는 것이다.

다소 낡은 통계지만 1998년에 우리나라 도서발행종수는 28,838종이며 사회과학서적은 증가하여 98년 사회과학서적 발행부수가 학습지보다 3만 3천 권이나 많고, 기술과학, 문학, 아동부문은 발행부수보다 종수가 차지하는 비율이 높다. 98년 정기간행물 등록종수는 97년 대비 9.4% 감소하여 6,785종이며, 정기간행물에서 일간지가 차지하는 비중은 조금씩 증가하여 98년에는 5.7%이다.

이러한 출판물 통계는 우리나라 출판 저널리즘이 대학과 일반 언론을 비판적으로 견제하며 다종소량 발행으로 독자들의 다양한 욕구를 충족하기 위한 기반이 어느 정도 조성이 되었음을 의미한다. 한편, 우리나라 450개가 넘는 우리나라 고등교육기관들 중 대학신문과 기타 정기간행물을 발간하지 않는 학교는 거의 없다. 우리나라 대학언론은 그 자체가 일반 언론 이상으로 언론계 내에서 그 한 부문으로 목소리를 가지고 있다.

그런데도 불구하고 우리나라의 대학신문과 출판저널리즘이 그 양적 팽창에 걸맞은 역할을 제대로 하지 못하는 것이 문제이다. 대학신문의 편집에 교수가 깊이 관여하고 출판계가 전문적이고 비판적 능력을 가진 유능한 편집인들을 육성해 보유하지 못하고 있는 등 여러 가지 문제들 때문이다.

학술저널리즘, 즉 학술논문발표의 창구가 되는 각종의 학회지의 경우는 어떠한가. 최근 우리나라에서는 학술 정기 간행물들이 급격히 늘어나고 있으며 그만큼 학자들의 연구 발표의 장도 늘어나고 있는 셈이다. 그런데 그 운영이 역시 문제라 학술지의 질적 발전이 지연되고 있다. 즉 학술지 발행 운영 경비가 정부 및 학술지원기관 및 대학의 보조금에 크게 의존하는 것이다. 그러다 보니 학술지 독자들의 반응과 수요에 따라 학술지가 운영되기 어렵고 실리는 논문 내용의 고급화가 근본적으로 장애에 부딪치는 것이다. 많은 학술지가 자체적인 논문수록심사 위원회와 심사 기준을 운용하고 있고, 또 한국학술진흥재단과 같은 공공기관이 학술지 평가와 등급 부여 사업을 하고 있지만 이러한 조치만으로는 학술지의 질적 발전에는 한계가 있다.

학술 저널리즘 발전을 위한 지원의 정석은 학술지의 구매자인 전국의 도서관들이 학술지의 평판을 반영하여 학술지를 구매할 수 있도록 지원하고 학술지 발행인들로 하여금 이러한 수요자의 판단에 직면토록 하는 것이다. 이를 위해서는 도서관의 학술지 구입 비용을 지원하지 않으면 안 된다. 바꾸어 말해 같은 예산과 자금이면 학술지 발행 비용을 보조해 주는 것보다는 그 금액을 도서관에 학술지 구입 비용으로 보조해 주는 것이 학술저널리즘과 대학 발전의 첩경이라는 것이다.

대학과 언론의 담합을 방지하고 이를 견제하는 역할을 효과적으로 하는 것이 잘 발달된 정상적 출판저널리즘, 또는 대학언론이다. 출판저널리즘이 일반 신문저널리즘을 견제하고 학술적 지식의 유통을 통해 대학을 지식수요자와 만나게 함으로써 대학이 나태에 빠지지 않도록 하는 역할을 하는 것이다. 유사한 대학과 언론의 담합 견제 역할을 대학신문이 한다. 언론의 상업주의에 대학신문이 경종이 되고 대학 내의 공론 활성화를 통해 대학 구성원에 자극이 되는 것이다.

사회조직정책과 사회적 신뢰, 전문직의 위기와 대학의 위기

모든 선진사회에서 21세기를 향한 구조조정이 진행되면서 사회조직정책(societal policy)의 중요성이 커지고 있다.[56] 특히, 한국사회는 사회적 신뢰(trust)가 결여된 것이 경쟁력 약화의 주된 원인이라는 지적이 종종 있다. 이는 뒤집어 말하면 사회제도의 주요 분야가 그 책무성을 잃고 도덕적 해이(moral hazard)에 빠져 있다는 지적이기도 하다. 사회조직정책은 사회를 구성하는 주요 조직과 분업체제들 그리고 그에 따른 사회적 행위들 즉 사회제도들을 다루며 구조조정에 따른 사회변화 과정에서 사회적 신뢰의 유지 구축에 대한 정부의 관심과 행동을 반영한다. 인적자원정책은 사회조직정책과 동전의 양면이다. 왜냐하면, 시장, 조직, 전문직과 같은 사회제도들은 지식 태도 가치관과 같은 인간적 요소들에 의해 지속되고 발전되는 것이기 때문이다. 이러한 의미에서

---

56) 전통적 social policy와는 구별되는 societal policy라는 용어는 OECD 내에서 구조조정과 관련하여 채택된 용어임.

UNDP는 개발정책에 있어서 지속 가능한 발전(sustainable development)의 핵심을 인간개발에서 찾고 있다.

정치 종교 분야를 제외하면 나머지 사회적 분업과 역할 분담체제는 크게 보면 정부 기업을 막론한 관료제적 조직, 시장, 전문직서비스의 셋으로 크게 나누어 볼 수 있다. 이러한 관점에서는 조직 시장 전문직서비스의 도덕적 기반을 강화하는 것이야말로 경쟁력 강화의 주요 과제가 된다. 우선 책무성에 대한 원론적 검토가 필요하다. 책무성이란 다름 아닌 기대되는 역할과 목표에 따른 도덕적 제도적 책임이다. 조직과 시장 및 전문직 서비스제도는 각각의 체제 내에 행위자가 그 주어진 임무를 완수하지 못했을 때 그에 따른 비난과 불이익을 책무성 기제로 확립하고 있으며 각각의 사회제도를 뒷받침하는 윤리적 바탕이기도 하며 이것이 잘 지켜지지 않을 때 도덕적 해이가 발생하는 것이다.

첫 번째, 조직의 건전성이 담보되어야 한다. 바나드와 같은 행정학자는 조직의 기본적인 기능으로서 조직의 윤리적 수준을 유지하는 것을 꼽은 바 있다. 막스 베버가 관료제의 기초로서 책임윤리를 강조한 것도 같은 맥락이다. 즉 조직의 사명과 목표를 실현하지 못했을 때 이에 대한 책임을 물음으로써 조직의 책무성이 확보되는 것이다. 조직 내의 감사나 징계 시스템이 학교의 책무성을 담보하는 메커니즘이 되는 계기는 바로 여기에 있는 것이다.

두 번째로 시장 내 행위자의 책임성 메커니즘이 있다. 아담 스미스는 시장과 자본주의가 도덕적으로 타락하지 않는 제어장치를 공리주의적 윤리관에서 찾았다. 교환관념에 근거한 약속과 그에 따른 상대방의 정당한 기대에 대해 상응한 행동을 충실히 하는 것 자체가 도덕적 타락을 막고 시장의 윤리성을 담보하기 때문이다. 시장에서의 이러한 윤리는 구체적으로는 계약 위반에 대한 손해 배상 등 계약상의 책임, 공정거래 위반행위에 대한 시장당국의 규율 등으로 담보된다.

사회적 행위와 직무의 윤리적 책임을 담보하는 세 번째 방식은 제도로서의 전문직(프로페셔널리즘)이다. 고급의 교육과 전문지식이 국가자격을 통해 인증

되고 전문직서비스의 윤리로 무장된 직무제도가 전문직이다. 또한 전문직 단체들에게는 일정한 공적 기능과 의무가 부여되어 있기도 하다.[57] 이 메커니즘을 통해 전문직은 고도의 직업윤리가 담보되고 사회적 책무성을 지니는 것으로 간주되는 것이다.

한편, 정부로부터 공적인 임무를 독점적으로 수탁받아 수행한다는 지위와 그 분야의 전문지식을 갖고 있다는 장점은 곧 정부의 해당분야 정책에도 상당히 참여할 수 있는 길을 터 주게 되었고 현대사회에서 전문직들은 전문직 단체를 통해 공적인 정부자문 및 정부의사결정과정에 대표를 보내거나 함으로써 정책과정에 깊숙이 참여하게 된 것이다. 이러한 이유로 대부분의 전문직 단체는 일반적인 단체와는 달리 자유설립이나 복수단체가 인정되지 않고 법률상 인정된 하나의 단체에게만 대표성을 주게 되는 것이 보통이다.

전문직 단체를 중심으로 한 전문직의 정책참여 노력의 가장 최근 형태는 전문직에 의한 정부조직 내 직위획득(Government Jobs Conquest)의 추구로 나타난다. 행정학에서는 동일한 현상을 행정기능의 고도화에 따른 공무원구성의 다양화와 정부조직의 유연화 차원에서 보기도 하지만 전문직 입장에서는 해당 직종의 사회적 영향력 확대를 추구하는 전문직화(professionalization)의 마지막 단계이기도 하다.

이상과 같이 해서 이루어지는 전문직의 공직진출은 정책과정에 전문직의 관점과 문제의식을 투입하는 효과적 수단이 되고 있다. 반면에, 근자에 들어 정부정책의 공익성을 위협하는 가장 큰 요인이 되고 있기도 하다. 특히 전문직의 공직진출은 대부분 한시적 공직 근무 이후 역시 해당 고객을 상대로 영위되는 직업일 수밖에 없는 전문직에로의 복귀를 전제로 하고 있는 점에서, 정부정책에 있어 가장 중요한 고객의 입장이 무시되는 경향을 초래하게 된다. 더구나 현대사회에 있어 고객인 일반대중의 이해와 상치하는 전문직의 이익집단화현상이 심화됨에 따라 지난 수백 년 동안 전문직에 부여되었던 여러 가지 법적 보호가 점차 축소되고 전문직무수행에 따른 민사/형사상 책임이

---

[57] 예를 들어 공중보건을 위한 의사들의 각종 의무와 책임이 그것이다.

강화되고 있는 세계적 추세가 전문직의 공직획득 추구의 배경이 되고 있는 점도 주목되어야 할 것이다.

현대 사회에서의 각 분야에 걸친 민주화 흐름은 전문직이 가진 독점성 권위성에 대한 비판이라는 형태로도 나타났다. 즉 전문직을 지대추구(rent seeking) 집단으로 간주하는 한편 소비자주권(consumerism)의 입장에서 비판하기 시작한 것이다. 법조 서비스 의료서비스를 둘러싼 분쟁의 증가는 이러한 조류의 반영이다. 한편, 세계화와 탈규제 경향에 따라 조직과 전문직보다는 시장의 기능이 더욱 확대되어 가고 있음은 주지의 사실이다. 구체적으로 계층제 조직 내에서 해결되던 많은 기능이 외주의 방식으로 시장에서 공급되는 서비스로 대체되어 가고 있으며, 전문직 서비스는 그 독점성이 공격을 받으면서 시장서비스(market services)로 변화되어 가고 있다.

조직에 의한 윤리와 사회적 신뢰가 조직 내의 권력과 통제, 그리고 시장에서의 윤리와 사회적 신뢰가 사법시스템과 공정거래감시체제에 의해 유지되는 반면, 전문직에 의한 윤리와 사회적 신뢰는 주로 대학에서 제공되는 전문교육이 상징하는 합리성 직업윤리 전문지식을 통한 신용에 의존한다. 그렇기 때문에 전문직에 대한 대중의 불신과 시장의 확대에 의한 전문직의 위기는 막바로 대학의 위기이기도 하다. 아마도, 21세기 대학이 직면하는 최대의 위기는 이를 효과적으로 극복하지 못할 때 초래될 것이다.

서비스경제와 국가 경쟁력, 대학의 역할

오늘날 어느 정도 산업화를 이룬 나라에 있어서 서비스 부문은 최대의 생산 및 고용부문이자 경제성장 기여에 있어서도 가장 큰 몫을 하고 있다. 이러한 서비스 부문[58]은 우리나라의 경우 향락 소비성의 낙후 봉건적 부문으로 간주되어온 경향이 있지만 이제는 합리성과 사회적 신뢰를 좌우하는 근대적 부문이자 전략적 육성의 대상이 되어야 할 상황이다.[59]

서비스 무역 자유화와 전문직 서비스

법조 의료 등 전통적으로 국가와 밀접한 관계 속에서 발전해온 전문직 서비스는 세계화의 추세 속에서 커다란 변화에 부딪히게 되었다. 즉 서비스 무역 자유화에 따라 전문직이 국가의 역내를 벗어나 국제적인 활동무대를 갖게 된 것이다. 우루과이 라운드 협상이 성공적으로 타결되어 세계무역기구(WTO)체제가 발족하면서 서비스는 무역자유화의 대상이 되었다. 전문직 서비스 또한 이 범주에서 다루어지게 된다. 서비스무역의 자유화는 지금 논의 중인 WTO주도의 후속 라운드에서 더욱 확대될 것이다.[60]

---

58) 서비스의 개념과 유형: SNA(국민계정)에 따르면 서비스는 소유권이 설정될 수 있는 독립된 실체가 아니며, 그 생산과 분리하여 거래될 수 없고, 소비자에게 제공되어야 생산이 완료된다. 서비스는 주문에 따라 생산되는 이질적인 산출물로서, 전형적으로 소비자의 수요에 따라 생산자의 활동으로 실현되는 소비단위의 제 여건 변화들로 이루어진다. 서비스의 유형은 일반적으로 다음과 같다.
① 소비재 조건의 변화: 소비자가 보유하고 있는 상품의 수송, 청소, 수송 및 변형 등
② 개인의 육체적 조건의 변화: 운송, 숙박, 의료, 미용 등
③ 개인의 정신적 조건의 변화: 교육, 정보, 상담, 오락 및 유사서비스
④ 제도단위의 경제적 상태의 변화: 보험, 금융중개, 보증 등
59) 서비스산업비중 국제비교('97년 기준):
미국 GDP의 74.1%, 전체근로자의 73.1%
일본 GDP의 64.4%, 전체근로자의 61.5%
한국 GDP의 51.8%, 전체근로자의 57.7%
60) WTO는 개인이 다른 국가로 이동하여 공급하는 서비스(예: 패션모델, 컨설턴

서비스무역자유화의 시대가 되면서 이제 서비스는 국가 경쟁력 강화를 위해서 뿐 아니라 개별 전문직 서비스 그 자체의 생존을 위해서도 자체 경쟁력을 강화하지 않으면 안 되게 되었다.[61]

※ 전문직 서비스 자유화의 범위 및 분류

- UR/서비스 업종 분류표는 서비스를 사업, 통신, 건설, 유통, 환경, 금융, 은행, 건강, 여행, 오락, 운송, 기타 등 12개 분야로 분류.
- 이중 사업서비스는 전문직, 컴퓨터 관련, 연구개발, 임대 서비스 등으로 구분.
- GATT 기준 11개 전문직 서비스 분야(회계·세무, 건축설계, 엔지니어링, 종합엔지니어링, 도시설계, 조경설계, 법무서비스.

세계화 시대의 상징처럼 언급되는 것이 맥도날드 햄버거이다. 맥도날드 햄버거 가격이 국가별물가의 비교지표처럼 쓰이는 상황이 되었다. 맥도날드의 이러한 전 세계적인 통용성의 기반은 맥도날드대학(McDonald University)이다. 맥도날드는 이를 통해 전 세계적인 질관리 시스템을 발전시키고 이른바 프랜차이징의 표준모델을 확립하였다.

프랜차이즈는 멀리 떨어진 곳에 직접 진출하는 대신 현지인 소유의 기업을

트)를 '자연인의 이동(presence of natural persons)'이라 지칭하며 매우 강조, APEC에서도 기술사(engineer) 수준의 자격의 국가 간 상호인정을 적극적으로 추진 중에 있고, 우리나라의 경우 도시공학(civil engineering)과 구조공학(structural engineering) 분야에 한해 일본·호주와 자격증 상호 교류 사업을 추진 중

61) 서비스산업을 육성함으로써 산업 간 상생적 발전을 도모하고 산업 전체의 효율성 제고를 권고하는 전문기관의 한국자문의견
- 맥킨지 분석(IMF 극복을 위한 한국재창조 보고서 1998)
"한국의 향후 개혁과 가치창조 성장을 위해서는 서비스부문의 생산성 향상 자극과 제조 잉여인력 흡수 필요"
- 1998 당시 IMF 한국주재사무소장(이해찬 당시 교육부 장관 면담 시)
"한국이 경제위기극복 과정에서 가장 중요한 과제는 서비스 부문의 전반적 합리화와 사회적 보호망 구축에 있음"

단지 가맹점으로 받아들여 품질과 정체성 이름을 일정수준 유지해 주고 그 대가(franchise fee)를 수익의 원천으로 삼는 데 그 핵심이 있다. 서비스 분야에서 전형적으로 발달하는 사업형태가 바로 이것이다. 이를 가능케 하는 전 가맹점에 걸친 〈서비스 동일성 유지〉의 기술이 프랜차이즈의 핵심기술이다. 이는 고도의 지식과 훈련을 통해서 비로소 가능해진다. 맥도날드가 자체 내 대학을 설립하는 이유가 바로 여기에 있는 것이다. 세계적으로 성공한 프랜차이즈 본사는 그 분야에 관한 한 지식의 창출 유지 활용에 있어 그 어느 대학이나 연구소보다도 뛰어나며 전형적 지식조직이다.

이와 같이 서비스경제시대에 전 세계적인 서비스경쟁력을 보이는 기업조직은 바로 지식조직 학습조직으로 간주된다.[62] 이들 기업을 중심으로 지식에 대한 새로운 관점이 확산되고 있으며 이런 관점의 지식이 새로운 기업조직 형태의 기반이 되고 있다.

저명한 행정 경영학자이자 학습조직이론의 원조인 아지리스는 정상과학의 이념에 입각한 근대적 관료제 모형의 조직이론과 조직 관행이 기업조직에서 학습을 방해하는 주된 요인으로 꼽고 있다. 그가 말하는 정상과학의 이념이란 과학은 1) 세계의 실재를 기술하는 것이다 2) 내적/외적 타당도에의 위험을 극소화하는 것이다 3) 가치중립적이다라는 세 가지 관념을 말한다.[63] 그는 기업에서의 학습을 기존 조직의 목표에 대한 의문으로부터 시작하여 조직을 혁신하는 주된 수단으로 보고 있다. 그에 따르면 학습기업은 이러한 정상과학의 관념에 입각한 근대관료제적 조직 내의 지식과 관행을 타파하고 혁신함으로써 가능하다고 보고 있다.[64] 아지리스의 이러한 분석은 지식기반의 제조업뿐 아니라 법무 회계 법인 등 새로운 인적 형태의 기업지배조직을 취하는 서비스조직의 근본적인 성격을 밝혀주고 있는 것이다.

---

62) World Bank, *Knowledge for Development*, World Bank Report 1997.
63) Chris Agyris, *On Organizational Learning*, Cambridge MA: Blackwell Pblishing, 1992, pp.285~294.
64) Chris Agyris, "Double Loop Learning in Organisation", *Harvard Business Review* sept., 1997.

지식의 최전선에 관한 한 대학 밖의 지식기업활동과 서비스 부문에서의 혁신을 대학이 도저히 따라가지 못하고 있다. 대학의 역할은 이들의 경쟁력의 기초가 되는 양질의 인력 특히 폭넓은 교양과 협력적 마인드로 무장된 우수 인력을 양성하여 공급을 하는 것으로 자꾸 한정되어 가고 있다.

서비스무역 협정과 고등교육 시장개방 찬반론

자연인 주재와 사업적 주재는 과연 그 초청국인 개도국 고등교육의 인적 물적 자원 확충에 도움이 되는가? 이는 WTO서비스무역협정(GATS)[65]에 따른 고등교육시장개방을 논의하는 국제적인 교육전문가들 모임에서 흔히 제기되는 의문이다. 우리나라에서는 한미 자유무역협정 체결을 위한 협상에 즈음하여 고등교육시장 개방을 둘러싼 논란이 다시 일고 있다. 한쪽에서는 교육의 시장화 반대를 기치로 개방을 강력하게 반대하고, 다른 쪽에서는 고등교육 경쟁력 강화라는 명분으로 개방을 적극 옹호한다. 결론을 먼저 말하자면 이들 두 가지 대립하는 주장과 논리는 전혀 현실에 근거를 두지 않은 허구에 불과하다. 서로 치열하게 논쟁하는 것 같지만 양측 모두가 허깨비를 붙들고 우스꽝스런 씨름을 벌이는 양상이다.

우선 주로 경제계, 경제부처에서 나오는 개방론의 허구성을 지적해본다. 이들은 닫힌 문만 열어놓으면 외국의 유수 대학이 자본을 들고 와 국내의 토지 건물에 투자하고 대학을 개설할 것이라 믿는다. 하지만 바로 이것이 결정적 착각이다. 외국대학이 이러한 방식으로 국내 진입할 가능성은 제로이다. 대학은 직접적 자본투자 방식으로 해외에 진출하는 것이 거의 불가능한 분야이다.

---

65) GATS: General Agreement for Trade in Services.

서비스 모드 중 GATS가 실질적으로 의의를 갖는 부분은 사실 사업적 주재에 있다. 서비스 모드 1, 즉 국경 간 공급의 경우 어차피 사실상 각국 정부로서는 규제의 방법이 없으며 남는 것은 사이버 교육과정 등 국경 간 공급의 질을 어떻게 보장할 것이냐 또는 국경 간 공급방식으로 얻은 졸업장과 학위를 각국 정부가 인정할 것이냐 하는 문제이며 이는 GATS 밖의 사항이다. 서비스모드 2, 즉 학생의 이동과 서비스모드 4, 즉 교수의 이동의 경우 이는 여행의 자유가 충실히 보장되면 크게 촉진될 것이며 이를 위해 굳이 GATS의 틀을 빌릴 필요가 없다. GATS 성립 이전에도 고등교육 부문 국제교류의 일환으로 이 분야의 진전은 꾸준하게 이루어져 왔기 때문이다.

따라서 대체로 사업적 주재만이 GATS 체제에서 실질적 의미가 있는 서비스교역의 주 모드라고 할 수 있다. 이미 지적한 것처럼 서비스는 공급자와 고객이 만나는 것 자체가 매우 중요한 서비스의 기술적 요소이자 공급양식이기 때문에 공급자가 현지 시장에 진출해 고객 소재지에 사업장을 설치하는 것은 재화생산 판매사업장을 현지시장에 설치하는 것과는 다른 중요한 의미가 있는 것이다. 대학의 경우 해외분교의 설치라든가 단독 또는 현지 대학 등과의 제휴를 통해 프로그램을 현지에서 운영할 경우가 이에 해당하게 된다.

그런데 대학의 경우 직접적인 학교설립을 통한 사업적 주재에는 많은 자금이 소요된다. 교지 교사 실험실습설비 등 고정자산투자가 필요하기 때문이다. 그리고 사립학교를 허용하는 많은 나라에서 이러한 요건은 대학설립요건으로 법제화되어 있다. 사업적 주재를 시도하는 외국인 또는 외국대학이 이러한 요건을 충족하려면 사실상 영리목적의 해외진출은 불가능해진다. 따라서 문자 그대로 영리목적의 해외진출(commercial presence)을 위해서는 서비스협상을 통해 이러한 규제를 피하려고 할 것이다.

GATS에서 이러한 규제에 대하여 명시적 직접적으로 정한 규범은 없다. 이러한 학교설립 요건 규제를 시장접근제한으로 볼 수 있는가가 문제되나 이는 비교적 명시적으로 GATS가 양적 규제사항을 열거하고 있으므로 시장접근제한으로 보기 어렵다. 그러므로 주재국 정부는 이에 관한 한 내국민대우 조항에 따른 규제 원칙을 지키는 것으로 족하다. 더 나아가 이러한 설립요건 규제의 성격을 인정(recognition)을 위한 규제로 보게 되면 주재국 정부는 내국민대우의 원칙을 지키는 한 최혜국대우(MFN)의 의무에서는 벗어나 국가별로 대응할 수 있게 되어 있다.

결론적으로 고등교육서비스에 있어서 정규대학의 학교설립을 통한 주재국 진출에는 경제적 실익이 거의 없으며, 현지 정부 공공단체, 민간 등이 물적 시설을 제공하고 외국대학이 프로그램을 제공하는 경우만이 현실적으로 가능한 진출 방법이 되는 것이다. 사실상 고등교육시장개방에 있어 상업적 주재는 오직 프랜차이징 형태만이 가능하다고 볼 수 있다.

만일 진출한다면 그 가장 적합한 방식은 프랜차이징이지만 뛰어난 질관리 시스템을 갖춘 세계적으로 우수한 그 어느 대학도 그 채비가 되어 있지 못하다. 결국 이러한 방식으로 외국 대학이 국내 진출하는 것도 상당한 훗날의 가능성일 따름이다.

이렇게 보면 개방 반대의 목소리를 한껏 높여온 또 다른 진영 역시 그동안 '외국대학의 국내 진출'이라는 허깨비와 씨름해 온 것에 불과하다. 이런 우스운 모습이 야기된 원인은 양측 모두가 제조업이나 유통 금융 등 재화를 다루는 부문의 범세계적 경제활동 양상의 논리에서 벗어나지 못하고 무형적 서비스 분야의 세계화에 그대로 적용했기 때문이다. 서비스 부문의 세계화는 이와 전혀 다른 모습으로 이루어질 수밖에 없다. 교육 분야의 세계화에서는 더욱더 그러하다.

고등교육시장 개방 반대론의 실질적 의미가 있다면 그것은 구체적으로 특정 외국대학의 국내 진출이라는 현실적 가능성에 대한 반대론이 아니라 '고등교육의 시장화' 논리 자체에 대한 이념적 반대라는 점에 있다. 이 문제는 학계나 정책현장에서 지속적 논의가 필요할 것이다. 그러나 적어도 고등교육 문제가 다루어질 가능성이 전혀 없는 서비스 무역협상 테이블을 둘러싸고 국내에서 벌어지는 찬반 논쟁은 해외에서 이를 본다면 그야말로 우스꽝스런 모습일 것이며, 이를 한국과의 협상에서 써먹을 수 있는 호재로 여길 것이라는 점이다.

우리 고등교육의 국제적 경쟁력 강화를 위해 막대한 자본비용을 들여 외국대학을 국내에 불러들일 필요는 없다. 관심조차 없는 외국대학에 대한 국내교육시장 개방 조치는 더더욱 아니다. 외국 우수대학의 노하우를 배우려면, 그들 대학경영 전문가나 교수진이 국내 대학에 와서 근무하면서 시스템과 경영기술을 이전해주는 바로 그것이 필요하다. 이미 많은 국내 대학들은 외국대학과 협약을 체결하여 공동으로 교육과정을 운영하면서 이를 시도하고 있다. 이 과정에서 상당한 기술료 또는 브랜드 사용료를 지출하고 있지만 이는 무역협상과는 전혀 별개의 문제이다.

프랜차이징 형태가 되건, 현지대학과의 제휴협력 형태가 되건 경상거래자유화 규약에 의한 외환거래상의 규제만 없다면 GATS가 아니더라도 얼마든지 큰 장애 없이 활성화될 수 있다. 굳이 WTO 체제하의 서비스 협상이어야만 할 큰 이유가 없는 것이다.

고등학교와 대학: 교육체제 속에서의 대학

우리가 제도(institution)라는 용어를 사용할 때는 사회조직 중 상당히 오랜 기간에 걸쳐서 기본적 형태가 변함없이 유지되는 부분을 지칭한다. 군대, 관료제, 교회, 화폐, 사법제도, 시장제도 등이 그것이다. 이들의 상당수는 너무나 오래되고 인간의 본성과 사회의 본질에 따른 필수적 기능을 수행하고 있어서 때로는 그것 자체가 '神의 設立物'로서 그 존재의 영속성이 정당화되기까지도 한다.

그러나 사실 제도라고 불리는 것들의 상당수는 실제로는 영구적인 것이 아니고 역사적이고 풍토적인 존재에 불과하다. 근대적 학교체제도 바로 역사적으로 형성되었다가 언젠가 사라질지도 모르는 그러한 제도 중의 하나이다.

원래 교육은 다른 사회제도-예를 들어 종교, 정부, 또는 직업제도의 일부 기능이었거나 아니면 시장 내의 자유로운 행위로서 존재하였거나 했었다. 그러던 것이 중세 때 비로소 대학이라는 형태의 독립된 제도로 출현하였고, 이어 근대 이후, 초 중등교육이 공교육체제의 형태로 독립화 제도화되어 오늘날에 이르렀다.

존재하는 모든 사회제도 중 시장제도는 그것 자체가 지닌 몰가치적 합리화의 성격을 통해 문화권과 특정사회체제를 넘어 세계적으로 확대되어 나가는 단일한 제도로 진전해나가고 있고 교회들 중 일부는 또한 그것이 지닌 보편성의 이념과 영향력을 무기로 가톨릭에서 보이는 경우처럼 세계적으로 통일된 제도로 나아간 것도 있지만 그 외의 모든 제도들은 특정한 문화와 사회체제마다 별개의 제도로서 존재하고 있다.

일정한 문화에 의하여 통합된 '국민'을 기초로 형성된 근대민족국가는 몇몇 세계화된 제도 이외의 제도영역에 있어서는 국가주권에 기초한 권력을 기반으로 모든 제도의 규정과 관리에 주도적 영향력을 가진 기구로 등장하여 현재까지에 이르렀고 대학을 포함한 교육체제도 이러한 국가기구에 의하여 본격적으로 창설된 제도로서 현재까지 발전해온 것이지만, 앞서 지적된 바와 같이 학교제도를 중심으로 한 교육체제는 이제 평생교육의 구체화 필요성과 함께 근본적인 재편이 필요한 단계에 이르렀고 이 재편과정에서, 국가와 이미 세계적 규모의 제도로 확대된 시장의 역할이 그 초점에 놓이게 된 것이다. 이 재편과정을 염두에 두고 그동안 교육체제가 수행해왔던 기능과 그 구조 및 이를 기초로 한 학교체제의 유형을 후기산업사회로의 사회경제적 변동과정이라는 보다 확대된 시각에서 살펴보는 것은 중요한 참고가 될 것으로 생각된다.

일부 식자들은 학교제도의 역사적 발전과정에 따라 학교체제를 下構型과 上構型으로 나누어 왔다. 대학 등 최종학교를 중심으로 이에 입학을 준비하기 위한 준비과정의 학교가 계열화되어 조직되는 형태가 하구형(下構型)의 형태이며, 일종의 수요자 중심-demand push 형태라 할 수 있다. 이 경우는 교육이 독립된 통일성을 가진 제도라기보다 기존의 사회제도의 기능의 일부로서의 성격이 강하고 여러 사회제도에 따른 각각의 계통성을 위주로 혼합된 복선형의 체제가 되기 마련이다. 보통은 역사적으로 계급체제의 유산을 가진 국가에 있어서 근래까지 취해졌던 학교체제로 간주되지만 현재에도 강한 영향력을 가진 사회제도들을 중심으로 하구형의 교육체제가 형성되는 일은 어느 나라를 막론하고 허다하다. 예를 들어 프랑스의 경우 고위시보공무원 교육기관인 그랑제꼴을 중심으로 예비학교과정이 생겨나는 것이나 한국의 경우 고등고시 등 공무원채용시험을 준비하기 위한 학원이 발달하는 것은 공무원제도를 중심으로 하구형 교육체제가 발달하는 현상이며, 마찬가지로 의료제도, 사법제도, 교회제도 등 유력한 제도 주위에는 언제나 하구형 교육기관이 계통적으로 발달하는 경향을 보이는 것이다.

상구형(上構型)이란 타 제도로부터 독립된 교육체제가 교육 내적인 논리 즉 학습발달의 단계에 따라 하급단계의 학교로부터 점차 상급단계의 학교들을 발전시켜 하나의 학교체제를 이룬 것이다. 일종의 공급자 중심형태(front-loading type)이라 할 수 있다. 역사적으로 上構型의 움직임은 교육체제의 확대와 학습인구의 증대에 크게 기여해 왔고 단계마다 통일학교의 촉진을 통해 사회전반의 민주화에 크게 공헌해왔다. 그러나 front loading 과정을 통해 발전해온 학교체제는 "학교의 실패"라는 용어에서 보듯 그 경직성과 비능률성 때문에 크게 비판받고 있다. 일리치의 탈학교이론은 front loading과정이 끝나는 곳에서 학교와 사회의 단절이 이루어지는 측면에 주목하여 전통적 학교체제를 오히려 front-end model이라고 명명함으로써 결국 사회와 단절된 상태에서 맹목적 교육성장이 갖는 문제점을 지적했다고 볼 수도 있다.

上構型과 下構型의 대조는 최근 들어 많이 사용되고 있는 교육의 수요측면과 공급측면의 대조와 직접 상관이 있다. 결국 교육체제를 둘러싼 사회경제적 환경의 요구 즉 수요측면에 가장 충실히 부응하자면 하구형의 다양한 학교나 교육프로그램이 동시에 혼재하는 형태가 바람직하다고 볼 수도 있지만 그 결과는 과거 계급주의 사회에서와 같은 교육의 기존사회체제에의 철저한 종속을 초래하고 말 것이다. 반면 현재의 공교육체제는 공급측면의 논리만을 강조해온 결과 사회의 민주화에 공헌해왔지만 공급측면논리의 과잉은 교육체제 자체를 공룡화된 기성체제화하여 수요에 부응하지 못하는 교육을 해온 측면을 부정할 수 없다. 결국 수요에 부응한 多樣性과 균형 있는 인력공급을 통한 사회전체적 발전을 위한 統一性을 어떻게 상호 조절할 것인가가 교육정책의 중요한 과제로 되고 있는 것이다. 또 하나, 上構型 下構型의 대조는 수요 측이나 공급 측 양자가 모두 고도로 통제된 사회제도임을 전제로 한 유형분류지만 지금부터는 수요와 공급이 모두 시장이라는 제도적 틀 내에서 자유화된 형태로 수급되는 제3의 유력한 형태도 고려되어야 한다는 점이 특히 주목되어야 할 것이다.

사회경제적 구조조정과 고등교육 구조조정

우리나라의 경제는 아직까지 선진국들이 80년대 후반 이후 시작하여 대체로 이행을 마무리했다고 볼 수 있는 산업화경제체제(Industrial Economy)에서 후기산업화체제(Post-Industrial Economy)로의 질적인 패러다임 전환을 의미하는 본격적인 구조조정(Structural Adjustment)을 본격 착수하지 못했다-아니 정책적 차원에서는 본다면 아직 시도조차 하지 않고 있다고 보아야 한다.

그동안 우리나라에서는 이른바 4대 개혁, 즉 기업지배구조개혁, 금융개혁, 공공부문개혁, 노사관계개혁을 구조조정의 핵심과제로 간주해 왔다. 그러나 이들 4대 개혁의 내용은 단순화의 위험을 무릅쓴다면 외환위기로 시작하여 경제위기에 빠진 한국에 대한 위기극복 차원의 IMF처방과 요구였을 뿐이다. 이러한 4대 개혁은 그 이전에 경제의 질적 발전이라는 차원에서 선진국 경제

정책 전문가들 간에 어느 정도 합의와 공감대가 형성되었던 경제의 구조조정, 즉 새로운 수요의 창출 및 재화와 서비스의 생산에 있어 작업의 방식의 변화와 이를 뒷받침하는 지식과 인력의 질적 고도화를 핵심으로 하는 경제의 구조적 변화로서의 구조조정과는 거리가 먼 것으로 보인다. 우리 경제가 어느 정도 산업화를 이미 달성했다면 현재의 우리나라 경제에 정작 필요한 것은 이러한 후자의 의미의 구조조정-선진 경제의 이행과 궤를 같이 하고자 하는 구조조정일 것이다.

우리나라도 이미 현상적으로는 현실 경제의 패러다임 변화의 징후들이 고용패턴의 변화라든가, 기업경영 전략과 행태의 변화하는 모습으로 나타나고 있다. 문제는 이러한 시장의 변화와 경영 전략의 변화라는 현상적 변화가 경제의 성장잠재력의 새로운 창출과 활용을 통해 생산과 소득의 확대를 수반하지 못하는 데 있다고 할 수 있다.

실제로 우리나라는 벌써 10년 가까이 일인당 국민소득 1만 불의 벽을 넘지 못하고 주춤거리고 있음은 기지의 사실이다. 이 단계에서 성장을 위한 전통적 거시경제정책 수단의 효과는 대단히 제약되어 있으며, 거시정책수단은 진정한 구조조정 정책의 원활한 추진을 위한 보조적 정책관리 수단으로 사용한다는 점도 많은 사람들의 공감대가 형성되어 있는 바이다. 바꾸어 말해 구조조정을 통한 경제 성장의 원동력을 재구축하는 것이 우리의 지속적 경제성장을 위한 관건인 것이다.

우리나라도 이미 현상적으로는 현실 경제의 패러다임 변화의 징후들이 고용패턴의 변화라든가, 기업경영 전략과 행태의 변화라는 모습으로 나타나고 있다. 그러므로 지금의 단계에서 기업의 수요에 부응하는 인재양성이란 이러한 진정한 의미의 구조조정의 중요한 요소로 간주되는바 인재와 지식 소요에 충분한 교육과 학습 체제를 만들어 갈 수 있는가, 후기산업화 경제가 초래하는 제반 사회적 문제들에 대처할 수 있는 학교의 기능들을 발전시켜가고 있는가 하는 문제에 다름 아니다. 그리고 이것이야말로 기업이 교육에 대해서 마땅히 가져야 할 정당한 이해관계라 할 수 있을 것이다. 기업이 교육에 대해

관심을 갖는 것은 특히 교육을 통해 형성되고 축적되는 인적자원 때문이다. 따라서 현재 과거의 교육부가 교육인적자원부로 바뀌면서 인적자원 중심의 교육정책을 지향하는 것은 기업계가 정부와 함께 공동으로 추구해야 할 중요한 과제가 될 것이다.

사회경제적 구조조정 논의가 대학의 구조조정 논의로 이어진 것은 국민의 정부 들어 IMF 경제 위기 극복 과정에서 그 논리적 확장의 형태로 이루어졌다. 우선, Global 경제에 적응하지 못한 탓으로 야기된 것으로 공식 판단된 경제위기에 대한 정부의 정책적 대응은 이른바 '4대 분야 구조조정', 즉 정부, 금융, 기업지배구조, 노사관계의 구조조정으로 나타났다. 정부부문은 이른바 작은 정부론과 공기업 민영화로 방향이 잡혔으며, 금융부문은 부실채권 정리 및 매각 통폐합을 통한 대형화 효율화에 초점이 맞추어졌으며, 기업부문은 과다채무축소 및 부실기업의 퇴출과 재벌그룹들의 내부지분구조 정리가 강조되었다. 노사관계에서는 노동의 유연화에 초점이 맞추어졌다.

이 같은 경제 위기하의 구조조정 논리는 그대로 대학구조조정 논리로 원용되었다. 국립대학은 기구 및 정원 축소와 통폐합 그리고 특수법인화, 사립대학은 부실사학의 퇴출과 인수합병의 논리가 적용되어 대학구조조정 정책 논리가 세워졌다. 그러나 경제구조조정이 논리에서 차용된 이와 같은 논리들은 다음에 설명하듯이 기실 대학에는 적용될 근거가 매우 약한 논리가 무차별적으로 적용된 것이다.

정책과정에서 잘못된 정책의제가 띄워진 후 이를 효과적으로 해소하지 못하고 이를 중심으로 잘못된 논의가 연쇄적으로 지속되는 이유는 제도학파 이론가들이 명명한 〈경로의존성(path dependency)〉 때문이라고 볼 수 있다. 잘못된 경로의존성 자체는 위기상황 속에서 경제논리에 치우칠 수밖에 없는 경제부총리와 기획예산처가 정부전체의 정책조정 총괄 부서로 전면에 나섰기 때문에 다른 모든 부처가 획일적으로 그 논리에 지배되었기 때문이다. 사실, 우리 경제가 어느 정도 고도화된 이후부터는 과거와 같이 자본축적논리와 재정투자를 통한 집중개발 논리로 무장한 경제기획 부서의 영향력은 축소되는 것이 순리임에도 불구하고 우리나라는 반대로 경제의 실패와 함께 경제부총리의 위상과 권력이 더욱 강화된 데 근본적인 문제가 있다.

또 다른 문제는 경제관료들이나 경제계 인사들은 왜 이렇게 대학과 교육에 대해 잘못된 인식을 하게 되었는가 하는 잘못된 인식의 근원과 경위를 분명히 밝히는 것이 필요하다는 점이다.

첫째, 그들은 '경쟁'을 시장의 기본원리로 잘못 이해했다. 그러나 경쟁은 조직, 시장을 막론하고 인간사에 있어 보편적인 현상이며 시장에 특유한 원리가 아니다. 시장의 고유원리는 경쟁이 아니라 대등한 의사결정권을 가진 당사자 간의 교환을 통한 상호 의존과 이 교환이 시장가격을 통해 매개되는 것을 기본원리로 하는 것이다. 바로 이 점에 있어 잘못된 것이다.

둘째, 교육은 생산(production)이 아니라 서비스라는 점을 잘못 이해하였으며 제조업에 너무나 익숙한 나머지 서비스 경제현상에 대한 이해가 근본적으로 부족하였다. 제조업 경제에서는 생산과 유통, 노동과 자본이 분리 대립된다. 그러나 서비스에서는 고객과 서비스제공자가 통합되며 이 고객-서비스일선 간의 네트워크 속에 구현된 인적자산이 수익창출의 기반이다. 그 결과 제조업에서는 물적 자본의 투자와 제조·판매에 따른 잉여수익에서 투자의 과실을 얻는 것이 수익의 기본모델이지만, 서비스부문에서는 무형적인 인적자산을 확보하고 그 인적자산의 활용에서 얻는 수수료(licence fee)가 주된 수익모델이라는 점을 이해하지 못한 것이다. 즉 수익모델 자체가 판이하게 다르다는 점을 인식하지 못하고 있다.[66]

---

66) 이러한 몰인식에 따른 정책실패의 두드러진 사례는 외국 대학의 국내진출 허용 문제를 외국대학이 국내에 자본을 들여와 투자하고 학교를 경영하는 것으로 인식하고 이를 시장개방차원에서 허용하자고 주장하는 고등교육시장개방논리이다. 서비스 분야에서 이러한 방식의 외국대학의 국내 직접투자는 아무리 우리가 이를 허용해도 가능성이 없는 이야기다. 서비스 분야는 기본적으로 직접 사업경영에 투자하지 않고 브랜드와 질관리체제를 중심으로 운영되는 본사가 가맹점으로부터 franchise fee 를 취하는 양상으로 발전하고 있다. 대학 역시 마찬가지이다. 문제는 선진국대학 스스로가 이러한 체제를 아직 취할 준비가 전혀 안 되어 있다는 데 있다. 결과적으로 현재의 상황은 필요할 경우 우리가 많은 돈을 들여 유지할 상황이지, 우리가 문을 열어 놓으면 외국대학이 국내로 진출할 상황이 전혀 아닌 것이다.

그러면 처음에 어디서부터 잘못되었는가. 이는 구조조정의 개념을 IMF 처방에 따른 데서부터 잘못 꿰어진 것이다. 1998년 가을 KDI 주관으로 구조조정(structural adjustment) 국제세미나가 열렸었다. 이때까지만 해도 구조조정의 개념이 올바로 잡혀 있었다. 즉, 위기관리(crisis management) 차원의 4대 부문 구조조정이 아니라 산업구조의 고도화와 생산현장 중심의 empowerment라는 정통적이고 올바른 구조조정 개념이 유지되고 있었으며 이를 정책으로 수용했어야 했다.

IMF 위기와 동시에 우리나라에는 IMF 사무소와 세계은행(World Bank)사무소가 각각 설치되었었다. 문제는 IMF의 처방과 세계은행의 처방이 크게 달랐던 점이었다. IMF는 그야말로 외환관리차원의 땜질 처방을 제시하였던 데 반해 세계은행은 선진국 경험을 기초로 OECD가 정립한 구조조정 개념에 입각한 처방을 제시하였었다. 세계은행의 한국사무소의 처방은 구조조정차관자금(SAL: structural adjustment loan)의 용도를 교육을 포함한 서비스부문 근대화 고도화와 사회적 보호(social protection) 체제 구축에 사용하라는 것이었다. 그런데 한국정부(정확히 말하면 당시 재정경제부)가 경제위기 책임 모면에 급급해서 IMF 처방을 덥석 받아들이고 세계은행 처방은 일고의 고려도 없이 물리쳐 버린 것이다.[67] 그 결과 150조 원 이상의 구조조정 차관이 거의 전부 부실기업과 그 기업주들을 살리는 데 투입되었으며 그 상당부분이 결국 국민의 세금 부담으로 남은 것이다.

이렇게 해서 잘못 짜여진 위기 처방이자 땜질식의 구조조정 개념이 온 나라에 지배적으로 받아들여졌으며 이 잘못된 준거개념이 강화된 경제부총리의 위세와 힘을 매개로 교육 사회 문화 등 전체 공공부문에 급속히 확산되어간 것이 국민의 정부를 특색지은 정책기조가 되어 버렸다. 이렇게 잘못된 첫 단추가 교육분야의 잘못된 정책경로 진입의 업보처럼 되어버린 것이다.

---

67) 이 당시 세계은행 사무소 측은 자신의 처방을 재정경제부가 받아들이지 않자 당시 실세였던 이해찬 교육부 장관을 방문하여 진지하게 대안으로 제시하고 설득코자 하였으나 당시 교육부 장관은 교육체제 내부개혁에 온 관심을 기울이고 있어 이를 수용할 준비가 전혀 되어 있지 않았다.

산학협동의 새로운 개념: 신산학협력?

산학 간의 협동을 주요 화두로 삼고자 할 때 논자들이 흔히 간과하는 점이 있다. 바로 우리가 산학협동의 양 당사자로 상정하는 산업과 대학의 모습 그 자체가 급격히 변해가고 있으며 아마도 21세기의 산업과 대학의 모습은 20세기를 살아온 우리가 지금까지 보고 경험하던 산업이나 대학의 그것과는 전혀 달라질 것이라는 점이다. 우리가 보아온 산업은 근대산업사회 이후 시장제도와 대규모 기업 관료제를 바탕으로 형성되어 발전해온 것이다. 그러나 21세기의 산업은 시장과 기업관료에 의존하기보다 시장과 관료제 그 어느 것도 아닌 제3의 조직형태-네트워크를 바탕으로 발전하리라는 것은 산업조직과 기술발전에 관심 있는 모든 사람들의 일치된 전망이다.

우리가 보아온 대학의 모습은 어떤 것일까. 근세에 대학이 출현한 이래 몇 번의 **大學史的** 변화가 있으나 기호화된 전문지식을 바탕으로 하는 학문적 권위를 중심으로 조직된 대학조직의 모습 자체는 지금까지의 전 대학사를 통해서 일관되게 유지되어 왔다 해도 과언이 아니다. 대부분의 대학이란 지금까지도 중세적 전통에 입각한 도제식의 주종관념이 반영된 상하관계로 이루어진 소규모 조직들이 무질서하게 연합한 체제를 크게 벗어나지 못하고 있다. 소위 조직화된 무질서(Organised Anarchy)가 바로 그것이다. 21세기에는 지금과 같은 모습의 대학은 사라질 것이라는 전망이 벌써부터 나오고 있다.

OECD의 최근 연구에서 얻어진 결론에 의하면 1980년대 이후에 이루어진 주요 산업기술혁신과 발전은 시장도, 기업관료조직도, 대학도 아닌 비교적 소수의 현장전문가와 연구자들 간의 네트워크-명시적으로 조직되지는 않았으나 분명하게 내부의 공통된 행동양식과 상호작용의 규범을 지닌 제3의 조직형태에 의해서 이루어져 왔습니다. 더 나아가 OECD는 21세기에는 이러한 네트워크 조직이 보편화되고 고도산업사회의 주된 조직형태가 될 것임을 전망하고 있다.

네트워크 조직은 참여자들 간의 독특한 협력 방식에 의해 움직여지는 조직이다. 시장을 움직이는 계약관계도 아니며 계층제하의 상명하복 관계도 아니다. 대학처럼 기호화된 지식과 그 통일된 체계를 중심으로 이에 봉사하는 관계도 아니다. 네트워크의 참여자들은 공통된 경험을 중심으로 혁신(Innovation)을 이끌어 내기 위해 새로운 경험과 정보를 교환하는 방식으로 협력을 조직한다. 이러한 방식의 협력을 통해 근래의 모든 산업발전이 성취되어 왔고 이러한 협력은 산업 이외의 모든 분야로 확산되어 가고 있다.

우리가 이제부터 생각해야 할 산학협동은 20세기적인 산업체와 대학 상호간의 협동이 아니다. 엄밀히 말하면 산업사회적인 기업조직과 전통적인 대학 간의 협동은 불가능하다고 말할 수 있다. 양자는 공학(Engineering)이라는 학문을 통해서 다만 중개될 수 있을 따름이다. 19세기 말 이후 공학의 발전은 바로 이러한 수요 충족을 위한 것이었다. 그러나 이러한 방식의 산업-대학 관계는 21세기 고도산업사회에는 과거에 속하는 낡은 유물이 되어 갈 것으로 보인다. 진정한 산학협동이란 대학조직과 기업조직의 혁신적 변화를 필수적으로 수반할 수밖에 없다. 조직의 변화 없는 양자 간 협동이 불가능하기 때문이다. 진정한 산학협동이란 기업도 대학도 아닌 새로운 조직활동이다.

그동안 산학협동이 꾸준히 이루어져 오면서 사람들이 의식하지 못한 가운데 대학이나 기업 양쪽에 조직상의 변화가 조금씩 이루어져 왔다. 그러나 한편으로는 전통적 대학조직과 기업조직의 관념이 끈질기게 지속되어 왔고 이것이 산학협동의 발전을 저해하는 현상도 반복되어 왔다. 이는 산학협동에 참여하는 대학과 기업 양측 사람 모두가 지식과 산업기술에 대한 낡은 관념을 가지고 산학협동을 전통적 대학조직과 전통적 기업조직 상호간의 쌍방 간 교환과 대가관계에 입각한 협력으로 생각하기 때문이다. 산학협동의 이러한 관념은 지양되어야 하며 그 단서는 지식과 교육에 대한 새로운 개념에서 찾아야 한다.

지식과 교육의 현장적합성(TACITNESS):

기호화된 지식과 체화된(embodied) 지식의 구별은 지식과 교육에 관해 새로운 사고를 하고자 하는 사람들 간에 널리 퍼져 있는 사고방식이다. 1995. 2. 9. 교육개혁위원회 제2차교육개혁안 발표에서 비롯되어 현재 우리나라에 진행되고 있는 직업교육개혁에서도 직업교육의 '현장적합성'은 핵심적인 주제로 되어 있고 현장에서 활용되는 체화된 지식과 기술을 교육-학습-자격인증의 목표로 하고 있다. 영어사용권에서는 이를 한마디 말로 TACITNESS라 표현하고 OECD에서도 과학발전과 기술혁신을 위한 핵심적 요인으로 간주하고 있다. 이 용어는 기호와 논리로 표현되지 않는, 지식의 또 다른 존재 방식과 확산 형태를 가리킵니다. 직업교육개혁안의 배경에는 지식과 교육에 대한 이러한 새로운 철학이 숨어 있다.

사실 현장과 유리된 대학의 강단에서 또 실험실에서 문자를 통해 전수되고 강의되는 지식과 정보가 대학 밖의 산업현장에 들어맞지 않는다는 인식은 새로운 것이 아니며 그동안 많은 사람들이 느끼고 주장해온 것이다. 문제는 이러한 현장적합성의 결여가 대학의 공급자 중심적인 행동양식이나 현장의 최신흐름을 따라가지 못하는 시간적 지체에 기인하는 데 그치는 것이 아니라 대학의 조직 및 존재양식과 관련된 보다 본질적인 요인에 기인한다는 점이다.

모든 기호와 개념은 그것이 지칭하는 대상의 많은 부분을 버리고 일부만을 추상화하여 보존한 것이다. 기호화된 지식, 전통적 대학에서 문자를 통해 전달되고 교육되는 지식은 그렇기 때문에 인류문명의 가치 있는 많은 부분을 전달하고 보존하지 못하고 있다. 인간은 사실 기호와 문장에 의하지 않고서도 오랫동안 문명을 전수해 왔다. 어느 한 사람에 체화된 지식이 직접적 경험의 형태로 다른 사람에게 전수되고 익혀지는 방식이 문명의 전달 통로였던 것이다. 근래에 들어 지식과 기술의 혁신에 관한 연구들 통해 밝혀진 중요한 사실은 이러한 방식이 문화적 유산의 전달뿐 아니라 기술의 혁신과 확산을 통한 산업의 발전과정에서 광범하게 작동하고 있다는 점이다. 이러한 발견은 자연히 교육에 대한 전통적 관념을 다시 생각하고 새로운 교육의 개념과 학습조직의 새로운 형태를 추구하는 움직임을 야기하였다.

더 나아가 교수와 학생의 관계도 지식의 전달자와 수령자의 관계가 아니라 공동의 탐구를 중심으로 한 협의와 조언의 관계로 재조직되어야 한다. 앞서 말한 네트워크조직은 이러한 관계를 가장 잘 실현할 수 있다. 네트워크조직에 참여하는 사람들은 대체로 서로가 조언자이며 학습자의 관계에 서서 공동의 목표를 향해 나아가며 진보와 혁신을 성취한다.

근래 우리나라의 초등학교 교육에는 '열린교육'이라는 이름으로 강의실 수업의 조직과 교수방식을 전면적으로 혁신하려는 개혁의 흐름이 도도하며 이제는 중학교에까지 파급되고 있다. 이들 '열린교육' 개념에 입각한 강의실의 본질이 바로 학습자 중심으로 협의와 조언 활동에 입각한 공동의 탐구 그룹이 강의실 내 조직의 구성 원리가 되고 있는 점이다. 이른바 '개별화 학습', '협동학습'이 그것이다.

그런데 초·중등 열린교육의 확산에 가장 큰 장애물은 고등교육이 전통적인 교수중심의 폐쇄적 교육방식과 학습평가에 고착되어 있고 이것이 제도적으로 보장된 입시방식의 다양성에 불구하고 초·중등교육에 부정적인 획일적인 입시관행을 지속시키고 있다는 점이다. 고등교육이 먼저 열리지 않으면 모처럼 불붙은 초 중등 열린교육의 싹은 결코 열매를 맺을 수 없다. 산학협동이 진정으로 지식의 현장적합성을 목표로 한다면 이는 기존 고등교육의 조직과 교육방식을 근본적으로 혁신하고 '고등교육의 열린교육화'를 동반함으로써만 가능하다고 본다. 우리가 산학협동에 대해서 거는 기대는 이처럼 전체 교육개혁을 위해서 근본적인 것이다.

산학협동의 새로운 양상과 조직: 일과 학습의 통합

그동안 산업체위탁교육, 산학겸임교수, 시설의 공동활용, 사내대학의 수탁운영, 특약 학과, 산학공동연구 등 다양한 형태의 산학협동 방식이 개별 학교와 기업 간에 채용되어 발전하여 왔다. 산학협동의 다양한 방식이 발전해 가는 궁극적으로 방향이 어디인지를 검토하고 이에 따라 기존 산학협동활동의 개선방향이나 새로운 혁신을 구상해 보는 작업이 필요하다. 산학협동이 지향하는 미래의 궁극적 귀착점은 일과 학습이 통합된 평생학습체제라고 할 수 있다.

오늘날 선진화된 경제체제의 기본적인 특징의 하나는 지식기반경제(Knowledge-based Economy)라는 점에 있다. 여기서 지식이란 엔지니어링과 같은 이공계통의 학문에 기초한 것뿐 아니라 인문사회과학분야를 포함한 전 지식분야를 포괄함과 동시에 비기호화되었으나 현장에 체화된 지식(Tacit Knowledge)을 의미한다. 이러한 종류의 지식은 일과 학습이 통합된 현장중심의 학습에 의해서 가장 잘 창출되고 전수 확산될 수 있다. 이러한 관점에서 보면 작업과 학습의 제도적 분리를 전제로 하는 대학과 기업 체제하의 산학협동 방식에는 근본적인 한계가 있는 것이다. 이러한 한계를 극복하기 위해서는 우선 1) 겸임교수와 같이 교수신분과 산업체전문가 신분의 통합 2) 교육개혁안의 '신대학'이 제시하는 것처럼 학생신분과 산업체근로자 신분의 통합 및 작업경험의 학습경험화 3) 학습장소와 작업장소의 통합 등의 방식을 통해 교육의 주요 요소별로 대학교육과 기업조직이 실질적인 통합을 위해 협동하는 것이 필요하다.

한편, 통합된 일과 학습을 중심으로 개인의 평생에 걸친 생애발전경로를 보장하는 방향으로 기업과 대학이 협력하는 것이 산학협동의 또 다른 요체이다. 오늘날 선진고용관행에 의하면 모든 고용계약은 당사자가 명시적으로 부인하지 않는 한 고용주 근로자 간의 교육-학습관계를 당연히 포함하는 방향으로 나아가고 있다. 외국 법원의 판례와 법학이론도 이를 뒷받침하는 경향이다. 오늘날 기업조직이 학습조직의 성격을 갖는다는 경영학자들의 논의는 미래의 이야기가 아니고 이미 법적인 뒷받침을 동반한 실제의 현실이다.

개인의 입장에서 보면 이제는 인생의 특정시기에 교육에 집중적인 투자를 하고 이후 취업과 노동을 통해 높은 소득과 사회적 지위를 기대한다는 교육투자 방식은 이미 낡고 현실에 적합한 전략이 아니다. 취업과 학습의 병행을 통한 적극적 사회생활 -OECD는 이를 Active Life라는 말로 정의하고 있다- 이야말로 개인을 위해서도 최선의 의사결정인 시대가 되어가고 있다. 대학과 기업 간의 산학협동은 바로 이러한 Active Life의 보편화를 위한 핵심적 활동이다.

한국경제의 구조조정을 위한 산학협동과 대학의 발전방향

모든 사회제도는 시간의 흐름 속에서 변하기 마련이다. 대학도 마찬가지다. 미래의 대학이 갖춰야 할 최소한의 모습은 예측이 가능하며 지금까지 그 일부의 모습을 그려보았다. 전문대학이든 대학이든 기술대학이든 예상되는 미래의 고등교육기관의 그림의 방향으로 좀더 빨리 좀더 가까이 변화하는 기관만이 시간의 흐름 속에서 살아남을 수 있다.

한국경제는 이제부터 산업구조조정과 기업조직혁신을 거치지 않고는 성장한계에 부딪침과 동시에 국제경쟁에 밀려 후퇴하지 않을 수 없는 형편에 놓여 있다. 이러한 구조적 변화의 필요성은 대기업을 중심으로 하는 고급인력부문보다도 중소기업을 중심으로 하는 중급인력부문(구체적으로는 전문대학졸업 수준)에서 훨씬 더 심각하다. 또한 제조업뿐 아니라 서비스 부문의 구조조정과 인력고급화는 우리 경제의 뉴프런티어라고 볼 수 있을 만큼 황무지인 형편이다. 대학의 중요한 임무의 하나는 기존 경제활동인구의 대부분을 차지하는 고졸 이하 수준의 취업인구를 전문대학졸업 수준까지 끌어올림과 동시에 기존 전문대졸 수준 인력이 직장을 버리지 않고도 대졸 수준의 고급인력으로 변화하는 데 기여함에 있다.

전문대학은 기존 4년제 대학의 모델을 과감히 버리고 네트워크 중심으로 조직된 교수와 현장전문가, 학생 및 근로자들의 중심이 되어야 한다. 이러한 조직상의 발전은 교수방법의 혁신적 변화를 동반하지 않고 전통적 교수법을 고수하는 경우에는 지극히 어려울 것이다. 이미 말씀드린 바와 같은 새로운 교육철학, 사회철학을 바탕으로 현장 중심의 지식 축적과 공학적/사회적 기술혁신 및 확산 과정에 학습이 통합될 수 있는 교육과정운영과 교수방식을 개척하는 일이 아마도 가장 시급한 전문대학의 발전 경로라고 생각된다.

322

신산학협력?: 산업수요론 비판

학교와 기업은 인재를 양성 배출하고 채용함에 있어서 직접적인 거래 (transaction)를 주고받지 않는 것이 보통이다. 한 사회 내에서 양 부문은 상당한 정도 상호 분리된 하위 부문으로 존재하는 것이다. 따라서 학교는 통상적으로 인재에 관한 기업의 필요와 수요의 내용에 관한 정보를 거래를 통해서 기업으로부터 획득하지 못한다. 거래를 통해서 수요와 공급이 일치될 기회 자체가 없는 것이다.

물론 기업이 원하는 인재의 모습이 취업을 희망하는 구직자들에게는 부분적으로 알려질 수는 있다. 취업시장에서의 구인-구직의 거래를 통해서 정보가 교환되는 것이다. 문제는 그러나 이때는 교육과정을 이미 이수하고 학교를 졸업한 이후인 것이 통상이라는 데 있는 것이다.

따라서 궁극적으로는 수요자 내지는 소비자 주권의 이념이 관철되게 되어 있는 정상적 시장 메커니즘을 통해서 기업의 인재수요가 학교교육에 반영되는 방법은 일단은 존재하지 않는다고 보아야 한다. 그렇다면 이러한 학교교육에 산업계의 수요를 반영하는 다른 메커니즘을 찾는 것이 불가피하다.

한편, 학교교육을 통한 인재양성의 대안으로 기업이 그 원하는 인재양성을 직접 하거나, 인재수요기업이 교육훈련사업자와 시장거래계약을 통해 인재를 공급받는 방법이 있을 수 있다. 이러한 경우에는 직접적인 인재수요에 부응하는 교육훈련이 관철될 수 있을 것이다. 그러나 기업이 원하는 인력을 직접 양성하는 것은 기업경영에 있어 '핵심인력'에 한정하는 것이 오늘날의 경영 추세가 되고 있다. 시장거래계약을 통해 인재를 공급받는 방법은 여러 나라에서 이러한 방향의 발전이 있으나 이러한 대안은 아직은 학교교육을 통한 인재양성의 보완에 머물고 있는 실정이다. 이러한 여러 가지 대안들을 감안하여 우리나라의 인재 양성체제를 기업의 인재수요에 부응할 수 있게 혁신하는 방안을 검토하고 제시한다.

한편, 기업의 인재양성 수요란 과연 무엇인가에 대해 먼저 재검토가 필요하다. 우리가 마치 자명한 것처럼 쉽게 사용하는 '기업의 인재수요'란 사실은 다양한 스펙트럼을 가지고 있으며 모호한 측면이 많은 개념이다.

우선, 구인시장에 구인활동의 형태로 나타나는 직접적인 노동인력수요처럼 구체적인 수요가 있는 반면, 미래의 산업발전과 경영전망에 따른 전략적 인재소요처럼 현재의 구체적 수요가 아닌 미래의 요구로서 인재수요도 있다. 사실 산업수요에 부응하는 교육의 구현을 논할 때의 인재수요로서 보다 중요한 것은 후자의 경우일 것이다. 이 후자의 인재소요는 사실 수요자에 의한 시장 내 선택행위에 의해 대외적으로 표현되기보다는 별도의 소요 평가와 그 표현양식을 통해 밝혀지고 전달되어야 한다.

그런데 우리나라에서는 이러한 인재소요를 평가하고 표현하는 체계적인 양식이 발달되어 있지 못하다. 그래서 '수요에 부응하는 교육'이라 하지만 구체적으로 그 수요의 내용이 무엇인가라는 질문이 제기되면 그에 대한 대답이 궁해지는 것이다. 따라서 기업이 원하는 인재의 속성과 그 수요에 관하여는 '기업수요'라는 표현보다는 인재양성에 관한 기업의 '정당한 이해관계(legitimate interests)'라는 관점에서 문제를 접근하는 것이 훨씬 오해와 혼란을 피할 수 있다고 본다. 이러한 관점에서 보면 의외로 우리나라의 기업이 자신들의 교육에 대한 정당한 이해관계가 무엇인지에 대하여 진지하게 고민해보지 않았다는 점을 느낄 것이다.

본 발표자는 우리나라의 기업인들이 학교에 대한 기대와 비판을 제기할 때 많은 경우 그것이 기업의 기대와 비판이라기보다는 '기업인인 학부모'로서의 기대와 비판인 것을 보고 놀란 바 있다. 그만큼 '기업의 정당한 이해관계'에 입각한 교육에의 기대라고 보기 어려웠다는 말이다. 그래서 앞서 언급한바 '기업의 인재수요에 부응한다'라는 관점을 넘어 현재의 우리나라 상황에서 기업계의 교육에 대한 정당한 이해관계라는 관점에서 우리 교육의 혁신 방향을 기대한다면 어떠한 것이 되어야 하는가를 함께 검토할 필요가 있다.

신산학협력: 수요중심의 의미

일부 전문대학에서 이미 실시하고 있는바, 우선 전통적인 학과 중심의 조직과 교육과정운영이 보다 신축적인 몇 개의 프로그램 중심으로 바뀔 필요가 있다. 이러한 프로그램들은 산업체와 학습자의 수요에 대한 조사를 기초로 설계되고 주기적으로 갱신되는 탄력성과 신축성을 지니게 되며 노동시장과 직업발전 추세에 최대한 적응 통합되어 운영될 수 있는 장점을 갖게 될 것이다. 노동시장과 직업발전의 동향에 따른 교육수요를 조사하여 사전 예고함으로써 교수와 학교들이 이에 대비할 수 있는 체제를 구축하는 것도 산-학 협동의 시급한 과제가 될 것이다.

과거 우리나라 산업발전 초기에 우리의 기술자들은 외국의 신제품을 분해 재조립하는 작업(Reverse Engineering)을 통해 홀로 새로운 기술을 습득하고 우리 산업을 발전시켜 왔다. 이러한 Reverse Engineering 방식이 전문대학 교육과정 개발에도 응용될 수 있다. 산업현장의 유능한 인력에 체화된 지식과 능력 및 기술을 분석하고 그 학습과정을 역추적함으로써 효과적이고 현장성이 높은 교육과정을 개발하는 관행을 확립해야 한다.

한편, 교육과정운영의 혁신은 혁신적인 교수인력개발(Faculty Development)이 동반되지 않으면 열매를 맺을 수 없다. 전공분야에 있어서 현장경험과 실무능력의 중시는 아무리 강조되어도 좋다. 이 점에서 보면, 교수 승진에 있어 연구논문 작성을 필수화하는 기존 정책관행은 이제 재검토되어야 한다. 또한 새로운 교수-학습 이론에 입각한 교육적 리더십을 산-학 간에 걸쳐 발휘할 수 있는 교육지도자로서의 능력개발 역시 필수 불가결할 것이다.

이상 몇 가지 사례를 중심으로 산학협동의 구체적 과제를 열거하였다. 마지막으로 전체 교육개혁 과정에 있어서 전문대학개혁이 갖는 전략적 중요성에 대해 언급하고자 한다. 전문대학교육이 우리나라 직업교육 정책을 고등교육수준으로 이동하는 데 있어 핵심적인 교육기관이라는 점은 이미 많이 강조된 바 있다. 여기에 더할 것은 전문대학이 우리나라 교육 전반이 학생의 소질과 적성에 따른 학습자 중심의 열린교육으로 변화함에 있어 크게 기여할 것이 기대된다는 점이다. 전문대학이 산학협동의 활성화를 통해 명실 공히 열린교육체제로 발전하고 이에 따라 전문대학의 학생선발이 혁신적으로 다양화되고 나면 우리나라 고등학교의 교육과정운영도 크게 달라질 것이다. 이러한 변화가 전문대학에서 보편화될 경우, 초등학교와 중등학교에 많이 확산된 '열린교육'의 흐름이 고등학교까지 손쉽게 확산되어 고교교육의 정상화와 과외를 위한 사교육비라는 해묵은 숙제해결에도 기여하게 될 것이다.

대학과 노동시장의 관계, 학제의 발전방향

졸업생들의 취업문제가 점점 각 대학들과 교육당국의 어려운 과제가 되어가고 있다. 이런 상황에서는 학생 교수 대학운영자 또는 정책당국자들의 올바른 결정을 위한 선결요건으로서 대학과 노동시장 간의 관계에 대해 보다 정확한 인식을 할 필요가 있다.

근대 교육기관들은 노동시장과 깊은 관련을 맺고 있다. 근대 산업사회가 출현함과 동시에 노동이 전형적인 시장에서 거래되는 상품화하면서 '노동시장'이 출현하였다. 그와 함께 학교는 노동시장에 이른바 3R 등 근로자로서의 기본적인 교육을 받은 인력을 공급하는 노동력 공급기관의 성격을 지니게 된다.

근대 교육체제가 가진 특징의 하나는 결국에는 노동시장으로 이어지는 단선형의 학교급 단계를 통해 학교가 그 후방으로 학생들을 배출하는 데 주력을 한다는 점이다. 이른바 〈밀어내기교육: Front Loading Education〉이라고 명명되는 이러한 특징은 근대교육체제가 발전해 가면서 더욱 강화되어 나중에는 대중교육기관화된 대학까지도 그 연쇄의 최일선에 위치하게 되었다. 즉 대학은 안정적인 입학자원을 바탕으로 학생들을 모집하여 노동시장에 배출하는 것을 주 기능으로 하게 되는 것이다.

원래, 역사적으로 보면 서양의 대학은 물론이고 동·서의 교육기관 일반은 인재를 필요로 하는 사회부문에서 스스로 그 인재 충당을 위해 교육기관을 설립하고 이를 해당 분야에 입직하는 통로로 운영해 온 데서 생겨났다. 바꾸어 말하면 인재의 발굴 충원을 위한 경로였다. 즉 교육기관과 직업 또는 사회기능 부문은 직접 연결되어 있었으며 요즈음 용어로 말하자면 PLUG-IN 상태였던 것이다.

근대 산업사회에 들어가면서 이러한 접속 상태가 단절되고 그 중간에 노동시장이라는 것이 생겨났으며 학교는 교육기능만을 담당하고 인재의 배치는 바로 이 노동시장이 담당한다는 관념이 출현하여 제도화되었던 것이다. 학교체제가 초등학교에서 대학까지 단선형으로 차츰 바뀌는 과정은 이러한 산업사회적 노동시장의 확대 과정과 서로 긴밀히 상호 의존되어 있다.

그러나 오늘날 지식기반사회로의 사회경제적 변화가 진척이 되면서 이상과 같은 산업사회적인 교육기관-노동시장 관계는 크게 변모하지 않을 수 없게 되었다. 즉, 교육과 노동시장이 상호 분리되고 교육이 끝나는 곳에서 노동시장이 시작된다는 산업사회적 개념은 더이상 유효하지 않으며 대학에 관련된 모든 관계자들의 올바른 결정을 가로막는 잘못된 관념이다. 오히려 학교를 노동시장의 일부라고 보거나 그 반대로 노동시장은 교육체제 내에 내장되어 있는 기구라고 보는 관점-교육과 노동의 통합관점이 등장하여 확산되고 있는 것이다.

새로운 관점에 의하면, 학교는 개인들이 학습을 통해 일자리로 나아가는 경력진로(Career Paths)의 하나이다. 즉, 학생들이 이수하는 교육프로그램은 그 하나하나가 특정 직업분야로 이어지는 경로이고, 해당 직업분야의 참여와 주도하에 운영되는 프로그램들의 다발(clusters)이 모여서 학교가 되는 것이다. 결과적으로 노동시장은 분야별로 다양화, 특성화, 전문화되어 교육기관에 내장되거나 학교 내로 침투하는 양상을 띠게 된다. 즉 분화된 교육프로그램과 노동시장이 상호 교차되어 다발을 이루는 모습이야말로 교육과 노동시장의 통합의 궁극적 이미지인 것이다. 근대적인 패러다임의 교육이 근원적으로 노동시장으로 학생들을 '밀어내는' 식인 반면 이러한 교육체제하에서의 교육은 각각의 직업 영역에서 학생들을 '끌어당기는' 형태가 될 수밖에 없다.

'끌어당기는' 교육이 확산되면 될수록 전통적인 단선형의 학제는 복선화 다원화될 수밖에 없다. 한국의 교육체제는 그동안 지나치게 단선화 되는 경향에 치우쳐 왔다. 그 결과 고등교육 부분의 학제에도 대학 전문대학 등 수학연한 중심으로 학교급이 설정되고 동일 수학연한을 가진 교육기관들은 상호 특성화되지 못한 채 유사·동질화되어 버리고 마는 결과를 낳고 있다. 이는 어떻게 보면 고등교육기관까지 단선형 학제의 밀어내기 교육으로 일관한 한국의 고등교육법제하에서는 필연적인 결과라고 볼 수 있다. 이를 극복하고 고등교육 학제를 복선화 다원화하는 방법은 고등교육프로그램의 운영 및 지배구조에 각 분야의 사회·경제·문화 조직들의 참여와 목소리를 반영하는 방법이 최선이다.

지역사회의 재생을 위한 대학의 역할

한국의 대학과 외국의 대학을 외형상 비교할 때 가장 두드러진 차이점은 대학의 울타리가 대학과 지역사회를 갈라놓고 있는지의 여부에 있다. 우리나라의 대학에는 정문을 포함하여 몇 개의 교문이 있고 거기를 통과하는 것이 일반인들에게는 물리적으로도 심정적으로도 매우 어렵다. 문마다 수위실이 있고 수위들의 눈초리가 출입자를 지켜보고 있기 때문이다. 즉 교내-캠퍼스와 교외-캠퍼스 밖이라는 두 개의 공간을 확연히 구분짓는 울타리야말로 일반인들에게는 대학을 상징하는 장치이다.

이러한 울타리가 외국의 대학에는 존재하지 않는다. 그에 따라, 대학의 테니스코트, 음악당, 도서관 등이 지역사회주민들이 이용하는 주요 공공시설이라는 것은 미국이나 유럽의 대학에서는 지극히 자연스럽고도 당연한 일이다.

그러나 우리나라 대학도서관 음악당 등에 지역 주민이 거리낌 없이 드나드는 것을 상상할 수 있는 한국인은 아마 없을 것이다. 우리나라 대학은 지역사회와는 별도의 세계에 존재하는 것이다.

이러한 물리적 공간의 구분은 대학의 모든 일상생활-소프트웨어-을 또한 지역사회로부터 격리시키고 있다. 예를 들어 우리나라의 대학신문은 캠퍼스 내에서만 유통된다. 모든 사람이 이를 당연하다고 여기고 있으나 이는 우리나라 대학신문의 특징일 따름이다. 예를 들어 미국의 대학들이 발행하는 대학신문은 대학이 위치한 지역사회의 거리 곳곳 신문 진열대에서 무료로 집어볼 수 있는 것이 보통이다. 즉 대학신문이 지역사회의 주요 언론매체 역할을 하고 있는 것이다.

한편, 우리나라의 많은 대학들이 사회교육원 또는 평생교육원 등의 이름을 가진 교육프로그램을 운영하고 있다. 성인들에게 대학 캠퍼스에 들어가 볼 기회를 제공한다는 점이 이들 시설의 장점이며 그 덕에 그럭저럭 수강생들을 확보하고 있을 뿐 아니라 일부 프로그램들은 치열한 입학 경쟁의 대상이 되기도 할 정도로 인기리에 운영되고 있기도 하다. 그러나 종합적으로 볼 때 우리나라의 대학은 지역사회와 유리되어 있다고 보아도 과언이 아니다.

서구에서 대학의 역사는 대학이 그 위치한 지역사회와 끊임없이 갈등 관계에 있어 온 것을 보여주고 있다. 외부에서 그 도시로 유입되는 대학생들로 인해 지역주민들은 한편으로는 경제적 이득을 얻기도 하지만 다른 한편으로는 지역공동체와 이질적인 대학생 인구들로 인한 크고 작은 사고 등으로 인해 공동체의 질서 혼란이라는 대가를 종종 치르게 되며 이에 따라 대학과 지역사회는 서로 갈등 관계에 서는 경우가 많았던 것이다. 이러한 갈등의 역사는 대학이 지역사회화함으로써 극복되어 왔다. 이 과정에서 대학은 지역사회주민의 우선적 입학, 학교시설의 지역사회 주민에 대한 개방, 지역사회에 대한 대학의 기술·개발 지원 서비스 등의 기능을 발전시켜온 것이다.

우리나라에서 지역사회개발정책은 크게 두 가지 시대적 양상을 보여 왔다. 정부수립 이후 지금까지 사이의 전반기에는 〈농어촌 개발〉의 시기가 있었다.

4H 클럽, 협동조합운동, 새마을 운동으로 이르는 지역사회개발 방식이 바로 그것이다. 이후, 도시화가 빠르게 진행된 후반기로 갈수록 농어촌 개발의 시기와 중첩되면서 굳이 이름 짓자면 〈도시개발〉로 불릴 수 있는 도시중심의 지역개발 체제의 시기가 이어진다. 이 시기의 주된 정책 추진체제는 도시계획법을 기반으로 하는 도시계획행정체제를 중심으로 하고 있다.

그렇기 때문에 지난 50년간 우리나라의 지역사회개발정책에서 전반기에는 농·수산부-내무부-지방자치단체라는 삼각협력체제가 정책추진의 구심점이었으며, 후반기로 올수록 건설·교통부-내무부-지방자치단체라는 새로운 삼각협력체제가 도시개발을 중심으로 지역사회개발의 전면에 떠오르게 되는 것이다.

이상과 같은 삼각협력체제에서 중요한 범부처적인(Cross-Ministerial) 정책개발 조정 역할은 전반에는 농·수산부가, 후반에는 건설·교통부가 실질적으로 수행하여 왔다. 그렇기 때문에 지역개발정책의 전체적 윤곽은 지금까지 건설교통부가 주도하는 국토건설종합계획, 국토이용관리계획, 수도권 정비계획들과 이 틀 아래의 도시계획체제로 구성되어 있는 것이다.

그런데 건설·교통부-내무부-지방자치단체라는 삼각체제 중심으로 구축된 〈도시개발〉 체제가 이룬 급격한 도시화라는 성과에 대하여는 지방자치시대가 본격 열린 이후 최근 원초적인 문제제기가 계속되어 왔다. 즉 〈지역균형발전〉이라는 이름 아래 생겨난 정부 내 기획단, 작업반들이 바로 그 표현이다. 그러나 이러한 문제제기와 그에 따른 정책개발 작업이 순조로웠는지는 여전히 의문이다. 여기에 더하여, 인적자원개발 시각에서의 기존지역개발 정책 재검토에 대한 기대와 요구가 커지고 있는 것이 현금의 상황이라고 볼 수 있다.

그래서 앞으로 필요한 정책발전과 이를 뒷받침하는 연구의 기본방향은 사람과 지역사회 또는 도시와의 관계에 대한 근본적 성찰을 기반으로 이루어져야 한다. 즉 사람-토지는 동전의 양면과 같은 것이며 그 양쪽을 균형 있게 고려하지 못하는 지역개발 또는 도시개발 정책은 성공할 수 없음을 투철하게 자각하는 것이 필요하다. 지금까지의 〈도시개발〉 중심의 정책이 야기하는 근자의 여러 가지 문제들은 바로 이 점을 간과했기 때문에 생겨나는 것이다. 더

더구나 세계화, 지식정보화되어 가는 지역사회 또는 도시의 개발환경을 생각하면 사람과 지식 중심의 고려가 먼저 선행되고 이에 의거한 기반시설과 및 입지 정책이 함께 따라오는 체제야말로 향후 정책과 그 추진전략의 근본 바탕이 되어야 할 것이다.

이러한 관점에서 보면 지역사회 자율성 중심의 지역혁신 정책과 이를 뒷받침하는 교육인적자원부-건교부-행정자치부-지방자치단체 간의 협력 체제를 구축하는 것이 향후의 가장 중요한 발전 과제가 될 것이다.

대학과 종교, 사립대학의 건학이념

"하늘 아래 영원한 것은 없다"는 인식은 인간의 유한성을 자각하고 영원한 것을 추구하게 하는 종교적 감성의 원천이다. 인간 사회의 모든 현상은 그것이 사랑이든 우정이든 또는 사업이든 얼마나 오래갈지 불확실한 운명을 가지고 있다. 흔히 말하는 〈엔트로피〉 증대의 법칙을 벗어날 수 없는 것이다. 이러한 운명의 위협을 가장 많이 느끼는 것이 아마도 신흥 종교가 아닐까 한다.

어떤 혁신적인 종교지도자의 출현과 열성적 활동으로 인해 그 신흥 종교에 사람들이 몰리고 교세가 확장되었다고 치자. 언젠가는 그 종교지도자도 죽음을 피할 수 없을 것이며 그 이후 그 종교집단의 존속과 발전은 위협받게 될 것이 틀림없다. 이를 극복하는 거의 유일한 방법은 그 종교의 바탕을 교리의 형태로 이론화하고 이를 학습을 통해 시간의 장벽을 넘어 후세에 전달하는 것뿐이다. 만약 이러한 작업을 성공적으로 완수하지 못하면 결국에는 그 어떤 신흥종교도 일시적인 유행에 그치고 시간의 흐름 속에 흔적도 없이 사라질 운명을 벗어날 수 없는 것이다. 이러한 이유로서 종교 교육의 자유는 종교의 자유라는 헌법적 원칙의 핵심적인 요소로 간주되고 있는 것이다.

이렇게 신흥종교가 일시적 유행의 운명을 벗어나는 데 이론화와 학습이 결정적 관건이라면 신흥종교가 가장 먼저 눈을 돌리는 일은 대학을 설립하는 일이다. 대학이야말로 그 종교의 바탕을 이론화하고 이를 학습을 통해 전수하는 데 결정적인 도구가 될 수 있기 때문이다. 우리나라에서는 이러한 대학의 설립 허용 여부를 결정하는 것이 교육정책당국의 역할이다. 그러므로 교육정책은 신흥의 종교가 일시적 유행의 운명에 갇히느냐 아니면 영원한 교회의 지위를 획득하고 신에게 봉사하는 조직이 되느냐의 관건을 지키는 수문장의 기능을 갖게 되는 것이다.

그러므로 어떤 신흥종교 단체에서 사립대학의 설립을 추진하고 교육정책당국이 이를 허용하는 과정은 많은 경우 국가와 종교 간의 관계에 대한 어려운 검토를 수반할 뿐 아니라 동시에 고도의 정치적 성격을 띠지 않을 수 없게 된다. 왜냐하면 신흥 종교의 경우 종교집단 형성 초기의 종교적 열정과 강력한 단결력으로 뭉쳐 있어 그 힘이 정치적 영향력으로 쉽게 전화될 수 있을 뿐만 아니라 그에 상응하여 재정적 기반도 튼튼한 것이 보통이기 때문이다.

그래서 신흥종교 집단은 지식인 특히 철학자의 도움을 절실히 필요로 하며 이들이 교수로서 대학설립에 참여할 경우 대학설립을 위한 호조건을 갖추게 된다. 일단 대학이 설립되면 이들을 통해 신흥 종교의 교리가 정리되고 그 종교 특유의 신학이론이 발전하게 되는 것이다.

기존 종교들의 경우에도 초기에는 바로 이러한 과정을 거쳐 오늘날의 확립된 종교의 지위에 도달하고 영속적 사회 제도화된 것이다. 유대교 불교 등 동양의 종교 경우도 비록 서구적인 의미의 대학 형태는 아니지만 그에 상응하는 교육제도와 체계를 성공적으로 확립하여 오늘의 지위에 오른 것들이다. 유대교의 시너고그와 랍비, 불교의 선지식과 강학(講學) 전수체계 등은 대학과는 매우 다르지만 나름의 훌륭한 고등교육제도인 것이다.

사회이론가들 중 제도학파에 속하는 일부의 주장에 의하면 모든 지속적 사회제도는 "신의 설립물"이라는 것이다. 충분히 수긍할 만한 주장이다. 어떤 제도가 일시적 유행의 운명과 시간의 가혹한 시련을 극복하고 지속적 사회

제도화되었다면 거기에는 가히 신의 뜻이 숨어 있다고 주장할 만하기 때문이다. 이러한 이유로 종교계 사립학교는 그 어떤 사립학교조직보다 종교단체인 설립자의 주인의식(ownership)이 강하게 마련이다. 그리고 이러한 주인의식에 정부가 제한을 가하게 되면 그것은 막바로 국가에 의한 종교의 자유 침해라는 헌법적 문제로 비화하는 것이 불가피하다.

우리나라에서는 일반 사립학교든 종교계 사립학교든 단일한 사립학교법에 의해 규율되고 있다. 그러한 상황에서 사립학교의 지배구조에 대한 규율을 강화하면 종교와 국가 간의 대립으로 치달을 가능성이 있고 규율을 완화하자니 부당한 사립학교경영자의 횡포에 대한 불만이 높아지는 모순에 교육정책이 휘청거리는 상황이 자주 벌어진다. 이러한 모순은 다양할 수밖에 없는 사립학교의 지배구조를 단일한 지배구조로 통일하려는 사립학교법의 실현 불가능한 시도에서 나오는 것이다.

대학과 정치: 권력과 진실

정치란 여러 측면에서 정의된다. 일면에서는 제한된 자원의 권위적 배분을 결정하는 과정으로 정의되기도 하며, 다른 면에서는 정치공동체 구성원의 희망과 의사를 결집해서 표출하는 과정으로 정의되기도 한다. 자원 배분의 결정이나 이러한 자원 배분을 통해 실현하고자 하는 정치공동체의 꿈과 희망은 물론 정치 현상의 본질에 속한다.

그러나 가장 단순하고 흔한 방식으로 정의하자면 정치란 한마디로 권력현상으로 간주된다. 이는 근대 정치학의 정통적 입장이기도 하다. 이에 의하면, 정치란 권력을 얻기 위한 또 그 권력을 유지하기 위한 정치적 지지의 확보 유지과정으로 정의되는 것이 보통이며 끊임없이 내 편을 만들고 - 보다 중립적인 용어로는 team building–그렇지 않은 경우는 적으로 돌려 투쟁하는 과정이기도 한 것이다.

결국 권력은 물건이나 지속적 특성처럼 한번 획득하면 계속 권력자의 손에 남아 있는 것이 아니라 계속 기능하는 속에서 살아 있는 것이기 때문에 실체가 아니라 지배라는 지속되는 기능으로 나타나는 것이기도 하다.

현대사회에서 언론과 민주정치와의 떼려야 뗄 수 없는 관계에 대하여는 많은 사람들이 주목하고 연구가 축적되어 있다. 그리고 이를 통해 정치의 민주화가 진전되어 왔다. 그런데 대학은 어떠한가. 대학 역시 그 전 역사를 통틀어 정치와 밀접하게 관련되어 왔으며 지금도 여전히 그러하다고 보아야 할 것이다.

먼저, 대학은 통치를 위한 지식을 제공한다. 지식은 권력을 위해 두 가지의 기능을 수행한다. 즉 합리화와 문제해결이 바로 그것이다. 모든 권력은 근본적으로 피지배자의 마음속의 동의에 기초하지 않으면 안 된다. 이 동의를 획득함에 있어 합리화와 선전의 방법을 사용하는데 바로 전자의 수단을 지식이 제공하는 것이다. 정치인들이 대학을 방문하거나 대학교수들과 모임을 함께 하는 주된 동기, 그리고 정부의 각종 위원회에 대학교수들이 참여하는 배경이 여기에 있다. 대학과 함께 함으로써 권력은 그 합리성의 외양(外樣 Credential)을 빌리고자 하는 것이다.

이러한 합리화 기능은 대학의 역사상 파리대학이 신학의 연구와 교육을 통하여 전형적으로 수행하였다. 서양사에 있어 가톨릭이 획득한 보편성은 바로 이러한 신학의 힘에 크게 의존한 것이었다.

한편, 권력은 그 정통성을 유지하기 위한 또 다른 방법으로 끊임없이 정치 공동체가 부딪치는 문제를 해결하지 않으면 안 된다. 제아무리 권력의 획득과정이 민주적이라 해도 문제해결에 무능한 권력은 쉽게 그 정통성을 상실한다. 이렇게 권력이 해결해야 할 문제들을 위한 지식을 대학이 공급한다.

정책이란 간명하게 말하자면 '정부의 행동'이다. 정책분석이 널리 보급되기 이전에 정부의 행동은 서양의 역사에서 문자 그대로 '권력'으로 설명되었다.

그것은 문제에 직면한 권력자의 의지일 뿐 아니라, 변덕이기도 하였으며, 때로는 은혜였다. 이러한 정책이 분석과 지식을 기반으로 이루어져야 한다는 생각은 근대 이후 비롯된 사상이다. 나아가 대학이 이러한 기능을 본격적으로 수행하기 시작한 것은 20세기 후반에 들어서면서 미국에서 대학 내에 정책대학원이 세워지고 정책분석이 이들 대학원에서의 연구와 교육과정의 핵심이 되면서부터라고 할 수 있다.[68] 이러한 이유로 오늘날 대학과 권력은 밀접한 관계를 유지하게 된다. 전문지식과 분석력을 중심으로 정책현장과 대학 간의 교류가 시작되고 정책분석가들이 정책개발과 그 결정에 대거 참여하게 되는 배경이 여기에 있는 것이다. 이러한 과정을 윌다브스키(Aaron Wildavsky)는 "권력에 진실을 말하기"로 요약한 바 있다.[69] 오늘날의 학문과 권력의 관계는 공자로부터 비롯된 유교적 정치관이 상정하는 유학자와 권력자 간의 관계에 점차 근접해 가고 있는 것처럼 보인다.

학생운동과 정치발전

이미 지적한 것처럼 학문과 권력, 대학과 권력이 서로 밀접한 상호작용 관계를 가져온 것이 인류 역사의 한 흐름이다. 대학생들 역시 대학의 구성원이라는 점에서 대학생들의 움직임이 정치와 상호 작용하는 점을 대학과 권력의 상호작용 관점에서 볼 수 있다. 우리나라에서 조선시대 성균관 유생의 시위가 조선왕조 정치에 주요 이슈였던 사례들은 있지만 구미에서 대학생운동이 정

---

68) 현대 정책학의 원조라 할 Aaron Wildavsky가 버클리 대학에 정책대학원 설치를 구상하고 정책분석을 중심으로 하는 전문교육과정을 기획한 것이 1969년이었다.

69) Aaron Wildavsky (1993). Speaking Truth to Power: The Art and Craft of Policy Analysis. London, Transaction Publishers.

치와 직접적인 상호 작용을 하게 된 것은 20세기 중반 이후라고 할 수 있다. 구미에서 1960년대의 학생운동은 그들 사회적 정치적 발전 과정에서 근본적인 변화의 모멘텀을 제공하였다고 평가된다. 그 당시 프랑스와 독일을 중심으로 하는 유럽의 학생운동은 그 이전의 사회 구석구석에 스며 있던 권위주의를 세척하는 계기가 되었으며, 미국의 학생운동은 인권과 진보를 미국사회의 주된 흐름의 하나로 자리 매김하는 계기가 되었다.[70]

우리나라의 학생운동은 그동안 우리나라의 민주화에 크게 기여했다는 평가와 아울러, 이 학생운동이 실제로는 우리나라 대학생 사회의 주류와는 유리된 것으로 지적되기도 하며, 아울러, 그 급진성과 독단성, 때로는 폭력성에 대한 대학 안팎의 우려를 자아내 왔다.[71] 나아가 우리나라 학생운동의 향후 역할과 방향에 대한 대학사회 자체의 고민도 깊어져 있다. 특히, 학생운동이 우리나라 정치발전에 얼마나 기여하였는지에 대하여 더 면밀한 평가가 먼저 필요할 것이다.

정치과정을 전체적으로 보면 한 나라의 최고 권력적 지위를 정점으로 이를 획득하기 위한 과정과 그 권력을 행사하여 정책을 수행하는 과정이 이어져 있다. 따라서 민주정치란 권력의 민주적 선출의 과정과 그 권력을 민주적으로 행사하는 과정이 서로 결합된 것이다. 한 나라의 정치가 발전한다는 것은 이러한 양 측면이 보다 원활하고 효과적인 방향으로 변화되고 진전하는 것을

---

70) 물론 구미에서는 이 당시의 학생운동에 대하여 지금도 비판적인 평가가 함께 존재한다. 이 당시의 학생운동의 세례를 거친 젊은이들이 교육 등 공공부문에 진출하여 이 나라들을 세계화 추세 속의 부적응을 지속시키는 주된 원인을 제공하고 있다는 비판이 이들 나라의 기업들로부터 나오고 있다.

71) 안병영(1997) "한국 학생운동의 어제와 오늘, 그리고 내일", 1997. 12/4~12/5. 제주도 서귀포시 프린스호텔에서 열린 전국대학교 학생처장협의회 세미나 "한총련 이후, 새로운 모색"에서 안병영 전 교육부 장관(연세대학교 행정학과 교수)이 기조강연한 원고.
이 강연에서는 1980년대 이후 우리나라 학생운동의 핵심세력과 대학사회전반의 관계를 이해함에 있어 ① 일반 대학생들과 교수들이 이들이 사용하고 동원하는 운동권이론을 전혀 이해하지 못한 상태에서 명분상 용인할 수밖에 없었다. ② 일반 대학생들과 교수들이 이들 학생운동권의 이념에 동의하지 않으면서도 군부독재체제 타파를 위한 전위대로 용인했다라는 두 가지 관점을 제시하고 있다.

말한다.

학생운동은 노동운동 시민운동과 더불어 우리나라에서 정치권력의 획득과정을 바꾸었다는 점에서, 전통적인 대학과 학문이 권력의 획득과정이 아니라 권력의 행사과정에 참여함으로써 정치와의 관계를 설정하여 왔다는 전통과는 크게 다른 모습을 보여주었다.72) 한편, 노동운동과 시민운동은 정치권력의 획득과정에 참여할 뿐 아니라 단체교섭이나 행정절차 등 정책과정에의 참여를 통하여 민주화된 정치권력의 행사과정에 영향을 미치는 반면, 학생운동의 경우 정책과정에서의 역할을 수행할 수 있는 장(場)이 없다. 학생운동이 정치권력의 행사에 영향을 미치는 방법은 정치권력의 내부로 스스로 진입하는 것뿐이다. 결과적으로, 1980년대 학생운동권 출신의 다수가 이 길을 택하였다. 이러한 결과는 우리나라의 학생운동의 성격으로 볼 때 당초부터 예상된 것이었다.

2장에서 지적한 것처럼 우리나라 학생운동의 성격은 사회과학의 이름을 쓴 마르크스주의 정치경제학으로 무장된 이론 지향적 성격을 지녀왔다. 그러한 이론 무장과 이론 투쟁의 정점이 1980년대의 사회구성체논쟁으로서 그 모습은 마치 17세기 조선 후기 당쟁의 심화 과정에서 인물성동이론(人物性同異論)이나 예론(禮論)이 치열한 정치투쟁의 이론적 무기가 되었던 것과 흡사하다. 즉, 당시의 한국사회구성체의 기본성격이 신식민지 국가독점자본주의사회인가(신식국독자론) 아니면 식민지 반봉건사회인가(식반사회론)로 서로 맞서면서 그 논리에 따른 정치투쟁 노선을 달리하였던 것이다. 기실 순서를 올바로 보자면 정치투쟁노선을 한국사회구성체론으로 합리화한 것이다.

사회구성체(social formation)론은 생산력과 생산관계의 통합으로 정의되는 한 시대의 생산양식이 하부구조가 되어 그 사회의 정치 법률 사회의식의 상부구조를 결정한다는 맑스의 논리를 바탕으로 하였으며, 19세기 자본주의 경제 이전의 농업과 공업 경제를 바탕으로 하는 논리였다. 특히, 20세기 이후

---

72) 이 점에서, 정치행태 정치과정 중심의 미국정치학이 선거캠페인 과정에 깊이 개입함으로써 정치권력의 획득에 개입하는 것은 전통적인 대학과 정치의 관계에서는 이례적인 모습이다. 우리나라 대학생운동권이 정치권력 획득과정에 개입하는 것도 마찬가지로 대학의 전통에서는 이례적이다.

엄청난 생산력 증가와 그에 부응하는 생산관계의 변화에서 가장 중요한 요인이 되는 테크놀로지의 혁신적 발전이나 후기산업사회 경제적 후생의 실체를 이루는 서비스경제의 발전 양상에 대한 온전한 무지(無知)를 전제로 하는 이론이었다. 이는, 1970~1980년에 걸친 20여 년 간의 우리나라 정치상황이 학생운동과 결합되는 과정에서 역사적 우연에 의하여 정치투쟁에 동원된 수사학적 이론으로 보아야 할 것이다. 학생운동이 정치투쟁에 나서면서 가장 중요한 전략적 요소는 '적과 동지의 구별'이며 '적의 정체를 바로 아는 것'이었다.73) 80년대 우리나라 사회구성체론은 타도와 공격의 대상이 되는 당시의 한국사회구성체에 대한 정치적 정의(political definition)이며, 지적으로 미성숙한 학생들이 속성으로 이해하기 쉬운 정치적 수사학이었다.

우리나라의 학생운동을 지배한 1980년대 사회구성체논쟁은 좌파이론진영 스스로 평가하듯이 '지적 능력의 결핍"의 산물이었다.74) 이러한 정통권위에의 절대적 의존은 80년대 학생운동의 자양분이 되었던바, 70년대의 학생서클 중심의 교수의 참여와 지도가 없는 이른바 '사회과학' 독학의 산물이었으며, 지적 능력의 결핍은 현장 투쟁에 뛰어든 학생들이 충분히 생각할 겨를 없이 논리적 정당화에 급급할 수밖에 없었던 현실에 기인한 것이었다. 학생운동권의 이러한 지적 능력의 결핍과 정통권위에의 의존은 획득한 정치권력의 행사에 있어서의 실패를 당연히 내재할 수밖에 없었다. 정치권력의 행사에 있어서 대학의 기능은 여전히 정책연구자로서의 그것으로 남은 것이다. 결과적으로, 민주화투쟁을 통하여 정치권력의 획득에 참여하고 권력의 내부에까지 진출했던 1970년대 이래의 우리나라 학생운동은 결과적으로 실패한 것처럼 보인다.

향후 우리나라 대학의 학생운동은 정치와의 관계에서 어떠한 발전 방향을 찾아야 하는가. 이에 대하여 비교적 중도적이고 온건한 처방은 다음에 요약된

---

73) 정치를 '적과 동지의 구별'로 간명히 정의 내린 것은 나치시대의 대헌법학자 칼 슈미트였다. 정치투쟁에 뛰어든 학생들에게 당초부터 타도할 대상을 이해하기 쉽고 명료하게 그려주는 사회구성체론은 가장 손쉬운 이론적 무기였다.
74) 조현연(2000). "1980년대 한국 사회구성체 논쟁, 역사적 성찰을 통한 희망의 부활" 정치비평, Vol.7, 125-153. p.143.

인용문처럼 시민운동의 한 축으로 그 방향을 모색하는 것이다.[75]

> 대학은 이 사회를 보다 인간화된 세상으로 발전시키기 위해 시민운동적 차원에서 합리적 비판정신의 요람으로서의 바른 구실을 해야 할 것이라고 본다. 그런 의미에서 대학의 학생활동은 문화적 창조활동과 봉사활동, 그리고 시민운동의 또 하나의 축으로 새로운 자리매김을 해야 할 것이다.
>
> -중략-
>
> 그동안 우리 사회의 전반적 민주화가 크게 진척되었다고는 하나, 실제로 정치개혁은 크게 부진하고, 경제, 사회의 모든 영역에서 구조적 부패와 비리, 과소비, 정실주의와 연고주의가 크게 만연되어 있고, 이를 바로 잡아야 할 참여민주주의의 기반은 매우 취약한 형편이다. 따라서 대학은 우리 사회의 정화(淨化)와 정의구현을 위한 잠재적 도덕세력으로서 자신의 입지를 견지할 필요가 있다. 따라서 대학은 정치권이 다시 권위주의적 퇴영화로 뒷걸음질치거나 경제사회적 구조악이 우리 사회를 갈등과 균열의 소용돌이로 몰아넣을 때, 분연히 자기의 옹골찬 목소리를 내어야 하며 필요한 경우 조직된 모습으로 저항과 개혁의 기치를 높이 세워야 한다. 평상시에도 다양한 생활영역과 전문영역에서 개혁지향적 시민운동의 중요한 축으로 우리사회의 민주화와 인간화에 기여할 필요가 있다. 그러나 이 모든 정치, 사회운동에서 마땅히 민주적 규범과 절차를 준수하는 전범을 보여야 할 것이다.

물론, 정치와 정책의 영역 전반에 걸쳐 시민단체의 참여가 늘고 있으며, 고등교육이 보편화된 시대에 대학생들 역시 시민적 참여의 주체가 될 수 있다. 이러한 시대적 추세를 반영하여 초·중등 사회생활교육에서 시민적 참여를 목표로 하는 사회적 논쟁 수업모형이 보급되고 있으며, 대학의 전공개편이나 교육과정 개혁의 흐름을 보면 이러한 사회적 정치적 과정에의 이슈에 대한 광범한 노출을 교육과정 개혁의 방향으로 삼는 경우도 있다. 그러나 정치발전과 관련된 학생운동의 미래를 시민운동화에서 찾는 이러한 견해는 또 다른

---

75) 안병영, 상계 강연 원고 참고.

중요한 쟁점을 야기한다. 오랜 대학사 속에서 상시 커다란 난제 중 하나였던 대학과 시민사회의 상호관계가 바로 그것이다.

대학과 시민사회

서구의 역사에서 대학은 오랫동안 그 위치한 지역의 주민들과는 유리된 별개의 자치공동체였다. 대학이 대토지를 보유하지 않은 인적공동체 성격을 지니고 있는 한 양자의 관계는 최소한의 학생 왕래와 의식주 생활과 관련된 것 외에는 서로 무관한 것이었으며 그나마도 지역의 대학의 학생들은 많은 경우 갈등과 반목을 겪어 왔다. 우리나라의 대학들 역시 상당수의 학생들이 지역주민의 자녀라는 점을 제외하면 대학의 전 과정에 있어 지역사회와 무관하게 운영되어 왔다. 따라서 시민사회가 도시의 거주자들의 정치공동체와 그들이 꾸려나가는 도시경제를 기반으로 구성된다면, 오랜 세월을 대학은 시민사회와는 무관한 별개의 교육연구공동체로서 존재해 왔다고 해도 과언이 아닐 것이다.

대학이 시민사회와 보다 긴밀한 관계를 갖기 시작한 것은 미국의 주립대학들에서 비롯되었다고 볼 수 있다. 미국의 많은 대학들은 정부로부터 대규모의 토지를 받아 그에 경제적 기반을 두고 시작된 토지수여대학이었으며, 그 토지 위의 주민들과 불가결한 상호의존관계에 설 수밖에 없었다. 오늘날 미국의 대학생들이 그 소재 지역을 기반으로 활동하는 학생방송사, 학생신문사를 운영하거나 대학오케스트라, 대학스포츠구단이 발달해 있으며, 대학시설이 지역사회와 공동으로 활용되는 주된 연원이 여기에 있다.

오늘날 시민사회를 정의하는 입장과 이론은 과거와 많이 달라져 있다. 정부와 시장을 연결짓는 제3섹터로서의 성격으로 정의되거나, 정부 또는 정당이 아니면서 정치과정에 참여하여 공익성을 추구하는 민간부문활동의 총체를 〈시민사회〉라고 보는 것이다. 이러한 경향은 경제의 성장과 여가의 증대에 따라 직업 이외의 사회봉사에 참여하는 자발성(voluntarism)이 증대됨에 따라 나타난 것이다. 연원은 다르지만 대학 역시 여가를 그 본질로 하는 제도였으며 이에 따른 사회봉사는 대학의 주된 기능의 하나로 여겨져 왔다. 대학은 당초부터 제3섹터였던 것이다. 그러나 새롭게 성장하는 제3섹터로서의 시민사회와 전통적인 제3섹터로서의 대학의 관계가 어떻게 설정될 것인가에 있어 논리 필연적인 관계는 없다. 이 문제는 다만, 대학의 교수와 학생들이 이들 시민사회운동이나 시민단체와 과연 함께 할 의지와 용의가 있느냐에 달려 있을 것이다.

다수의 대학교수들이 시민사회운동에 참여하기 시작한 것 역시 20세기 후반 이후의 일이다. 〈지식인의 사회참여〉, 〈대학의 사회참여〉라는 이름을 내건 활동들이었다. 처음에는 개인적 역량에 따라 대학 밖의 사회운동에 참여하는 것으로 시작하였으나, 우리나라에서는 경제정의실천연합, 참여연대 등의 이름으로 대학교수와 전문가 집단이 시민단체의 이름으로 조직화되기 시작하였다.

대학교수와 같은 전문가 집단이 주축이 되어 시민단체의 이름으로 조직화되는 것은 아마도 우리나라에서의 특별한 상황에서 유래되는 것으로 보인다. 원래, 행정절차를 통한 절차적 민주주의가 발달한 선진국들에서는 전문가들은 정책분석보고서나 행정절차에서의 전문적인 감정의견과 평가보고서를 통하여 정책과정에 참여하는 것이 보통이다. 객관적인 입장의 전문가가 아닌 이해관계자들 역시 행정절차에의 이해관계자 의견 청취절차를 통하여 자신이 직접 또는 전문가를 고용하여 자신의 관심과 이해관계를 반영하는 것이다. 이런 점을 감안하면 한국에서의 시민사회와 시민단체는 절차적 민주주의가 발달하지 못하고 있는 한국적 특수 상황에서 필요 이상으로 조직화와 권력에의 참여를 지향하는 쪽으로 이상 비대해 가고 있다. 이렇게 된 저변에는 국민들의 정치적 의사를 조직화하고 선거와 의회대표제를 통하여 이를 반영하는 정당의 고유기능이 제대로 수행되지 못하는 사정도 깔려 있을 것이다.

대학교수들의 시민사회활동 참여와는 달리 전문성을 바탕으로 하기보다는 일반 시민으로서 학생들의 시민사회활동 참여는 향후 강력한 추세로 등장할 것이다. 여기에는 두 가지 방향이 공존할 것이다. 하나는 시민단체의 하나로서 청소년단체 또는 학생단체가 다양하게 발전하게 될 것이며, 다른 하나는 진정한 학습(authentic learning)을 지향하는 대학교육과정 개혁을 통해 학생들의 학습이 대학의 울타리 밖으로 연장되는 방향의 발전이 될 것이다. 이 두 가지 모두, 시민과 학생의 지위가 중첩될 수밖에 없는 고등교육의 보편화 시대에 대학이 시민사회에 접근하는 주된 방식이 될 것이다.

지방대학위기의 원인과 처방의 담론

　수도권과 지방의 격차에 대한 무수한 자료들이 있다. 그러나 〈표-18〉과 같은 수도권과 지방에 관한 최소한의 기초 데이터를 비교함으로써 앞의 4개의 정책이야기 논의의 시작에 충분할 것이다.

　〈표-18〉은 우선 수도권에 인구와 일자리 생산활동이 집중되어 있음을 금방 알게 한다. 그런데 주목할 것은 인구와 일자리, 생산활동과 같은 교육외적요소의 집중정도에 비해 전체 학생 수나 대학생 수는 상대적으로 지방에 분산 배분되어 있으며 이와는 정반대로 수능 성적 우수자들은 수도권에 다른 교육외적요소의 집중보다 훨씬 수도권에 집중되어 있다는 점이다.

<표-18> 수도권과 지방의 비교

항 목		수도권	지 방	계
일반 요인	인구 수(1995년)	20,189,000명 (45.3%)	24,420,000명 (54.7%)	44,609,000명 (100.0%)
	사업체 수(1998년)	1,213,040개 (43.6%)	1,569,432개 (56.4%)	2,782,472개 (100.0%)
	사업체 종사자 수 (1998년)	5,995,707명 (48.2%)	6,437,766명 (51.8%)	12,433,473 (100.0%)
	역내총생산(GRPD) (1997년)	197,567.4(10억 원) (45.7%)	234,627.5(10억 원) (54.3%)	432,194.9(10억 원) (100.0%)
교육 요인	학생 수(1999년)	4,006(천명) (43.8%)	6,798(천명) (56.2%)	10,804(천명) (100.0%)
	대학생 수(1999년)	1,044(천명) (39.1%)	1,629(천명) (61.9%)	2,673(천명) (100.0%)
	수능성적 상위 5% 대학진학(1999년)	24,381 (63.5%)	15,722 (37.54%)	42,103명 (100%)

이로부터 우리가 쉽게 추론할 수 있는 점 몇 가지가 있다. ① 대학의 졸업생은 수도권보다 지방에서 더욱 취업이 어려울 것이다. ② 고등학교를 졸업하는 학생들은 수도권보다 지방에서 더욱 쉽게 대학에 가게 될 것이다. ③ 수도권에서는 본의 아니게 지방대학으로 진학하는 학생이 다수 생겨날 것이다. ④ 지방대학에 비한 수도권대학의 위세는 시간이 흐를수록 높아질 것이다.

이러한 추론이 단순한 추론이 아니라 엄연한 현실임은 물론이다. 〈표-19〉는 이러한 추론에 대응하는 대학졸업자 취업에 있어 지방과 수도권의 차이를 보여주고 있다.

<표-19> 지역별 대학졸업자의 취업률

구분	졸업자(A)	취업대상자수(B)	취업자(C)	취업률(C/B)
수도권	84,332명	68,984명	37,334명	54.1%
지 방	120,058명	106,622명	52,813명	49.5%
합 계	204,390명	175,606명	90,147명	51.3%

각종 토론회나 언론과 조사 자료들이 집중적으로 지방대학의 위기를 지적하고 있다. 이들이 지방대학위기의 실상으로 지적하는 것들은 다음 다섯 가지로 집약될 수 있다:

① 학생을 제대로 충원하기 어렵다. 많은 학과가 이로 인해 존폐 위기에 서게 될 것이다.
② 휴학 증가, 수도권 전·편입 증가, 입학생 수 감소 대학의 재정 특히 학생 등록금에 의존하는 지방사립대학의 재정이 어렵다.
③ 지방대학 졸업생들의 취업이 어렵다.
④ 학생모집에 시간을 뺏기며 우수 대학원생의 부족으로 교수가 교육과 연구라는 그 본연의 직분을 제대로 수행하기 어렵다. 교수가 학교를 떠난다.
⑤ 우수인재가 지방을 떠나고 있으며, 결과적으로 서울소재-수도권-지방의 순으로 대학의 서열화가 고착되어 가고 있다.

2000년 3월에 "지역 간 균형 발전을 위한 지방대학육성방안"이라는 주제로 충남대학교에서 한국대학교육협의회 주관의 세미나가 있었다. 그 자리에서 이미 지방대학의 위기 현상 자체에 대해서는 많은 논의가 있었다. 그로부터 현재까지 사이에 뚜렷한 정부차원의 해결책이 실행되고 있지 못한 가운데 이상에 요약된 지방대학의 위기 현상은 최근 더욱 심화되고 있는 실정이다. 이러한 위기 현상들의 심화 그 자체에 대하여는 더이상 수치와 자료를 가지고 중언부언 직접 다루지는 않을 것이다. 그보다는 그러한 현상들의 원인과 그를 정책문제로 제기하는 관점에 대한 논의를 좀더 체계적으로 검토해 보고자 한다. 지금까지의 기존 논의에서 정책문제로서 지방대학의 위기를 정의하는 관점은 적어도 3가지의 이야기로 집약될 수 있다:

① 인구와 일자리는 서울과 수도권에 몰려 있는데 대학은 지방에 많이 세웠으며 지원은 하지 않은 결과, 인구가 지방으로 분산 이동한 것이 아

니라 반대로 지방대학이 학생부족과 졸업생 취업 문제로 위기에 몰리게 되었다.(교육정책실패론)

② 고등교육기회는 대중화 단계를 넘어 보편화되었는데 고등교육체제가 성적중심의 선발체제를 고수하고 시장화 서열화됨에 따라 지방대학이 이러한 시장화 서열화 체제의 피해자가 되고 위기를 겪게 되었다.(고등교육체제개편론)

③ 이른바 '서울공화국'으로 상징되는 자원과 권력의 서울집중으로 인해 총체적으로 지방이 서울의 주변부로 전락하고 있으며 지방대학의 위기는 이러한 지방몰락 현상의 당연한 결과이다.(지방몰락론)

이상의 세 가지 이야기는 그 효과 면에서는 뚜렷한 차이가 있다. ①번의 정책실패론 이야기는 교육부와 정부의 무능에 초점을 맞추고 있으며, ②번의 고등교육체제개편론은 교육체제발전의 내부동인(動因)에 따른 대학의 평준화라는 시대적 과제의 실행에 관심이 있고, ③번의 지방몰락론은 중앙-지방의 관계에 대한 근본적인 재편의 관점에서 지방대학 발전의 해법을 찾고 있다.

이러한 서로 다른 이야기 즉 정책 담론들을 종합적으로 검토하는 이유는 정책의 개발과 실행에 필수적인바 서로 다른 관점의 절충과 타협에 의한 사회적 합의의 형성에 이러한 논의가 필수적이라고 보이기 때문이다.

'대학정책실패' 또는 '수도권정책실패' 담론

두 가지 유형의 정책실패 이야기가 떠돌고 있다. 먼저, 대학입학학령인구의 감소추세가 이미 잘 알려진 상태에서, 지방에 대학을 늘린 교육정책이 근본적인 문제였다는 것이다. 다음 인용문은 이러한 정책실패 이야기의 전형적인 내용을 보여주고 있다.

　우선, 지방대학은 학생충원에 엄청난 어려움을 겪고 있다. 1999년 현재 대학 미충원 인원 총 9,965명 중 9,231명이 지방대학에서 집중적으로 발생하여, 지방대 평균 미충원율은 4%이며, 여기에 편입으로 유출되는 인원 9,000명까지 고려하면 미충원율은 8% 정도에 이를 것으로 보인다. 이러한 대학진학의 수도권 집중현상이 지속될 경우 고교졸업생의 수가 대학입학정원보다 적어지는 2003년 이후에는 미충원율이 급격히 증가하여 존립이 어려운 대학이 속출할 것으로 보이며, 그에 따른 파장은 심각한 사회적 문제가 될 수도 있다.

　지방대학들, 특히 지방사립대학들이 거의 예외 없이 학생충원에 어려움을 겪게 된 데는 교육부의 잘못된 대학 정책을 지적하는 사람들이 많다. 1997년 교육부가 대학설립 인가제를 폐지하고 〈대학설립준칙제도〉를 만들어 설립 기준만 갖추면 누구나 대학을 세울 수 있도록 한 1996년 이후 지방대의 난립을 조장하였다. 실제로 1996년 이후 4년제 대학 27개 대, 전문대 12개 대가 각각 설립됐다. 최근 폐교 조치를 당한 광주예술대와 한려대는 이러한 마구잡이식 대학설립 방치에 따른 당연한 귀결일 뿐이다.

-중 략-

　이러한 구조적인 문제로 인하여 1999년 현재 경북, 충남·북 등 전국 8개 시·도에 소재한 4년제 대학 및 전문대 입학정원이 지역 내 고교 3학년 학생 수보다 오히려 많아 '지방대 난립'이 '지방대 위기'를 부추기는 것으로 드러났다(〈표-2〉 참조). 특히, 2003년을 고비로 대학 및 전문대 입학 총 정원이 고3 학생 수를 상회할 것으로 예상돼 대책마련이 시급한 것으로 지적되고 있다.

　이상과 같은 교육정책의 실패론은 귀담아 들어야 한다. 결과적으로 지방에서 고등학교졸업자의 감소와 대학입학정원의 초과현상이 일어난 것은 사실이기 때문이다. 또 지방에 대학은 늘리는 상태에서 지원은 상대적으로 적어진 점은 부인할 수 없기 때문이다. 〈표-20〉은 교육부의 대학지원사업예산 배분에 있어 최소한 지방대학이 수도권대학에 비하며 저조하게 지원되었음을 보여주고 있다.

<표-20> 대학지원사업 예산의 배분 단위: 백만 원

단위사업		1996	1997	1998	1999	2000	계
대학 다양화·특성화 지원		60,000	54,000	45,000	45,000	45,000	249,000
	수도권	21,079	15,723	13,596	13,560	13,774	77,732
	지 방	38,921	38,277	31,404	31,440	31,226	171,268
대학개혁 추진		30,000	27,000	20,000	20,000	27,800	124,800
	수도권	18,200	17,056	12,189	10,105	9,922	67,472
	지 방	11,800	9,944	7,811	9,895	17,878	57,328
대학원 연구중심대학지원					207,058	231,946	439,004
	수도권				154,859	159,413	314,272
	지 방				52,199	72,533	124,732
국제전문인력양성 특성화 지원							
	수도권	20,000	20,000	16,000	10,000	10,000	76,000
	지 방	20,000	20,000	16,000	10,000	10,000	76,000
이공계 대학 연구소 지원		15,000	17,000	17,000	11,900	12,000	72,900
	수도권	8,427	9,720	9,280	5,930	6,500	39,857
	지 방	6,573	7,280	7,720	5,970	5,500	33,043
국립대학 실험실습 기자재		75,424	110,861	113,077	91,341	84,318	475,021
	수도권	10,922	15,909	15,043	11,086	12,257	65,217
	지 방	64,502	94,952	98,034	80,255	72,061	409,804
공사립대학 시설설비 확충		105,000	125,000	115,000	85,000	80,000	510,000
	수도권	54,152	61,990	56,428	41,474	36,821	250,865
	지 방	50,848	63,010	58,572	43,526	43,179	259,135

그러나 정책실패 이야기의 또 다른 판은 정반대의 관점을 채택한다. 비현실적인 '수도권억제정책의 잘못'된 이야기이다. 즉 수도권 내 학교입지와 산업시설입지를 제한한 경직된 수도권 억제 정책이 잘못되었으며 이는 주로 '집적'

에 따른 혁신과 경제 효과를 중시하는 일부 경제전문가들의 시각에서 제기된다. 즉, 어차피 서울에 집중된 인구와 경제활동은 그대로인데 학교만 수도권 밖으로 인위적으로 분산시킨 데 지방대학의 근본적인 위기 요인이 있다는 것이다. 이들은 지방대학의 위기를 "퇴출될 대학은 퇴출되어야 한다. 그것이 경제논리다"라는 생각을 가지고 있으며 지방대학의 위기보다도 수도권 고등학교 졸업생의 진학을 다 수용하지 못하고 지방으로 보내는 데 따른 '수도권교육의 파행'을 걱정한다.

정책실패 담론의 특징은 다분히 지난날의 공무원과 정부의 정책결정 잘못에 초점을 맞추는 회고적 성격을 지닌다. 그러나 정부의 정책결정은 어느 개인의 것이 아니라 우리 사회와 정부 내의 다양한 주장과 힘의 타협에 의한 산물이다. 그러한 의미에서, 이상 언급한 정책실패 담론의 두 버전은 화해될 수 없는 우리 사회 내의 근본적인 이견의 존재와 함께 합의의 부족과 조정 결여로 문제해결능력이 저하된 우리 정부의 정책실패를 함께 아우르고 있다.

이들 정책실패 담론은 특히, 지난 10여 년 간의 우리나라 고등교육인구의 팽창과 그 배경이 되는 고등교육에 대한 사회적 수요를 어떻게 수용할 것인가에 대해 매우 불투명하고 모호한 입장을 취하고 있다. 2개의 서로 다른 정책실패론 양자 간 이견의 초점은 두 가지이다. 수도권에의 대학 입지규제에 대한 찬반과 고등교육의 팽창에 대한 평가의 차이가 바로 그것이다.

먼저 수도권 대학입지 규제에 대해 지방대 중심의 교육정책실패론은 이를 더욱 강화해야 한다고 본다. 그러나 수도권정책 실패론은 수도권의 대학 입지를 규제함으로써 수도권의 학교 없는 비정상적 비대화가 심화되었다고 본다. 오히려 지방에서 비정상적으로 고등교육기관이 늘어났다고 보는 것이다.

결국 한쪽에서는 수도권에서의 고등교육팽창은 바람직하고 지방에서의 고등교육팽창은 잘못되었다고 보는 가운데 다른 쪽에서는 거꾸로 수도권에서의 고등교육팽창은 잘못되었고 지방에서의 고등교육팽창은 바람직하다는 암묵적 이중태도를 취하고 있는 것이다.

우리나라에서는 고등교육의 기회 확대가 재원부족으로 매우 제약되고 있는 다른 개도국과는 달리 주로 학부모의 높은 교육열과 등록금 부담 덕분에 사립대학을 통해 고등교육기회 확충이 빠르게 이루어져 왔다. 이 추세는 앞으로도 계속될 것이다.(표-21)

<표-21> 고등교육 진학 대상 연령 인구수 대비 대학, 전문대학 졸업자 비율

연도	17세 인구수	18세 인구수	진학대상연령인구수 (At)	전문대학 졸업자수	대학 졸업자수	대학, 전문대학 졸업자수(Bt)	Bt/At-4 x 100
1990	899,032	920,316	916,768.7	87,131	165,916	253,047	-
1991	866,266	897,334	892,156.0	93,166	175,586	268,752	-
1992	825,024	864,421	857,854.8	106,417	178,631	285,048	-
1993	786,914	823,256	817,199.0	111,855	184,868	296,723	-
1994	763,740	785,882	782,191.7	128,358	179,519	307,877	33.58
1995	757,406	762,654	761,779.3	143,075	180,664	323,739	36.29
1996	783,914	750,098	755,734.0	155,326	184,212	339,538	39.58
1997	819,669	782,986	789,099.8	175,965	192,465	368,430	45.08
1998	850,533	819,347	824,544.7	196,551	196,566	393,117	50.26
1999	827,371	850,184	846,381.8	212,726	204,390	417,116	54.76
2000	778,011	826,889	818,742.7	223,489	214,498	437,987	57.96
2001	719,529	777,641	767,955.7	232,972	239,702	472,674	59.90
2002	663,732	719,161	709,922.8	248,145	249,834	497,979	60.39
2003	630,646	663,399	657,940.2	251,696	255,422	507,118	59.92
2004	611,460	630,341	627,194.2	249,898	257,119	507,017	61.93
2005	608,672	611,173	610,756.2	248,100	261,625	509,725	66.37
2006	611,166	608,395	608,856.8	246,302	259,009	505,311	71.18
2007	630,740	610,895	614,202.5	244,748	256,393	501,141	76.17
2008	663,141	630,470	635,915.2	243,011	253,777	496,788	79.21
2009	691,342	662,866	667,612.0	245,441	251,161	496,602	81.31
2010	702,963	691,060	693,043.8	247,871	248,545	496,416	81.53
2011	700,839	702,677	702,370.7	255,161	253,778	508,939	82.86

우리나라 고등교육 팽창의 현실추세와 전망은 〈표-4〉가 잘 보여주고 있다. 고등교육 대상연령 인구 중에서 대학과 전문대학을 졸업하는 인구의 비율은

1994년의 33.58%에서 계속 증가하여 2001년에 약 60%에 달했고 2011년에는 82% 이상으로 증가할 것으로 예상된다. 이 표에 따르면 우리나라는 20세기 마지막 10년간에 고등교육의 대중화에서 보편화 단계로 이행하였으며 향후 10년이 고등교육의 보편화 현상이 심화되는 기간이 될 것이다.

이상과 같은 고등교육의 팽창은 적어도 우리나라가 선진국 진입을 지향한다면 그것 자체를 문제삼아서는 안 된다. 문제는 고등교육의 팽창 그 자체가 문제인 것이 아니라 그 팽창된 고등교육의 내용과 질이라는 것이 범세계적인 고등교육전문가들의 일관된 견해이다. 예를 들어 세계은행이 그 고등교육보고서에서 "기존문제들의 직면: 개도국에 있어서의 계속되는 고등교육의 위기"라는 제목 아래 "대부분의 고등교육의 문제는 재원의 한계에서 기인하는 고등교육의 보편화에 따른 문제, 고등교육에 대한 접근과 성과에 있어서의 지속적인 비형평성, 불충분한 교육의 질과 적합성, 경직된 지배관리구조"라고 기술하고 있다.

세계은행의 개도국 고등교육보고서 내용은 그대로 한국의 고등교육의 문제에 대한 요약이라고 볼 수 있다. 결국 우리나라는 사립대학과 학부모 부담에 의존하여 고등교육기회의 팽창은 성취했으나 고등교육체제의 내용과 질에 있어 개발도상국 고등교육의 문제를 그대로 안고 있는 이중구조의 고등교육체제를 가지고 있다.

이러한 이유로 지방대학 특히 지방사립대학의 문제를 위해서는 고등교육의 공공성 강화를 기치로 고등교육체제의 전면개편이 필요하다는 담론이 최근 대두되고 있다. 이 담론은 3년 전의 지방대학 위기 문제 논의에 비해서 확연히 논의의 새로운 국면을 보여주는 담론이다.

지방대학서열화 담론

지방대학서열화 담론은 지방대학 위기 문제를 성적에 의한 대학의 학생선발에 기인하는 대학서열화와 사립대학과 등록금에 의존하는 고등교육의 낮은 공공성이라는 고등교육체제의 취약성에서 그 근본 요인을 찾는다. 그래서 이들은 문제의 해법을 대학평준화와 공공재정에 의한 고등교육에서 모색하고자 한다. 서열화된 대학구조 및 사립대학의 과잉[76]이 유발하는 사회적, 교육적 부작용은 쉽게 동의할 수 있는 대목이다. 다음 인용문이 그 담론과 정책시각의 핵심을 집약하고 있다.[77]

첫째, 대학교육기회가 양적으로 확대된 상황에서도 치열한 경쟁구조는 대학서열구조에 그칠 줄 모르고 확대 복제되고 있으며 사적 기관의 난립과 공적 책임의 방기로 인한 높은 등록금 부담은 고등교육기회에 있어서의 새로운 불평등 체제가 되고 있다.

둘째, 초·중등교육을 왜곡시키고 사교육의 기형적 확대와 공교육기관과의 이상스런 경쟁을 부추기는 것이 바로 대학의 서열구조이며, 서열구조와 신자유주의 구조조정 진행과정에서 대학교육 내부도 파행으로 치닫고 있기는 마찬가지다.

셋째, 이른바 '명문'대학의 대도시 집중에서 비롯되는 지역 간 교육기회 차별은 대학서열구조 속에서 계속해서 심화되고 있다.

넷째, 학벌주의 확대재생산의 제도적 기반은 대학서열구조다. 대학평준화

---

76)

	설립유형	대학과정(196)	전문대학과정(159)	계(355)
학교수	국공립	46(23%)	16(10%)	62(18%)
	사립	150(77%)	143(90%)	293(82%)
정원	국공립	151,719(36%)	12,510(4%)	164,229(23%)
	사립	267,341(64%)	281,665(96%)	549,046(77%)

77) 〈교육개방, 무엇이문제인가〉(2002, 10월, WTO 교육개방, 시장화 관련 4대 입법 및 양허안 저지를 위한 공동투쟁본부) 토론회 자료집에서 재인용

에 명운을 걸고 저항할 집단은 분명히 서열화된 구조로 인해 득을 챙기는 집단이다. 이들은 '경쟁력'의 이름으로 자신의 사회경제적 지위를 대물림하는 수단으로 고등교육을 사고한다. 특히 신중간계층이 그러하다. 확실하게 경제적 기득권을 쥔 이들은 학벌경쟁에서 어느 정도 부릴 여유가 있지만 소위 '전문직, 관리직'에 종사하면서 고소득과 사회적 위치를 보장받아 온 이들은 자식들에게 대물림하기 위해 열심히 학벌경쟁에 참여하고 그 구조가 깨어지는 것을 두려워한다.

다섯째, 사립대학의 문제다. 대학평준화 정책은 고등교육의 공교육화가 전제되어야 하는데, 사립대학의 문제는 대학평준화 정책이 직접적으로 부딪힐 문제다.

지방대학의 위기와 그로 인한 지방대학생의 교육상 불이익은 중앙-지방의 대립 구도로 보기 이전에 교육체제의 성격과 교육기회의 배분이라는 교육 내적인 문제라고 보는 관점은 대단히 일리가 있다. 이러한 입장은 우리 고등교육의 내.적 취약점이 수도권-지방의 대립 구도에 가려져 시정되지 않는 가능성을 경계한다는 장점을 지닌다.

<표-22> GDP대비 고등교육비 지출

	고등교육			전체교육
	공공부담	사적 부담	총계	
한국(1998)	0.44	2.07	2.51	7.0
한국(1997)	0.5	1.95	2.5	7.4
한국(1995)	0.4	1.50	1.9	6.2
캐나다	1.53	0.32	1.85	6.2
프랑스	1.01	0.12	1.13	6.2
독일	0.97	0.08	1.04	5.6
영국	0.83	0.28	1.11	4.9
일본	0.43	0.60	1.02	4.7
미국	1.07	1.22	2.29	6.4
OECD전체	1.06	0.29	1.33	5.7

* 총계는 가계에 대한 공공보조금을 추가로 포함함.
출처: OECD, Education at a Glaance: OECD Indicators 2001, 2000, 1998.

고등교육체제개편 담론은 1970년을 전후하여 당시 사립에 의존한 우리 중등교육의 팽창이 결국 '고교평준화'라는 해법으로 귀착되었음을 동시에 참고하고 있다. 즉 지방대학 문제와 사립대학문제라는 우리나라 특유의 고등교육 문제를 우리나라 교육제도의 내적인 발전운동의 논리 위에서 해결하려는 시각이라고 볼 수도 있다. 특히, 우리나라의 고등교육이 세계적으로 유례없이 사적 경비부담에 크게 의존하고 있는 것이 서울 지방 간 대학서열화와 고등교육기회의 형평상 문제의 원인을 제공하고 있음은 부정할 수는 없다.

그러나 이러한 담론이 갖는 한계점은 분명히 있다. 즉, 고교평준화의 제도와 그 배경이 되는 논리 자체가 지금 큰 도전을 받고 있는 상황에서 그와 동일한 이론적 논리적 도전을 극복해야 할 것이다.

지방몰락 담론

지방몰락 담론은 정치적 사회적 분석에 주로 근거하여 제기되고 있다. 예를 들어 우리나라의 전통적인 중앙집권적 정치문화, 불균형성장론에 입각한 서울 및 수도권과 특정지역 중심의 산업화와 자원집적 정책의 산물로서 수도권의 비대화, 서울 중심의 헤게모니 현상에 따른 회생물이 지방이며 지방대학의 위기 역시 그 연장선상에서 정의되고 진단된다. 이러한 담론은 무엇보다도 대중을 상대로 하는 시사토론 공론화의 장에서 다음의 인용문과 같은 방식으로 많이 나타난다.

고등교육 취학인구의 점차적 감소와 지역 인구감소, 노령화, 외국 명문대학의 국내진출 등 지방대학에 불리한 환경변화가 가속화될 경우 등록금 의존율이 높은 사립 전문대와 사립대학, 경쟁력이 없는 사립대학 및 도립 전문대들은 2003년 이후 생존에 위협을 느끼게 될 것으로 전망된다. 존속은 한다고 하더라도 일부 학과의 폐과가 불가피하며, 등록금 수입 감소로 인해 대학 재정 압박으로 인한 교육 서비스 질이 저하될 것으로 전망된다. 지방 대학교수 실업의 증가는 지역사회에 심각한 문제를 일으키게 될 것이고, 대학원 지원 감소로 인한 대학 연구력 퇴보는 곧바로 박사학위 취득자의 교수 취업률 저조, 대학원 진학 유인가 하락, 해당 교수 연구력 저하라는 악순환을 가져오게 될 것이다.

지방대학의 몰락은 지역주민의 고등교육기회 상실 또는 고등교육비 부담 증가 초래하여 폐교 시설 재활용 문제 발생함은 물론, 고급 노동인력 감소로 인한 지역 발전 침체와 국가발전에의 장애요인으로 등장하게 될 것이다.

지방대학은 우수학생 유치도 어렵지만 어렵사리 학생을 확보하여 4년간 잘 가르쳤다고 해도 걱정이 없는 것이 아니다. 학생들의 취업문제가 심각하기 때문이다. 서울 소재 30대 대기업의 입사원서는 구경조차 할 수 없다. 학교 추천을 받아 어렵사리 원서를 구해 지원했지만 '지방대생'이란 이유로 서류전형에서 번번이 떨어지기 일쑤다. 이에 대해 "서울 소재 대학에 다녔으면 이렇게 힘들지는 않았을 것"이라며 허탈해 하는 지방학생들이 많다.

교수들도 안타깝기는 마찬가지다. 대부분의 지방대학 교수들은 졸업시즌이 되면 종일 제자 취직일에 매달리다시피 하고 있다. 매일 전화통을 붙잡고 친분이나 연이 있는 회사마다 통사정을 하지만 취업은 쉽지가 않다. 지방대학의 취직난은 하루아침에 이루어진 것은 아니다. 정치, 경제, 사회, 문화, 교육 모든 영역이 집중된 수도권은 거대한 블랙홀로 변해버린 지 오래다. 좋은 일자리가 몰려 있고, 대기업은 서울과 수도권 대학 졸업생을 우선시했다. 지방의 인재가 수도권으로 몰려드는 건 자연스런 귀결이다(조선일보, 1999. 11. 10;11. 12).

이러한 지방몰락 담론은 서울과 수도권의 지방에 대한 관계를 중심과 주변의 논리로 보기도 하고 자본주의 경제의 성과에 따른 공간질서의 재편이라는

354

관점에서 파악하기도 한다.

지방몰락 담론은 특히 우리나라 초기 산업화 과정에서의 인구집중, 즉 1970
년대의 이농인구의 수도권 집중 현상보다도 1980년대 이후 반도체 통신 등
서울 중심의 신산업화 과정이 수도권 집중을 고착 강화시킨 점을 눈여겨보고
있으며 이 점에서 연구개발비의 수도권 집중이 그 주요 요인으로 중시된다.[78]

<표-23> 상위 20개 대학 최근 2년간 학술연구비 총액

순위	학교	2001년	2000년
1	서울대	1,264억 2,193만 원	1,485억 원
2	연세대	1,123억 7,994만 원	605억 원
3	한국과기원^	855억 4,648만 원	824억 원
4	포항공대^	809억 7,694만 원	574억 원
5	고려대	650억 5,709만 원	469억 원
6	성균관대	578억 6,296만 원	425억 원
7	한양대	550억 6,646만 원	396억 원
8	전남대^	390억 5,565만 원	362억 원
9	경북대^	368억 3,655만 원	334억 원
10	부산대^	338억 3,870만 원	246억 원
11	인하대	336억 4,451만 원	245억 원
12	이화여대	330억 8,809만 원	206억 원
13	경희대	248억 6,737만 원	184억 원
14	충남대^	246억 6,283만 원	215억 원
15	조선대^	227억 5,492만 원	140억 원
16	광주과기원^	219억 5,400만 원	187억 원
17	전북대^	218억 5,159만 원	171억 원
18	명지대	194억 4,005만 원	138억 원
19	아주대	190억 3,464만 원	136억 원
20	충북대^	181억 3,830만 원	129억 원

---

78) 성경륭 외, 지방자치와 지역발전, 서울 민음사, 214~217쪽.

　　교육부 자료에서 확인된 위의 〈표-23〉과 다음 〈표-24〉은 외부 연구개발비 사용에 있어서 지방대학의 취약한 위치를 잘 보여주고 있다.

　　〈표-23〉의 통계에서 나타나고 있는 것과 같이 상위 20개 대학이 우리나라 4년제 대학의 연간 연구비 총액 1조 4,781억 1,537만 원의 63%인 9,324억 7,900만 원을 사용하고 있는 것으로 집계되었으며, 이들 가운데 ^표시된 지방대학의 연구비 사용은 대단히 취약하다. 지방대학들은 부설연구소의 활성화에 있어서도 수도권대학에 크게 못 미치고 있다. 〈표-24〉가 이를 보여주고 있다.

<표-24> 상위 20개 대학의 부설연구소 외부기관 연구비 지원현황

순위	대학명	부설연구소	전임연구원	외부연구비
1	서울대	60	109	689억 150만 원
2	연세대	114	443	499억 4,954만 원
3	고려대	84	170	398억 8,700만 원
4	포항공대^	43	381	368억 1,547만 원
5	부산대^	46	74	260억 7,700만 원
6	인하대	39	19	235억 7,300만 원
7	한양대	45	47	216억 1,174만 원
8	경북대^	54	53	167억 5,025만 원
9	중앙대	41	55	155억 740만 원
10	이화여대	27	128	139억 4,835만 원
11	경희대	39	117	134억 3,156만 원
12	충북대^	20	29	118억 5,098만 원
13	강원대^	28	10	112억 5,725만 원
14	숙명여대	15	15	108억 5,522만 원
15	전남대^	35	58	91억 3,856만 원
16	부경대^	21	30	87억 1,048만 원
17	전북대^	30	51	83억 7,193만 원
18	동국대	23	14	75억 2,972만 원
19	서울시립대	12	81	70억 8,901만 원
20	배재대^	10	197	55억 3,182만 원

지방몰락 담론은 근본적으로 정치경제학적 이론이다. 지방대학의 위기 문제 해법을 총체적으로 우리나라의 지역균형발전을 위한 지역 정체성의 회복과 지방분권, 자원 및 권한의 지방이전이라는 큰 틀에서 찾으려고 노력한다. 이른바 인재할당제의 주장도 이 범주에 포함시킬 수 있을 것이다. 그러나 이러한 지방몰락 담론과 지방분권론은 일반적인 정치경제학적 분석이 간과하는 교육제도 내부의 독자적 특징적 양상으로 인해 전혀 효과가 없을 수도 있다는 것이 필자의 판단이다.

대학특성화와 지방의 발전

전 인구의 90% 가까이가 도시거주자인 지금의 우리나라 상황에서 이제 지역균형발전의 문제는 지방도시발전의 문제 외에 다름 아니다. 2001년도 한국도시 연감은 전국 78개 시, 124개 읍을 다루고 있는바, 이들 도시들 중에는 여전히 인구성장을 보이는 도시가 있는 반면 인구가 축소 쇠퇴되고 있는 도시 역시 크게 늘어나고 있다.

우리나라에서 도시의 성장은 국가의 특정지역 산업육성정책에 따른 일부 도시와 지역의 성장은 예외로 하고 대체로는 산업화에 따른 결과라기보다는 오히려 비경제적요인들의 영향이 지배적이라고 보는 견해가 많은 듯하다. 예를 들어, 도로발달의 영향, 학교와 행정인프라의 영향, 심지어는 6·25 전쟁에 따른 피란인구이동의 영향 등이 도시화의 요인으로 강조되곤 한다. 이러한 우리나라 도시화과정을 그래서 유사도시화(pseudo-urbanization)로 지칭하기도 한다.

이러한 유사도시화(pseudo-urbanization) 추세는 산업화 이후에도 지속되었다. 오윤표와 강진학의 연구(2002)는 1965~1995 기간 중 우리나라 도시의 인구성쇠의 특징을 다음과 같이 요약하고 있다.

① 인구 10만 이상과 2만 미만의 도시 수가 증가하고 그 중간 크기의 도시
는 쇠퇴한다.
② 인구 10만 명이 넘는 도시의 인구는 지속 성장하는 경향이 있다.
③ 우리나라 도시의 인구성장은 일종의 유사도시화 양상을 보이며 제조업
성장과 상관관계가 낮고 도소매업 금융 분야와 높은 상관관계를 보인다.

이러한 유사도시화의 산물인 우리나라 대부분의 도시들의 경제적 기반이
취약할 수밖에 없음은 엄연한 현실이다.

오윤표와 강진학의 연구에서 우리나라 도시가 경제적 요인에 의해 성장하
지 않는다는 점은 지적되었으나 그러면 어떤 요인이 우리나라 도시의 성장에
기여했는지는 밝히지 않고 있다. 일제시대와 해방직후의 시기에 일본 식민정
책이나 해방 후 외국원조정책이 우리나라 도시성장의 기본요인이었다는 점은
잘 알려져 있으나 60년대 이후 도시성장요인은 미국에 빠져 있는 것이다.

여기서 인구 10만 이상과 2만 미만의 도시 수가 증가하고 그 중간 크기의
도시는 쇠퇴한다는 점을 음미해 볼 필요가 있다. 우리나라의 일반적인 학교입
지 사정을 보면, 지속 성장하는 경향이 있는 인구 10만의 이상의 도시는 고등
교육기관을 가지고 있고 인구 2만 미만의 도시는 고등학교가 설치된 읍 소재
지 타운인 것이 경제적 요인과 무관하게 성장하는 우리나라 도시들의 인구성
장요인의 으뜸은 아마도 고등교육기관과 고등학교가 입지해 있다는 점으로
추정된다. 2만에서 10만 규모 인구를 가진 어중간한 도시들은 학교입지요인의
영향을 받지 못한다.

한편, 도시화가 빠르게 진행된 후반기로 갈수록 농어촌 개발의 시기와 중첩
되면서 굳이 이름 짓자면 '도시개발'로 불릴 수 있는 도시중심의 지역개발 체
제의 시기가 이어진다. 이 시기의 실제적인 도시화 규제체제는 도시계획법을
기반으로 하는 도시계획행정체제를 중심으로 하고 있다.

여기에 더하여, 우리나라 산업화를 선도한 경제부총리를 중심으로 하는 경제정책당국이 나서서 국가가 나서서 특정도시의 발전과 성장을 견인하였다. 마산과 창원은 그 대표적인 사례일 것이다. 이 두 도시의 발전은 당시 GATT 중심의 국제무역 확대 추세를 읽은 중앙정부에 의해 경공업 중심의 수출선도 산업이 마산에 기계 등 중공업이 창원에 집중 육성됨으로써 유발된 것이다.

이상의 약술을 통해 시사하고자 하는 바는 이것이다. 즉, 우리나라에서는 학교발전이 도시성장을 견인하여온 전통이 있으며 이러한 전통과 사회적 자산(social capital)을 기초로 도시와 대학이 손을 잡고 지역혁신체제를 구축하는 것이 지역균형발전과 지방대학 위기극복의 궁극적 방안이 될 것 아닐까 하는 점이다.

그런데 많은 지역 내 전문가와 지방행정가, 지역사회의 리더들은 과거 GATT 체제와 산업화 도상에서 국가가 수행하던 방식의 제조업 중심 특정지역개발의 모델을 벗어나지 못하고 있다. 또한, 도로, 건물, 산업 및 공공 단지 등 토지를 기반으로 하는 물리적인 인프라에 치중한 개발정책에 습관이 들어 있다. 이들은 흔히 인적자원문제에 있어서도 산업화 시대의 낡은 인력개발 개념을 여전히 견지하고 있는 것이 보통이다.

우리나라는 급격한 도시화를 거쳐 도시화율이 90%에 육박하고 있다. 지금 수도권에서는 이미 역도시화의 단계에 들어가 있고 지방에서는 그 내부에서 거점도시로의 집중화 현상이 진행되고 있다고 보는 것이 옳을 것이다. 다음 인용 내용은 바로 이를 보여주고 있다.

지방대학의 특성화가 지방대학의 발전에 기여할 것인가 하는 본질적인 의문을 제기하는 사람들도 있다. 이 사업에 대해 비판적인 시각으로 보는 사람들의 견해를 소개하고자 한다.

지방대학 특성화 지원사업의 지원분야는 공학, 기초과학, 국제전문인력 등으로서(물론, 자유응모 분야가 있기는 하지만) 대체로 여건이 잘 갖추어진 지방 대도시 대학에 유리한 점이 많다. 실제로 '97 및 '98 지방대학 특성화 지원사업에 선정된 대학들은 대부분 대도시소재 대학들로서 현재 존폐의 기로에 서 있는 非대도시권(농어촌) 지역 사립대학들에는 혜택이 전무한 실정이다. 현재 비대도시권(농어촌) 사립대학은 44개로서 전체사립대의 31.4%를 차지하고 있으나, 농어촌 사립대학의 교육여건이 매우 열악하고 정부의 지원 또한 거의 없는 실정이다. 이들 대학이 특성화 지원사업에 선뜻 나설 수 없는 이유는 교육 및 수업, 연구 시설에 대한 신규투자가 필수적인데 그것이 매우 어렵기 때문이다. (엄상현, 2000)

지방대학의 경쟁력을 높인다는 측면에서는 도시지역의 우수대학에 지원하는 것이 당연한 조치라고 생각되나 설립준칙주의에 의거 교육부가 설립인가를 한 후에 전혀 책임(?)지지 않는다는 소규모 농어촌 대학의 목소리에도 귀를 기울일 필요가 있다.

교육부는 지난 2000년 초 인적자원의 지역 간 균형개발을 위한 '지방대학 육성대책 수립 추진 기본계획'을 발표한 바 있다. 이 계획은 지방대학의 특성화 유도 및 교육여건개선', '권역별 연합대학체제 구축', '산·학·관 교육공동체 구축', '우수학생 유인체제 구축' 및 '지역사회와의 연계체제 구축' 등 크게 5개 영역의 구체적인 실천방안을 준비하고 있다. 이 기본 계획은 이른바 광역권 개념을 채택한 것이다. 그러나 이러한 정책이 성공적이지 못하기 때문에 다시금 지방대학의 위기론이 계속되고 있는 것이다.

국가주도의 이상과 같은 지역균형발전 계획은 도시와 대학들을 지역발전의 주체로 하는 것이 아니라 국가계획과 도시개발규제의 객체화할 수밖에 없다. 도시와 대학들이 협력하여 지역발전의 주체가 되도록 하는 것이 필요하며 이를 위해서는 대학에 자치권을 주고 도시들에게 도시발전의 주도권을 돌려주어야 한다.

결론 – 21세기 한국 대학의 변화와 개혁의 전망

아·태지역의 고등교육 그 특징: 잠재적 서비스 시장 측면

고등교육시장개방논의와 더불어 아·태지역에서는 미래의 고등교육시장전망 차원에서 이 지역의 전반적 고등교육상황에 대한 검토가 성행하고 있다. 호주와 뉴질랜드의 대학이 이러한 작업에 가장 적극적이다. 아·태지역의 고등교육의 전반적 특징을 요약한다면 ① 대규모의 고등교육잠재인구 ② 캘리포니아 일본 등 고등교육 최선진 지역으로부터 중국 인도의 낙후 지역까지 커다란 지역 간 격차 ③ 사립대학의 발달의 세 가지로 요약할 수 있다. 그리고 이들 지역을 관할하는 정부의 역량과 수준에도 그에 따른 커다란 격차가 존재한다.

<표-25> 아·태지역의 후기 중등-고등교육 참여(OECD국과의 비교)

	학령인구 중 학생비율			고등교육입학 자격자비율	고등교육이 수율	고등교육 평균기대연한
	15-19세	20-29세	30-39세			
아시아 OECD	81.8	28.2	14.9	67	59	3.0
일 본				69	39	
한 국	78.6	23.9	1.4	60	45	3.7
뉴질랜드	72.4	21.4	9.0	65	70	3.1
중 국				17	8	0.4
인 도				34		
인도네시아	38.5	3.0		19	14	0.6
말레이시아	46.5	6.0	0.5	14	22	1.1
필리핀				53	41	1.4
태 국	60.2			27	40	1.8
미 국	73.9	21.2	5.4		43	3.4
OECD평균	77.1	21.4	4.9	55	45	2.5

  이러한 사정은 바로 국제교역을 통한 역내의 상호의존과 동반성장을 주장하는 좋은 기반이 되고 있다. 그런데 한국 일본과 같은 경우에는 고등교육의 질 문제 이전에 국제적 교육서비스 전달수단으로써 자국언어의 한계를 극복할 수 있을지가 의문이다. 반면, 영어를 사용하는 미국, 호주, 뉴질랜드의 세 나라는 바로 고등교육에서의 비교우위를 자신하고 있는 나라들로서 역내의 고등교육서비스시장의 창출과 고등교육서비스 무역질서의 확립에 커다란 국가적 관심을 기울이고 있다. 위의 도표와 같은 자료는 그러한 관심 속에서 산출된 일종의 시장조사 차원의 자료이지만 아시아 지역의 고등교육시장의 잠재성을 충분히 보여주고 있다.

  문제는 이러한 잠재력 큰 서비스시장이 자유무역 형태로 현실화될 경우 결국 어떤 나라들이 주된 고등교육의 공급자가 될 것이며 다른 나라들의 대학은 이른바 서비스 차별화 전략을 바탕으로 살아남을 수 있을 것인가 하는 점이다. 유럽과는 달리 이미 아·태지역에서는 사립대학이 광범하게 허용되어 왔으며 사립의 대학에 고등교육의 상당 부분을 의존하는 전통이 확립되어 있다. 최근에는 거대한 인구를 가진 중국이 사립대학제도의 도입과 그 대폭적 활성화를 통해 고등교육 기회의 확충에 전면적으로 나서고 있다. 이러한 저간의 사정이야말로 유럽이나 아프리카 지역에 비해 아·태지역에서의 고등교육 서비스무역 논의가 급물살을 타는 배경이 되고 있는 것이다.

  고등교육자체가 세계화되는 상황을 전제로 할 경우 우리나라 고등교육의 경쟁력을 확보하는 가장 중요한 전략적 기반은 미국 등 다른 나라의 우수대학들을 모방하는 것 이전에 한국 고등교육의 정체성을 확립하는 일이다. 나라 간의 차별화와 특성화야말로 한 나라의 고등교육이 국제적으로 경쟁력 있게 발전하기 위한 토대가 된다.

한국고등교육의 정체성:
이념과 추구하는 인간상

우리나라 사립대학의 정관을 보면 거의 대부분의 대학에서 〈홍익인간〉을 그 대학교육의 기본 이념으로 채택하고 있다. 이렇게 된 연원을 찾아보면 다음과 같다. 일제 강점기 우리나라 상해 임시정부가 홍익인간을 그 헌장의 이념으로 가지고 있었으며, 국내에서는 철도 내 상인 단체인 〈홍익회〉가 이를 단체 명칭으로 사용한다. 해방 후 정부 수립 이전인 1945년에 현 홍익대학교의 전신인 홍익학원이 이를 정식 교육이념으로 채택한다. 이후, 헌법제정 당시 홍익인간의 이념을 채택할지 여부를 논란하다가 결국 불발되었으며, 그 대신 몇 년 후 교육법을 제정하면서 교육법 제1조에 우리나라 국민교육의 이념으로 홍익인간이 채택되게 된다. 교육부는 사립대학 설립인가 신청시에 참고로 사용하도록 마련한 학교법인정관준칙에 이를 반영하였으며, 이에 따라, 우리나라 사립대학들이 정관에 그 교육이념으로 〈홍익인간〉을 내세우게 된 것이다.

기본적으로 홍익인간이라는 사상은 한국의 전통 자생문화로서 꾸준히 민중 속에 전승 보전되어 온 정신이다. 불교 유교 또 서양문물 전래 이후의 서구문명이 한국 역사에서 언제나 지배층의 문화를 형성하면서 홍익인간과 같은 전통적 정신과 문화는 억압과 소외의 대상이었다. 해방 이후 모든 법 체제를 서양식으로 만들면서도 민법, 형법, 헌법 등 통치의 틀을 형성하는 법률에는 홍익인간이란 개념이 들어가지 않았으나 교육법에서는 정인보, 조소앙, 안재홍, 안호상 등의 노력으로, 1941상해임시정부의 건국강령에서 건국이념으로 채택된 홍익인간의 개념을 계수하여 어렵게 홍익인간이 그 첫 조문에 한국의 교육이념으로 들어가게 됨으로써 그 해석을 둘러싸고 의론이 분분하게 된 것이다.

홍익인간의 이념은 이미 상술한 바와 같이 흥정과 담판, 분쟁과 갈등, 이익과 거래에 대한 한국적 접근방식이며 유능하고 바람직한 인간상인 동시에 사회건설과 정치제도 운영의 기초가 되는 원리였다. 이러한 원리와 문화적 축적을 오늘날의 한국사회는 유교 문화가 지배적 문화가 되면서 버리거나 잊고 있었다. 그러나 홍익인간의 정신은 한국의 정치 교육 경제 등 모든 부문이 탈근대의 위기를 겪고 있는 지금 이 시점에 포스트모던 시대의 바람직한 도덕적 정치적 원리로 회복하여 발전시켜 나가기에 적합한 사상이다.

그리고 이러한 행동원리는 학교에서부터 가르쳐질 뿐 아니라 교육과정 교육제도 교육행정의 재구축의 원리가 되어야 한다. 이성적인 인간이 근대공교육제도 구축의 근본 원리가 되고, 듀이의 도구적 이성에 입각한 인간이 20세기 미국 교육과 미국 민주주의의 바탕이 된 것과 마찬가지다. 바우만은 포스트모던 시대에도 정치가 궁극적으로는 도덕적 책임의 원리에 기초한 것이 되어야 한다고 설파한다. 홍익인간의 이념은 우리나라에서 포스트모던의 도덕, 교육, 사회, 정치 원리로 손쉽게 되살릴 수 있는 조건을 갖추고 있다.

홍익인간의 이념과 보부상들의 행동수칙에는 선도(仙道)에 입각한 한국적 자연주의사상의 성격이 강하게 반영되었다고 여겨지고 있다. 동양적 선교 사상은 현재 환경과의 조화를 지향하는 서구에서의 포스트모던 추세와 매우 친화력을 보이며 보급되고 있다. 홍익인간 이념이나 한국적 협상모델에 대하여는 시론에 불과한 본 논서의 논의 내용을 넘어 보다 전문적이고 분석적이며 고증이 뒷받침된 연구작업이 뒤따라야 할 것이다.

21세기의 새로운 시대를 맞으면서 산업화 시대와는 다른 새로운 인간상이 요구되고 있다. 지금까지의 교육은 인간의 성장과 발달에 있어서 포괄적으로 지(知) 정(情) 의(意)에 초점을 두었다. 분석적 지성, 예술적 감성, 덕을 실현하는 의지 같은 것이 교육과 훈련을 통해 얻어져야 할 인간성장의 목표였다. 이러한 인간적 특성은 물론 앞으로도 중요하게 여겨질 것이다. 그러나 이것만으로는 21세기를 성공적으로 살아갈 수 없다. 앞으로의 사회는 창발적, 온정적, 공익적 인간을 요구한다.

'창발적'이라는 표현에 일부 오해가 있으나 그 의미는 분명하다. 지금까지의 개념에 의하면 창의성은 학교교육에서 얻어지는 광범한 지적 소양의 토대 위에서 특별한 훈련을 통해 얻어지는 것이었다. 그러나 창발성은 매일 매일의 경험 속에서 주의 깊은 관찰과 노력에 의한 학습으로 얻어진다. 즉 창의성이 학교교육시대의 가치관인 데 반해 창발성은 평생학습시대의 가치관인 것이다.

인류의 문화와 역사는 많은 창의적인 소수들에 의해 발전되어 왔다. 창의적이라는 말은 교육받은 소수일 수밖에 없는 창조적 지성에 대하여 주로 쓰여 왔다. 그러나 21세기 사회는 평범한 사람들의 일상적 삶에 있어서조차 실용적이고 창조적인 문제해결을 요구한다. 최근 일부 학습심리학자들은 이러한 실용적 창조적 문제해결 능력을 가리켜 실용적 인지(實用的 認知: practical cognition)라는 명칭을 부여하고 있다. 창발적 인간은 바로 이 실용적 인지 능력이 발달한 인간을 말한다. 따라서 창발적이라는 개념은 구체적이고 특정된 상황 속에서 자기 주도적 행동을 통한 창조적 문제해결 능력을 지칭하는 것이며 지난 날 소수의 창조적 지성이 보여주는 창의성과는 차원이 다른 것이다.

온정적 인간은 타인에 대한 심정적 공감과 배려(care)를 할 줄 아는 인간을 말한다. 산업사회와는 달리 21세기의 정보화 사회는 인간과 인간을 묶어주는 사회적 유대가 엷어지고 여러 가지 위험과 복잡성이 원자화되고 상호 고립된 인간들을 지배하고 있다. 이러한 시대에 인간다운 삶을 위해 가장 필요한 것은 타인의 마음을 읽고 배려할 줄 알며 어려운 처지에 있는 사람들을 돌볼 수 있는 마음 자세이다. 이러한 덕목이 소홀히 취급되어온 지금까지의 도덕교육, 윤리교육은 산업사회적 교육의 특징을 지닌 것이다. 즉 인간과 인간 사이의 상호 소통과 배려 대신에 사회 전체를 지배하는 가치관과 덕을 개인에게 관철하는 데 치중해 왔던 것이다.

'공익적' 인간이라는 표현에 거부감을 느끼는 사람들이 있을지 모른다. 혹 개인을 무시하는 집단주의적 발상이 아닌가 하고 의구심을 표현할 지도 모른다. 그러나 '공익적'이라는 표현은 그러한 발상과는 전혀 무관하다. '공익적 인간'이란 공적생활(public life)에 참여할 줄 아는 인간을 표현하고자 하는 용어이다. 인간은 사회공동체의 구성원일 수밖에 없는 존재이다. 순수한 개인적 사적(私的) 생활만으로 일생을 일관하는 삶은 무가치할 뿐 아니라 불가능한 것이다.

과거 산업사회에서는 공적 생활이란 공무원 정치인 등 사회의 특정소수만
이 실천하는 것으로 기대되었으며 나머지 일반 국민은 시장경제하에서 개인
적 이익을 추구하는 사적(私的) 생활에 충실하기만 하면 되는 것으로 여겨져
왔다. 특히 우리나라에서는 사람들이 자신의 이해관계와 이익의 추구에만 관
심을 두며 봉사나 참여와 같은 공적 생활의 가치를 폄하(貶下)하는 경향이
많다. 그러나 21세기의 사회는 참여민주주의의 시대이며 공적(公的) 생활에
책임감을 가지고 참여하는 사람이 존경받고 그러한 행동이 권장되어야 하는
것이다.

요약하건대. 창발적 온정적 공익적 인간은 산업사회 이후의 새로운 시대가
요구하는 인간적 가치관이다. 과거에는 소홀히 여겨졌던 이러한 인간적 특성
없이는 보통의 직업인이자 시민으로서의 평범한 삶도 성공적으로 꾸려나가기
어려울 것이다. 그런 의미에서 창발성 온정성 공익성은 지식정보화 사회에서
의 삶의 기술(life skills)이며 이에 기초한 인간상이 평생학습시대를 맞아 앞
으로 정부가 추구하는 교육인적자원정책의 기반이 될 것이다.

평생학습시대와 대학교육의 지향

과거 엘리트 중심의 대학 시대에 대학교육의 중요한 성격은 당연히 평생학
습자를 양성하는 것이었다. 교사와 교수, 고급공무원, 법관, 의사, 목회자 등
대학을 나온 자가 종사하는 모든 직업이 곧 평생학습을 그 필수요소로 하였
기 때문에 이는 당연하다.

대학이 평생교육을 그 기능으로 가져야 한다는 것을 새삼 강조하는 이유는
오늘날 대학교육이 보편화된 상황에서는 엘리트뿐 아니라 대학을 입학하고 졸
업하는 보통사람들도 평생학습자가 되어야 한다는 점 때문이다. 과연 대학이

과거 엘리트들을 평생학습자로 성공적으로 키워낸 것처럼 보통사람들도 평생학습자로 길러낼 수 있을 것인가. 현재 대학교육이 직면한 가장 큰 도전은 바로 이러한 문제이며, 어떻게 이러한 문제를 극복하고 대학이 급격히 발전하고 있는 평생학습 제도와 원활한 관계 속에 함께 발전할 것인가 하는 점이다. 이러한 모순과 과제는 그 중요성에도 불구하고 충분히 정책문제로 인지되고 있지 않다. 현 교육개혁 정책의 한계가 여기에 있다.

평생교육은 대체로 무정형의 교육과 학습에 광범하게 의존하는 경향이 있다. 그렇기 때문에 무정형의 학습을 통해 이루어진 역량과 지식을 측정하여 인증해 주는 데 주력할 수밖에 없으며 학습성취 테스트에 의존하는 경향이 생기는 것이다. 그러나 각종 학습성취도 테스트들이 지닌 한계는 자기주도성이나 창의성, 메타인지능력 등 고도의 역량과 학습자 특성을 제대로 측정하지 못한다는 것이다. 이러한 능력은 사전에 준비된 일정한 교육과정 속에서 함양되고 관찰을 통해서만 확인 가능하다는 데 있다. 그럼에도 불구하고 시험 중심의 평생학습제도가 확산되면서 5·31 이후 교육개혁이 지향해온 창의적인 인간, 자기 주도적인 인간의 육성을 위한 기반이 오히려 약화되고 있는 것이다. 다음과 같은 문제들이 이제부터 신중히 검토되어야 한다.

지식의 성격문제

지식은 오랫동안 문자 등 기호의 형태로 저장된 지식이 그 기본인 형태로 존중되어 왔다. 그러나 이제 지식과 지식의 전수에 대한 이러한 관념은 낡은 것으로 간주되고 있다. 지식은 문자 이전에 사람에게 체화된 형태로 늘 존재하며 그중의 일부만이 문자화되어 있다는 사실에 주목하게 된 것이다.

이렇게 사람 몸에 체화된 지식은 그 창조되고 전수되는 과정 역시 전통적인 지식의 개념이 상정하던 방식과는 다른 여러 가지 다양한 방식을 거치는 것으로 확인되고 있다. 즉 문자에 의하지 않은 직접적 경험의 공유, 훈련, 깨달음 등 암묵적(tacit) 의사소통에 의해 창출되고 전수되는 것이다. 그러므로 살아 있는 지식의 탐구와 전수 과정은 전통적인 강의실학습의 상투적인 양상을 크게 벗어나는 것이다. 이러한 암묵적 의사소통의 과정은 다양한 네트워크의 형태로 발전되어 가고 있다. 1960년대 이후 이루어진 수많은 지식과 기술 혁신 사례의 대부분이 이러한 전문가들의 네트워크들 속에서 산출된 것들이다.

새롭게 정의된 의미의 지식을 창출하고 전수하고 활용하는 과정이 소위 말하는 적시학습(just-in-time learning)이다. 이 용어 속에는 개인이 평생에 걸쳐서 자신이 거하는 장소에서 원하는 시간 즉시 사용 가능한 학습에 접근이 가능해야 한다는 이념이 내포되어 있다. 평생교육체제를 구현한다는 것은 이러한 학습의 기회가 모든 사람에게 평등하게 보장되고 만인이 이러한 진정한 지식(authentic knowledge)의 발전에 기여할 수 있는 교육제도를 만드는 것이다. 오늘날 선진국에서의 학교교육은 이러한 평생교육제도의 일부분으로서 모든 사람에게 학습의 방법과 습관을 형성시켜 주는 기초교육으로서의 역할로 그 사명을 재정의되고 있다.

서비스 발전: 자격, 학력 및 노동시장의 변화

오늘날 단순 노동력이 수급되는 전통적 의미의 노동시장은 점점 축소되고 있다. 우루과이라운드 서비스 협상에서 역사적으로 상징적 의미를 지닌 사건의 하나는 노동이 서비스로 간주되었다는 점이다. 서비스란 바로 지식으로 장비된 인간의 노동이다. 어떤 개인이 어떠한 지식으로 장비되어 있는지를 가리키는 노동시장에서의 지표가 바로 자격이다. 넓은 의미의 자격은 한 개인의 학습의 결과로서 자격 학력 학위 인증된 경력 등 모든 인적 지표를 가리킨다. 그런 의미에서 오늘날의 노동시장은 학습의 결과물인 사람에 체화된 지식이 유통되는 시장, 서비스 시장으로서의 성격을 지닌다. 평생학습체제는 이렇게 지식시장, 서비스 시장, 자격체제와 실질적으로 통합되어 있다.

선진화된 현대 경제 체제는 서비스를 주축으로 운용되고 있다. 생산의 주축은 이미 제조업에서 서비스업으로 넘어가 제조업이 차지하는 비중은 많은 나라에서 전 산업의 10% 전후를 차지할 뿐이다. 우리나라의 경우 유통 금융 공공서비스를 포함해 전 산업의 70%를 차지하는 서비스 수준의 봉건성과 낙후성이 한국 경제의 걸림돌이 되고 있음은 세계은행 등 외국의 한국 관측통들에 의해 누누이 지적되고 있다. 평생학습체제를 통한 서비스의 고도화 없이 한국의 사회경제적 발전은 더이상 불가능하다.

문화예술의 대중화와 평생교육: 인문주의의 부활

서양 중세 말 근세 초에 뿌리를 둔 문예(arts and humanities)라는 용어는 근대 교육 이후 한동안 잊혀져 가고 있었다. 과학적 지식, 이유와 법칙에 관한 지식이 강조되고 학교와 학문을 지배하면서 인간의 구체적 작업과 수행의 중요성이 간과되어 갔던 것이다. '하기 위한 교육'에 대한 강조는 잊혀져 가던 문예적 전통의 부활로서의 의미가 있는 것이다. 살아 있고 행동하는 사람들과 직접 부딪치는 경험 없이는 새로운 의미의 지식은 불가능한 것이다. 이런 의미에서 기예와 인간성 이해라는 인문주의적 전통은 재평가되고 있으며 장인정신에 대한 새로운 조명이 행해지고 있는 것이다.

각국에서 21세기를 앞둔 대학교육과정 개혁의 주된 특징이 되고 있는 인문주의는 근대교육과 과학의 아카데미즘과 혼동되어서는 안 된다. 근대 교육과 아카데미즘은 합리적 이성의 보편적 지배를 특징으로 하고 있는 점에서 인문주의의 특징인 다양성과 개별성에 대한 존중과는 대척적인 것이다.

근대교육이 아카데미즘을 지향하면서 생겨난 하나의 폐단은 문화의 유행화 상품화 현상이다. 문화라는 것은 원래 교육과 학습을 통하며 축적되고 고도로 세련화되는 것이 본질적 특징이었다. 그러나 산업사회의 융성과 더불어 문화란 이른바 문화 오락 산업에 의하여 창출되고 유통되는 것으로 바뀌었다. 즉 학습되고 전수되는 방식을 통해 살아 움직이는 문화가 아니라 유행으로서 유통되고 소비되는 것이 되었다.

그러나 교육-학습과 유리된 문화는 언제나 일시적이고 덧없는 유행(mode)을 벗어날 수 없다. 유행으로서의 문화는 문화 오락 산업의 경영자들이 그 상품가치가 수명을 다했음을 감지하고 퇴장을 결정하는 순간 박물관으로 들어가게 된다. 이러한 산업사회적인 문화산업은 21세기에는 더이상 유지되지 못할 것이다.

새로운 문화산업은 교육과 학습을 통해 살아 있는 문화 인문적 전통 위에 탄탄히 살아 있는 문화를 바탕으로 성장한다. 프랑스의 무대 장식과 공연산업은 초현실주의라는 유럽 미술의 전통 위에 뿌리박고 있으며 이태리의 디자인 산업은 이태리 전역에 널려 있고 이태리 국민들의 미적 감성 속에 녹아 있는 미술작품이 대표하는 이태리 미술의 전통이 그 바탕인 것이다. 선진국의 특징은 바로 살아 있는 전통으로서의 문화가 평생학습을 통해 이렇게 전 국민의 일상생활 속에서의 스며드는 방식으로 대중화되어 있는 데 있다. 이것이 진정한 문화산업의 저력이다. 한국에서 최근 문화 산업이 강조되고 있다. 문화가 교육과 유리된 상태에서의 문화산업은 유행과 상품으로서 가짜문화에 대중들이 중독되는 잘못된 길로 빠져들 우려가 있다. 문화산업의 정상적 발전을 위해서는 학교와 도서관 미술관을 중심으로 하는 예술교육의 대중화가 반드시 전제가 되어야 한다.

사회개발과 교육: 생활로서의 민주주의와 "함께 살기 위한 교육"

협상과 의사소통은 포스트 모던 시대의 정부, 조직, 시장과 같은 사회기구를 움직이고 갈등과 분쟁을 해결하는 근본적인 행동원리이다.

민주주의의 근본은 표결과 다수자의 지배에 있는 것이 아니고 전원 합의를 위한 대화와 타협 그리고 이를 통한 소수자의 권리 보호에 있는 것이다. 현대의 민주정치는 이른바 참여민주주의로 특징지어져 가고 있다. 정부서비스 수혜자와 시민단체 이해관계자가 정부의사 결정과정에 깊숙이 참여하고 있는 것이다. 이러한 참여 민주주의는 그 실현 과정에서 다양한 형태의 협상을 수반할 수밖에 없다. 참여란 이들 참여자들의 의견이 반영되고 이들이 동의하는 것을 전제하기 때문이다.

구체적으로 참여 민주주의는 영미권에서는 행정절차를 중심으로, 유럽 선진국들에서는 사회계약 형태의 집단적 제휴체제의 형태로 나타나고 있다. 이러한 행정절차와 집단적 제휴 과정에서 참가자 사이의 협상은 민주주의 사회에서의 갈등관리 방식의 핵심을 이루고 있다.

정부기관이나 기업 등 계층제에 의한 조직들에서도 계층적 의사결정만에 의해서 조직이 운영된다는 것은 불가능하다. 조직행동을 연구하는 학자들에 의해 축적된 연구결과는 조직행동의 주요 양상으로서 협상이 얼마나 조직 내에 보편화되어 있는지를 잘 보여주고 있다.

한편 자유주의에 입각한 경제체제의 중심기구로서 시장은 당사자 사이의 계약에 의해 움직여지는 체제이며 시장을 지탱하는 계약자유와 사적 자치(私的自治)는 당사자 사이의 협상을 전제할 수밖에 없다. 시장 내에서 계약을 통하여 타인의 협력을 얻으려면 협상할 수밖에 없다. 계약은 협상의 산물이기 때문이다.

정부, 시민사회조직, 시장기구들을 나누어 설명했지만 이들 간의 경계는 점점 허물어지고 있다. 다양한 형태의 네트워크가 이들을 대체해 가고 있는 것이다. 순수한 시장 존재하지 않으며 현실로 존재하는 것은 지속적 거래로 묶여진 시장 내 행동자들의 네트워크이다. 조직들은 근대적 관료제가 아닌 네트워크의 다발로 변해가고 있다. 정부나 정치 역시 네트워크 형성을 통해 그 권위와 리더십을 행사하고 정책을 수립 집행한다. 이러한 네트워크 형성의 근본적 동인은 참여자들 간의 협상과 합의에 있다.

이렇게, 포스트 모던 시대를 살아가려는 개인에게는 협상이 그 삶의 기술이다. 개인의 직업생활 사회생활에 있어서 필수적인 능력으로서 협상에 대한 인식이 높아 가고 있다. 세일즈맨이나 컨설팅사업체의 컨설턴트 등 전문협상가들은 물론이고 일반 직장인들을 위해서도 협상교육의 수요는 점차 늘어가고 있다. 더 나아가 협상은 이제 모든 개인의 성공적인 생애를 위한 필수적인 기술로 평가되며 모든 시민을 위한 기본적인 자질로서 간주되고 있는 것이다. OECD는 회원국 정부들과 함께 교육정책 사회정책의 기초로서 삶의 기술(life skills)을 확인하고 조사하는 국제공동사업에 착수하고 있다. 삶의 기술이라는 측면에서 협상은 미국 사회과 교육 위원회에서도 새로운 사회과 교육과정의 핵심 내용으로 등장하고 있다.

지속 가능한 인간개발: "존재하기 위한 교육"

"지속 가능한 개발(sustainable development)"은 리오 환경회의 이후 경제 사회개발의 기본 노선이 되어 있다. 최근에는 개발의 과정에서 환경 문제를 넘어 가정 학교 사회 종교 기업 도시 정부 등 모든 사회제도 간의 균형과 사회적 통합의 문제에 대한 관심이 점점 높아지고 있다. 잘못된 개발과정에서 자연적 생태만이 희생되는 것이 아니라 사회적 생태의 파괴와 불균형이 잇따르고 개발에 뒤쳐지는 인간의 문제가 심각해지고 있기 때문이다. 결국 인간개발이 뒤따르지 않는 개발은 실패할 수밖에 없다는 인식이 널리 확산되어 있다. 이러한 차원에서 유엔개발계획은 "지속 가능한 인간개발(sustainable human development)"을 21세기 개발 전략의 기본 모토로 삼고 있다.

대학과 국가혁신

기술이란 지식과 마찬가지로, 무엇보다 우선 사람 또는 조직에 체화된 특성이다. 이를 잊은 그 어떤 기술정책도 사상누각을 지을 뿐이다. 1980년대 후반 우리나라에서 기술의 중요성에 대한 정책적 관심이 높아가던 시기에 정부는 기술정책발전을 위한 토대로서 법제와 행정적 관점에서 〈기술〉에 대한 개념 정의 작업을 시도한 바 있다. 이때의 이 노력은 실패했으며 그 결과 현재까지도 산업기술, 과학기술 정책과 법제의 기초로서 기술의 개념이 확립되지 않은 채 각종 정부 정책이 시행되고 있다.

만약 지금까지 우리나라의 기술 분야에서 정책의 실패가 있다면 바로 이 개념 정립의 실패에 그 태반의 원인이 있다. 바꾸어 말하면 기술 개념의 정립에 실패한 결과 기술을 '사람'과 '조직'으로부터 유리된 물질적 단위 또는 정반대의 어떤 추상적 실체로 무의식중에 간주하고 이를 토대로 정책을 펴온 것이다.

둘째로 국가 혁신체제란 혁신의 주체들 간의 상호작용 체제라는 발표자의 지적은 각별히 강조되고 그 구체적 의미를 명료하게 해야 한다. 왜냐하면 상호작용이란 사회경제 모든 부문에서 수직적 권위주의가 지배해온 우리나라에서 이에 거스르는 수평적 관계 맺음의 활성화를 의미하기 때문이다.

우리나라는 계(契) 향약(鄕約) 등의 형태에서 보듯이 고래로 집단 간의 계약에 의한 네트워크 전통이 발달한 나라였다. 이러한 계약과 협력의 전통을 회복하는 것이야말로 국가혁신체제 구축의 첩경이다. 그런데 어느 틈에 권위주의와 수직적 상명하복(上命下服)에 의한 할거와 분파가 우리 사회를 지배하면서 계약과 네트워크의 문화적 전통이 사라지고 수평적 협조와 교류가 가로막힌 폐쇄적인 사회로 변하였다.

이러한 폐단을 극복하고 산업체 대학 연구기관들 간의 다양한 수평적 네트워크를 발전시켜 가려면 ① 이들 조직과 그 내부 단위들의 자율성 제고가 선행되고 ② 그러한 자율적 단위 간에 조직의 경계를 벗어난 교류와 계약이 광범하게 허용되어야 한다. 바꾸어 말해 국가혁신이란 조직문화의 혁신을 선결조건으로 하며 조직개발 인간개발과 동전의 양면을 이루는 것이다.

한편 조직문화의 혁신에는 조직의 새로운 지배구조(governance)의 도입이 수반되어야 한다. 주식회사 형태의 지배구조와 이를 뒷받침하는 기업관료제로 구성된 조직은 근본적으로 노동과 자본의 결합 양식인 산업사회의 물적(物的) 조직 형태이다. 새로운 지배구조는 지식과 지식, 또는 지식과 자본의 결합을 구현하는 조직문화를 담보할 수 있는 인적(人的) 조직 형태이어야 한다. 영미권에서 유행하는 파트너십과 같은 기업형태는 바로 이러한 장점 때문에 지식기반 기업의 지배구조에 적합한 것이다. 우리나라에서 조합이나 계와 같은 인적 조직 방식이 재조명을 받아야 할 이유가 여기에 있다.

마지막으로 지식의 활용과 확산이 국가혁신체제의 구축에 핵심요소라는 발표자의 논지도보다 그 의미가 구체화되어야 한다. 우리나라는 GDP 대비 가장 높은 수준의 연구개발투자가 이루어지는 나라이다. 그럼에도 불구하고 혁신의 성과가 다른 나라보다 낮은 이유는 혁신이 지식의 확산과 활용으로 이어지지 못하고 있기 때문이다.

우선 연구개발 사업이 학습자와 연계되지 못하고 있다. 프랑스식의 대학과 연구기관 간 분리체제 모델을 따르면서도 프랑스에서 활성화된 대학원생의 연구기관 배치(placement)가 없는 것이 가장 큰 원인이다. 직접적인 연구성과라는 면에서 보면 연구개발 사업은 대부분이 실패하고 오직 소수만이 성공하게 마련이다. 실패하는 대부분의 연구개발을 결과적으로 역설적 성공으로 이끄는 요인은 실패한 프로젝트에서도 수많은 논문이 나오는 등 지속적인 학습이 이루어지는 데 있다. 우리나라에서는 바로 이 학습 사이클이 결여 된 데서 지식의 확산이 단절되고 국가혁신체제 구축의 근본적인 장애가 생기는 것이다.

한편 지식의 활용문화를 보급하는 데 결정적 장애가 되는 것이 반주지주의(反主知主義) 또는 반지성(反知性)으로 흐르는 사회풍토와 조직문화이다. 지성의 힘보다는 선례와 관행의 힘을 더욱 중시하고 개인의 노력보다는 집단의 결속을 더욱 중시하는 이러한 풍토에서는 지식의 활용이 효과적으로 저지되기 마련이다. 이러한 풍토 속에서 지식이란 혁신과 변화의 원동력이기보다 권위와 통제의 원천으로서 작동하게 마련이며 사람들은 지식을 불신하게 된다.

마지막으로 국가혁신을 위한 규제개혁정책의 방향을 언급함으로써 토론을 마치고자 한다. 규제개혁은 교환에 입각한 상호작용의 발전에 대한 장애물을 제거하는 의미가 있으며 그 자체가 목적이 아니다. 단적으로 말해, 규제가 사라지면 자동적으로 상호작용에 입각한 수평적 네트워킹이 발전하리라고 가정하지 말고 기업 연구기관 대학 정부기구 상호간 지식의 확산과 학습이 수반되는 상호작용의 촉진을 위한 적극적인 조치가 뒤따라야 한다는 점을 잊어서는 아니 된다. 이 점에서 우리나라의 규제 개혁정책은 근본적인 정책목표와 그 수단을 재검토할 필요가 있다.

대학자율화와 규제개혁, 대학개혁의 주체

대학자율화에는 세 가지 측면이 있다.

첫째는 국가(정부)와 대학 간의 관계에서 대학이 법인격을 가짐으로써 대외적인 권리능력과 행위능력을 보유하는 것이다. 이는 국립대학법인화의 문제이다.

둘째는 대학 내부의 일을 스스로 처결할 수 있는 내부적 자치권이다. 국가(정부) 또는 제3자가 학내의 일에 가급적 개입하지 않고 대학 스스로 이를 관할하도록 하는 것이다. 예를 들어 대학에 기반을 둔 사단법인 또는 재단법인에 대해 국가 또는 지방자치단체의 법인감독권 행사는 적절히 제한될 필요가 있으며 이는 대학총장에게 법인감독권의 일부를 위임함으로써 가능하다.

셋째로 대학내부의 질서-즉 대학본부와 대학의 구성원들 간의 관계 측면입니다. 대학의 구성단위(학과, 연구소, 부속기관, 교수, 실험실 등)들은 대학본부를 정점으로 하는 관료제의 일부가 아니다. 보통 "대학은 수많은 구성요소들의 복합체"라고 정의되는 것이 바로 이를 의미하나 정확히 말하면 대학의 구성 부분들이 대학본부의 간섭을 받지 않고 자율권을 행사하는 영역이 확보되어야 한다는 것이다. 이러한 구성부분들의 자율권을 통해 대학의 내부시장(internal market)이 창출되고 가동되어야 대학이 활성화되며 대학구성부분들과 외부의 산업체 연구기관 간의 거래 활동(즉 산학연협력)이 활성화되는 것이다.

우리나라에서 산학연협력을 제약하는 결정적인 원인은 대학이 대학본부를 정점으로 관료제화되어 구성부분들의 자율적인 대외활동에 장애가 되는 데 있다. 이 점에서 볼 때 교육부의 기존 연구비중앙관리정책은 대학을 관료제화하고 결과적으로 산학연협력을 저해하는 가장 큰 원인이 되고 있으며 전면 재검토가 필요할 것이다.

대학이 추구해야 할 전략: 자율성의 추구

시민사회와 정부 또는 넓은 의미의 정치의 관계에 대하여는 이미 우리나라에서도 많은 논의와 연구가 축적되어 있다. 반면, 대학과 정부의 관계에 대하여는 그렇지 못하다. 그만큼 우리의 대학의 지위에 대한 대학 내외의 반성과 지적인 탐구가 결여되어 있다는 반증이다. 그래서 무엇보다 우리나라의 대학은 정부 또는 국가와 어떠한 관계에 서 있는 것인지를 스스로 명료히 할 필요가 있다.

사립대학은 물론 국립대학을 포함하여 전체 대학은 국가 또는 정부와는 대등한 별개의 사회부문이다. 양자는 상호 견제 균형관계, 또는 부분적으로 서로 침투 협력관계에 서 있는 것이다. 그러나 어쨌든, 시민사회 또는 시장이 국가와는 별개의 자족적인 사회적 실체인 것처럼 대학사회도 스스로의 고유한 원리에 의해 움직이는 자족적인 실체로서 국가와는 상호 대척에 서 있다.

우리 헌법 제32조 제4항은 일반적인 교육의 자주성, 전문성, 정치적 중립성과는 구분하여 〈대학의 자율성〉을 법률로 보장할 것을 명시적으로 규정하고 있다. 바로 이 〈대학의 자율성〉이야말로 국가와 대학의 관계를 규정짓는 핵심이며 이에 따라 정부기능의 한계가 그어지는 것이다. 헌법학자들은 일반적으로 헌법의 이 규정이 이른바 서구식의 대학자치 원칙을 천명한 것으로 해석하고 있다.

자치라고 표현하든 자율이라고 표현하든 이는 그 주체가 되는 대학의 법적 '주체성'과 그 주체가 가진 '포괄적 권리'를 반드시 전제하게 된다. 즉, 대학은 법률적으로 그 주체성을 인정받음과 동시에, 그 자율성이 미치는 영역에서 개별적인 여러 권능을 갖는 것이 아니라 단일한 포괄적 권능과 그로부터 유래되는 개별적 권한을 보유하여야 한다는 것이다.

대학이 그 법적 주체성을 인정받아야 한다는 당연한 사리를 강조하는 이유는 우리나라의 국립대학은 그 법적 주체성을 인정받고 있지 못하기 때문이다. 굳이 비유를 하자면 우리나라의 국립대학은 국립체육관이나 박물관과 같은 공공의 시설일 따름이며 법인격이 없기 때문이다. 과천시, 창녕군과 같은 지방자치단체가 공법인으로서의 법적 주체성을 가지고 있는 것과는 근본적인 지위의 차이가 있는 것이다. 구체적으로 과천시나 창녕군은 법적 주체성을 가지고 자치권을 행사하지만 서울대학교는 법적 주체성을 가지고 자치권을 행사한다는 것이 불가능한 것이다. 이 점을 본다면 국립대학에 법적 주체성을 인정하지 않고 있는 우리의 고등교육법이나 국립대학 설치령은 대학의 자율이라는 헌법상의 제도보장 법령 수준에서 충분히 뒷받침하지 못하고 있다.

대학의 자율성이 부족하다는 것은 사립학교법에 의해 법인격이 부여되어 있는 사립대학의 경우에도 동일하다. 문제는 대학들이 이러한 자율성을 명료한 인식하에 확보하고 구체적으로 행사하고자 하는 정치적 의지가 있는가 하는 점이다.

대학이 추구해야 할 전략: 경영실체와 그 주체의 확립

대학은 시설인가 단체인가? 우리나라의 법제에 의하면 대학은 공원, 박물관, 전시장 등과 같은 시설이다. 국공립대학은 국가 또는 지방자치단체와 같은 공법인이 설립자가 되어 이 시설을 설치 운영하며 사립대학은 대학의 기초가 되는 재산의 집합이 재단법인으로 의제되어 이 법인이 시설로서의 대학을 설치 운영하는 법적 주체가 된다.

흔히 대학교육의 가장 중요한 주체라고 일컫는 교수는 그러면 대학에서 무슨 법적 지위를 갖는가가 의문일 것이다. 이 경우 교수는 대학설립 운영주체가 사용자가 되어 고용(또는 위임)하고 대학이라는 시설에 배치하여 근무토록 한 피사용자일 따름이다. 이러한 우리나라 교육법제의 기본적인 관점은 교수가 교육의 주체라는 교육계의 일반적 인식과 정면으로 배치된다. 즉 제도의 형식과 제도의 내용이 어긋나는 것이다.

형식과 실질 간의 이러한 괴리는 다른 분야에서도 흔히 보인다. 예를 들어 불교종단은 국가법상으로는 불교재산을 기초로 하는 일종의 재단법인일 따름이다. 그러나 실질적인 불교는 이러한 국가법과는 별개의 법체계-종법(宗法)에 의해 승려들과 그 신앙체계를 핵심으로 정의된다. 대학의 경우에도 국법상으로는 다만 시설일 따름이지만 대학의 실체는 일종의 대학 내부규범인 대학법에 의해 교수들과 그 내부지배체제를 중심으로 하는 인적 조직으로 정의되고 있는 것이 엄연한 현실이다. 초·중등학교의 경우에도 대학과 마찬가지로 일종의 사회법 형태로 발달한 학교사회의 내부규범이 확립되고 그에 의해 학교의 실체가 시설이 아닌 교수들의 집단을 중심으로 규정될 가능성은 있다. 프랑스의 경우 아예 국가법률에 의해 학교를 시설이 아니라 교수들의 집단인 공적사단법인으로 정의하고 있다.

사실 우리나라의 민족적 전통에 따르면 대학은 교수 또는 학습자들의 모임으로 정의되는 것이 통상이었다. 구한말과 일제 초기에 걸쳐서 생겨난 수많은 사립학교-당시 이름으로는 학회(學會) 또는 학계(學契)들은 그 실질이 시설이 아니라 교수 또는 학습자의 모임이었다. 이는 계(契)와 같은 인적 조직을 통해 모든 사업(enterprise)을 계획하고 실행하는 전통을 지닌 우리 문화의 유산에 따른 것이었다. 이러한 사립학교들이 물적인 시설로 바뀌게 된 직접적인 계기는 일제에 의한 사립학교령이다. 이를 통해 일제는 '불온한' 인적 요소인 대학의 설립자들을 배제하여 학교를 재산을 중심으로 하는 물적인 실체로 순수화하는 동시에 교사들을 피고용인 신분으로 전화(轉化)시킬 수 있었다.

대학이 시설인가 단체인가라는 질문을 다시 한번 장황하게 검토하는 이유는 과연 어떠한 형태의 대학조직이 지식산업시대의 대학에 적합한 모습인가 하는 점을 논하기 위해서이다. 결론부터 말하자면 대학은 시설로서의 물적 요소와 단체로서의 인적 요소를 함께 가지고 있다. 그리고 지식산업사회에서의 다양한 학습수요를 감안할 때 대학의 형태도 다양화되지 않으면 안 된다는 것이다. 예를 들어 대학을 물적 시설로 정의하는 입장을 고집하면 최근 늘어나는 사이버대학들은 대학으로 인정되기 어렵게 될 것이다. 사이버 대학이야말로 사람들의 모임이 그 실체이기 때문이다. 평생교육의 확고한 전통을 지닌 스웨덴에서 학습을 목적으로 조직한 학습자 단체는 법률에 의한 보호와 정부 보조를 받는 엄연한 교육기관이다.

　우리나라 교육계의 고질적인 갈등 양상의 하나는 대학경영자와 교수집단 간의 갈등이다. 전자는 대학이 시설이라는 점에만 착안하여 경영권의 우위를 고집하려 하며 후자는 교수들의 모임인 대학의 주인이자 최고 의사결정권자는 전체 교수라고 고집한다. 이러한 갈등은 물적 자본과 지식자본의 지분이 함께 인정되는 자본주와 기술자 간의 동업자 관계를 당연하게 인정하고 존중하는 상업적인 관행과 상식의 수준에조차 못 미치는 교육계의 무규범적 혼란(a-momie) 상태를 반영하는 것이다.

　지식기반사회에서의 대학은 우선 그 법적인 실체부터 다양화되어야 한다. 어떤 대학은 학습자 단체로, 어떤 대학은 교수 단체로, 또 다른 대학은 물적 재산을 기초로 하는 시설로 다양하게 조직되고 그러한 실체가 법적 사회적으로 존중되어야 한다. 물론 여러 가지 성격을 함께 지닌 복합적인 성격의 대학도 있을 수 있으며 그때는 그 구성과 결합에 따른 지분과 목소리가 존중되어야 하는 것이다.

　학교의 오너십과 경영의 조직을 위한 입법정책이라는 관점에서 보면 학교라는 조직의 운영기반이 되는 지식/기능 등 문화적 축적의 기초와 재정적 기초 학습자의 참여 문제들이 학교의 오너십 구성의 주요 요소로 고려되어야 하며 전문경영의 학교 오너십으로부터의 자율성을 어느 정도까지 부여할 것인가도 동시에 고려되어야 한다. 근대 이후 기업조직이 會社法을 통해 체계적으로 규율 발달되어 온 것에 비하면 학교법을 통해 윤곽지어진 학교조직은, 모든 국가의 학교조직의 외형적인 유사성에도 불구하고, 법률적인 측면에서는 그야말로 국가에 따라 서로 극도로 다양하고 불분명하기 짝이 없는 상태가 지금까지 계속되어 왔다. 더구나 각종 비영리, 영리의 사립교육기관의 경우에는 개인기업이나 주식회사의 형태까지에 이르는 변화무쌍한 조직형태들이 난립하고 있는 것이다. 행정법학자들은 흔히 학교를 公共營造物로 정의하지만 이는 현실의 일부분에 불과하고, 학교 등 교육기관의 법적 성격을 어느 정도라도 체계적으로 정의하기에는 각국의 이 분야 입법 현실에 대한 이해작업은 황무지나 다름없는 상태라고 해도 좋을 것이다.

　그래서 적어도 현재의 상황에서는 국가가 불분명하게 대처하고 있는 사항들에 관한 한 개별대학이 스스로 자기 자신을 명료히 하고 대학 내부의 합의를 거쳐 대학의 발전(institutional development)을 추구하는 것이 최선의 방법일 것이다.

대학평가 제도의 발전과 프랜차이징

　대학평가란 근본적으로 대학외부기관에 의한 대학교육의 질관리(quality assurance) 활동이다. 우리나라의 대학평가는 현재 정부의 대학정책당국, 대학교육협의회, 일부 언론에 의하여 각각 별개의 목적으로 수행되고 있다. 그중 정부와 대학교육협의회의 평가는 정부정책의 일환이다. 즉 대학정책당국은 대학들을 평가하고 그 결과에 따라 정부의 재정적 행정적 지원에 차등을 둠으로써 정부 정책에의 호응을 높이려는 목적을 가지고 있으며, 대학교육협의회는 정부입법에 의한 특수법인으로서 대학들이 회원으로 가입하여 개별 대학에 대해 외부기관에 의한 질관리를 대학평가라는 방식으로 수행하고 있다. 그러나 이러한 정부정책의 일환으로서 대학평가는 개별대학들이 평가를 받는 과정에서 유·무형의 많은 비용을 초래하면서 그들의 반발을 초래하고 있다. 예를 들어, 어느 한 대학이 외부기관의 평가를 받으려면 적어도 수개월간 그 소속의 많은 교수들이 자체 보고서 작성과 평가 준비에 매달려야 하는데 이 고급인력이 투입되는 시간과 노력을 비용으로 계산한다면 수억 원은 가볍게 넘을 것이다. 전국적으로 수백 개의 대학이 이러한 평가준비 작업을 상시 행한다고 생각해 보라. 현재의 대학평가 제도는 이를 유지하는 데 따른 총비용과 그 제도의 효과의 비교 면에서 비교할 때 과연 정당화될 수 있을는지 의문이다. 정부의 대학평가 정책은 이제 새로운 방향을 모색해야 할 단계에 이르러 있다.

대학교육은 일종의 서비스 성격을 지니고 있다. 서비스가 갖는 특징은 무형의 노력을 통해 고객의 필요를 충족시킨다는 데 있다. 그런데 무형이라는 서비스의 특징에서 일반의 재화와는 달리 그 품질관리의 측면의 어려움이 제기된다. 무엇보다 먼저 서비스는 그 최종 산출이 통상은 눈에 보이지 않는 무형이라는 점에서 이를 가시화하는 방법이 별도로 강구되지 않으면 안 된다. 즉 일정한 서비스 표준(standards)을 확립하고 그를 충족하는지 또 어느 정도 충족하는지를 표시하고 강제하는 것이다. 이러한 가시화 조치들은 서비스 제공자가 그 존립을 위한 방안으로 실행하는 경우도 있고 공공의 이익을 위하여 대학 외부 기관 즉 정부 또는 공공단체가 고객단체 등이 수행하는 경우도 있을 수 있다.

그러나 가장 전형적이고도 효과적인 서비스 질관리 장치는 역시 개별 서비스 사업자가 행하는 것이다. 병원, 호텔, 음식점 등 다른 서비스 부문과 마찬가지로 대학도 자신이 제공하는 서비스의 품질과 수준을 스스로 정의 결정하고 이를 유지하기 위한 활동을 수행해야 한다. 대학본부가 해야 할 가장 중요한 기능의 하나가 바로 여기에 있다고 보아야 할 것이다.

서비스 분야에서 이러한 자체 품질관리의 고도로 발달된 형태를 프랜차이즈가 제공하고 있다. 가맹 점포주나 사업자들에게 최대한 자율성을 제공하면서 프랜차이즈 본사는 개별 점포의 서비스 질을 유지하기 위하여 건물, 설비, 교육훈련, 금융 등 표준화된 투입요소를 일괄 제공하거나 확립된 서비스표준에 입각하여 성과에 대한 모니터 작업을 일관되게 수행한다. 이러한 질 관리 노력을 통해 프랜차이즈 사업의 브랜드 가치를 창출하고 유지하는 것이 프랜차이즈 본사의 핵심적 기능인 것이다.

대학본부는 바로 프랜차이즈 본사와 같은 기능을 수행해야 한다. 원래 학교란 그 학교의 이름 즉 브랜드 가치가 가장 중요할 수밖에 없는 사업이다. 따라서 이를 창출하고 유지함에 있어서는 학교당국이 행하는 교육의 질 관리 노력이 결정적일 수밖에 없으며 어찌 보면 사실은 프랜차이즈업이라는 것이

브랜드 가치가 가장 중요할 수밖에 없는 학교의 운영모델에서 착안되어 발전한 것이 아닐까 생각되기도 한다.

대학은 프랜차이즈 본사로부터 많은 것을 배워야 할 것이다. 그중에서도 특히 개별 가맹점포들에 독자적인 오너십과 자율성을 주는 부분을 특히 눈여겨보아야 한다. 우리나라의 대학들은 대학본부를 정점으로 지나치게 관료주의화되어 있어 대학 내부의 구성단위들의 자율성이 심각하게 훼손되어 있고 이 경향이 오히려 강화되고 있는 것이 저간의 사정이다. 개별 학과, 단과대학, 연구소, 실험실들이 프랜차이즈 가맹 점포들이고 대학 본부가 프랜차이즈 본사라고 생각해보자. 아마도 현재의 대학을 내부적으로 혁신하고 대학교육의 질을 높일 수 있는 첩경이 여기서 발견될 수 있을 것이다. 정부는 대학 외부기관에 의한 평가에 의존하는 현재의 대학평가 제도를 이러한 시각에서 근본적으로 수정하고, 개별대학들이 대학본부를 중심으로 질 관리 장치를 내장하는 방향으로 발전시켜야 할 것이다.

대학 자체의 질 관리 시스템, 수요자 참여

고등교육의 질 관리를 위한 메커니즘으로 그동안 널리 쓰여 왔던 것은 외부의 인증기관들에 의한 평가와 인증이었다. 우리나라에서도 정부는 물론이고 대학교육협의회와, 언론들이 나서서 대학들을 평가하고 그 순위를 발표하는 등 대학교육과정의 질 향상을 위한 외부압력을 강화해 왔다.

그러나 이러한 외부평가 방식에 의한 대학교육과정의 질 관리 방식은 점차 대학으로 하여금 자체적인 질 관리 방식을 대학에 내장하도록 하는 방향으로 바뀌어 가고 있는 것이 선진국의 새로운 경향이다. 즉 기업이 스스로 자신이 생산하는 제품의 품질 관리 활동에 최선의 노력을 경주하는 것과 마찬가지로 대학도 자신이 제공하는 교육프로그램의 질 관리 활동을 해야 하는 것이다. 우리나라에서도 대학의 경쟁력이 강조되기 시작하면서 각 대학의 본부 행정당국들 간에는 교육의 질을 높이는 것이 대학본부의 가장 중요한 임무 중 하나라는 인식이 확산되고 있다.

우리나라 대학들에서 교육의 질을 높이기 위한 활동은 아직은 초보적 수준에 머물고 있다. 교수-학습방법을 개선하기 위한 교수 매뉴얼을 제작 보급한다든지, 4년 교육과정의 중간에 6개월에서 1년의 학외 활동 경험을 필수화하는 샌드위치 방식의 도입과 같은 것이 그 사례이다. 한편, 학사를 포함한 대학운영 전반의 질적인 평가인증을 받는 경우도 생겨나고 있다. ISO(International Standard Organization) 인증을 신청하여 평가받는다든지 하는 것이다.

한편, 대학교육의 질 관리를 위해서 개별 대학들이 이른바 체제적 접근이라는 이름으로 전사적 질 관리(TQM)와 비슷한 방식을 채용하는 경우도 있다. 서비스 부문 사업체들에서 전체적 질개선(TQI: Total Quality Improvement) 또는 전체적 과정개선(TPI: Total Process Improvement)이라는 이름으로 모델화된 이러한 방식을 우리나라 대학에 보급하기에는 대학의 구조가 이들 서비스사업체와 많이 다른 것이 문제일 것이다.

대학교의 전체적인 모습은 ①일정한 토지와 건물 시설 설비 기반 위에서 ②학내외의 다양한 주체들에 의해 준비된 프로그램에 따라 ③학생과 고객의 다양한 경험활동이 수행되는 데 있다. 이러한 모든 프로그램과 활동은 참여자의 자율과 창의에 입각하여 수행되어야 하며, 우수대학을 지향하는 대학본부의 가장 중요한 활동과 기능은 이러한 활동의 최소 질적 수준을 표준으로 정하고 이를 유지함에 있다.. 이를 위한 시스템이 〈고등교육 질 관리시스템〉이며, 우수한 대학은 이를 외부에 의존하지 아니하고 대학에 내장하는 데 그 특징이다. 질 관리를 위한 체계적 조치들과 시스템은 다음과 같은 구성요소들에 입각해야 하며 이를 바탕으로 구체적 질 관리시스템이 개발되는 것이다.[79]

---

79) 오늘날 가장 세련되고 고도화된 프로그램 질 관리 방식과 도구들은 호텔, 식당, 전문 편의점 등 서비스부문의 세계적 대규모 프랜차이즈들에 의해 개발 실행되고 있음. 서비

□ 시설, 설비 표준의 확립과 유지

○ 시설을 기반으로 하는 모든 서비스의 질은 시설/설비가 기본 여건.

○ 모든 공간/도구들이 학생, 고객의 활동 입장에서 설계, 구비되어야 함.

○ 대학본부는 이를 위한 설계와 평가 표준을 개발 보유하고 있어야 함.

□ 프로그램의 질 표준의 확립과 유지

○ 모든 프로그램은 대학본부에 일정한 양식에 따라 등록되어야 함.

○ 등록된 리스트상의 모든 프로그램을 대상으로 패키지화된 질 관리 조치
가 정기적 지속적으로 이루어져야 함.

○ 프로그램의 질 관리 기준은 학내외에 공개되어야 함.

□ 학생/고객 경험활동 및 성과의 표준 확립과 점검

○ 입학생들의 선학습, 과정/강좌 이수자들의 학습경험은 지속적으로 모니
터 되고 적절히 통제되어야 함(예를 들어 수능 2등급 이내 등 입학생
질의 사전제한도 그중의 하나로 도입되어야 함).

□ 상기 3요소의 종합과 시정 조치 과정

○ 상기 요소들은 대학 내 전담 질관리 조직에 의해 종합 조정되어야 하나,

○ 개별적 질 관리(Quality Control) 행동은 개별 활동수행단위들의 참여에
의해 분권화되어야 마땅함. 그러나

○ 궁극적으로, 모든 질 관리 활동의 성패는 총장 이사진 등 리더들의 품질
mind에 달려 있음.

사실, 대학 본부가 그 대학의 교육프로그램 질 관리를 위해서 할 수 있는 일
은 일반 사회에서 정부 또는 공공단체가 그 관할 영역에서 수행하는 서비스의
질 관리나 공적 인증활동과 유사할 것이다. 예를 들어 프랑스 정부가 자국의 포
도주나 기타 농산품을 체계적으로 품질인증하고 이를 국내외에 보증하는 것과
다를 바가 없는 것이다.

우리나라에서 시급히 발전되어야 할 또 다른 대학교육과정의 질 관리 방식
은 인력수요부문에 의한 인증 방식이다. 우리나라 대학교육의 질이 낮고 산업

스 단체로서 대학은 이러한 방식을 연구 도입할 필요가 크며, 뉴질랜드의 국립대학들이
이러한 방향으로 눈을 돌리고 있음.

계의 수요에 부응하지 못한다고 산업계로부터 비판의 목소리가 매우 높다. 그러나 이러한 비판에 따른 책임은 사실 대학의 몫이라기보다는 산업계의 몫이다. 즉 산업계의 수요가 대학 측에 제대로 전달되지 않아서 생겨나는 이러한 현상은 바로 산업계가 그 비용을 스스로 부담하면서 수요전달(demand delivery)의 책임을 다하지 못한 데 원인이 있기 때문이다. 각 산업분야별로 인력수요자들이 공동으로 대학교육의 질 개선을 위해 스스로 감당해야 할 몫을 다하는 좋은 방법이 고등교육프로그램 인증활동의 형태로 수요 측의 요구를 반영하는 것이다.

대학 감독 체제의 확립

우리나라의 대학이 가진 고질적인 문제의 하나는 사학의 비리와 부정에 있다. 이 문제를 교정하기 위하여 끊임없이 제기되는 정책의제가 사립학교법 개정이다. 즉, 사립학교의 지배구조를 제도적으로 바꾸어 학교이사회 중심의 경영권을 제한하고 교수들의 참여 또는 더 나아가 학생과 대학사무직원들의 참여까지 민주적인 지배구조의 확립을 통해 사학의 비리와 부정을 통제해야 한다는 것이다.

그러나 이상과 같은 발상은 한마디로 번지수가 틀린 잘못된 처방이다. 모든 지배구조는 윤리적 타락의 가능성을 똑같이 가지고 있다. 민주주의도 얼마든지 타락할 수 있고 타락한 민주주의의 폐단이 얼마나 클 수 있는지는 이미 잘 알려져 있다. 도덕적 규범적인 일탈과 해이는 지배구조의 변경으로 해결될 수 없는 성격의 것이다. 이 점에서 사립학교법 개정과 같은 제도적 개선을 통해 사학의 비리와 부정 문제를 해결하려는 것은 처음부터 접근 방법이 잘못 설정된 것이다.

사학의 비리와 부정 문제는 대학에 대한 감독체제를 확립함으로써 해결되어야 할 문제이다. 전문대학 등을 포함하여 전국적으로 400개 이상의 사립대학에 200만 명이 훨씬 넘는 재학생이 있는 상황에서 이에 대한 감독은 교육부 감사실의 30명이 채 안되는 감사요원이 국립대학 교육청 등 다른 교육 관련 기관들에 대한 감사업무에 부수하여 수행하고 있다. 이런 상황에서 사립대학에 대한 일상적 정기적 감독은 물리적으로 불가능하다. 대부분의 사립대학이 교육부의 감사를 한번도 받은 바 없다. 바꾸어 말해 사학에 대한 감독체제가 실질적으로 존재하지 않는 것이다. 사학의 비리와 부정이 확산되지 않는다면 오히려 이상한 상황이다.

대학이란 학위를 발급하는 교육기관이다. 이 학위는 화폐와 같은 일종의 신용이며 이를 수백만 명의 학생이 이용할 뿐 아니라 취업희망자를 고용하는 고용주들 또한 이 제도의 주된 이용자이다. 대학교육과 그를 통해 발급되는 학위의 신용과 신뢰가 무너지면 사회가 큰 혼란에 빠진다. 이 점에서 금융제도 이상의 공공성과 고도의 감독체제가 필요한 것이 고등교육 부문이다. 그런데도 감독체제는 실질적으로 존재하지 않는 이상한 상황에 놓여 있는 것이다.

이렇게 이상한 상황이 발생한 원인은 두 가지이다. 그 하나는 소위 대학의 자율성이 훼손된다는 우려에 입각하여 정상적인 감독체제의 확립을 기피하고 그 대신 대학의 지배구조의 민주화라는 잘못된 해답을 올바른 대안이라고 우기는 대학사회의 비정상적인 풍토에 있다. 그러나 자율성을 확립하는 민주적 제도와 감독의 문제는 전혀 별개의 것이다. 이미 지적한 것처럼 제아무리 민주적으로 조직된 사회구성단위들도 적절한 외부감독체제 없이는 윤리적 도덕적 타락을 벗어나기 어렵다.

한편, 작은 정부라는 이름의 정부조직의 간소화 작업의 영향이다. 감독조직을 창설 유지하려면 그만큼 정부가 커질 수밖에 없다. 작은 정부에 대한 압력에 특히 취약한 정부교육당국의 힘만으로는 제대로 된 감독체제의 확립이 어려울 수밖에 없다. 그러나 우리 사회의 타 부문과 비교해 보라. 금융감독원 금융감독위원회와 같은 금융감독체제를 구성하는 조직 및 인력, 또 수천 명의 근로감독관을 주축으로 구성된 근로감독시스템과 비교해 보라. 두 분야 모두 대학 이상으로 개별 금융기관이나 기업의 자율성이 보장되어 있는 분야임에도 불구하고 감독체제가 오히려 필요 이상으로 정비되어 있다. 즉 우리나라에서는 정부의 감독과 규제 기능이 각각의 사회 분문 간에 커다란 불균형을 이루고 있으며 이는 정부기능의 균형이 깨져 있다는 말이기도 하다.

적어도 수백 명의 고도로 훈련되고 전문성을 보유한 감독요원이 그 주축이 된 사학 감독체제의 확립이야말로 사학의 비리와 부정 문제를 해결하기 위한 첩경이다. 여기에 들어가는 비용은 연간 십조 원이 훨씬 넘는 교육투자가 이루어지는 우리나라 고등교육의 신용을 유지하는 데 필요한 불가피한 소액의 지출일 따름이다.

우리나라의 대부분 사학은 건전한 운영을 하고 있고 고등교육에 대한 정부 재정투자가 결핍된 상황에서 우리 고등교육 체제의 확립에 결정적인 기여를 하고 있다. 우리는 지금껏 일부 사학의 비리와 부정 문제로 인해 우리나라 전체 대학의 신용이 추락하고 빈대잡기 위한 사립학교법 개정으로 사학의 활력을 죽이는 잘못된 길로 치달아 왔다. 이제는 생각의 출발점을 다시 정해야 할 것이다.

서울대 폐지론의 진전:
국립대평준화와 국립대법인화

국립대학의 운명과 관련된 2개의 중요한 정책담론이 진행되고 있다. 국립대학평준화론과 국립대학법인화론이 바로 그것이다. 이 두 가지 담론은 적어도 7~8년 정도의 역사를 가지고 진전되어 왔다. 전자는 물밑에서 진행되다가 최근에 수면 위로 떠올랐으며 후자는 수면 위로 떠올랐다가 다시 물밑으로 숨기를 반복해오다가 최근 교육인적자원부가 이를 다시 수면 위로 떠 올렸다. 서로 모순되는 듯이 보이는 이 두 가지 담론이 과연 우리 사회의 보수-진보 양 흐름이 일합을 겨루는 전쟁터의 하나가 될 것인가, 아니면 서로 상보하는 윈-윈의 해법을 찾아갈 것인가 독자들은 그것이 궁금할 것이다. 이에 대한 해답을 추적하기 위해서는 먼저 이 두 가지 서로 다른 담론의 지난 궤적을 알아보아야 한다.

국립대 평준화론의 발단은 YS대통령 당시 제2기 교육개혁위원회로 거슬러 올라간다. 그때 교육개혁위원회가 소수의 대학원중심대학 육성방안을 내놓았을 때 그 방안에 내포된 주요 정책목표의 하나는 서울대학교가 대학원중심으로 프로그램의 중점을 옮기면서 학사과정은 인문·사회·자연 분야 기초교육 중심으로 500명 이하 모집정원을 가지고 운영됨으로써 고교졸업생의 대학입학경쟁시장에서 물러나는 것이었다. 아울러 서울의 한두 개 사립대학도 이 같은 방향으로 따라와 주면 더욱 좋겠다는 것이었다.

이러한 조치의 기대효과는 대입준비생들의 선망의 대상이 되는 이들 소수 대학의 의학 공학 법학 경영 등 인기프로그램이 대학원 수준의 전문 프로그램이 됨으로써 나머지 수도권 대학 또는 지방대학들이 자신들의 고유한 경쟁력을 바탕으로 회생의 길에 들어서면서 대학원 중심의 수월성 프로그램을 본격적으로 육성한다는 것이었다. 이러한 방안은 당시 교육개혁위원회 마지막 발표 개혁안이었던 제4차 교육개혁안에 담기는 데까지는 성공하였으나 곧이어 정권교체가 이루어지면서 실행안으로 구체화되는 과정에서 이른바 BK21 사업으로 내용이 변경되어 버렸다. 결국 물타기를 통해 본래의 취지와는 크게 다른 연구중심대학 육성 프로그램으로 바뀐 것이다. 이에 따라 당초 중요 정책취지의 하나였던 우수 전문가와 고급연구자 양성을 대학원 수준으로 옮기고 학부 수준에서는 전국의 대학이 상대적으로 공평한 경쟁 기반을 마련함과 동시에 수도권 지방간의 균형 발전을 기한다는 목표는 사라졌다.

상술한 정책적 변화 속에서라 대학 간의 공정한 경쟁 여건 조성이라는 정책의제는 별도의 정책담론으로 분리되게 되었으며 학벌주의 극복이라는 화두가 여기에 편승되면서 대학평준화론이 제기되게 된 것이다. 사립대학은 이러한 논의의 초점에서 비켜갈 수밖에 없으며 국립대학이 그 논의의 핵심으로 부각되게 되는 것이다. 돌이켜 볼 때 결국 서울대학교는 1997-1998에 대학원 중심대학으로 가는 늑대와 마주치는 길을 극력 회피함으로써 지금은 국립대 평준화론이라는 호랑이를 정면에서 맞닥뜨리게 된 것이다.

한편, 또 다른 담론인 국립대 법인화론은 국립대학에 예산 회계 인사상의 자율성을 주고 경영을 합리화한다는 차원에서 일찍이 각종 특수공기업 또는 공공재단처럼 특수법인화하는 방안 또는 국립대학전체를 포괄하는 특별회계 설치 방안이 경제 부처를 중심으로 검토 추진된 데서 비롯되었으나 이는 공무원신분을 모두 잃으면서 재정적으로는 자기 책임을 늘려야 하는 것에 반대하는 교수를 포함한 모든 국립대학구성원의 거센 반대 때문에 정책논의가 진전되지 못하였다.

DJ 정부 후반기에 감사원과 재경부 등이 특수법인화를 고집하는 입장을 완화하고 단위대학별로 대학회계를 두어 대학의 자율성을 제고하는 방안으로 의견이 모아졌으나 이 방안은 기획예산처가 도저히 수용할 수 없다는 입장을 견지함으로써 무산되었다. 결국 이 방안은 의원입법형태로 국회에서 발의되어 16대 국회에 계류되어 있었으나 사실 국회 처리 가능성은 제로였다고 해도 과언이 아니다. 그도 그럴 것이 민주화과정이 급격히 진행되면서 이제는 예산 편성권만이 행정부가 지닌 강력한 입법부 사법부에 대한 견제 수단으로 남아 있는데 단위대학들을 독립성 자율성이라는 명분으로 별도회계로 하여 자율편성을 대폭 허용하는 것은 막바로 입법부 사법부 예산의 독립으로 이어지고 3권분립 체제에서 행정부의 지위가 결정적으로 약화될 가능성이 높기 때문이다. 기획예산처가 이를 최우선으로 걱정하는 것은 당연하다. 결국 국립대합의 자율적 운영을 위한 입법을 위한 논리 구성에 커다란 허점이 있었던 것이며 그러한 허술한 논리로는 입법을 통한 정책화하는 것이 당초부터 불가능하였던 것이다.

이러한 상황에서 최근 일본이 국립대학을 특수법인화하는 정책을 채택 실행함으로써 우리나라에서도 다시 한참 예전에 검토되던 국립대특수법인화 방안이 이제 다시 수면 위로 떠오르게 된 것이다.

이상에 약술한 두 국립대학정책담론은 서로 정면으로 충돌한다. 양자 간에 화해의 가능성은 없다. 하나는 우측으로 크게 치우친 신자유주의 논리이며 다른 하나는 좌측으로 크게 치우친 공동체 논리평준화논리이기 때문이다. 왜 이렇게 되었을까. 그 이유는 양자가 처음부터 오해된 개념과 편협한 시각에 따라 접근 패러다임의 첫 단추를 잘못 끼운 것이며 그에 따라 화해될 수 없는 선로에 진입하여 너무나 멀리 와 버렸기 때문이다. 이하에서는 앞의 양 담론이 근본적으로 잘못된 부분을 중점적으로 지적하고 그 화해 가능성을 시사하고자 한다.

법인화에 관하여는 법인화의 진정한 본질이 무엇인지를 원점에서 차분히 점검해야 한다. 근대 이후의 법체계에서 법인이란 국가로부터 내부적 자치 영역을 확보한 사회조직을 말한다. 그렇기 때문에 회사형태의 기업은 무엇보다도 주주 또는 사원들이 모여서 회사 정관을 기초로 국가의 간섭으로부터 벗어난 사적 자치, 민간단체자치를 누리는 사법인이며 반면 도시와 같은 지방자치단체는 국가행정권으로부터 벗어난 자치권을 확보한 주민단체-영역단체로서 법적으로는 공법인인 것이다. 우리나라에서도 지방자치단체는 이러한 자치권을 가진 공법인이며 스스로의 지방공무원과 국가로부터 파견받은 공무원을 두고 자치기능을 수행한다.

따라서 국립대 법인화를 논할 때에는 국가와 국립대 간의 관계를 대학의 자치권을 중심으로 재설정한다는 것이 논리적으로 선결되어야 하는 것이다. 따라서 법인화를 얘기하기 전에 국립대학에 과연 자치권을 부여할 것인가 만약 그렇다면 그 자치권은 민간기업 또는 공기업과 같은 사법인에 가까운 자치인가 아니면 지방자치단체와 같은 공공적 성격의 대학자치인가 하는 것이 그다음으로 논의되어야 하는 것이다. 유럽의 대학은 이 후자의 자치단체 지위를 가지고 있다. 왜냐하면 서유럽에서 대학과 도시들은 거의 유사한 경로와 형태로 자치권을 획득하고 공공의 자치단체로서 국가 내에서 성장해 왔기 때문이다. 현재의 우리나라 국립대 법인화론은 그 시야가 지극히 한정되었을 뿐 아니라 도대체 왜 법인격을 부여하며 법인격을 부여한다는 것이 국가와 국립대학 간의 관계를 어떻게 변화시키는 것인지 전혀 검토되지 않은 맹목적 방안으로서 그 상태에서는 정책으로 실현될 가능성이 없다. 일본의 국립대 특수법인화 조치는 바로 그러한 상태에서 성급하게 시행된 것으로 일본국민들은 머지않아 정말로 크게 후회하게 될 것이다.

국립대평준화론은 반대 방향에서 맹목적인 노선을 따르는 정책담론이다. 이 주장은 대학의 자율성과 대학자치를 정면에서 부정하지 않고는 실현될 수 없다. 이 담론의 주창자들은 서유럽의 국립대 그중에서도 프랑스의 국립대학 모델을 평준화의 좋은 모델로 생각한다. 그러나 이들이 완전히 놓치고 있는 결정적인 측면은 서양에서는 평준화 이전에 대학자치와 그에 따른 법인화가 먼저 완성되었으며 대학 간의 평준화는 그 이후 국가의 개입에 따른 부분적인 발전이었다는 점에 있다.

국립대학의 지위와 국가에 대한 관계는 제발 모든 가능한 논의를 제대로 거쳐서 신중하게 이루어지기를 바란다. 그것이 국가와 민족의 발전을 위한 길이다. 맹목적으로 법인화된 대학이라면 이미 수많은 사립대학이 그 모습을 취하고 있다. 그들 사립대학부터 제대로 운영되도록 한 뒤에 해도 늦지 않다. 맹목적인 평준화는 결국 대학에 대한 보다 강화된 국가지배로 이어질 뿐이다. 이 또한 나라를 망치는 가장 빠른 길이 될 것이다.

대학자치와 지방자치, 평생학습도시

우리나라에서 이론상 지방자치단체는 두 가지 종류의 사무를 담당하고 있다. 자치단체 고유의 사무인 주민의 공공복리를 위한 사무가 그 하나요, 다른 하나는 국가로부터 위임받은 위임사무이다. 교육에 있어서 말한다면, 대학을 포함한 공립의 학교를 설치 운영하는 것은 지방자치단체의 고유사무이며 교육감이 유치원이나 초·중등의 사립학교의 설립을 인가하거나 감독하는 것은 법령에 의해 정부로부터 위임받은 위임사무라고 볼 수 있다.

고등교육에 있어서 현재 지방자치단체가 수행하는 역할은 일부 광역시·도에서 시립 또는 도립의 전문대학이나 대학교를 스스로 설립 운영하는 것에 한정되어 있다. 그 이외 고등교육에서 지방자치단체의 역할은 극히 한정되어 있으며 다만 극히 일부 시청과 도청에서 대학과 협력하여 지역학이나 지역산업을 위한 연구개발을 수행하는 정도에 그치고 있다.

대학들 역시 시청이나 도청과는 거의 관계없이 중앙정부만을 상대하며 지내는 일에 익숙해져 있다. 오히려 대학들은 학교와 관련된 조세 건축과 토목 환경 등 업무와 관련해서 지방자치단체와는 갈등할 소지가 더 많고 고등교육 그 자체는 국가적인 일이며 지방자치단체와는 상관없다고 보는 경향이 짙다.

이러한 현실은 우리나라 법제에 기인하기보다는 관행적인 상호 무관심에서 유래된다. 현행의 학술진흥법과 그 시행령에 따르면 중앙정부의 각 부처 장관은 물론이고 광역시장과 도지사들도 학술진흥의 책무를 부여받고 있으며 동법에 따른 학술진흥계획을 수립 시행하여야 하며 교육인적자원부 장관은 이를 종합조정하고 평가하도록 법제화되어 있다. 그러나 동법의 집행을 담당한 교육인적자원부의 방기(放棄)와 시장과 도지사들의 무관심으로 인해 학술진흥법과 그 시행령의 관계조항은 사문화되어 있다.

우리나라 대학들이 지역 사회에 뿌리를 내리고 지역발전에 기여하기 위해서는 고등교육에 있어서 시장과 도지사들의 역할이 대폭 강화되어야 한다. 먼저, 시장과 도지사들이 공단 건설과 공장유치 등 산업화 시대의 지역발전 모델에만 사로잡혀 있는 상황에서 벗어나야 하며 대학을 중심으로 지역사회 내에 축적된 지식의 확충에 나서야만 한다. 이를 위해 교육인적자원부는 학술진흥법을 그 조문 그대로 집행하여야 하며 이에 따라 시장과 도지사들은 지역학술진흥계획을 수립 시행하지 않으면 안 된다. 여기에 필요한 재원은 기존의 자체지방재원과 함께 정부가 새로운 지방교육재정 재원을 발굴하여 시장과 도지사들에게 교부 또는 이양하여야 할 것이다.

한편, 중앙정부 각 부처가 전국의 대학을 상대로 시행하는 연구개발 등 지원사업의 기획과 집행관리를 시장과 도지사에게 위임사무 형태로 대폭 이양하여야 한다. 현재에도 개개의 중앙부처가 전국의 수많은 대학에서 실행되는 연구개발 또는 고등교육지원 사업을 서울에서 기획하고 관리하기에는 벅차며, 지역실정에 맞지 않는 사업이 되기 십상인 상황이다.

고등교육에 있어서 질서유지와 감독 기능 이외의 학술진흥 연구개발 등 조장적인 기능은 교육인적자원부를 포함한 중앙 부처가 수행할 필요성이 낮다. 이러한 조장기능은 아예 지방자치단체의 고유사무로 명시하고 중앙정부는 최소한의 조정 역할만 담당하는 것이 바람직하다.

이상과 같은 조치들이 이루어질 경우 비로소 지방자치단체와 대학들 간의 협력이 활성화될 수 있으며 시장과 도지사들은 절름발이가 아닌 제대로 된 21세기 지식기반사회에 걸맞은 지역발전행정을 위한 리더십을 행사할 수 있게 될 것이다. 이것이 제대로 이루어지지 않기 때문에 시장과 도지사들이 과거 70년대 중앙정부의 산업화 전략을 지방에서 뒤늦게 모방하는 듯한 퇴행적인 발전 정책에서 벗어나지 못하고 있는 것이다. 지역발전을 위한 대학의 역할은 평생학습도시의 개념과 긴밀히 연계되어 있다.

평생학습도시에 관한 논의는 OECD의 학습경제론 중심의 산업혁신형과 학습지역형으로 나뉜다. 지역 기업체 주도의 산업혁신형은 지역(region)을 위하여 주로 기업체가 주도하는 산업단지 및 산업 복합단지에서 혁신을 증진시키려는 것을 주된 목적으로 하여 접근한다. 이에 비해 학습파트너십을 통해 학습지역을 구축하는 것은 지역의 교육기관이 중심이 된다. 한편, UNESCO의 학습사회론 중심의 평생학습도시는 시민사회형과 지역사회 재생형으로서 현대사회와 같은 급속한 변화의 시대에 새로운 역할 또는 정체성 탐색을 목표로 시, 군, 구 범위에서 종합적이고도 광범위한 재생(regeneration) 전략을 기본 특징으로 한다. 이웃 공동체 형성을 위한 시민교육형은 이웃을 위하여 형식적 학습, 비형식적 학습, 성찰적 학습을 활용하여 새로운 형태의 이웃 공동체 관리를 통하여 시민정신의 쇠락을 막고 적극적인 시민정신을 주도하는 것을 특징으로 한다. 이를 유형화하면 다음과 같다.

<표-26> 학습도시의 유형 및 특징(이희수 2001)

유 형		특 징
경제 발전 중심	산업혁신형	지역을 위하여 주로 기업체가 주도하는 학습지역 운동으로 산업단지 및 산업 복합단지에서 혁신을 증진시키려는 것을 주된 접근으로 함.
	학습파트너형	교육훈련 제공 및 이용자를 위한 학습 파트너십형은 교육훈련 제공자와 학습자를 위하여 자원, 지역사회 학습 파트너십 체제를 형성하여 협력을 증진하고 학습에의 참여를 심화시킴.
시민 사회 중심	지역사회 재생형	현대 사회와 같은 급속한 변화의 시대에 새로운 역할 또는 정체성 탐색을 목표로 시·군·구 범위에서 종합적이고도 광범위한 재생(regeneration) 전략을 기본 특징으로 함.
	이웃공동체 형성형	이웃을 위하여 형식적 학습, 비형식적 학습, 성찰적 학습을 활용하여 새로운 형태의 이웃 공동체 관리를 통하여 시민정신의 쇠락을 막고 적극적인 시민정신을 주도하는 것을 특징으로 하는 이웃 공동체 형성을 위한 시민교육형.

주민의 복리 증진이라는 자치도시의 고유한 기능은 대학의 평생교육 기능과의 조화와 협력을 통하여서 가장 효과적으로 촉진될 수 있다. 바로 이러한 이유로 대학과 도시들의 협력이 긴요하다.

예를 들어 가정과 학교 기업 정부들 간의 관계에 있어 전통적 가정의 기능은 급격히 축소되고 있으며 다양한 형태의 새로운 동거 공동체들이 생겨나고 있다. 이러한 변화에 대응한 학교 기업 정부의 역할 변화는 뒤따르지 않는 상태에서 여러 가지 사회적 소외(social exclusion) 문제가 가중되고 있으며 이에 따른 사회통합의 위기 현상도 가속화되고 있다. 변화에 따른 학습과 인간 개발이 뒤따르지 못하고 있는 것이다. 또 정부 역할의 변화는 공무원의 학습과 새로운 업무지식 획득 없이는 불가능한 것이다. 지속 가능한 인간개발이 주장되는 이유가 여기에 있다.

한편. 노동시간의 단축과 여가의 증가에 따른 문제 역시 도시 자체가 제공하는 학습과 교육을 빼 놓고는 풀리지 않는 사회적 조정의 문제이다. 지금 우리나라에서는 이른바 노동시간 단축 문제가 노사 간의 주요 현안쟁점으로 되어 있다. 노사 간의 주장은 평행선을 달리고 있다. 노동조합은 근로시간 단축으로 생산성이 향상될 것이니 임금감축 없이 노동시간이 단축되어야 한다고 주장한다. 사용자 측은 노동시간이 단축되더라도 노동비용이 크게 줄지 않으므로 노동시간 단축에 응할 수 없으며 설사 노동시간이 단축되더라도 임금이 함께 삭감되어야 한다고 주장한다. 이렇게 평행선을 달리는 양측의 대치는 평생학습에 대한 관점이 결여되어 있기 때문에 해결되지 못하고 있는 것이다. 노동조합이 주장하는 노동시간 단축에 따른 생산성 향상은 교육선진국에서 근로자들이 단축되는 근로시간만큼을 학습에 투자하기 때문에 생겨나는 것이다. 이때의 학습비용은 물론 근로자 개인 부담이다. 기업이 비용 부담하는 자기 소속근로자에 대한 기업교육에 근로자의 학습을 의존하는 대신 근로자 부담으로 외부교육기관에 의한 자기주도적 학습으로 전환함으로써 비용이 절감되는 근로시간 단축을 수용하는 것이 선진국 기업이 밟아온 바른 해법이다.

산학협력단, 산학협력조정가, 학교기업

산학협력의 중요성을 강조하는 목소리는 매우 높다. 그러나 진정 산학협력의 촉진을 위한 구체적 조직과 전문가에 대한 논의는 거의 없다. 산학협력단, 학교기업, 산학협력조정가의 3자가 바로 그것이다.

산학협력단은 산학협력에 수반되는 모든 거래비용과 위험을 부담하고 인수함으로써 산학협력을 촉진하는 조직이다. 서로 지극히 이질적인 기업과 대학이 서로 협력을 위해 거래를 준비하고 실행하는 전 과정에서 초래되는 각종 혼란과 거래비용, 리스크는 단순한 것이 아니다. 산학협력단은 교수를 대신하여 어려운 교섭과 협상을 대행하고 산학협력계약의 실행에 따르는 사무처리와 법률적 행정적 문제해결, 산학협력 활동에 따른 과실의 획득 관리 배분을 도맡아야 한다. 현재 우리나라의 대학에 모두 설치된 산학협력단은 과거 대학본부 연구처의 기능과 하나도 달라지지 않고 있으며, 산학협력단의 기능이 무엇인지 자체를 모르는 상태로 운영되고 있다.

최근 중국에서 대학을 중심으로 대학기업이 매우 활성화되어 있고 현재 중국의 경제성장에 기여하고 있다.[80] 학교기업은 서비스분야의 발전과 함께 서비스부문에서 미국과 호주의 대학이 많이 발전시켜 왔다. 또는 기업-교육기관이 일체화된 유럽의 전문직업학교들은 학교기업이 중심이 된 교육기관이라 할 수 있다.

이미 지적한바 지극히 이질적인 기업과 대학이 서로 협력을 위해 거래를 준비하고 실행하는 산학협력의 전 과정이 전문적인 중개자 없이 발전할 것이라 생각하는 것은 지극히 순진한 생각이다. 산업계와 과학적 지식 그리고 대학의 사정에 정통한 중개기능(brokering)이 반드시 필요하다. 이러한 전문가는 특별히 양성되어 전문가로서 활동할 수 있도록 제도적 대책을 마련해야 한다. 미국과 일본에는 이러한 전문가 집단이 육성되어 활발히 활동하고 있으며, 이들이야말로 산학협력을 활성화하고 대학 및 경제의 발전에 가장 크게 기여하는 현대사회의 전문가들이다.

---

80) 중국에서의 학교기업발전은 공교롭게도 집단화된 공산주의적 생산양식의 전통이 자연스럽게 대학중심의 생산활동으로 전이되는 전이효과의 측면이 상당히 있다고 판단됨. 반면에 이에 따른 회계적 계산의 불분명으로 인해 중국의 대학들의 불만이 누적되어 가고 있은 것으로 보임.

　학교기업은 학교제도와 기업제도 사이의 경계선에 있는 제도로서 교육부문과 경제부문 사이에 깊은 이견이 존재하고 있는 우리 사회에서는 자칫 학교기업의 입지가 대단히 취약할 수밖에 없다. 우리나라에서는 학교는 상품과 서비스의 생산과 전혀 무관한 것으로 생각하는 전통에 따라 대학은 의식적으로 학교기업운영을 회피하려는 경향에 빠져 있다. 이를 극복하고 학교기업이 활성화되려면 아직 규명하고 정리해야 할 것들이 매우 많다. ①학교기업제도의 이론적 근거와 성격을 연역적 논리적으로 규명하는 것이 선결요건이며 ②학교가 보유한 인적자원 지식자원이 학교기업활동에 활용되는 방식과 그에 대한 보상 즉 학교기업의 비용 및 편익의 배분 메커니즘이 다양하게 발전되어야 한다. 또한 ③학교기업활성화를 위한 정부규제와 조세 정책상의 일관성이 결정적인 관건이다.

　교육제도와 기업제도를 전반적으로 검토하고 양자의 경계 영역으로서 학교기업의 제도적 환경과 이론적 근거를 밝히는 작업이 필요하다. 학교기업은 기업적 요소와 교육적 요소를 함께 가지고 있으며 양자 간의 충돌 없이 모든 요소들이 학교기업 속에서 조화를 이루어야 한다. 이론적 검토와 모델을 기초로 실제 학교기업의 설치 운영 및 퇴장에 이르는 전 과정에서 기존 학교기업들이 겪는 제도적 어려움을 내용과 성격을 규명하고 이에 따른 규제정비가 필요한 것이다. 이를 구체적인 주제별로 더 열거하면 다음과 같다.

학교기업의 이론적 토대

학교기업의 기업적 요소
- 학교기업의 자본과 그 구성
- 학교기업의 사업영역, 수익의 기초와 수익모델
- 학교기업의 경비계산과 그 할당, 이익의 배분
- 학교기업의 지배구조

학교기업의 교육사업적 요소
- 학교기업의 교육적 기능과 학교기업의 입지
- 학교기업의 교육적 기능과 교수-학생의 역할

- 학교기업의 지배구조와 산학협력 방식
- 학교의 재정적 기반으로서의 학교기업

학교기업과 정부 간의 관계

- 학교기업에 대한 법적 행정적 지원
- 학교기업과 조세 및 공과금
- 학교기업과 금융상의 지원

학교기업 관련 규제실태의 조사와 학교기업관련 법령 정비방안

- 현행 학교재산법제, 회계법제 상 규제의 내용과 실제 성과의 분석
- 현행 기업법제와 창법지원 법제의 내용과 성과에 대한 분석
- 현행 학교기업 관련 조세법제의 내용과 성과에 대한 분석
- 법제의 문제점과 정비방향의 도출

정부출연 연구기관 체제정비와 연구관리 역량

연구와 교육에 있어 현재 우리나라의 상황을 비유하자면 대학의 법제 회계 등 뼈대는 연구와 분리된 고등교육기능만을 예상하여 설계 시공되어 있으며 연구기능은 이를 위한 공공연구기관들의 체계가 별도로 편제되어 있는 상황인 반면 대학의 실제 역할에 운용에 대한 기대는 미국식 대학처럼 연구와 교육을 함께 수행하는 것으로 되어 있다. 양자 간의 괴리로 인해 대학의 연구와 교육 모두가 겉돌게 될 위험에 항상 노출되어 있는 상황이다.

우선 연구기능을 수행함에 있어 대학의 구조는 원칙적으로 연구에 따른 경비보전이 없어 연구활성화를 위한 경제적 유인이 전혀 작동하지 않고 있는 상황이다. 이런 이유로 교수업적평가 등 강제적 유인을 동원하고 있지만 이는 연구의 형식화를 낳을 뿐이다.

한편 연구기능에 특화한 공공연구기관들은 정부재정 등 공공연구자금을 학

연공동연구라는 이름 아래 집행하고 있지만 이러한 학연 공동연구는 결과적으로는 대학의 교수 등 연구 인력을 하도급 형태로 헐값에 이용하면서 공공연구기관은 프로젝트 매니지먼트 기능에 집중하는 상황을 초래하게 된다.

공공연구기관 연구원의 라이프 사이클 측면에서 보면 어느 연령 단계를 넘어 노령화 이후에도 계속 연구에만 집중한다는 것은 생리적으로 많은 어려움이 있을 수밖에 없다. "젊었을 때는 연구, 나이 들어서는 교육"이라는 생애에 걸친 역할 변동이 자연스럽게 이루어져야 함에도 이것이 불가능한 것이다. 연구 인력이 노령화된 많은 공공연구기관들은 그래서 프로젝트 매니지먼트 기능에 집중하는 경향이 생기고 결과적으로는 그 독점성을 통해 대학의 연구기능에 무임승차를 하게 된다.

이상과 같은 상황을 개선하는 방법은 대학과 공공연구기관들 간의 교수 연구원 대학원생교류 등 인적 교류를 먼저 활성화하고 궁극적으로는 연구기관들을 대학 내부로 재배치 통합하는 것이다. 이것이 외부 연구기능을 발전시켜야 할 대학의 발전 방향에도 부합한다.

대학의 인수·합병, 대학구조조정의
정책 논리와 그 허실

바야흐로 우리 대학의 구조개혁을 위한 정부의 정책과 그에 대한 찬반 논의를 두고 국내 대학사회가 혼란에 빠져 있다. 대학통폐합, 국립대법인화,대학의 인수합병, 대학의 영리법인화 등이 논란의 주제들이다. 그러나 이러한 모든 논의는 대학의 법적 사회적 실체가 무엇인지 잘 모르며, 이를 전혀 연구해 오지도 않은 대학사회와 대학정책당국의 무지로 인해, 역시 마찬가지로 대학이 무엇인지 전혀 모르는 채 무책임하게 기업에 적용되는 용어를 사용하여 대학의 구조조정방향을 재단하는 경제관료와 기업인, 정치인, 언론인들의 말장난이 낳은 엄청난 정책오류라고 할 수 있다.

국립대학 통폐합 논리

원래 세계화에 대비한 선진국들의 대응은 1980년대 중반부터 집중적으로 행해졌다. 그중 하나가 기업과 금융기관들의 덩치 키우기이다. 국경이 무너진 경제 시스템에서 경쟁력의 확보를 위한 방법으로 필요한 것으로 판단되었고 이를 위한 통폐합을 정부들이 나서서 적극 유도한 것이다. 이를 우리나라에서도 경제위기 극복 과정에서 추구한 것이다. 그러나 이러한 논리를 이미 지나친 대형화로 인한 비효율이 심각한 우리나라 국립대학에 적용하는 것은 오히려 거꾸로 가는 것이다. 바로 이 점에서 어긋나 버린 것이다.

국립대학법인화 논리

국립대학법인화는 정부기구 형태로 되어 있는 국립대학을 각종 공기업과 같은 특수법인으로 전환하여 그 구성요소들과 재정을 민간화하는 것으로 인식되고 있다. 즉 온전한 민영화는 아니면서 준민영화 형태로 인식되고 있는 것이다.

단순히 대학에 법인격을 부여함으로써 법적 기술로서의 법인격이 갖는 효율성을 확보하기 위한 것이라면 문제는 쉽다. 즉 "모든 국립대학은 법인이다"라고 법률에 의하여 일괄 선언하면 되는 것이다. 법인화된 국립대학의 교직원이 공무원이냐 아니냐 하는 문제는 별개이다. 단적으로 시청 도청 군청 등 지방자치단체들은 공법인으로서 법인격을 가지고 있으나 그 직원들은 국가공무원이 아닐 뿐 지방공무원으로 구성되며, 심지어는 국가공무원도 배치되어 있다. 국립대학의 경우도 동일한 방식이 가능하다. 대학은 법인화를 하되 국가공무원 아닌 별개의 공무원, 즉 가칭 '대학공무원'을 두면 되는 것이다.

문제는, 법인화한다는 것이 정책적으로 어떤 의미가 있는 것인지에 대한 근본적인 인식의 착오가 있다는 것이 문제이다. 법인화라는 것은 국가로부터 간섭받지 않는 자치-단체자치의 영역으로 들어가는 것이 핵심이다. 즉, 사법인의 경우는 사적 자치(私的 自治)의 일환인 법인정관자치, 시·도·군의 경우에는 지방자치, 국립대학의 경우는 대학자치의 영역으로 들어가는 것이다. 그럼에도 불구하고 이러한 핵심이 잊혀진 채 오히려 비본질적인 공무원신분의 문제로 오인되고 있는 것이다. 이러한 오인이 생기는 이유는 작은 정부라는 획일적 논리에 휩쓸려 국립대법인화 문제를 공무원규모 축소의 문제로 처음부터 잘못 인식하고 접근하였기 때문이다.[81]

사립대학 인수합병과 퇴출 문제

파산 퇴출을 또는 인수합병(M&A: merge& acquisition)을 통해 사립대학을 구조조정 한다는 논리 또한 기업구조조정 논리를 잘못된 곳에 무차별 차용한 것이다.

민사법(民事法)상 파산이란 자산보다 채무가 많은 채무초과 상태가 되면 자산으로 채무를 변제하는 것이 불가능하기 때문에 더 악화되기 전에 채권자를 위하여 기업을 청산이 개시되도록 하는 절차를 말한다. 그러나 이렇게 엄격히 하면 경영을 잘해 회복할 수 있는 많은 기업들이 퇴출되어 버리기 때문에 법정관리절차 또는 회사정리절차 또는 더 나아가 기업갱생(work-out)절차를 두어 채무초과인 기업도 살려보려 하는 것이 일반적인 것이다.[82] 문제는 과거 우리나라 기업들은 정책적 기업지원이 과도한 나머지 채무초과는 고사하고 채무가 자산의 1000%가 넘는 부실기업이 허다했던 것이 문제였으며 바로 이 때문에 부실기업의 퇴출과 구조조정이 필요했던 것이다.

그런데 사립학교의 경우는 가장 상황이 어려운 대학도 채무가 학교자산보

---

81) 우리나라에서 또 다른 오해는 공무원의 개념 문제이다. 구미 선진국들에서 통상 공무원이라 함은 국가공무원을 의미한다. 지방공무원은〈official〉이 아닌 〈employee〉로 별도 정의되고 있다. 따라서 대학공무원이라 해도 국가공무원이 아닌 대학 employee를 의미한다면 그것 자체가 정부축소에 해당하는 것이다.
82) 이는 〈기업유지〉라 하여 현대 상법의 기본이념의 하나로 채택되고 있다.

다 초과하기는커녕 10%에 이르는 곳조차 없다. 단지 경상수입의 부족으로 현금수지흐름상에 문제가 생길 수는 있어도 재무적 상태는 건전하기 이를 데 없는 것이다. 이렇게 재무상태가 건전할 수밖에 없는 이유는 사립대학은 기본적으로 '재단'의 실질을 가지고 있어 '기본재산'이 기본적으로 확보되어 있을 뿐 아니라 장기차입형태의 고정채무를 지려면 정부의 승인이 필요하기 때문이다. 따라서 대학의 파산 또는 work-out이라는 개념은 그 자체가 형용모순의 개념이다.

인수합병의 경우도 마찬가지이다. 상법상의 회사는 사람 즉 주주(株主)들의 모임이다. 재산이라는 것은 기업의 본질적 구성부분이 아니며 재산은 다만 기업소유권의 대상일 따름일 뿐 그것이 없어도 기업으로서 성립하는 데 법적인 문제가 없다. 그리고 기업소유권의 한 형태로 '영업'과 '소유지분'의 개념이 제도적으로 확립되어 있다. 따라서 기업의 인수합병은 그 수수되는 대상의 총체성 정도에 따라 개별적인 자산인수→영업의 인수→기업(법인)자체의 인수 또는 합병이 가능한 것이며, 그 전 과정에서 인수합병 활동의 주체로서 기업의 개념은 유지되는 것이다.

대학의 경우에는 근본적으로 상황이 다르다. 우선 대학은 회사처럼 법적으로 사람만이 본질적 구성부분인 인적단체가 아니라 기본재산과 시설이 그 존재의 핵심 근거인 문자 그대로 〈재단〉이다. 따라서 이러한 기본재산과 시설의 소유권이나 활용방식의 근본적 변동은 문자 그대로 학교의 정체성과 본질이 변하는 것이며, 기업재산의 변동과는 차원이 다른 이야기가 되는 것이다. 또한 대학에는 양수·양도의 객관적 대상이 되는 '영업'이나 지분의 개념이 법률적으로 존재하지 아니한다. 따라서 영업이나 지분인수에 의한 인수합법이란 법률적으로 성립 불가능한 개념이다.

사립대학의 경우에 2개의 학교 간 통폐합이란 일차적으로는 양 학교의 지배구조의 정점인 이사회 2개가 통합하여 단일 이사회로 되는 것을 의미한다. 이 경우에도, 양 학교의 교육용기본재산은 당초 각각 정의된 대로 그대로 남을 수밖에 없기 때문에 각각의 재산적 실체는 바꾸기 어렵다. 여기서 통합의 범위를 조금 더 심화시킨다면 그것은 양측의 교수진과 학생의 한 풀(pool)로의 통합이나 상호 교환·분합을 시도하게 되는데 이는 양측의 지배구조가 통합되어 있으면 좀더 용이해지겠지만 지배구조의 통합 없이 교수학생의 교환 분합만도 얼마든지 가능하다.

결국 대학의 통폐합이나 퇴출 문제는 기업의 통폐합이나 구조조정문제와는 전혀 성질이 다른 것이며 무작정 이러한 논리를 차용할 수 없는 것이다. 대학의 통폐합의 그 자체가 목적이 될 수 없다. 다만 정책수단일 따름이다. 그렇다면 정책목표가 과연 무엇인지를 숙고하고 그 정책수단으로서 대학의 통폐합의 의미부터 정리한 후 경제적인 논리로부터 벗어나 처음부터 다시 정책형성절차를 밟아야 할 것이다.

대학의 영리법인화 문제

대학의 영리법인화 문제 또한 국민의 정부에서 계속 쟁점이 되었던 정책의제였다. 사실은 정책의제라기보다는 경제위기극복과정에서 힘이 생긴 경제부총리 쪽에서의 지속적 요구사항에 그친 것이기는 하였으나 바로 그 이유로 정부 내에서는 계속 논의되어 왔던 것이다. 그러나 이 문제 역시 잘못된 경제논리가 잘못된 곳에 섣불리 적용된 것에 불과하다.

먼저, 이를 제기하는 측, 주로 경제계 인사들과 경제관료들이 '영리'의 의미를 오해하는 데서 문제가 시작된다. 법률적으로 볼 때 영리란 사업에서 창출된 순수익을 그 사업의 투자자들에게 배당하는 형태로 수익이 사업외부로 유출되는 것을 허용함을 의미한다. 기업이란 바로 이를 허용함으로써 투자를 이끌어내고 이들 투자자들에게 경영상의 의사결정에 목소리를 행사하게 함으로써 이들의 계산에 입각하여 기업활동이 이루어지도록 한다.

그런데 학교의 경우 이러한 논리가 과연 적용될 수 있을 것인가 하는 점이 문제인데 답은 부정적이다. 왜냐하면, 대학을 포함한 학교는 방대한 시설투자필요로 하며 감가상각을 포함하여 이들 시설투자의 자본비용을 제대로 기업처럼 계산할 경우 수익이 남을 가능성은 거의 제로에 가깝다.[83] 설사 수익이 남는다 해도 이를 외부에 이익배당형태로 유출하면 학교의 발전은 완전히 불가능해진다. 기업조차도 법정유보금 형태로 수익의 외부유출을 일정수준 금지하는 것이 확립된 제도임을 감안하면 대학에서 이익배당을 한다는 것은 현실적으로 불가능한 일이다. 결국, 대학의 영리법인화 논리는 가능성 없는 논리를 치밀한 검토 없이 학교에 적용하였다고 볼 수밖에 없다.

대학에서의 수익과 비용, 자본예산 등 재정문제에 관한 진정한 정책목표는 학교의 재무회계를 보다 효율화 합리화하는 데 있는 것이다. 이 목표를 달성함에 있어 필요한 정책수단은 학교의 예산회계시스템을 수익-비용 계산과 합리적 원가 배분에 의해 학내·외 구성원들의 성취동기를 저해하지 않는 체제로 개혁하는 것이다. 이러한 순차적 문제해결적인 접근을 뛰어넘어 갑자기 영리법인화로 비약하는 것은 정책목표가 무엇인지를 생각지 아니하고 영리 자체를 정책목적으로 착각한 데서 나오는 오도된 정책의제이다. 교육에 있어서 영리 메커니즘을 도입하려면 정규학교 이전에 먼저 학원의 경영부터 올바른 회사체제로 육성하는 것이 순서일 것이며 현재 상태는 학원조차도 제대로 영리교육서비스사업으로 육성하지 못하면서[84] 학교부터 영리법인화 하자는 것은 일하는 최소한의 순서조차 뒤집은 논리일 것이다.[85]

---

83) 영리법인화의 모델로 흔히 꼽히는 외국대학으로 미국의 Phoenix University 등이 있다. 이들 학교는 사이버 대학 형태로서 시설투자비가 별로 들어가지 않아 별로 자본비용이 발생하지 않는 상태에서 일반 사립대학과 같거나 오히려 훨씬 높은 등록금을 받고 있기 때문에 수익창출이 가능한 것이다. 이러한 경영전략은 MBA 등 일부 전공분야에서만 가능한 구조이기 때문에 이들 대학의 교육프로그램은 소수 특정분야에 한정되어 있다. 그럼에도 불구하고 이들 학교의 수익은 교육사업에서 창출되기보다는 주로 사이버교육 자료의 저작권수입, 사이버학습/교육경영 컨설팅 사업에서 창출되는 것이다.

84) 현재 우리나라의 학원은 학원사업을 주목적으로 회사 형태를 취할 수 없다. 현재는 제도적으로 풀려 있지만 사실상의 지방교육행정 관행은 과거 교육사업은 비영리로 정의한 과거유산에 따라 비영리를 고집하고 있어 학원들이 영리임이 분명해지는 회사형태가 아니라 영리 비영리를 가려내기 힘든 개인사업자 형태를 취하고 있다. 그럼에도 불구하고 세무서에서는 영리사업으로 사업자등록증을 교부하고 사업소득에 과세하고 있다. 정부 내에서 서로 모순되는 행정을 펼치고 있는 것이다.

85) 이와 관련하여 기업이 대학의 경영을 맡아 하도록 사립대학을 기업에 인수시키는 경우도 문제가 된다. 이 문제는 기업과 대학의 평균 수명을 비교해볼 필요가 있다. 세계적인 다국적 대기업들의 평균 수명이 30년으로 보고되고 있다. 지나치게 짧은 것 같지만

고등교육구조개혁의 올바른 방향과 방법론

우리나라 고등교육의 구조적인 개혁이 필요하고도 시급하다는 것은 누구나 다 동의하는 사항이다. 그럼에도 불구하고 구조개혁의 방향과 방법론에 있어서 현재 진행되는 논의들이나 정책대안들은 번지수를 전혀 잘못 짚고 있으며, 방법론에 있어서도 대학에 적용이 불가능 도구들 즉-기업구조조정에 사용된 도구들을 빌려와 무익한 갈등만을 초래하고 있다.

먼저, 전제로 할 것은 대학을 살려야 한다는 이념과 기본방향에 대한 합의가 있어야 한다는 점이다. 대학을 정리하고 솎아내기 위한 대학구조조정 정책은 근본적으로 잘못된 것이다. 〈기업구조정〉의 경우 그 목표는 그냥 놔 두면 파산 청산을 거쳐 퇴출될 기업을 어떻게든 정상화하여 살리기 위한 것이라는 정책목표가 분명하며, 이는 일시적인 정책상의 목표를 넘어 상법의 기본이념의 하나 즉 〈기업유지의 이념〉으로 채택되어 있다. 이는 모든 상법, 기업법 연구자들이 동의하는 이념이다. 그럼에도 불구하고 대학의 경우 이러한 이념과 목표가 결여되어 있으며 대학구조조정이 대학을 퇴출시키기 위한 것으로 정책목표를 삼는 것은 본말이 전도된 것이다. 대학이 망하여 퇴출되는 것은 기업이 망하여 퇴출되는 것 이상으로 사회적 불이익과 비용을 초래한다. 대학 구조개혁은 대학을 유지시키고 살리기 위한 것이라는 기본이념과 정책방향이 먼저 확고히 서야 한다. 이를 전제로 다음과 같은 정책방향과 문제해결 방법론이 채택되어야 할 것이다.

부실대학의 건전화와 대학간 통폐합

부실대학, 특히 학생을 제대로 충원하지 못하는 지방대학을 퇴출시켜야 한

시장의 불확실성과 치열한 경쟁을 감안하면 이해되는 일이다. 그러나 대학의 경우 100년 200년 가는 것은 별로 어려운 일이 아니며 기업보다는 훨씬 수명이 길다. 토지를 기반으로 하여 구조적으로 지속성을 갖게 되어 있기 때문이다. 따라서 수명이 짧은 기업이 대학을 인수하여 경영을 맡는 것 자체가 논리적으로 합당치 않은 일인 것이다.

다는 생각은 잘못된 것이다. 이미 지적한 것처럼 이들을 어떻게든 살려서 건전화 시키는 것이 목표가 되어야 한다. 앞 절에서 언급한 바, 이들의 어려움은 채무초과도 아니고 파산의 위험도 아니다. 다만 학생 모집이 어렵고 그에 따라 수지가 악화되어 현금흐름상의 어려움이 가중되고 있는 것뿐이다. 학생 모집의 어려움도 사실은 극복하기 불가능한 중요한 문제는 아니다. 대학간 경쟁체제를 취하는 미국의 대학들 대부분이 1980년대에 심각한 수준의 입학생 감소와 미충원을 겪었으며, 지금도 모집계획 만큼 입학생이 충원되지 못하는 대학이 훨씬 더 많다. 따라서 학생 모집에 어려움을 겪는 한국의 대학의 정상화를 위한 방법은 단기적으로는 재정상황을 개선하기 위한 조치이며, 장기적으로는 학생자원의 확충을 위한 실현 가능한 발전계획의 수립이다.

재정상황 개선을 위해서는, 대학재정의 긴축과 효율화를 위한 효과적 방안이 수립시행되어야 함과 동시에 이들 대학 대부분이 과잉 보유하고 있는 기본재산의 처분을 통해 긴급한 경상재정소요의 충당과 함께 발전을 위한 전략적 투자재원을 마련하도록 하여야 한다. 지금, 서울에 소재한 대부분의 사립대학이 과거에 현재 곤란한 처지의 지방대학들 보다 더한 재정적 어려의 시기를 겪었다. 당시에는 교육부와 대학들 간의 협조를 통해 학교재산을 처분하여 어려움을 피했을 뿐 아니라 후일의 발전을 기약할 수 있었다. 오늘의 시점에서 볼 때 결과적으로 그러한 전략이 옳았음이 분명하다. 문제는 오늘날은 일시적 어려움을 겪고 있을 뿐 파산과는 거리가 먼 이들 대학들을 회생시킬 방법을 강구하기보다 오히려 이들을 퇴출시키려 하는 기본적 자세와 시각의 잘못에 있다.

장기적으로 우리나라 대학의 학생모집 전망이 그렇게 비관적인 것은 아니다. 우리나라의 대학 입학자원은 지금까지 고등학교를 갓 졸업하는 학력인구에 한정되어 왔다. 구미의 대학에서는 광범한 성인인구와 외국인이 그 학생구성의 큰 비중을 차지하고 있다. 우리나라에서도 대학의 학생 충원이 이 방향으로 발전되어야 함은 물론이다. 현재 학생모집에 어려움을 겪는 대학부터 이 방향으로 학생모집을 다변화하는데 최우선 경영목표를 두고 이를 위한 제반 조치들이 정부의 구조개혁정책의 지원 하에 조속히 수립되어야 한다.

대학의 인수합병은 지극히 제한적으로만 부실대학의 건전화를 위한 수단으로 응용될 수 있다. 원래 기업 M&A(Merging & Alignment)는 기업간 인수합병 외에 제휴와 협력을 포함하는 개념이며 오히려 실제 경영전략으로는 후자가 더 광범히 사용되고 있다. 대학들도 대학 간의 제휴와 협력은 매우 바람직하다. 예를 들어, 일부강의실과 실험실 연구기기, 교수인력 등 대학의 자원은 인근 학교 간에 공유될 수 있으며 이는 제휴와 협력의 대상이 될 것이다. 문제는 이를 가능케 하는 체계적인 행정지원조치와 정책이 빈곤한 것이 문제이다. 더 나아가 산학간 학연간의 제휴와 협력이 부실대학의 건전화를 위한 방안으로 개발될 수 있음은 재론할 여지가 없다.

부실학교의 인수와 합병은 학교의 발전을 위한 투자의지와 자금을 가진 다른 비영리법인 또는 학교법인들에 의해서만 이루어질 수 있다. 예를 들어 장학 및 연구지원재단 또는 법인 형태 연구기관들이 법인의 인수합병 절차를 통해 기존 대학을 인수하여 그 경영주체로 나설 수 있을 것이다. 다른 학교를 이미 경영하고 있는 학교법인이 법인의 인수합병 절차를 통해 부실한 사립대학을 인수할 수도 있다. 그러나 이 모든 경우에 그 과정을 투명하게 하고 철저한 감독이 행해질 수 있다는 전제가 충족되어야 할 것이다.

사립대학의 인수합병과 달리 국립대학의 통폐합은 무의미한 말장난에 그칠 가능성이 높다. 현 상태에서 볼 때 국립대학통폐합 논의와 같은 의미와 목적이 불분명한 통폐합논의는 바람직하지 않다. 현재, 국립대학의 설치 경영자는 단일하다. 즉 국가가 바로 이들의 설립 경영자이며 이미 통합되어 있다. 국립대학통폐합은 이 점에서 경영주체의 통폐합은 분명히 아니다. 그러면 도대체 무엇을 통폐합하자는 것인가. 억지로 생각해 내자면 현재 논의되는 국립대 통폐합-예를 들어 A와 B대학의 통합이라 하자-A대학이 B대학의 분교가 되거나, A대학과 B대학이 법인화하되 단일 국립대학법인이 운영하는 A, B 두 캠퍼스(또는 A, B 두 대학교)로 변하는 것이다. 전자의 경우는 A대학교가 B대학교를 식민지화하는 것 그 이상도 이하도 아니며, 후자의 경우에는 실질적으로 달라지는 것은 없이 대학지배구조만 국가에서 두 대학 운영하는 국립대학법인으로 넘겨지는 것뿐이다. 국립대학통폐합논의는 목표와 정체가 불분명하며 구조조정의 방법도 전혀 아니다.

대학의 자율화

대학자율화 문제는 국공립대학과 사립대학의 경우가 상황이 전혀 다르며 이를 같이 논의해서는 안 된다. 사립대학과 정부 간의 관계는 사적자치와 사학의 자율성이라는 헌법과 사립학교법의 기본정신에 충실하면 된다. 이 점에서 최근의 사립학교법개정에 의한 이사회구성 문제를 제외하면 학교법인과 그 정관에 의한 자치라는 틀 속에서 심각한 정부 규제는 대체로 없다고 보는 것이 정확한 상황진단일 것이다. 현실적으로 정부 규제가 심하다고 느껴지는 원인은 법제상 문제가 아닌 2가지 요인에서 나온다.

하나는 대학 내에서 대학본부가 학내 규제를 시행하면서 정부 탓으로 핑계를 돌리는 악습이 뿌리 깊게 남아 있기 때문이다. 대학교수들은 대학본부의 학내규제를 정부의 규제로 잘못알고 있으며 이는 학내의 분권화 자율화를 통해 해결해야할 문제이다.

또 다른 원인은 정부가 대학을 대상으로 하는 재정지원사업을 대폭 늘리면서면서 〈선택과 집중〉의 이름 아래 지나치게 사업별 보조방식에 의존하고 있으며 이에 따른 각종 사업보조조건부과를 대학입장에서는 심각한 규제라고 느끼고 있는 것이다. 〈선택과 집중〉의 적용이 잘못된 대표적 사례가 이 것이다. 원래 〈선택과 집중〉의 행위주체는 대학과 대학교수가 되어야 한다. 그런데 정부가 〈선택과 집중〉의 주체로 전면에 나서면서 대학들은 선택하는 것이 아니라 선택당하고 있으며, 집중의 정부틀에 부응하지 않으면 배제 당하고 있는 것이다. 바로 이것이 대학들이 정부규제가 크게 늘어났다고 느끼는 이유이며, 대학들의 주장이 옳다. 요약컨대, 〈선택과 집중〉을 정부가 하는 것이 아니라, 대학이 하도록 그 정부사업의 방법과 절차를 다시 처음부터 설계해야 할 것이다.

　사립대학에 대한 법제상의 규제 중 대폭 자율화되어야할 것이 있다면 바로 학교재산에 대한 규제이다. 현재의 학교재산에 관한 규제는 학교재산을 천연기념물이나 국보, 국립공원처럼 〈보존용〉으로 간주하는 관점에 서있다. 학교재산의 활용과 수익성을 강화하여 대학들이 그 재정기반을 확충할 수 있는 체제로 학교재산규제체제를 전면적으로 전환해야 한다.

　국립대학의 자율화를 저해하는 정부규제들은 거의 전부가 교육정책상의 정부규제-즉 교육부가 운용하는 규제가 아니다. 이들은 국립대학이 사업장 형태의 정부직제로 되어 있기 때문에 적용되는 일반적인 정부예산회계규정, 국유재산규제, 공무원인사와 정부조직 관련법령들이다. 즉 국립대학을 규제하는 것은 교육행정당국이 아니라 주로 기획예산처, 재정경제부, 행정자치부, 중앙인사위원회, 건설교통부 등 정부 내 중앙행정부서들이다. 바로 이 때문에 국립대학의 자율화를 직접적이고도 간명하게 성취하는 유일한 방법은 국립대학을 법인화하는 것이다. 다만, 분명히 인식되어야 할 점은 앞에서 지적한 바이지만 법인화의 방법에도 여러 가지 방법이 있으며 특정의 법인화 방식이 마치 법인화의 유일한 전부라고 생각하는 오류에서 벗어나야 할 것이다. 특히, 국립대 소관의 토지와 건물 등 국유재산의 전부 또는 일부를 법인화 조치에서 제외하는 것은 법인화의 효과를 완전히 없애는 것을 넘어서 국립대법인화의 정책의도를 의심스럽게 하는 것이다. 왜냐하면 법인화 이후 학교발전을 위한 재정의 커다란 부분이 여기서 나와야 하기 때문이다.

대학의 특성화

　우리 나라대학들이 나름대로 특성화 하지 못하고 백화점식으로 소규모 학고와 전공을 천편일률적으로 늘어놓고 있는 것은 우리나라 고등교육에 구조조정이 필요한 최대의 이유를 제공한다. 그렇기 때문에 대학구조조정의 효과적인 방법을 설계하고 실행함에 있어 집중적인 천착이 필요한 부분이 바로 여기이다.

　기업이든 대학이든 모든 구조조정 정책은 일괄적인 정부조치로 이루어질 수 없다. 구조조정이란 자율적 행위능력을 가진 기업, 대학, 교수, 학생들이 관련된 작업이기 때문에 이들의 선택과 의사결정에 따라 일정한 시간을 거쳐 질서정연 하게 구조조정이 이루어져야 한다. 구조조정의 절차와 그 행위의 효과에 관한 절차법 제정이 필요한 이유가 여기에 있다.

대학 간 분업과 특성화라는 목적을 염두에 두고 볼 때, 대학간 통폐합은 아무런 방법이 되지 못한다. 실지로 필요한 것은 여러 개의 대학에 분산된 소규모 그룹들이 가장 적합하고 유망한 하나의 장소로 모여 대형화하는 방법을 마련하고, 대학 간에 서로 집중화 특성화 방향을 합의를 통해 분담하도록 하는 것이다. 이를 위해 구조조정절차법에 우선적으로 규정되어야 할 것은 유사한 분야, 또는 동일한 교육연구 목표를 특정의 대학에 모여서 추구할 의사를 지닌 교수들이 소속대학 울타리를 넘어 합의에 기초한 조합체를 결성하여 그들이 가고자 하는 대학과 이를 위한 교섭을 할 수 있게 하는 것이다. 이 교섭이 성공적으로 진행되려면 이에 참여하는 교수들의 소속 학교의 동의가 전제되어야 하며, 학생들의 이동과 통합집중도 단계적으로 동반되어야 한다. 구조조정의 절차법은 이에 관한 규율을 담고 있어야 한다. 한편, 대학 간의 상호역할 분담을 통한 상호의존 부분은 정부가 참여하는 대학들간의 다자간교섭과 합의가 필요할 것이다. 이러한 과정은 매우 복잡하고도 시간이 소요되는 작업이 될 것이다. 마치 〈지역재개발〉사업과 유사하거나 그 이상의 까다로운 조합결성, 사업계획수립과 승인, 집단간-대학간 교섭과 동의 등을 포함하는 , 단계적 절차가 설정되어야 할 것이다.

일단, 구조조정을 위한 절차적 틀이 입법적으로 마련되고 나면, 구조조정을 촉진할 수 있는 인센티브가 될 수 있는 정부의 조장적 정책수단과 정책틀이 마련되어야 한다. 정부는 나름대로의 미래구상을 가지고 대학들을 설득할 수 있어야 하며, 구체적 구조조정절차에 참여할 대학과 교수, 학생들에게 어떤 보상과 인센티브를 줄 것인지를 정하고 실행에 옮길 수 있어야 할 것이다.

대학의 국제화와 경쟁력 강화

우리나라 대학들이 국제화함에 있어 가장 큰 장애요인은 한국인들의 의·식·주 등 기본적 생활문화의 독특성과 복잡성이다. 외국인들이 한국의 생활문화에 적응하기는 다른 선진국들의 생활문화에 적응하기보다 정말로 쉽지 않은 편이다. 선진국의 문화는 이미 세계적인 지배적 생활양식으로 퍼져 있기 때문에 이들 나라에 가서 생활하는 것으로 인해 커다란 이질성에 부딪치지는 않는다. 그러나, 우리나라에 외국인이 오게 되면 대학사회에 적응하는 것 보다 한국사회에 적응하는 것이 훨씬 어렵다. 바꾸어 말해, 그야말로 생존을 위해 한국에 위장 입국하여 불법취업하려는 사람들은 한국의 생활문화의 어려움을 감수하고서라도 한국에 오지만, 학습이나 교육, 연구를 위해 생활상의 어려움을 무릅쓰고 다른 외국 대학을 제치고 한국의 대학에 올 외국인은 많지 않다. 우리나라의 대학이 국제화하는 데는 이미 원천적으로 존재하는 이러한 핸디캡을 극복하기 위한 방안과 조치들이 실현되어야 하면, 이는 대학의 힘으로는 불가능한 것이다.

첫째로, 전국의 일정한 구획마다 대학과 인접한 지역에 서울의 이태원 이상으로 외국인들이 쉽게 방문할 수 있을 뿐 아니라, 생활문화상의 어려움을 크게 느끼지 않고 거주하고 생활할 수 있는 〈글로벌생활문화단지〉를 조성해야 하며, 외국인 학생 교수 연구진을 위한 주거시설을 집중배치해야 한다.

둘째로, 이러한 글로벌문화단지와 인근대학간의 교류와 이동이 간편하도록 필요한 체계적 지원이 있어야 한다. 먼저, 대중교통수단을 확보해야 하며, 한국어학습을 위한 대학들의 공동프로그램이 이 단지 내에서 풍부하게 제공되어야 한다. 또한 이들 단지의 정보통신망과 대학들의 전산망간에 최대한의 통합이 이루어져야 한다.

셋째로, 인근대학들의 정규교육 프로그램이나 강좌가 이들 단지 내에서도 이루어질 수 있도록, 관련 대학규제를 손질하여야 한다.

현재 우리나라 대학의 국제화와 이를 통한 경쟁력강화 논의는 무성하지만 그들 논의의 대부분은 이를 대학의 책임으로 돌리는데 급급하고 있다. 그러나 지금까지 지적한 것처럼 우리나라 대학의 국제화는 대학 혼자서는 불가능한 과제이다. 정부, 지방자치단체, 대학의 상호 협력과 공동노력 만이 이 어려움을 극복하고 대학의 국제화를 위한 기반을 놓을 수 있다.

대학의 국제화를 위한 또 다른 선행기반은 교육학술 저널리즘의 국제화에 있다. 교육연구봉사라는 대학의 성과는 학술지, 교육전문잡지와 신문, 이 분야 전문 인터넷매체를 통한 교육학술저널리즘이라는 수단을 통해서만 알려지고 인정된다. 대학의 국제화를 요구하고 이를 도모하기 이전에 한국의 대학들을 기반으로 하는 교육학술저널리즘의 국제화를 먼저 실현해야 하는 이유가 바로 여기에 있다. 과학재단, 학술진흥재단은 물론, 국내 외국어신문, 잡지 등 언론기관, 정보콘텐츠사업계, 번역통역부문 및 정부 각 부처가 모두 나서서 이 분야의 국제화 세계화를 위해 우선적으로 노력해야할 필요가 크다.

고등교육 및 학술진흥법제의 개편방향

우리나라 고등교육의 발전을 위하여 마지막으로 중요한 과제는 고등교육의 규제시스템이다. 우리나라의 고등교육법규는 매우 부실하고 그 대신 행정명령에 의한 규제는 복잡하게 발달되어 있다. 우리나라 대학의 발전을 가로막는 관료주의의 실체가 바로 이것이다. 고등교육법제를 국회 제정 법률을 통해 입법적으로 투명화하고 나머지 대부분은 대학 내부의 자치법규에 맡겨야 한다. 규제시스템 개혁의 방향은 다음과 같이 이루어져야 한다.

□ 고등교육의 지배구조의 개편
○ 대학의 설립절차를 국립 공립 사립으로 나누어 그 설립절차를 법률에
직접 규정하고 절차를 완료한 대학은 대학자치권을 가진 법인으로 일

괄 간주한다.

- 〈국공립대학의 설립운영에 관한 법률〉을 별도로 제정하고 이 법의 기본성격은 절차법으로, 설립의 주체는 정부기관, 지방자치단체, 공공단체를 포괄하며, 설립절차 완료한 학교에 공법인의 지위를 부여한다.

○ 대학에는 학교의 근본규범인 장전과 물적 기초로서의 학교기금 인적 기초로서의 교수를 둔다.

- 장전의 성격은 교육자치단위로서 대학 내부의 근본규범(charter)으로 정의하며, 대학기금과 전체 교수의 지위를 장전에 기초한 학교의 핵심구성부분의 지위로 명시한다.

※ 기존 대학헌장은 근본 규범이라기보다는 서비스 설명서에 불과함.

※ 기존 학칙은 행정법제상 시설이용규칙으로 정의되고 있으나 대학 내 근본규범적인 조항들도 많이 포함하고 있음. 학칙의 성격을 장전의 성격으로 전환하는 것도 또 다른 대안일 수 있음.

○ 국·공·사립을 포괄하여 감독과 분쟁해결 기능 중심의 대학감독 당국으로서 대학위원회를 설치한다.

○ 대학에 고등교육 및 연구 목적의 부동산신탁제도를 도입 법제화함으로써 산학연 협력을 촉진하고 학교재산규율의 경직성을 신축화한다.

- 신탁계약에 사립대학정관과 유사한 대학 내 규범(Instrument)의 성격을 부여한다.

- 신탁의 목적은 국내외 연구소 설치 협동과정운영 등 대학과 산업체 정부 외국기관과의 협력을 위한 목적을 포괄적으로 허용하며,

- 신탁재산은 다른 학교법인재산과 구분하여 관리한다.

○ 캠퍼스 내 사업체 부속기관들에 법인격을 부여하고 대학총장에게 이들에 대한 행정 관할권을 부여함으로써 대학 내 자율성을 강화하고 학내 구성단위의 자율과 창의에 의한 산·학·연 협력 활동을 촉진한다.

416

□ 대학생의 지위와 역할
○ 대학생단체를 청소년법제상의 청소년단체로 간주하여, 학생회를 포함한 다양한 학생단체 활동을 청소년 정책 차원에서 지원하고 활성화한다.
○ 대학생단체의 학내 지위와 청소년 법제상의 지위를 조화시키기 위해 개별 대학당국의 절차적 권한을 청소년법제상에 명시한다.

□ 학위 자격제도의 성격 명료화
○ 학위와 자격 간의 호환체계를 확립하고 국가자격-민간자격의 구분에 대응한 국가학위-대학학위 구분을 도입한다.
○ 개별 대학에 의한 대학입학허가를 일정기간 유효한 권리화 자격화(entitlement)한다.
- 이 경우 대학입학허가서는 일종의 민간자격 성격을 지니게 되며 그 효과와 유효기간은 개별 대학에 의해 정해질 것이다.

□ 교수들의 역할과 지위, 교수들의 해산 재집결을 통한 대학구조조정
○ 교수들을 특정 대학에 소속케 하되 교수 학습 연구상의 독립된 행위 능력을 지닌 법정 전문직화 한다.
- 강의와 전공 운영에 있어 off-campus program 운영을 허용한다.
- 학과 전공 등 개별 교수단체의 대학 내 자율성을 보장함으로써 대학 내 시장을 창출하며, 교수들이 중심이 되는 연구소도 동일한 과정을 거쳐 학내 자율화 조치를 실시한다.
- 대학당국은 학내 시설과 교수 학생 단체들을 위한 대학 내 자치행정 관할 당국 기능을 수행(Town Government 역할)한다.
○ 〈대학구조조정에 관한 법률〉을 제정하고 학과와 교육프로그램 중심으로 파트너십 방식에 의한 교수들의 대학 간 이동과 대학 간 학과 통폐합(구조조정) 절차를 도입한다.

- 법률의 성격은 구조조정을 위한 절차법규 중심으로 한다..
- 교수들이 결성하고 대학에 등록하는 파트너십에 의한 학과, 전공 프로
  그램, 학부의 설치 절차를 확립한다(대학 내 시장 창출 체제를 통한
  대학 내 구조조정).
- 소속을 달리하는 교수들 상호간의 이적을 허용하고 교수단체(교수조
  합)를 구성하여 집단으로 대학간에 이동할 수 있게 함으로써 교수들
  의 선택을 통한 대학의 특정 분야 집중과 특성화를 구현한다.
- 구조조정을 위한 개별절차의 주관은 개별대학본부당국이 대학정책당국
  으로부터 절차주재자로 지정받아 수행: 절차주재자는 대학시설을 관장
  하고 당해 대학의 특정시설을 교수단체와 연계시키는 과정을 결정한다.

□ 학술진흥 법제의 재정비
○ 학술진흥법과 동 시행령 등 학술진흥법제를 인적자원개발기본법
  체제에 부응하여 국가적 지식관리체제(National Knowledge
  Management)를 위한 법제로 재정비한다.
- 중앙행정기관만이 아닌 광역 및 기초 지방자치단체장의 학술진흥 및
  관리 책무를 명시한다.
- 각종 정부 출연 연구기관 및 민간연구소 활동, 학술출판, 학술단체 활
  동, 학술행사 등에 관하여 법적 행정적 지원의 바탕을 마련한다.
- 부총리가 수행하는 학술정책에 관한 정부 내 조정 총괄 기능을 강화
  한다.
○ 연구 및 학술단체활동과 대학원교육 간의 상호 연계와 호환성의 체제를
  도입함으로써, 대학원 프로그램과 대학 밖 연구 프로젝트 간에 대학원
  학생들의 교류가 이루어지도록 한다.

참고문헌

김도수 역(1995), 『고등교육의 혁신』, 교육과학사.

김옥환 역(1992), 『대학론』, 문음사.

대학사연구회(2000), 『전환의 시대 대학은 무엇인가』, 한길사.

대통령자문교육혁신위원회(2005), 『주요국 고등교육의 정책현황과 관리운영체제』.

송완흡(2003), 『대학을 중심으로 한 산학협력체계 구축방안』, 포항공과대학교.

서판길·송완흡·서대석 외(2004), "대학의 정부연구개발비 관리제도 개선방안",
    교육인적자원부 연구보고서.

류지성 외(2006), 『대학혁신』, 삼성경제연구소.

오성삼(1999), 『세계 대학의 이해』, 건국대학교출판부.

이광주(1997), 『대학사』, 민음사.

이동규(2001), 『사립대학의 경영과 회계』, 선학사.

이병식(2005), "한국고등교육체제진단 및 개선방안 연구", 한국교육개발원연구
    보고서.

이병식 외(2004), "대학교육의 국제화 선진화 방안 연구", 한국교육개발원연구
    보고서.

이형행 역, 『대학의 효용』, 학지사.

조우현(2006), 『대학을 바꿔야 나라가 산다』, 랜덤하우스중앙.

Menand, Louis ed.(1996), *The Future of Academic Freedom*, Chicago : The
    University of Chicago Press.

··저자·

정기오
(鄭冀五)

● 약 력 ●

서울대학교 사범대학 사회과교육학과 졸업
서울대학교 대학원 문학 석사(사회과교육)
서울대학교 대학원 교육학 박사(사회과교육)
교육인적자원부 인적자원정책국장
한국교원대학교 교육정책대학원 교수

● 주요논저 ●

「지방대학위기의 현상과 원인」
「서비스경제시대를 위한 교육과정혁신」
「양식화된 의사소통과 정책과정의 민주화」
『지식경제를 위한 교육혁명』(공저)
『학교를 위한 협상론』(공저)
외 다수

대학이란 무엇인가

- 도시와 타운으로서의 대학론 -

• 초판 인쇄	2006년 10월 13일
• 초판 발행	2006년 10월 13일
• 지 은 이	정기오
• 펴 낸 이	채종준
• 펴 낸 곳	한국학술정보㈜
	경기도 파주시 교하읍 문발리 526-2
	파주출판문화정보산업단지
	전화 031) 908-3181(대표)·팩스 031) 908-3189
	홈페이지 http://www.kstudy.com
	e-mail(출판사업부) publish@kstudy.com
• 등 록	제일산-115호(2000. 6. 19)
• 가 격	37,000원

ISBN 89-534-5766-1 93370 (Paper Book)
　　　89-534-5767-X 98370 (e-Book)